ERP 应用与实践项目化教程

应玉龙　陈丹儿　主　编

电子工业出版社
Publishing House of Electronics Industry
北京·BEIJING

内 容 简 介

本书以金蝶 K/3 V13.1 版为平台，以制造企业实际生产和管理业务为情景，将 ERP 包含的先进管理思想与企业的业务流程结合起来，让学生将理论知识真正应用于实践之中，以培养学生分析和解决问题的能力，以及实践应用能力，突出了职业能力的培养，较好地实现了 ERP 理论与实践的一体化，具有较强的职业教育特色。教材重点讲述了 ERP 总体流程体验、账套管理、基础资料设置、生产数据管理、销售管理、物料需求计划、采购管理、生产管理、车间管理等内容。

本书可作为高职高专、应用型本科院校、成人高校等信息管理类、工商管理类、企业管理类、计算机类专业的教材，也可作为实施 ERP 系统企业技术人员和管理人员的培训教材和自学参考书。

未经许可，不得以任何方式复制或抄袭本书之部分或全部内容。
版权所有，侵权必究。

图书在版编目（CIP）数据

ERP 应用与实践项目化教程 / 应玉龙，陈丹儿主编. —北京：电子工业出版社，2018.6
ISBN 978-7-121-34753-5

Ⅰ. ①E… Ⅱ. ①应…②陈… Ⅲ. ①企业管理—计算机管理系统—高等学校—教材 Ⅳ. ①F270.7

中国版本图书馆 CIP 数据核字（2018）第 156866 号

策划编辑：贺志洪
责任编辑：贺志洪　　　　　　　　特约编辑：吴文英　杨 丽
印　　刷：北京虎彩文化传播有限公司
装　　订：北京虎彩文化传播有限公司
出版发行：电子工业出版社
　　　　　北京市海淀区万寿路 173 信箱　邮编 100036
开　　本：787×1092　1/16　　印张：23.75　　字数：608 千字
版　　次：2018 年 6 月第 1 版
印　　次：2018 年 6 月第 1 次印刷
定　　价：49.00 元

凡所购买电子工业出版社图书有缺损问题，请向购买书店调换。若书店售缺，请与本社发行部联系，联系及邮购电话：(010) 88254888，88258888。
质量投诉请发邮件至 zlts@phei.com.cn，盗版侵权举报请发邮件至 dbqq@phei.com.cn。
本书咨询联系方式：(010) 88254609 或 hzh@phei.com.cn。

前 言

2015年5月19日,国务院正式印发了我国实施制造强国战略第一个十年的行动纲领——《中国制造2025》,智能制造将是我国今后一段时期推进两化深度融合的主攻方向。智能制造的发展以企业的自动化和信息化发展为基础,自动化主要实现生产过程的数字化控制,离不开各类过程控制类软件的深度应用;信息化主要实现企业研发、制造、销售、服务等环节和流程的数字化,打通企业内部的数据流,以研发设计类、生产调度类、经营管理类、市场营销分析类软件的深度应用为特征。因此,涵盖上述软件类别的工业软件是智能制造发展的基础和核心支撑,可视为智能制造发展的灵魂和风向标。

ERP作为制造企业管理信息化的核心软件,正逐步与车间制造执行系统MES、高级生产排程APS和电子商务等系统实现集成与数据共享,其在企业中的应用日益深入和普及,随之而来的是ERP人才的需求越来越大。对ERP人才的需求主要有三个层次:一是ERP应用人才,需熟悉ERP的基本原理,能够熟练操作和维护ERP相关工具;二是ERP软件技术服务人员,需精通数据库技术与ERP软件;三是ERP实施顾问人才,能熟练运用项目实施方法论,有效处理项目实施过程中出现的种种问题,三个层次的人才呈现金字塔形结构。对ERP不同层次人才的需求和能力要求,决定了ERP课程的教学在注重理论、原理的同时,更应关注ERP的应用与实践。

当前有关ERP方面的教材,可分为供应链管理、生产管理和财务管理三大模块,但主要以系统应用为主,适合于经管类专业ERP相关课程的教学,缺乏系统初始化设置、系统运维、二次开发等方面的深入应用,不利于ERP高层次人才的培养。为此,课程组根据近几年的ERP教学实践和项目实施经验,设计开发了《ERP应用与实践项目化教程》《ERP财务与业务一体化核算》《ERP项目管理与实施》《电子商务ERP》等ERP系列教材。

本书以金蝶K/3 V13.1版为实验平台,分为ERP总体流程体验、分模块操作和综合实训三大部分,共13章内容,涵盖了系统管理、销售管理、采购管理、MRP计划、生产数据管理、生产任务管理、车间作业管理、仓存管理等核心内容。第1章简要介绍ERP的发展历程、管理思想、主要功能和软件市场概况;第2章通过实际业务案例介绍ERP的总体业务流程;第3章介绍本书使用的模拟案例有关背景和基础资料数据;第4章主要介绍账套管理、用户管理、用户权限管理等内容;第5章介绍公共基础资料设置、系统参数设置及系统初始化等内容;第6章介绍生产数据管理的内容,着重介绍工艺路线和物料清单及特性配置;第7章介绍销售管理系统的日常业务流程及系统参数设置；第 8 章介绍物料需求计划制订的日常业务流程及系统参数设置；第 9 章介绍采购管理系统的日常业务流程及系统参数设置；第 10 章介绍生产任务管理的日常业务流程及系统参数设置；第 11 章介绍车间作业管理的日常业务流程及系统参数设置；第 12 章简要介绍仓存管理的日常业务流程及系统参数设置；第 13 章给出了综合实训所需的基础数据及业务模拟场景。全书共有三套模拟案例，其中第 2 章以宁波卓越笔业有限公司为业务场景，第 3 章至第 12 章以宁波爱运动自行车有限公司自行车生产为业务背景，第 13 章综合实训以宁波远景电器有限公司电动牙刷生产为业务背景。

  本书的编写结合了作者多年的制造企业 ERP 实施经验，也借鉴了一些企业管理和信息化建设的相关资料和文献，非常适合高等院校信息管理、计算机、企业管理等相关专业作为教学用书，对于学生了解企业的管理与实际业务，以及如何与信息系统结合非常有帮助。当然，对于企业信息化主管及业务人员也是一本不错的参考书和培训教材。

  本书由浙江纺织服装职业技术学院应玉龙、陈丹儿副教授主编。第 1～3 章由应玉龙编写，第 4～6 章由陈丹儿编写，第 7、8 章由王雪敏编写，第 9、10 章由贾祥素编写，第 11、12 章由金波编写，第 13 章由肖红根编写。全书最后由应玉龙修订和统稿。在本书编写过程中，得到了兄弟院校专业教师及制造企业 CIO 的指导，一起探讨了 ERP 课程的内容设置与项目化情景设置，在此深表感谢。

  由于编者的经验和水平有限，书中仍然会有疏漏和不当之处，敬请读者批评指正，也欢迎读者来信交流 ERP 人才培养与 ERP 课程教学的经验。Email 邮箱是：627516719@qq.com。

  为方便教学，本书配备对应金蝶 K/3 V13.1 版的账套文件和实验操作视频，如有需要，可登录华信教育资源网（http://www.hxedu.com.cn）免费下载。

编者

2018 年 3 月于宁波

目　　录

第1章　初识ERP ... - 1 -
1.1　企业管理的困惑 ... - 1 -
1.2　ERP发展历程 ... - 2 -
1.2.1　订货点法 ... - 2 -
1.2.2　基本MRP ... - 4 -
1.2.3　闭环MRP ... - 5 -
1.2.4　制造资源计划MRPⅡ ... - 6 -
1.2.5　企业资源计划ERP ... - 8 -
1.3　ERP管理思想 ... - 10 -
1.3.1　ERP的管理思想 ... - 10 -
1.3.2　ERP与先进生产管理理念 ... - 13 -
1.3.3　ERP与业务流程重组 ... - 15 -
1.4　ERP系统主要功能模块 ... - 18 -
1.4.1　财务管理 ... - 19 -
1.4.2　生产管理与控制 ... - 19 -
1.4.3　供应链管理 ... - 20 -
1.5　ERP软件市场概况 ... - 21 -
1.5.1　ERP软件市场现状 ... - 21 -
1.5.2　常见ERP产品介绍 ... - 22 -
1.5.3　ERP应用现状 ... - 24 -
1.5.4　ERP未来发展趋势 ... - 26 -
复习思考题 ... - 27 -

第2章　ERP总体流程体验 ... - 28 -
2.1　金蝶ERP系统简介 ... - 28 -
2.1.1　金蝶ERP系统功能 ... - 28 -
2.1.2　金蝶ERP数据流程 ... - 30 -

2.2	虚拟企业基本资料	- 32 -
	2.2.1 基础数据	- 32 -
	2.2.2 产品 BOM	- 35 -
2.3	引入账套	- 35 -
2.4	销售订单管理	- 39 -
2.5	MRP 物料需求计划	- 43 -
2.6	采购与外购入库	- 50 -
2.7	生产任务管理	- 55 -
2.8	销售出库	- 60 -
复习思考题		- 63 -

第 3 章 模拟企业实例资料 — - 64 -

3.1	公司概况	- 64 -
3.2	基础资料	- 65 -
3.3	初始数据	- 68 -

第 4 章 账套管理 — - 71 -

4.1	账套管理操作	- 71 -
	4.1.1 新建账套	- 71 -
	4.1.2 属性设置和启用账套	- 73 -
	4.1.3 账套备份	- 75 -
	4.1.4 账套恢复	- 77 -
4.2	用户管理	- 78 -
复习思考题		- 82 -

第 5 章 基础资料设置 — - 83 -

5.1	币别	- 83 -
5.2	科目设置	- 84 -
5.3	凭证字	- 91 -
5.4	计量单位	- 92 -
5.5	核算项目管理	- 94 -
	5.5.1 部门	- 94 -
	5.5.2 职员	- 96 -
	5.5.3 客户	- 98 -
	5.5.4 供应商	- 100 -
	5.5.5 仓库	- 102 -
	5.5.6 物料	- 104 -
5.6	BOS 数据交换平台	- 110 -

- 5.7 供应链系统初始化 .... - 114 -
  - 5.7.1 核算参数设置 .... - 114 -
  - 5.7.2 初始数据录入 .... - 117 -
  - 5.7.3 启动业务系统 .... - 122 -
- 复习思考题 .... - 123 -

第6章 生产数据管理 .... - 124 -

- 6.1 工厂日历 .... - 124 -
- 6.2 BOM 新增 .... - 125 -
- 6.3 BOM 维护 .... - 134 -
  - 6.3.1 BOM 合法性检查 .... - 134 -
  - 6.3.2 BOM 低位码维护 .... - 135 -
  - 6.3.3 BOM 成批修改、成批新增、成批删除 .... - 135 -
  - 6.3.4 工程变更 .... - 135 -
  - 6.3.5 客户 BOM .... - 139 -
- 6.4 BOM 查询 .... - 141 -
  - 6.4.1 BOM 单级展开 .... - 141 -
  - 6.4.2 BOM 多级展开 .... - 142 -
  - 6.4.3 BOM 综合展开 .... - 142 -
  - 6.4.4 BOM 单级反查 .... - 143 -
  - 6.4.5 BOM 多级反查 .... - 144 -
  - 6.4.6 成本 BOM 查询 .... - 144 -
  - 6.4.7 BOM 差异分析 .... - 146 -
  - 6.4.8 BOM 树形查看 .... - 147 -
  - 6.4.9 BOM 预期呆滞料分析表 .... - 147 -
- 6.5 工艺路线设置 .... - 148 -
  - 6.5.1 工序资料 .... - 148 -
  - 6.5.2 工作中心 .... - 149 -
  - 6.5.3 资源清单 .... - 151 -
  - 6.5.4 工艺路线 .... - 152 -
- 复习思考题 .... - 155 -

第7章 销售管理 .... - 156 -

- 7.1 系统概述 .... - 156 -
  - 7.1.1 销售管理业务流程 .... - 156 -
  - 7.1.2 与其他子系统的关系 .... - 157 -
  - 7.1.3 销售业务模式 .... - 157 -

7.2 销售管理系统设置 - 158 -
7.2.1 收款条件设置 - 158 -
7.2.2 价格政策维护 - 161 -
7.2.3 单据自定义 - 166 -
7.2.4 套打格式设置 - 171 -
7.2.5 审核流管理 - 174 -
7.2.6 权限管理 - 178 -
7.3 日常业务处理 - 183 -
7.3.1 销售报价单 - 183 -
7.3.2 销售订单 - 186 -
7.3.3 客户价格管理 - 190 -
7.3.4 订单变更 - 192 -
7.3.5 客户信用管理 - 196 -
7.3.6 发货通知单 - 201 -
7.3.7 销售出库单 - 203 -
7.3.8 销售退货单 - 203 -
7.3.9 财务结算 - 207 -
7.4 报表统计分析 - 209 -
复习思考题 - 211 -

第 8 章 物料需求计划 - 212 -
8.1 系统概述 - 212 -
8.1.1 物料需求计划制订过程 - 212 -
8.1.2 物料需求计划运行流程 - 213 -
8.1.3 与其他子系统的关系 - 214 -
8.2 系统参数设置 - 214 -
8.2.1 计划展望期维护 - 214 -
8.2.2 MRP 计划方案维护 - 215 -
8.3 日常业务处理 - 222 -
8.3.1 产品预测 - 222 -
8.3.2 MRP 计算 - 223 -
8.3.3 MRP 维护及投放 - 228 -
复习思考题 - 238 -

第 9 章 采购管理 - 239 -
9.1 系统概述 - 239 -
9.1.1 采购管理业务流程 - 239 -

目录

　　　　9.1.2　与其他子系统的关系 .... - 240 -
　　　　9.1.3　采购业务模式 .... - 241 -
　9.2　采购管理系统设置 .... - 241 -
　　　　9.2.1　付款条件设置 .... - 241 -
　　　　9.2.2　采购价格管理 .... - 242 -
　　　　9.2.3　单据自定义 .... - 249 -
　9.3　日常业务处理 .... - 252 -
　　　　9.3.1　采购申请 .... - 252 -
　　　　9.3.2　采购订单 .... - 254 -
　　　　9.3.3　订单变更 .... - 258 -
　　　　9.3.4　收料通知/请检单 .... - 259 -
　　　　9.3.5　外购入库单 .... - 262 -
　　　　9.3.6　退料通知单 .... - 266 -
　　　　9.3.7　财务结算 .... - 272 -
　9.4　采购报表查询分析 .... - 277 -
　复习思考题 .... - 278 -

第 10 章　生产任务管理 .... - 280 -
　10.1　系统概述 .... - 280 -
　　　　10.1.1　生产管理业务流程 .... - 280 -
　　　　10.1.2　与其他子系统的关系 .... - 280 -
　10.2　生产管理系统设置 .... - 281 -
　10.3　日常业务处理 .... - 283 -
　　　　10.3.1　手工生产任务单 .... - 283 -
　　　　10.3.2　返工生产任务 .... - 284 -
　　　　10.3.3　生产任务分割 .... - 286 -
　　　　10.3.4　任务单查询 .... - 288 -
　　　　10.3.5　任务单下达与反下达 .... - 291 -
　　　　10.3.6　模拟发料 .... - 295 -
　　　　10.3.7　生产领料 .... - 296 -
　　　　10.3.8　生产物料报废 .... - 301 -
　　　　10.3.9　产品入库 .... - 303 -
　10.4　生产报表查询分析 .... - 307 -
　复习思考题 .... - 308 -

第 11 章　车间作业管理 .... - 309 -
　11.1　系统概述 .... - 309 -

IX

11.2 日常业务处理 .... - 310 -
 11.2.1 工序流转卡查看及打印 .... - 310 -
 11.2.2 工序流转卡排程 .... - 311 -
 11.2.3 工序流转卡汇报 .... - 312 -
 11.2.4 委外工序转出单 .... - 316 -
 11.2.5 委外工序接收单 .... - 317 -
 11.2.6 其他工序业务处理 .... - 319 -
11.3 车间作业报表查询分析 .... - 320 -
复习思考题 .... - 323 -

第 12 章 仓存管理 .... - 325 -

12.1 系统概述 .... - 325 -
 12.1.1 仓存管理业务流程 .... - 325 -
 12.1.2 与其他子系统的关系 .... - 326 -
12.2 日常业务处理 .... - 327 -
 12.2.1 外购入库 .... - 327 -
 12.2.2 半成品入库 .... - 328 -
 12.2.3 生产领料 .... - 330 -
 12.2.4 产成品入库 .... - 334 -
 12.2.5 销售出库 .... - 336 -
 12.2.6 仓库调拨 .... - 341 -
 12.2.7 盘点作业 .... - 342 -
12.3 仓存报表分析 .... - 347 -
复习思考题 .... - 348 -

第 13 章 综合实训 .... - 349 -

13.1 案例背景 .... - 349 -
 13.1.1 企业经营模式 .... - 349 -
 13.1.2 信息化特点 .... - 350 -
13.2 基础资料 .... - 350 -
 13.2.1 部门 .... - 350 -
 13.2.2 职员 .... - 351 -
 13.2.3 客户 .... - 351 -
 13.2.4 供应商 .... - 352 -
 13.2.5 币别 .... - 352 -
 13.2.6 科目 .... - 352 -
 13.2.7 仓库、仓位 .... - 353 -

13.2.8 物料 ·· - 354 -
13.2.9 BOM 信息 ·· - 354 -
13.3 建立账套 ··· - 358 -
13.3.1 新建公司机构及账套 ·· - 358 -
13.3.2 设置账套参数 ··· - 358 -
13.4 基础资料导入 ·· - 358 -
13.5 初始数据 ··· - 360 -
13.5.1 期初库存 ·· - 360 -
13.5.2 期初暂估外购入库单 ·· - 361 -
13.5.3 期初未核销的委外加工出库单 ······································· - 361 -
13.5.4 期初暂估委外加工入库单 ··· - 362 -
13.5.5 结束初始化 ··· - 362 -
13.6 日常业务处理 ·· - 362 -
13.6.1 销售管理 ·· - 362 -
13.6.2 产品预测 ·· - 364 -
13.6.3 计划管理 ·· - 364 -
13.6.4 采购管理 ·· - 365 -
13.6.5 委外管理 ·· - 366 -
13.6.6 生产任务管理 ·· - 366 -
13.6.7 期末处理 ·· - 367 -

参考文献 ··· - 368 -

第 1 章 初识 ERP

ERP（Enterprise Resource Planning，企业资源计划）是指建立在信息技术基础之上，集信息技术与先进管理思想于一身，以系统化的管理思想为企业员工及决策层提供决策手段的管理平台。其基本思想是采用计算机对企业所有资源进行整合集成管理，包括整个企业的采购、库存、生产、销售、财务等全部企业行为，以使企业的各种资源都按计划合理调配，达到减少浪费、提高企业运行效率的目的。本章主要内容包括：

- ERP 产生的背景；
- ERP 的发展历程——订货点法、基本 MRP、闭环 MRP、MRP II、ERP；
- ERP 管理思想；
- ERP 系统主要功能模块；
- ERP 行业市场现状及未来发展趋势。

1.1 企业管理的困惑

在全球竞争激烈的大市场中，无论是流程式生产还是离散式生产，无论是单件生产、多品种小批量生产、少品种重复生产还是标准产品的大量生产，制造业内部管理都可能遇到以下一些问题：订单忽多忽少，客户需求随意变动，生产计划不准确，订单无法及时交付；销售网点众多，卖出去多少货、卖出去哪些货说不清，库存积压严重；呆账、坏账就像定时炸弹，企业管理者整日战战兢兢；公司经营的利润率一般总是低于行业平均水平，年年辛苦年年不赚钱，而且不知道什么地方出了问题……在这样的困境中，企业的管理者们每天都在思考着以下问题。

- 如何满足多变的市场需求？
- 如何准确及时地作出客户承诺？
- 如何处理紧急的客户订单？
- 如何保持均衡的生产计划和活动？
- 如何准确及时地了解生产情况？
- 如何管理供应商？
- 如何避免物料短缺？
- 如何避免库存积压？
- 如何提高产品质量？
- 如何降低产品成本？
- 如何及时做好财务分析？如何真正地发挥财务管理的计划、控制和分析的作用？
- 如何使企业的各个职能部门能够以统一的观点和共同的语言来处理问题？

这些问题蕴含着企业运营的一些基本矛盾，正是这些矛盾长久以来困惑着企业的管理者们。市场需求是多变的，但是人们总是希望生产计划是稳定的。生产计划已经安排好，但是突然接到了紧急订单，这是企业经常遇到的现象。对客户订单的承诺也往往难以兑现。能够以相对稳定的生产计划和活动来应对多变的市场需求吗？在很多的企业中，一方面仓库里积压着价值几千万元的库存，另一方面在生产过程中却还存在物料短缺！能不能做到既没有库存积压，又没有物料短缺呢？通常人们会认为，低成本和高质量是不可兼得的。要得到高质量的产品，就要付出高成本；反过来，要追求低成本，那么产品的质量就得将就些。那么，能够在实现高质量的同时实现低成本吗？在一个企业中，有着许多不同的职能部门，这些部门往往有着相互矛盾的目标。为了高水平地满足客户需求，市场营销部门希望保持比较高的库存量。为了保证生产过程的顺利进行，生产部门也希望保持比较高的库存量。但为了降低成本，财务部门则希望库存量尽可能得低，如此等等。能够使企业的各个职能部门以统一的观点和共同的语言来处理问题吗？

要解决这样一些问题，一个以计算机为工具的有效的计划与控制系统是绝对有必要的。而 ERP 就是这样的计划与控制系统。目前，ERP 已成为大多数企业提升核心竞争力的必经之路。对企业来说，应用 ERP 的价值就在于通过系统的计划和控制等功能，结合企业的流程优化，有效地配置各项资源，以加快对市场的反应，降低成本，提高效率和效益，从而提升企业的竞争力。

1.2 ERP 发展历程

众所周知，ERP 是 1990 年由美国 Gartner Group 公司在当时流行的工业企业管理软件 MRP Ⅱ 的基础上提出的，如今，ERP 已经不再是一个陌生的名词，但是社会上对 ERP 的解释却版本很多，即使是美国生产与库存管理协会（American Production and Inventory Control Society，APICS）对该词汇的定义也不够全面和深刻。ERP 理论的形成是随着产品复杂性的增加、市场竞争的加剧及信息全球化而产生的。因此，为了确切理解什么是 ERP，还需要从 ERP 的发展历程说起。

ERP 理论的形成与发展大致经历了 5 个阶段，根据时间先后顺序，它们分别是：
- 订货点法（Order Point Method）阶段；
- 基本 MRP 即物料需求计划（Material Requirement Planning）阶段；
- 闭环 MRP 即闭环物料需求计划阶段；
- MRP Ⅱ 即制造资源计划（Manufacturing Resources Planning）阶段；
- ERP 即企业资源计划阶段。

由于制造资源计划和物料需求计划均可简称为 MRP，因此为了区别于传统的物料需求计划，将制造资源计划简称为 MRP Ⅱ。

1.2.1 订货点法

在计算机技术应用之前，企业控制物料的需求通常是采用控制库存手段和补充库存策略的方法，为需求的每种物料设置一个最大库存量和安全库存量。最大库存量是为库存容量、库存占用资金的限制而设置的，安全库存量是为应对需求的波动、保留一定的安全库存储备而设定的。由于物料的供应需要一定的时间（供应周期，如采购周期、加工周期等），而物料的消耗不能小于安全库存量，所以物料的补充应该满足这样的时间条件：当物料供应到货时，物料的消耗刚好到了安全库存量，就把这个采购时间点称为订货点。订货点的算法如下：

订货点＝单位时段的需求量×订货提前期＋安全库存量

例如，如果某项物料的需求量为每周 100 件，提前期为 6 周，并保持 2 周的安全库存量，那么该项物料的订货点可按照以下算法计算：

$$100 \times 6 + 200 = 800$$

当某项物料的现有库存和已发出的订货之和低于订货点时，则必须进行新的订货，以保持足够的库存来支持新的需求。订货点法的处理逻辑如图 1-1 所示。

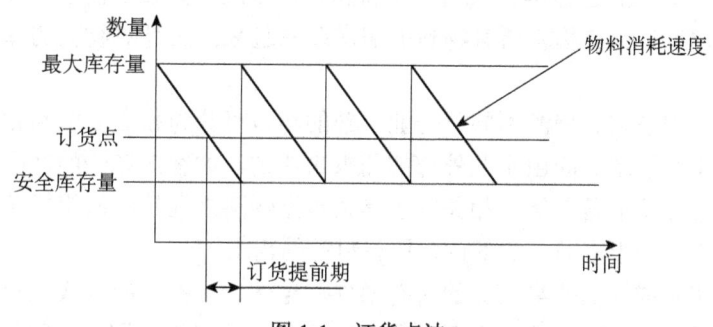

图 1-1　订货点法

订货点法建立的库存模型曾经被称为"科学库存模型"，在当时的环境下也起到了一定的作用，然而，在实际应用中却面目全非。其原因在于订货点法是在某些假设之下，追求数学模型的完美。

（1）对各种物料的需求是相互独立的。订货点法不考虑物料项目之间的关系，每项物料的订货点分别独立地加以确定。在制造业中有一个很重要的要求，那就是各项物料的数量必须配套，以便能装配成产品。但订货点法对各项物料分别独立地进行预测和订货，就会在装配时发生各项物料数量不匹配的情况。例如，一个成品由 6 个零件组成，每个零件的供货率是 90%，而联合供货率却只有 53.14%，因此在总装时常发生零件短缺的现象。

（2）物料需求是连续发生的。按照这种假定，必须认为需求相对均匀，库存消耗率稳定。而在制造业中，对产品零部件的需求恰恰是不均匀、不稳定的，库存消耗是间断的。即使对最终产品的需求是连续的，由于生产过程中的批量需求，引起对零部件和原材料的需求也是不连续的，这往往是由下道工序的批量要求引起的。

（3）"何时订货"问题。"何时订货"被认为是库存管理的一个大问题。订货点法是根据以往的平均消耗来间接地指出需要时间，但是对于不连续的非独立需求来说，这种平均消耗率的概念是毫无意义的。实际上，库存管理中如果解决了"何时需要物料？"的问题，那么"何时订货"问题也就迎刃而解了。然而订货点法通过触发订货点来确定订货时间，再通过提前期来确定需求日期的计算逻辑，其实是本末倒置的。

（4）库存消耗之后，应被重新填满。按照这种假定，当物料库存量低于订货点时，则必须发出订货，以重新填满库存。但如果需求是间断的，那么这样做不但没有必要，而且也不合理，因为很可能因此而造成库存积压。例如，某种产品一年中可以得到客户的两次订货，那么，制造此种产品所需的钢材则不必因库存量低于订货点而立即填满。

从以上讨论可以看出，订货点库存控制模型是围绕一些不成立的假设建立起来的。随着市场的变化，客户需求不断变化，产品及相关原材料的需求在数量和时间方面都表现出不稳定性和间歇性；加之产品复杂性的增加，生产和库存管理的问题更趋复杂。订货点法的应用效果大打折扣，由此导致了 MRP 的产生。

1.2.2 基本 MRP

基本 MRP 是在解决订货点法的缺陷的基础上发展起来的，也称为时段式 MRP，或简称 MRP。MRP 与订货点法的区别有三点：一是将物料需求区分为独立需求和非独立需求并分别加以处理；二是通过产品结构将所有物料的需求联系起来；三是对物料的库存状态数据引入了时间分段的概念。

我们都知道，按需求的来源不同，企业内部的物料可分为独立需求和相关需求两类。独立需求是指需求量和需求时间由企业外部的需求来决定，如客户订购的产品、科研试制需要的样品、售后维修需要的备件等；相关需求是指根据物料之间的结构组成关系由独立需求的物料所产生的需求，如半成品、零部件、原材料等的需求。

产品结构是指构成成品或半成品的所有部件、组件、零件等的组成、装配关系和数量要求。图 1-2 是一个简化的自行车产品结构图。为了便于计算机识别，必须把产品结构图转换成规范的数据格式，这种用规范的数据格式来描述产品结构的文件就是物料清单（Bill of Material，BOM）。

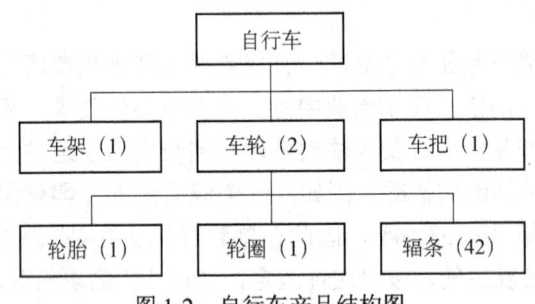

图 1-2 自行车产品结构图

所谓时间分段，就是给物料的库存状态数据加上时间坐标，即按具体的日期或计划时区记录和存储库存状态数据。在传统的库存管理中，库存状态的记录是没有时间坐标的。记录的内容通常只包含库存量和已订货量。当这两个量之和由于库存消耗而小于最低库存点的数值时，便是重新组织进货的时间。因此，在这种记录中，时间的概念是以间接的方式表达的。

MRP 的基本任务有两个：一是从最终产品的生产计划中导出相关物料的需求量和需求时间，二是根据物料的需求时间和生产（订货）周期来确定其生产（订货）的时间。因此，MRP 将产生两大计划，即生产计划和采购计划。MRP 的计算逻辑如图 1-3 所示。

第 1 章 初识 ERP

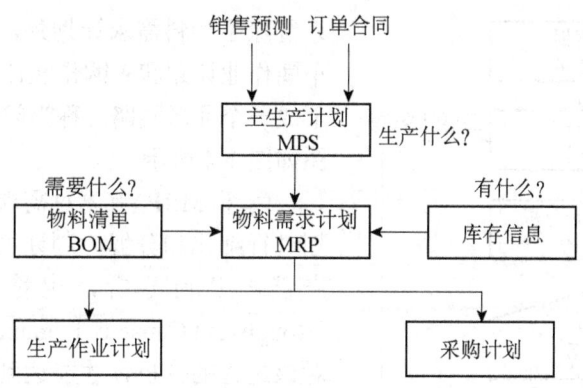

图 1-3 MRP 的计算逻辑

主生产计划（Master Production Schedule，MPS）根据销售预测、订单合同的输入可以确定"我们将要生产什么"；通过 BOM 可以回答"用什么来生产"，把主生产计划等反映的需求沿各产品的 BOM 进行分解，从而得到"为了生产所需的产品，我们需要用些什么"；然后比较库存记录得知"我们已具备了什么原材料和零部件"及"还需要什么原材料和零部件"，再根据产品需求时间顺序，确定"在什么时候需要相应的原材料和零部件"。通过这样的处理过程，使得在 MRP 系统控制下的每项物料的库存记录都总能正确地反映真实的物料需求。

以图 1-2 所示自行车产品为例，若需生产 10 辆自行车，1 月 12 日交货，则产品的采购和加工周期如表 1-1 所示。

表 1-1 产品加工周期

物料名称	产品结构层次	数量	采购提前期/天	单件加工周期/天	库存数量	生产数量	总提前期/天	采购/生产日期
轮胎	2	20	2		0	20		01-05
轮圈	2	20	2		0	20		01-05
辐条	2	840	1		100	740		01-06
车架	1	10		2	3	7	2	01-08
车轮	1	20		3	2	18	5	01-07
车把	1	10		2	5	5	2	01-08
自行车	0	10		1	2	8	6	01-10

1.2.3 闭环 MRP

20 世纪 60 年代，基本 MRP 系统的建立是在假定已经有了主生产计划，并且是在可行的前提之下的。也就是说，在考虑了生产能力是可实现的情况下，有足够的生产设备和人力来保证生产计划的实现。但在实际生产过程中，企业可能会受到社会环境和企业内部环境条件的制约。例如，制订的生产计划是否考虑设备和工时不足而导致生产能力的不足，采购计划是否会受供货能力或运输能力的限制而无法保证物料的及时供应。因此，计算出来的物料需求的日期有可能因设备和工时的不足而没有能力生产，或者因原料的不足而无法生产。同时，它也缺乏根据计划实施情况的反馈信息对计划进行调整的功能。

正是为了解决以上问题，MRP 系统在 20 世纪 70 年代发展为闭环 MRP 系统。闭环 MRP

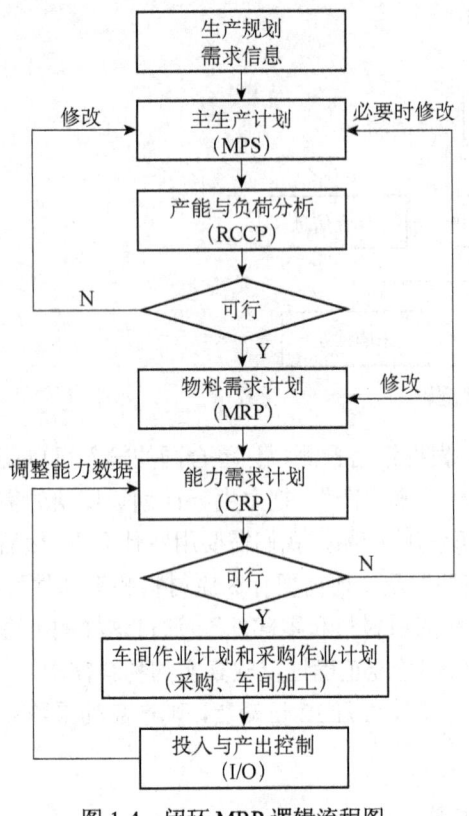

图 1-4 闭环 MRP 逻辑流程图

系统除了物料需求计划外，还将能力需求计划、车间作业计划和采购作业计划也全部纳入 MRP，形成一个环形回路，称为闭环 MRP，其逻辑流程图如图 1-4 所示。

闭环 MRP 首先对需求信息和企业的生产规划进行细化和分解，制订主生产计划，然后进行产能与负荷分析，也称为粗能力需求计划（Rough-Cut Capacity Planning，RCCP）；只有通过对该过程的分析，才能达到主生产计划基本可靠的要求。在此基础上制订物料需求计划，将企业自身的生产能力与物料需求计划所要求的生产能力进行比较和平衡，形成能力需求计划（Capacity Requirement Planning，CRP）。能力需求计划的计算过程是根据物料需求计划的时间和数量换算成能力需求数量，生成能力需求报表的。如果能力需求计划的输出报表显示超过车间负荷，就需要重新安排能力需求计划；如果依然无法解决问题，就需要将信息反馈到物料需求计划阶段，调整物料需求计划，使之适应能力需求计划的要求。如果物料需求计划的调整也存在困难，就需要将信息进一步向上反馈到主生产计划甚至生产规划，逐步调整计划，以求达到平衡。

闭环 MRP 系统体现了一个完整的计划与控制系统，它把需要与可能结合起来，把需求与供给结合起来。闭环系统的实质是实现有效控制，只有闭环系统才能把计划的稳定性、灵活性和适应性统一起来。闭环 MRP 理论具有以下特点。

（1）主生产计划及生产执行计划产生过程中均包括能力需求计划，即把生产能力计划、车间作业计划和采购作业计划都纳入 MRP，形成一个闭环系统，这样使物料需求计划成为可行的计划。

（2）在计划执行过程中，必须具有车间现场管理、采购执行情况等反馈信息，并利用这些反馈信息及时地进行调整平衡。

1.2.4 制造资源计划 MRP II

闭环 MRP 系统的出现，使生产活动方面的各种子系统得到了统一。但这还不够，因为在企业的管理中，生产管理只是一个方面，它所涉及的仅仅是物流，而与物流密切相关的还有资金流。这在许多企业中是由财会人员另行管理的，这就造成了数据的重复录入与存储，甚至造成数据的不一致。

于是，在 20 世纪 80 年代，人们把生产、财务、销售、工程技术、采购等各个子系统集成为一个一体化的系统，并称之为制造资源计划（Manufactruing Resource Planning）系统，英文缩写仍旧是 MRP，为了区别物料需求计划而记为 MRPⅡ。MRPⅡ系统逻辑流程图如图 1-5 所示。

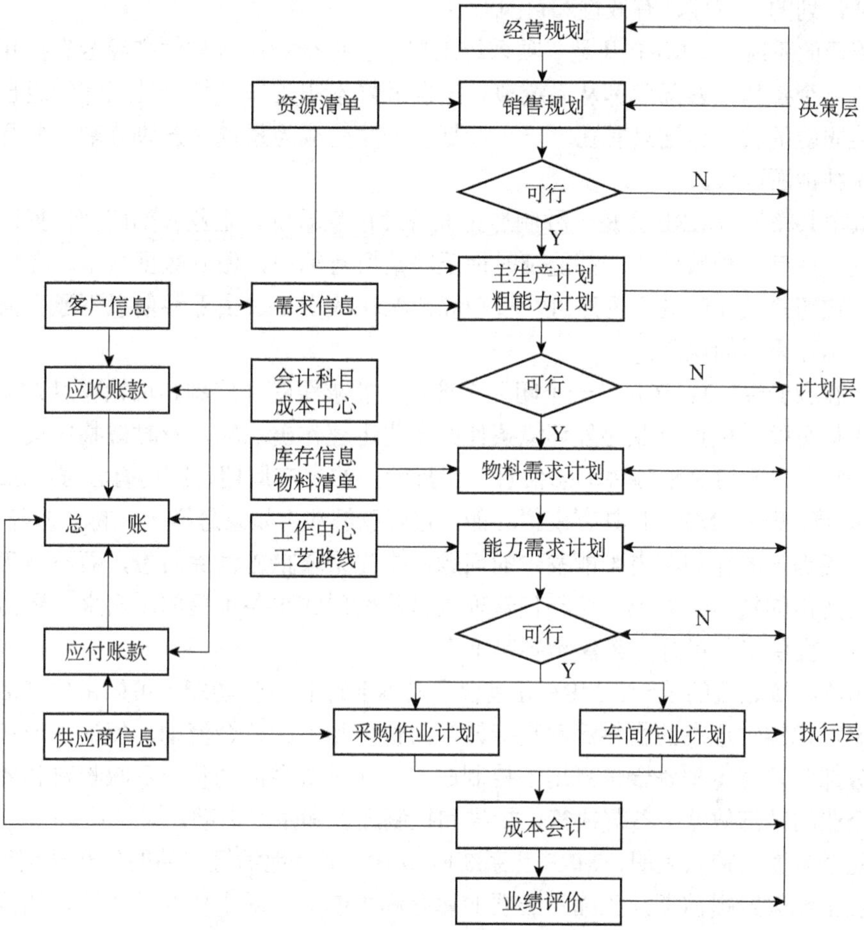

图 1-5 MRPⅡ系统逻辑流程图

从图 1-5 中可以看出，MRPⅡ的计划控制体系分为 5 个层次：经营规划、销售规划、主生产计划、物料需求计划和能力需求计划。MRPⅡ的计划管理始于经营规划，通过市场调查并结合企业的战略目标制订，一般要会同企业的生产、财务、销售、技术等部门共同制订，在经营规划的基础上确定销售规划。经营规划和销售规划属于宏观规划（决策层）。在销售规划基础上制订的主生产计划属于宏观向微观的过渡；基于主生产计划的物料需求计划是根据最终产品的数量和交货期，计算零部件及原材料的需求数量及时间，属于对物料需求的具体计划；能力需求计划则是用来核算能力与负荷的平衡情况，是对生产能力需求的具体计划，因此，物料需求计划和能力需求计划都属于战术层（计划层）。而车间作业计划和采购作业计划等则属于物料需求计划和能力需求计划的执行计划（执行层）。

MRPⅡ是闭环 MRP 系统的直接发展和扩充，它与闭环 MRP 的区别如下所述。

（1）计划的一贯性与可行性。MRPⅡ是一种计划主导型管理模式，计划层次从宏观到微观、从战略到技术、由粗到细逐层优化，但始终保证与企业经营战略目标一致。它把通常的三级计划管理统一起来，计划编制工作集中在厂级职能部门，车间班组只能执行计划、调度

-7-

和反馈信息。计划下达前反复验证和平衡生产能力，并根据反馈信息及时调整，处理好供需矛盾，保证计划的一贯性、有效性和可执行性。

（2）管理的系统性。MRP Ⅱ是一项系统工程，它把企业所有与生产经营直接相关部门的工作联结成一个整体，各部门都从系统整体出发做好本职工作，每个员工都知道自己的工作质量同其他职能的关系。这只有在"一个计划"下才能成为系统，条块分割、各行其是的局面应被团队精神所取代。

（3）数据共享性。MRP Ⅱ是一种制造企业管理信息系统，企业各部门都依据同一数据信息进行管理，任何一种数据变动都能及时地反映给所有部门，做到数据共享。在统一的数据库支持下，按照规范化的处理程序进行管理和决策，改变了过去那种信息不通、情况不明、盲目决策、相互矛盾的现象。

（4）动态应变性。MRP Ⅱ是一个闭环系统，它要求跟踪、控制和反馈瞬息万变的实际情况，管理人员可随时根据企业内外环境条件的变化迅速作出响应，及时调整决策，保证生产正常进行。它可以及时掌握各种动态信息，保持较短的生产周期，因而有较强的应变能力。

（5）模拟预见性。MRP Ⅱ具有模拟功能。它可以解决"如果怎样……将会怎样"的问题，可以预见在相当长的计划期内可能发生的问题，事先采取措施消除隐患，而不是等问题已经发生了再花几倍的精力去处理。这将使管理人员从忙碌的事务堆里解脱出来，致力于实质性的分析研究，提供多个可行方案供领导决策。

（6）物流、资金流的统一。MRP Ⅱ包含了成本会计和财务功能，可以由生产活动直接产生财务数据，把实物形态的物料流动直接转换为价值形态的资金流动，保证生产和财务数据一致。财务部门及时得到资金信息用于控制成本，通过资金流动状况反映物料和经营情况，随时分析企业的经济效益，参与决策，指导和控制经营和生产活动。

以上几个方面的特点表明，MRP Ⅱ系统能够最大限度地缩短产品的生产周期和零部件、原材料的加工或采购提前期，压缩不必要的库存和再制品，减少资金的占用，加强和提高各层次计划的及时性和准确性，确保按计划、按时、按需、按量地提供产品、零部件及原材料。对产品成本实行事前计划、事中控制、事后分析及审核的控制方法。MRP Ⅱ系统可以降低成本，提高企业的应变能力，从根本上提高企业的管理水平，实现企业管理的整体优化，以实现最佳的客户服务水平和经济效益。

1.2.5 企业资源计划 ERP

从MRP系统经过闭环MRP系统再到MRP Ⅱ系统，其发展基本上是沿着两个方向延伸的：一是资源概念内涵的不断扩大，二是计划闭环的形成。尽管从物料资源扩展到制造资源，但其资源仅限于企业内部。随着信息技术的飞速发展及电子商务时代的到来，企业竞争空间和范围进一步扩大，MRP Ⅱ在被制造领域广泛应用的同时，逐渐暴露出它的缺点和不足。企业必须进行创新与变革，这种创新表现在对内要最大限度地发挥企业所有资源的作用，企业信息管理系统仅有制造资源是远远不够的，还要扩展到全面质量管理、分销资源、人力资源及服务资源等，将所有资源的潜力都调动起来，进行企业资源的最佳组合，以产生最大的效益。当然，仅有企业内部资源的充分利用并不够，还要利用企业的外部资源，包括客户、供应商、合作伙伴等资源，加强这些企业之间的信息交流与信息共享，以这些资源所产生的价值组成一条增值的供应链，企业的制造活动必须与客户、供应商甚至客户的客户、供应商的供应商集成在一起，信息管理扩大到整个供应链管理，才能满足快速变化的全球市场的需求。

与此同时，不断涌现出很多新的管理思想和管理方法。如及时生产（Just In Time，JIT）、全面质量管理（Total Quality Control，TQC）、精益生产（Lean Product，LP）、敏捷制造系统（Agile Manufacturing System，AMS）及计算机集成制造系统（Computer Integration Manufacturing System，CIMS）等，这些先进的管理思想和管理方法被 MRP II 所吸收和融合，逐渐演变，形成了功能更完善、技术更先进的企业资源计划（Enterprise Resource Planning，ERP）。

企业资源计划是由美国 Gartner Group 公司首先提出的，在 1990 年 4 月 12 日，Gartner Group 公司发表了以《ERP：下一代 MRP II 的远景设想（*ERP: A Vision of the Next-Generation MRP II*）》为题，由 L. Wylie 署名的研究报告，这是第一次提出 ERP 概念。这份报告中提到了两个集成，既是 ERP 的核心，也是实现"管理整个供应链"的必要条件，这就是内部集成和外部集成。内部集成（internal integration）主要实现产品研发、核心业务和数据采集三方面的集成；外部集成（external integration）主要实现企业与供应链上所有合作伙伴的集成。

根据 Gartner 的研究报告，对 ERP 的定义可以表达如下。

ERP 是 MRP II 的下一代，它的内涵是"打破企业的四壁，把信息集成的范围扩大到企业的上下游，管理整个供应链，实现供应链制造"。也就是说，ERP 是一种企业内部所有业务部门之间及企业同外部合作伙伴之间交换和分享信息的系统；是集成供应链管理的工具、技术和应用系统，是管理决策和供应链流程优化不可或缺的手段，是实现竞争优势的同义词。

Gartner 对 ERP 的定义具有深远的影响。在产品研发集成方面，在成组技术（Group Technology，GT）、计算机辅助设计（Computer Added Design，CAD）和计算机辅助工艺设计（Computer Added Process Planning，CAPP）的基础上，陆续发展了产品数据管理（Product Data Management，PDM）、产品生命周期管理（Product Lifecycle Management，PLM）及电子商务支持下的协同产品商务（Collaborative Product Commerce，CPC）等；在核心业务集成方面，在 MRP II 的基础上发展了制造执行系统（Manufacturing Execution System，MES）、人力资源管理（Human Resource，HR）、企业资产管理（Enterprise Asset Management，EAM）及办公自动化（Office Automation，OA）等；在数据采集集成方面，除了质量管理的统计过程控制（Statistical Process Control，SPC）和结合流程控制的分布式控制系统（Distributed Control System，DCS）外，在条形码基础上发展了射频识别技术（Radio Frequency Identification，RFID）。在外部集成方面，开发了客户关系管理（Customer Relationship Management，CRM）、供应链管理（Supply Chain Management，SCM）、供应商关系管理（Supplier Relationship Management，SRM）、供应链例外事件管理（Supply Chain Event Management，SCEM）及仓库管理系统（Warehouse Management System，WMS）等。这些后来分别开发的应用系统，都没有跳出 Gartner 最初定义的设想，说明 ERP 的原始定义的内涵是十分广泛的。

然而，为了适应时代潮流和出于商业目的的需要，一些 MRP II 软件供应商根据 Gartner 的技术要求，在 MRP II 的基础上增加了部分软件功能后，就把已有的 MRP II 产品易名为 ERP。这个"易名潮"模糊了 MRP II 同 ERP 的界限，使得一些从来没有接触过成熟 MRP II 产品的人，自然而然地把从 MRP II 易名而来的 ERP 看成是"面向企业内部管理"的系统。现在，"ERP

是面向企业内部的管理系统"这样的认识，在国内外似乎已经成为一种"定论"。于是，2000年 10 月 4 日，Gartner Group 公司发布了以亚太地区副总裁、分析家 B. Bond 等 6 人署名的报告《ERP is Dead-Long Live ERP II》，提出了 ERP II 的概念。由于最初的 ERP 已经由于"软件易名"的原因模糊了同 MRP II 的界限，被人们理解为面向企业内部的集成，于是再提出一个 ERP II 的概念来实现最初的设想。并认为到 2005 年，ERP II 将逐渐取代 ERP 而成为企业内部和企业之间流程管理的首选。

纵观 ERP 的发展，从订货点法到 MRP，到 MRP II，到 ERP 及 ERP II 的新概念，每个阶段的发展与完善都是与当时的市场环境需求、企业管理模式的变革和技术条件紧密联系在一起的，而且集成的范围越来越大。ERP 的发展历程如图 1-6 所示。

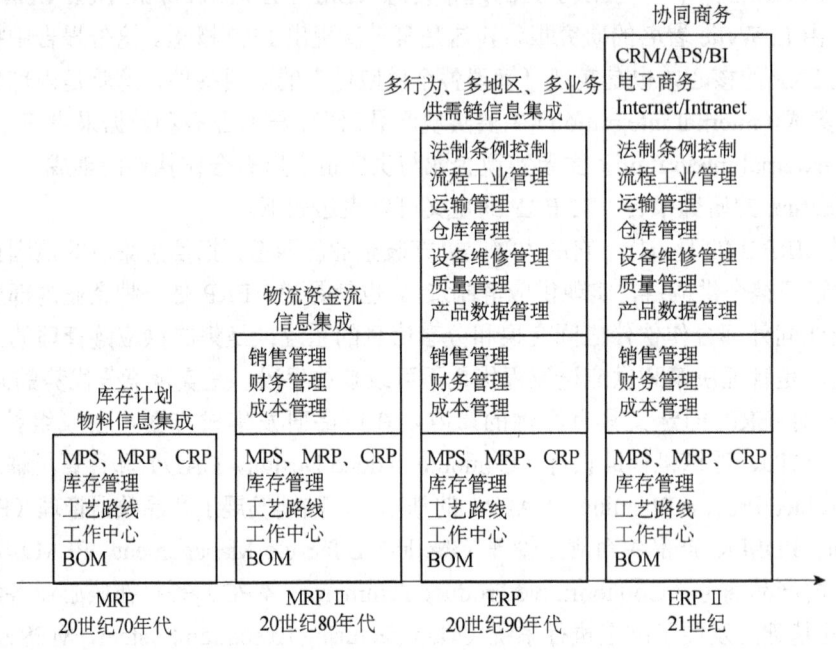

图 1-6 ERP 的发展历程

1.3 ERP 管理思想

ERP 的概念和发展渗透了更多的现代企业管理思想，与其说 ERP 是一套企业信息化建设工程，不如说它是一套管理系统工程，推广应用 ERP 的根本目的就是在吸收、研究和应用国外现代企业管理思想、方法和信息技术的基础上，尽快改变企业管理中粗放、落后的面貌，进而建立起一套符合市场经济体制的现代企业管理模式。

1.3.1 ERP 的管理思想

ERP 系统吸收了西方现代管理理论，是一种先进管理思想的计算机实现，蕴含了目前管理界很多先进的管理理念和管理方法，主要体现在以下两个方面。

1. 计划与平衡控制

在企业中，计划工作贯穿经营管理的全过程，不但与几乎所有的管理活动相联系，而且与企业组织中所有层次、所有成员有关。一个有效的计划目标具有如下几个特性：明确具体的、可衡量的、可达到的、实事求是的、有时间限制的。通常，人们也会要求计划的内容完整清晰，具体要求是：任务（子任务）内容明确、步骤安排合理、执行人的责任明确、符合质量与成本的限制。

而平衡控制的作用是使计划执行的结果不超出容许的偏差，这个偏差是指时间和数量上客户或市场能够接受的偏差及企业所能接受的成本和利润的偏差。平衡的内容包括企业内部环境与企业外部环境的平衡、战略和战术的平衡、外部市场需求和企业能力的平衡、业务运行与资金供给的平衡等。

ERP 中所指的计划不只是通常所说的制订目标与行动方案，也不只是管理学家们所说的基本职能、规划安排。在 ERP 中，计划特指围绕企业各项有用有限的资源而进行的，以计划为核心的预测、计算、执行、检查、改进等一系列工作。科学可行的各种计划表是 ERP 的精髓所在，也是企业应用 ERP 能够产生效益的根本原因。在 ERP 系统中，除了围绕制造过程的主生产计划（MPS）、物料需求计划（MRP）、能力需求计划（CRP）这三大核心计划外，还包括企业经营中常用的预算、资金计划、销售计划、采购计划、车间作业计划等各项基本的计划。作为一种通过计划来对企业各种资源进行管理的系统，ERP 对能够形成企业竞争优势的各种要素都有针对性地制订了优化整合的计划方案。例如，为了优化整合销售分销链中的客户资源，ERP 通过制订与客户间的分期交货计划，来接收并检查客户实际需求，自动排列、调节进度表的差异；为了优化整合供应链后端的供应商资源，在大批量制造环境中，在与供应商关系紧密的情况下，ERP 通过制订供应商计划，与供应商及时沟通最新的物料需求情况，根据选定的送货模式来生成、批准和下达供货计划；为了充分利用企业的设备产能资源，ERP 通过制订设备检修计划，来对设备检查、预防性维修等建立时间安排，直接或间接地减少维修成本和设备停机多造成的损失；为了及时补充并充分利用企业的人力资源，ERP 通过制订人力资源需求计划、员工培训计划等，来明确企业应该在什么时候招聘什么级别及类型的人员，制订企业在某时间段内所安排的培训内容、地点、时间、受训人员、培训方式及培训预算。

在 ERP 中，围绕计划而进行的管理运作内容，与美国质量管理专家戴明提出的戴明环（也称 PDCA 循环）的过程非常类似。以主生产计划 MPS 的管理过程为例，ERP 系统根据销售订单、销售预测、成品库存、提前期等各种基本信息，选择相应的参数，计算出相应时期内可行的生产计划；MPS 的计算结果传递给 MRP 等其他相关计划作为基础数据，更重要的是，ERP 将其作为生产订单传递给相应的生产部门以执行生产任务；在生产部门执行生产任务的过程中，ERP 比较计划数据与执行结果，检查计划的执行效果，及时发现问题；对于检查的结果，通过修订计算参数、修订工作流程等方式再总结到计划模型中。这样，一个个 PDCA 循环进行下去，ERP 使企业各项工作有条不紊地加以改进，对资源的把握日益加强。

2. 供应链管理

ERP 的核心管理思想就是实现对整个供应链的有效管理。企业为了保持和扩大市场份额，先要有相对稳定的销售渠道和客户，为了保证产品的质量和技术含量，必须有相对稳定的原材料、配套件及协作件的供应商。企业同其销售代理、客户和供应商的关系，已不再是简单的业务往来对象，而是利益共享的合作伙伴，这是现代管理观念的重大转变。ERP 对供应链的有效管理主要体现在以下三个方面。

（1）体现对整个供应链资源进行管理的思想。现代企业的竞争已经不是单一企业与单一企业之间的竞争，而是一个企业供应链与另一个企业供应链之间的竞争，即企业不但要依靠自己的资源，还必须把经营过程中的有关各方如供应商、制造工厂、分销网络、客户等纳入一个紧密的供应链中，才能在市场上获得竞争优势。ERP 系统正是适应了这一市场竞争的需要，实现了对整个企业供应链的管理。

（2）体现精益生产、同步工程和敏捷制造的思想。ERP 系统都支持混合型生产方式的管理，其管理思想表现在两个方面：其一是"精益生产（Lean Production，LP）"的思想，即企业把客户、销售代理商、供应商、协作单位纳入生产体系，同他们建立起利益共享的合作伙伴关系，进而组成一个企业的供应链。其二是"敏捷制造（Agile Manufacturing）"的思想。当市场上出现新的机会，而企业的基本合作伙伴不能满足新产品开发生产的要求时，企业组织一个由特定的供应商和销售渠道组成的短期或一次性供应链，形成"虚拟工厂"，把供应和协作单位看成是企业的一个组成部分，运用"同步工程（SE）"组织生产，用最短的时间将新产品打入市场，时刻保持产品的高质量、多样化和灵活性，这也是"敏捷制造"的核心思想。

（3）体现事先计划与事中控制的思想。ERP 系统中的计划体系主要包括主生产计划、物流需求计划、能力计划、采购计划、销售执行计划、利润计划、财务预算和人力资源计划等，而且这些计划功能与价值控制功能已完全集成到整个供应链系统中。另外，ERP 系统通过定义事务处理（Transaction）相关的会计核算科目与核算方式，在事务处理发生的同时自动生成会计核算分录，保证了资金流与物流的同步记录和数据的一致性，从而实现了根据财务资金现状，可以追溯资金的来龙去脉，并进一步追溯所发生的相关业务活动，便于实现事中控制和实时作出决策。

在供应链上，除了人们已经熟悉的"物流""资金流""信息流"外，还有容易被人们所忽略的"增值流"和"工作流"。就是说，供应链上有 5 种基本"流"在流动。

从形式上看，客户是在购买商品或服务，但实质上，客户是在购买商品或服务提供能带来效益的价值。各种物料在供应链上移动，是一个不断增加其技术含量或附加值的增值过程，在此过程中，还要注意消除一切无效劳动与浪费。因此，供应链还有增值链（Value-Added Chain）的含义。不言而喻，只有当产品能够售出，增值才有意义。企业单靠成本、生产率或生产规模的优势打价格战是不够的，要靠价值的优势打创新战，这才是企业竞争的真正出路，而 ERP 系统要提供企业分析增值过程的功能。

信息、物料、资金都不会自己流动，物料的价值也不会自动增值，要靠人的劳动来实现，要靠企业的业务活动——工作流（Work Flow）或业务流程（Business Process），它们才能流动起来。工作流决定了各种流的流速和流量，是企业业务流程重组（BPR）研究的对象。ERP 系统提供各种行业的行之有效的业务流程，而且可以按照竞争形势的发展，随着企业工作流（业务流程）的改革在应用程序的操作上作出相应的调整。

供应链管理的原理如图 1-7 所示。

第 1 章 初识 ERP

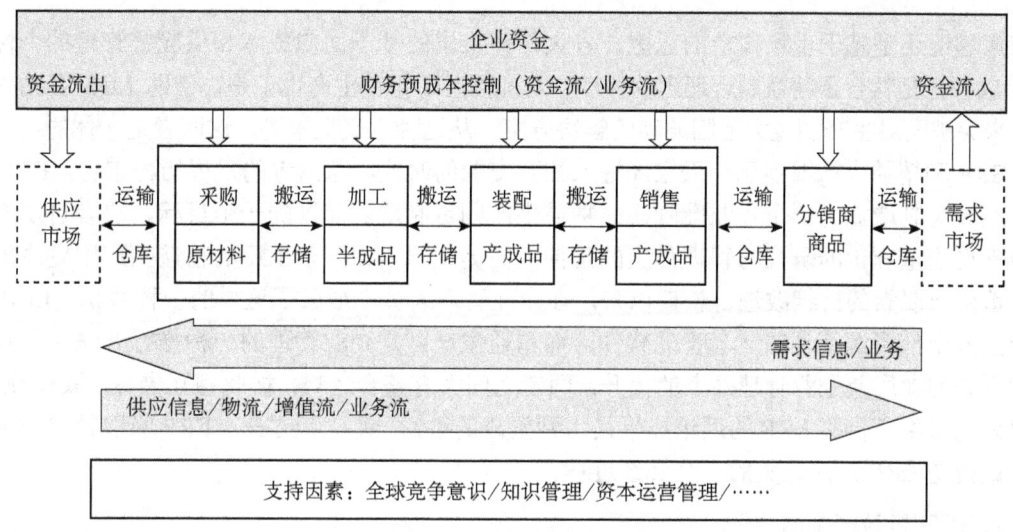

图 1-7 供应链管理的原理

1.3.2 ERP 与先进生产管理理念

在工业企业中，生产方式与管理有着极其密切的关系，生产方式的某些新发展对管理变革产生了很大影响。

1. ERP 与精益生产

精益生产（Lean Production，LP）是美国麻省理工学院数位国际汽车计划组织（IMVP）的专家对日本丰田准时化生产 JIT（Just In Time）生产方式的赞誉称呼。精益生产方式源于丰田生产方式，是战后日本汽车工业遭到的"资源稀缺"和"多品种、少批量"的市场制约的产物，是当前工业界最佳的一种生产组织体系和方式。

精益生产强调的是一切以"JIT"为基础进行推进，即在需要的时间按需要的量在需要的地点生产、制造、供给需要的产品。追求的是车间生产布局、生产控制流程、原材料物流路径、人员结构都较为完美的生产系统，以"5S""标准作业""QC 手法""看板"等工具在内形成包含企业文化、人力资源、企业信息系统、企业整体制造资源等在内的一整套系统，基本上是遵循拉动式的生产系统结构。

ERP 强调的是企业自上而下进行的整体规划，其基本思想是以物料清单、原材料期量标准及企业自身的各种需求资源为基础，从而制订主生产计划、物料需求计划，进而延伸到企业物流、供应链等环节，同时根据需求与能力负荷调整和平衡生产计划，采用层层推进的方式控制生产运营的各个环节，基本上是推进式的生产系统。

基于两者的出发点不同，造成了这样的一个宏观概念，一个是推动式的生产体系，另一个是拉动式的生产体系，如果仅从这两个方面来考虑这两者的确是一个矛盾对立体。从制造业的发展历程来看，已经从最原始的大规模生产转向针对市场需求的个性化生产，市场需求变幻莫测，能够预见几个月以后市场的情况几乎是不可能的事情，那么对推动式的 ERP 来讲就显得有些力不从心，同样作为基于底层形而向上的精益生产，面对生产规模的突发性调整也是捉襟见肘，难道仅仅就是基于这种理念就认为它们之间的关系是矛盾的吗？事实上，无论是由于两者的有意靠近还是基于市场需求的原因，各大厂商推出的基于面向成本和供应链管理的个性化 ERP 软件正是糅合了精益制造理念的体现，与此同时，精益生产也正是在借助 MRP II 的基本理念来突破面对生产制造大范围波动的解决方案，从这种意义上来讲，这两者是一体的。

ERP 和精益生产发展到今天已经进入相互交融的时代，从两者的发展历程来看，ERP 似乎已经成为制造业的一个行业准则，而精益生产则是制造业前进的一个目标，前者自发展以来似乎更注重理论的研究与管理角度的延伸，而诞生于丰田汽车工厂的精益生产则更注重工厂制造生产要素的持续改进。长期以来，在企业管理人员中形成了这样的一种共识，ERP 是整合企业全部资源管理的一套管理软件，而精益生产则是企业管理的一种推行方法。随着制造业竞争的加剧及企业管理效率的提升，两者之间大有整合之势，彼此相互借鉴，取长补短。如果说精益生产借鉴 ERP 的理论成果是水到渠成的事情，那么反过来，ERP 吸取精益成本控制理论则是 ERP 走向完美的一个必经过程。

2. ERP 与敏捷制造

敏捷制造（Agile Manufacturing，AM）是美国国防部为了支持 21 世纪制造业发展而制订的一项研究计划，旨在提高自己国家在未来世界中的竞争地位和竞争优势。它采用现代通信手段，通过快速配置各种资源（包括技术、管理和人），以有效和协调的方式响应用户需求，实现制造的敏捷性。敏捷性是核心，它是企业在不断变化、不可预测的经营环境中善于应变的能力，是企业在市场中生存和领先能力的综合表现，具体表现在产品的需求、设计和制造上具有敏捷性。

敏捷制造的目的可概括为：\"将柔性生产技术，有技术、有知识的劳动力与能够促进企业内部和企业之间合作的灵活管理（三要素）集成在一起，通过所建立的共同基础结构，对迅速改变的市场需求和市场实际作出快速响应\"。从这一目标中可以看出，敏捷制造实际上主要包括三个要素：生产技术、管理和人力资源。

敏捷制造技术和 ERP 的目标越来越接近，在企业物理集成、信息集成和功能集成的基础上，实现企业的过程重组和集成；从以技术为中心向以人、组织、管理为中心改变；通过国际环境网络将供应链上分散的、小型化的、专业化的制造企业有效地组织起来，合理优化使用资源，走可持续发展道路；实现企业组织结构由金字塔式的多层次生产管理结构向扁平的网络结构转变；从传统的顺序工作方式向并行方式转变；从按功能划分部门的固定组织形式向动态的、柔性的小组工作组织形式转变。ERP 为整个制造系统提供了一致的、完备的数据源，可以说，ERP 所代表的信息集成是实现过程集成和虚拟制造仿真的先决条件，提供了检验与评估的手段，是正确实施真实制造活动的保证，是缩短制造周期、体现敏捷性的关键一环，信息集成与过程集成的结合使各成员企业间的企业集成最终成为可能，柔性制造使敏捷企业中硬件设备的集成变得容易，使企业的制造能力大大提高，是柔性观点的重要体现。

3. ERP 与全面质量管理

全面质量管理（Total Quality Management，TQM）最先是 20 世纪 60 年代初由美国的著名专家菲根堡姆提出的。它是在传统的质量管理基础上，随着科学技术的发展和经营管理上的需要发展起来的现代化质量管理。TQM 以质量为中心，以全员参与为基础，目的在于通过顾客满意和本组织所有成员及社会受益而达到长期成功的管理途径。

按照质量管理在工业发达国家实践中的特点，一般分为 3 个阶段：质量检验阶段、统计质量阶段、全面质量管理阶段。

从质量管理的发展历程和全面质量管理的特性看，可以得出以下几点。

（1）质量从管理的角度不可能作为一个独立的部分存在。

（2）解决质量问题要依靠大量的信息找出质量问题的重点和关键，寻找产生问题的根源，协同相关部门采取有效措施，跟踪处理措施实施结果，评价措施效果，结合奖惩制度进行考核，把成果固化为制度、标准或流程，形成完整的 PDCA 循环。

（3）质量管理应是全员参与的管理，需要其他部门的支持和共同的合作。

（4）质量管理又能给其他部门提供很多帮助。

（5）依托于信息细化管理，质量追溯才能分清责任，查清原因，采取措施，及时处理。

ERP 系统中质量管理同其他模块的集成能有效地提高质量体系的运作效率。质量管理模块的核心是质量检验，几乎所有的质量功能都与质量检验有关，在质量检验中要确定检验类型，基本检验类型有收货检验、外协检验、生产过程的检验、发货检验、对客户退货的检验、库存转移检验等，集成到物料采购、生产和销售的运作活动中，涉及组织运作的各个环节；质量标准和计划是质量检验的前期准备，确定产品检验的过程和标准，ERP 系统对检验特性、代码、检验方式、检验标准、取样过程、取样体系等基本数据进行设置，通过科学的编码分类，使质量信息能够按类型、分产品、分工序、分原因的汇总分析；ERP 中质量控制可实现与采购、生产、销售紧密集成的流程控制，充分体现全面质量管理全员参加、全过程控制的思想；质量成本和质量分析运用科学的数理统计方法，充分发挥信息技术编码、分类的优势，对质量信息进行结构、关键、趋势、原因等细致的分析，指导产品、工艺、检验规程的设计；通过对质量要素的分析，找出产生质量问题的原因，采取有效的措施，不断提升产品品质；根据质量成本的结构分析，明确质量工作的方向，提高质量工作的效率和效果。

1.3.3　ERP 与业务流程重组

业务流程重组（Business Process Reengineering，BPR）最早由美国的 Michael Hammer 和 James Champy 提出，在 20 世纪 90 年代达到了全盛的一种管理思想，通常定义为通过对企业战略、增值运营流程及支撑它们的系统、政策、组织和结构的重组与优化，达到工作流程和生产力最优化的目的。强调以业务流程为改造对象和中心、以关心客户的需求和满意度为目标、对现有的业务流程进行根本的再思考和彻底的再设计，利用先进的制造技术、信息技术及现代的管理手段，最大限度地实现技术上的功能集成和管理上的职能集成，以打破传统的职能型组织结构，建立全新的过程型组织结构，从而实现企业经营在成本、质量、服务和速度等方面的突破性的改善。

1. BPR 分类

根据流程范围和重组特征，将 BPR 分为以下三类。

（1）功能内的 BPR。通常是指对职能内部的流程进行重组。在旧体制下，各职能管理机构重叠、中间层次多，而这些中间管理层一般只执行一些非创造性的统计、汇总、填表等工作，计算机完全可以取代这些业务而将中间层取消，使每项职能从头至尾只有一个职能机构管理，做到机构不重叠、业务不重复。例如，物资管理由分层管理改为集中管理，取消二级仓库；财务核算系统将原始数据输入计算机，全部核算工作由计算机完成，变多级核算为一级核算等。

宝钢实行的纵向结构集中管理就是功能内 BPR 的一种体现。按纵向划分，宝钢有总厂、二级厂、分厂、车间、作业区 5 个层次。在 1990 年年底的深化改革中，宝钢将专业管理集中到总厂，二级厂及以下层次取消全部职能机构，使职能机构扁平化，做到集中决策、统一经营，增强了企业的应变能力。

（2）功能间的 BPR。功能间的 BPR 是指在企业范围内，跨越多个职能部门边界的业务流程重组。例如，北京第一机床厂进行的新产品开发机构重组，以开发某一新产品为目标，组织集设计、工艺、生产、供应、检验人员为一体的承包组，打破部门的界限，实行团队管理，以及将设计、工艺、生产制造并行交叉的作业管理等。这种组织结构灵活机动，适应性强，将各部门人员组织在一起，使许多工作可平行处理，从而可大幅度地缩短新产品的开发周期。

又如宝钢的管理体制在横向组织结构方面实行一贯管理的原则。所谓一贯管理，就是在横向组织方面适当简化专业分工，实行结构综合化。凡是能由一个部门或一个人管理的业务，就不设多个部门或多个人去管；在管理方式上实现各种物流、业务流自始至终连贯起来的全过程管理，克服传统管理中存在的机构设置分工过细及业务分段管理的情况。

（3）组织间的 BPR。组织间的 BPR 是指发生在两个以上企业之间的业务重组，如通用汽车公司（GM）与 SATURN 轿车配件供应商之间的购销协作关系就是组织间的 BPR 的典型例子。GM 采用共享数据库、EDI 等信息技术，将公司的经营活动与配件供应商的经营活动连接起来。配件供应商通过 GM 的数据库了解其生产进度，拟定自己的生产计划、采购计划和发货计划，同时通过计算机将发货信息传给 GM。GM 的收货员在扫描条形码确认收到货物的同时，通过 EDI 自动向供应商付款。这样，使 GM 与其零部件供应商的运转像一个公司似的，实现了对整个供应链的有效管理，缩短了生产周期、销售周期和订货周期，减少了非生产性成本，简化了工作流程。这类 BPR 是目前业务流程重组的最高层次，也是重组的最终目标。

由以上三种类型的业务流程重组可以看出，各种重组过程都需要数据库、计算机网络等信息技术的支持。ERP 的核心管理思想是实现对整个供应链的有效管理，与 ERP 相适应而发展起来的组织间的 BPR 创造了全部 BPR 的概念，是全球经济一体化和 Internet 广泛应用环境下的 BPR 模式。

2. 流程重组的原则

BPR 是对现行业务运行方式的再思考和再设计，应遵循以下基本原则。

（1）以企业目标为导向调整组织结构。在传统管理模式下，劳动分工使各部门具有特定的职能，同一时间只能由一个部门完成某项业务的一部分。而 BPR 打破了职能部门的界限，由一个人或一个工作组来完成业务的所有步骤。随着市场竞争的加剧，企业需要通过重组为顾客提供更好的服务，并将 BPR 作为发展业务和拓宽市场的机会。

（2）让执行工作者有决策的权力。在 ERP 系统的支持下，让执行者有工作上所需的决策权，可消除信息传输过程中的延时和误差，并对执行者有激励作用。

（3）取得高层领导的参与和支持。高层领导持续性的参与和明确的支持能明显提高 BPR 成功的概率。因为 BPR 是一项跨功能的工程，是改变企业模式和人的思维方式的变革，必然对员工和他们的工作产生较大影响。特别是 BPR 常常伴随着权力和利益的转移，有时会引起一些人，尤其是中层领导的抵制，如果没有高层管理者的明确支持，则很难推行。

（4）选择适当的流程进行重组。在一般情况下，企业有许多不同的业务部门，一次性重组所有业务会导致其超出企业的承受能力。所以，在实施 BPR 之前，要选择好重组的对象。应该选择那些可能获得阶段性收益或者是对实现企业战略目标有重要影响的关键流程作为重组对象，使企业尽早地看到成果，在企业中营造乐观、积极参与变革的气氛，减少人们的恐惧心理，以促进 BPR 在企业中的推广。

（5）建立通畅的交流渠道。从企业决定实施 BPR 开始，企业管理层与职工之间就要不断进行交流。要向职工宣传 BPR 带来的机会，如实说明 BPR 对组织机构和工作方式的影响，特别是对他们自身岗位的影响及企业所采取的相应解决措施，尽量取得职工的理解与支持。如果隐瞒可能存在的威胁，有可能引起企业内部动荡不安，从而使可能的威胁成为现实。

3. ERP 实施中进行业务流程重组的必要性

ERP 只是一套管理软件，企业实施 ERP 为什么非要进行业务流程重组呢？其实 ERP 的应用，不仅仅是引入一套现代化的管理软件，使企业的日常经营管理活动自动化，它更重要的是对企业传统的经营方式进行根本性的变革，使得企业经营更加合理化、科学化，从而能够大幅度地提高企业的经营效益。企业实施 ERP 之后效益的提高，一方面是来自 ERP 软件本身，另一方面则是得益于业务流程重组。实施 ERP 项目之前，对企业进行业务流程重组其必要性主要体现在以下几个方面。

（1）ERP 软件的设计背景要求企业进行相应的业务流程重组。ERP 是典型的市场经济运行模式，而我国的市场经济的发展还很不完善，许多企业的管理方法和管理手段都很落后，这样的企业管理现状就必然要求在实施 ERP 之前首先进行企业业务流程重组，按照先进的 ERP 管理理念的要求，对企业现有的业务流程进行根本性的改造。

（2）ERP 软件的功能实现要求企业必须进行一定的业务流程重组。ERP 软件的应用改变了传统的经营管理方式，它将企业的经营管理活动按照功能分为制造、分销、财务、人力资源等几大模块，它们的功能实现要求原有的组织机构、人员设置、工作流程进行重新安排，以保证 ERP 功能的实现。这就需要企业在 ERP 应用前一定要开展管理咨询和业务流程重组，通过强化企业管理来确保基础数据的准确性。

（3）ERP 软件的应用目的要求企业实施业务流程重组。从根本上来说，企业应用 ERP 的目的在于改善企业经营管理，提高企业经济效益。这样的一个最终目的就必然要求企业能够借助于 ERP 在企业中的实施应用，不断地优化它的业务流程，使得整个经营活动更加符合科学管理的要求。利用 ERP 系统使复杂或者不产生价值的流程自动化并不能提高生产力或提高业绩，只会导致低效的流程和浪费。信息系统效用的有效发挥，必须建立在合理、高效的业务流程上，企业在应用信息系统之前，首先应保证流程正确无误，否则如果在原有不合理的流程上将能产生价值的任务计算机化、自动化，往往会把这些无效果的任务锁定在流程中，都会导致日后企业发展效率低下。

从以上三个方面可以明确地看出业务流程重组是促进企业成功应用 ERP 的一个重要因素，它的作用不容忽视。无论什么企业在实施 ERP 时，都要对企业业务流程进行重组，它是企业实施 ERP 项目成败与否的关键。

1.4 ERP系统主要功能模块

在企业中，一般的管理主要包括三方面的内容：生产控制（计划、制造）、物流管理（分销、采购、库存管理）和财务管理（会计核算、成本管理）。这三大系统本身就是集成体，它们彼此之间有相应的接口，能够很好地整合在一起来对企业进行管理。随着企业对人力资源管理重视的加强，已经有越来越多的 ERP 厂商将人力资源管理作为 ERP 系统的一个重要组成部分。尽管不同的 ERP 软件由于设计思路和方法不同，其功能划分也有所不同，但 ERP 原理却是相同的。按照企业运营流程，可以将 ERP 系统划分为财务管理（会计核算、成本管理）、生产管理与控制、供应链管理（销售、采购、库存、运输），这些部分所涉及的功能模块如图 1-8 所示。

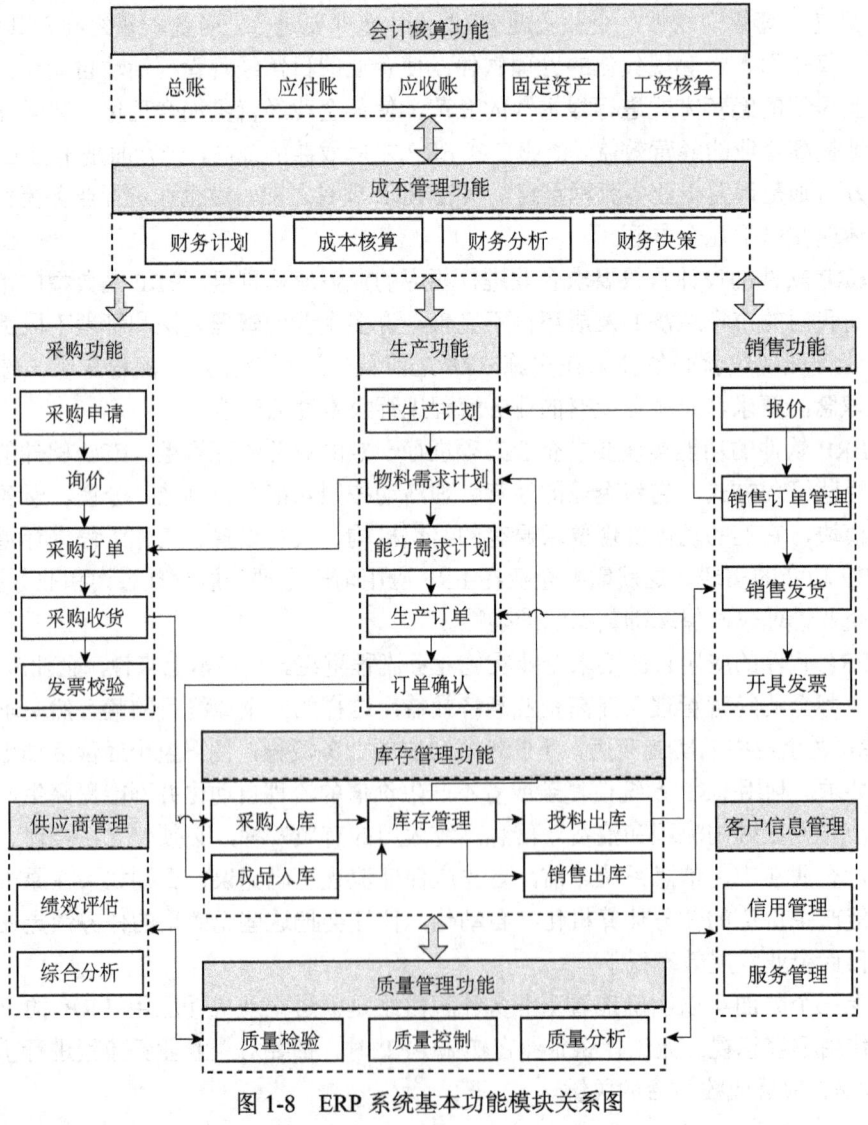

图 1-8　ERP 系统基本功能模块关系图

1.4.1 财务管理

企业中，财务管理的清晰分明是极其重要的，它在 ERP 系统中是不可或缺的一部分。一般 ERP 系统包括会计核算与成本管理。

1. 会计核算

会计核算主要是记录、核算、反映和分析资金在企业经济活动中的变动过程及其结果。它由总账、应收账、应付账、固定资产、工资核算等部分构成。

- 总账模块：它的功能是处理记账凭证输入、登记，输出日记账、一般明细账及总分类账，编制主要会计报表，它是整个会计核算的核心。
- 应收账模块：指企业应收的由于商品赊欠而产生的正常客户欠款账。它包括发票管理、客户管理、付款管理、账龄分析等功能。它和客户订单、发票处理业务相联系，同时将各项事件自动生成记账凭证，导入总账。
- 应付账模块：会计里的应付账是企业应付购货款等账，它包括发票管理、供应商管理、支票管理、账龄分析等。它能够和采购模块、库存模块完全集成以替代过去烦琐的手工操作。
- 固定资产模块：完成对固定资产的增减变动及折旧有关计提和分配的核算工作。它有助于了解固定资产的现状，能借助该模块提供的方法来管理资产，并进行相应的会计处理。它的具体功能有：登录固定资产卡片和明细账，计算折旧，编制报表及自动编制转账凭证，并转入总账。
- 工资核算模块：自动进行企业员工的工资结算、分配、核算及各项相关经费的计提。它能够登录工资、打印工资清单及各类汇总报表，计算计提各项与工资有关的费用，自动作出凭证，导入总账。

2. 成本管理

成本管理的功能是基于会计核算数据的，在此基础上加以分析，进行预测决策、管理控制，主要包括以下功能。

- 财务计划：根据前期财务分析作出下期的财务计划、预算等。
- 成本核算：它将依据产品结构、工作中心、工序、采购等信息进行产品的各种成本的计算，以便进行成本分析和规划。还能用标准成本法或平均成本法按地点维护成本。
- 财务分析：提供查询功能和通过用户定义的差异数据的图形显示进行财务绩效评估、账户分析等。
- 财务决策：财务管理的核心部分，中心内容是作出有关资金的决策，包括资金筹集、投放及资金管理。

1.4.2 生产管理与控制

这部分是 ERP 系统的核心所在，它将企业的整个生产过程有机地结合在一起，使得企业能够有效地降低库存，提高效率。同时，各个原本分散的生产流程的自动连接，也使得生产流程能够前后连贯地进行，而不会出现生产脱节，耽误生产交货时间。生产管理与控制是以计划为导向的生产、管理方法。首先，企业确定它的一个总生产计划，再经过层层细分后，下达到各部门去执行，即生产部门依此生产，采购部门依此采购等。

（1）主生产计划。它根据客户订单、预测和生产计划安排将来各周期中提供的产品种类和数量，它将生产计划转化为产品计划。在平衡了物料供应和设备能力后，制订出精确到时间、数量的详细的进度计划，它是对生产计划、实际订单和销售历史数据进行分析得来的。

（2）物料需求计划。在主生产计划决定生产多少最终产品后，再根据物料清单，把要生产的产品数量转变为生产需要的零部件数量，并对照现有的库存，计算出还需生产多少，采购多少。

（3）能力需求计划。在初步确定物料需求计划、平衡所有工作中心的负荷能力后，得出详细的工作计划，用以确定生成的物料需求计划是否是企业生产能力可行的需求计划。能力需求计划是一种短期的、当前实际应用的计划。

（4）车间控制。是随时间变化的动态作业计划，它将作业分配到具体各个车间，再进行作业排序、作业管理和作业监控。

（5）标准。编制计划中需要许多生产基本信息，即制造标准，如物料清单等，是用唯一代码在 ERP 系统中识别的。常见的标准如下所述。

- 零部件代码：对物料的管理，对每种物料给予唯一的代码识别。
- 物料清单：定义产品结构的技术文件，用来编制各种计划。
- 工艺路线：描述加工步骤及生产和装配产品的操作顺序，包含工序的顺序和额定工时，指明加工设备及所需的工具和资源等。
- 工作中心：由相同或相似的机器设备或人员组成，用以安排生产进度、核算生产能力、计算成本。

1.4.3 供应链管理

1. 销售管理

销售管理是从产品的销售计划开始，对其销售产品、销售地区、销售客户各种信息的管理和统计，并可对销售数量、金额、利润、绩效、客户服务作出全面的分析，这样在分销管理模块中大致有以下三方面的功能。

（1）客户信息管理。它能建立一个客户信息档案，对其进行分类管理，进而对其进行有针对性的客户服务，以达到最高效率地保留老客户、争取新客户。在这里，要特别提到的是最近新出现的 CRM 软件，即客户关系管理，ERP 与它的结合必将大大提高企业的效益。

（2）销售订单管理。销售订单是 ERP 的入口，所有的生产计划都是根据它下达并进行排产的，而销售订单的管理贯穿于产品生产的整个流程。它包括以下几点。

- 客户信用审核及查询（客户信用分级，审核交易订单）。
- 产品库存查询（决定是否要延期交货、分批发货或用代用品发货等）。
- 产品报价（为客户作不同产品的报价）。
- 订单输入、变更及跟踪（订单输入、变更及订单的跟踪分析）。
- 交货期的确认及交货处理（决定交货期和发货事务安排）。

（3）统计分析。系统根据销售订单的完成情况，依据各种指标作出的统计，如客户分类统计、销售代理分类统计等，再就这些统计结果对企业实际销售效果进行评价。

2. 采购管理

确定合理的订货量、优秀的供应商和保持最佳的安全储备。能够随时提供订购、验收的信息，跟踪和催促外购或委外加工的物料，保证货物及时到达。建立供应商的档案，用最新的成本信息来调整库存的成本，具体包括以下几点。

- 供应商信息查询（查询供应商的能力、信誉等）。
- 催货（对外购或委外加工的物料进行跟催）。
- 采购与委外加工统计（统计、建立档案，计算成本）。
- 价格分析（对原料价格分析，调整库存成本）。

3. 库存管理

用来控制存储物料的数量，以保证稳定的物流，支持正常的生产，但又最小限度地占用资本。它是一种相关的、动态的及真实的库存控制系统。它能够结合、满足相关部门的需求，随时间变化动态地调整库存，精确地反映库存现状。

4. 运输管理

运输管理系统应有运输排程和运输路线计划、运输业务处理、运输成本核算及运输信息网络浏览等功能。

1.5 ERP 软件市场概况

1.5.1 ERP 软件市场现状

ERP 软件发展到今天，追根溯源可以发现，其有两个源头，一个源头是制造业的制造资源计划（MRP II）；另一个源头是财务软件，如以用友、金蝶为代表的从会计核算软件起家，逐渐进化为财务管理、业务一体化的企业管理软件及现在的 ERP 软件。二者可谓殊途同归。

目前，国内管理软件市场上依然壁垒分明，一方是 SAP、Oracle、JDE、SSA 等一些拥有雄厚资本及丰富的市场运作经验且技术实施能力和人才储备都一流的外国公司，它们在系统安全性、可延续性和可扩充性等方面仍处于领先地位，另一方是以用友、金蝶、神州数码、和佳、新中大、开思等为代表的国内软件企业。随着国内 ERP 厂商在技术和市场领域的日趋成熟，ERP 市场逐渐形成了四大阵营：以 SAP 为代表的国外 ERP 厂商阵营；以用友、金蝶为代表的从财务软件转型的管理软件厂商阵营；以和佳、利玛为代表的从 MRP 发展起来的专业 ERP 厂商阵营；以神州数码为代表的从 IT 分销商"杀入"ERP 市场的硬件厂商阵营。

ERP 软件产品有高、中、低端之分，并具有不同的特点和应用。

（1）国外软件厂商主要面向高端 ERP 应用。这类企业应用复杂，涉及大量的二次开发，对厂商及供应商要求有较强的技术实力和二次开发能力。

（2）中端应用是目前市场需求最大的。主要是前期已经应用过部分模块的企业，随着企业成长，如进销存、财务存在信息孤岛，需要对企业进行整体资源、信息的整合。中端 ERP

应用市场也是竞争最充分的领域。典型的厂商代表为用友、金蝶及神州数码，主要方式为提供套装化产品，并提供本地化及时、快速的服务。因此，产品和服务成为该领域最核心的竞争力。

（3）低端市场主要由部分企业普及应用，或者以某个业务模块为主。这些产品应用周期短，或者只是企业在正式应用之前的练兵。随着应用效果的体现，这些企业会逐渐扩大信息化应用范围，在同等条件下，这些企业将优先选择原有供应商的高端产品。大部分高端厂商或中端厂商提供低端产品，扩大市场基础，为未来的企业升级应用培养大量的用户基础。

1.5.2 常见 ERP 产品介绍

1. SAP ERP

SAP 公司是 ERP 思想的倡导者，成立于 1972 年，总部设在德国南部的沃尔道夫市。SAP 的主打产品 R/3 是用于分布式客户机/服务器环境的标准 ERP 软件，主要功能模块包括销售和分销、物料管理、生产计划、质量管理、工厂维修、人力资源、工业方案、办公室和通信、项目系统、资产管理、控制及财务会计。R/3 适用的服务器平台是：Novell、Netware、NT Server、OS400、Unix，适用的数据库平台是：IBM DB2、Informix、MS SQL Server、Oracle，支持的生产经营类型是：按订单生产、批量生产、合同生产、离散型、复杂设计生产、按库存生产、流程型，其用户主要分布在航空航天、汽车、化工、消费品、电子、食品饮料等行业。

R/3 的功能涵盖了企业管理业务的各个方面，这些功能模块服务于各个不同的企业管理领域。在每个管理领域，R/3 又提供进一步细分的单一功能子模块，如财务会计模块包括总账、应收账、应付账、财务控制、金融投资、报表合并、基金管理等子模块。

目前，排名世界 500 强的企业，有一半以上使用的是 SAP 的软件产品。因 R/3 的功能比较丰富，各模块之间的关联性非常强，所以不仅价格偏高，而且实施难度也高于其他同类软件。R/3 适用于那些管理基础较好且经营规模较大的企业，普通企业选择 R/3 时，要充分考虑软件的适用性和价格因素。

2. Oracle ERP

Oracle 公司是全球最大的应用软件供应商，成立于 1977 年，总部设在美国加利福尼亚州。Oracle 主打管理软件产品，Oracle Applications R11i 是集成化的电子商务套件之一，能够使企业经营的各个方面全面自动化。Oracle 企业管理软件的主要功能模块包括销售订单管理系统、工程数据管理、物料清单管理、主生产计划、物料需求计划、能力需求管理、车间生产管理、库存管理、采购管理、成本管理、财务管理、人力资源管理和预警系统。Oracle 适用的服务器平台是：DEC Open VMS、NT、UNIX、Windows 95/98，数据库平台是：Oracle，支持的生产经营类型是：按订单生产、批量生产、流程式生产、合同生产、离散型制造、复杂设计生产、混合型生产、按订单设计、按库存生产，其用户主要分布在航空航天、汽车、化工、消费品、电子、食品饮料等行业。Oracle 凭借"世界领先的数据库供应商"这一优势地位，建立起构架在自身数据之上的企业管理软件，其核心优势就在于它的集成性和完整性。

3. Infor ERP

Infor 是全球第三大企业管理软件供应商。曾经的 SSA、MAPICS、SYMIX、BAAN、LILLY、四班等管理软件领域大名鼎鼎的厂商，现在已经全部归到 Infor 旗下。Infor 通过收购和改进，提供成熟、功能丰富的软件，并使其更出色。

Infor 公司注重行业专属，其产品包括客户关系管理软件、企业资产管理软件、企业资源规划软件、财务管理软件、人力资本管理软件、企业绩效管理软件、产品生命周期管理软件、供应商关系管理软件及供应链管理软件，其中，供应链管理软件又包括企业专属存货管理软件、运输物流与仓库管理软件等。

4. 用友 ERP

用友公司成立于 1988 年，是亚太地区最大的管理软件、ERP 软件、集团管理软件、人力资源管理软件、客户关系管理软件、小型企业管理软件、财政及行政事业单位管理软件、汽车行业管理软件、烟草行业管理软件、内部审计软件及服务提供商，也是中国领先的企业云服务、医疗卫生信息化、管理咨询及管理信息化人才培训提供商。

用友软件已形成 NC、U8、"通"三条产品和业务线，分别面向大、中、小型企业提供软件和服务，用友软件的产品已全面覆盖企业从创业、成长到成熟的完整生命周期，能够为各类企业提供适用的信息化解决方案，满足不同规模企业在不同发展阶段的管理需求，并可实现平滑升级。用友拥有丰富的企业应用软件产品线，覆盖了企业 ERP（企业资源计划）、SCM（供应链管理）、CRM（客户关系管理）、HR（人力资源管理）、EAM（企业资产管理）、OA（办公自动化）等业务领域，可以为客户提供完整的企业应用软件产品和解决方案。

5. 金蝶 ERP

金蝶软件始创于 1993 年，总部位于中国深圳，是中国软件产业领先厂商，亚太地区管理软件龙头企业，全球领先的中间件软件、在线管理及全程电子商务服务商，目前为世界范围内超过 80 万家企业和政府组织成功提供了管理咨询和信息化服务。

金蝶产品根据企业应用规模的大小划分为三个系列，分别是适用于小型企业的 KIS、适用于中小型企业的 K/3 及适用于大中型企业的 EAS。同时，金蝶还有一个基于服务导向架构（SOA）的商业操作系统——金蝶 BOS。

（1）面向大型集团企业：金蝶 EAS。金蝶 EAS 是集团企业的一体化全面管控解决方案，适用于资本管控型、战略管控型及运营管控型的集团企业。金蝶 EAS 为资本管控型的多元化企业集团提供财务、预算、资金和高级人才的管控体系，为战略管控型的集团企业提供集团财务、企业绩效管理、战略人力资源、内控与风险的全面战略管控，为运营管控型的集团提供战略采购、集中库存、集中销售与分销、协同计划及其复杂的内部交易和协同供应链的集成管理。

（2）面向中型企业：金蝶 K/3。金蝶 K/3 集财务管理、供应链管理、生产制造管理、人力资源管理、客户关系管理、企业绩效、移动商务、集成引擎及行业插件等业务管理组件为一体，以成本管理为目标，计划与流程控制为主线，通过对目标责任的明确落实、有效的执行过程管理和激励，帮助企业建立人、财、物、产、供、销科学完整的管理体系。金蝶 K/3 产品家族包括：金蝶 K/3 成长版、金蝶 K/3 标准版、金蝶 K/3 精益版。

（3）面向小型企业：金蝶 KIS。金蝶 KIS 是小型企业以低成本、高效率、快速入门的方式实现管理信息化的解决方案。金蝶 KIS 以"让管理更简单"为核心设计理念，适用于小型企业。金蝶 KIS 旨在提高管理能力、完善规范业务流程，全面覆盖小型企业管理的五大关键环节：老板查询、财务管理、采购管理、销售管理、仓存管理。

2012年，金蝶推出K/3 Cloud产品，K/3 Cloud是互联网时代的新型ERP，是基于Web2.0与云技术的新时代企业管理服务平台。整个产品采用SOA架构，完全基于BOS平台组建而成，业务架构上贯穿流程驱动与角色驱动思想，结合中国管理模式与中国管理实践积累，精细化支持企业财务管理、供应链管理、生产管理、HR管理、供应链协同管理等核心应用。

6. 鼎捷ERP

鼎捷软件有限公司（原神州数码管理系统有限公司：DCMS）由神州数码（中国）有限公司与鼎新电脑股份有限公司合资组建。神州数码管理系统有限公司作为国内最大的IT分销服务及系统集成商，鼎新电脑股份有限公司作为中国台湾最大的ERP管理软件商，面对国内ERP管理软件及咨询服务市场，双方强强携手，面向中国制造及流通行业推出了鼎捷ERP软件产品系列。鼎捷ERP软件产品包括易飞ERP、易拓ERP和易助ERP。同时也形成了包括OA、SCM、CRM、电子商务等在内的众多解决方案。目前，鼎捷ERP已在国内拥有3 000多家制造行业的用户，在机械、电子、汽车、化工、制药等行业也拥有大量的客户。

鼎捷ERP产品功能和性能在国产品牌中处于领先水平，用户满意度高，品牌美誉度好，同时其项目管理水平高，咨询顾问能力水平相对突出。目前，鼎捷ERP软件凭借在生产制造ERP领域的领先优势已进入国内管理软件前三强，在未来服务转型中也表现出一定的潜在优势。然而相对于其产品水平，其品牌在ERP领域的知名度略显不足，渠道覆盖面不够广。同时，国外厂商加大对中国中小企业市场的投入和国内用友、金蝶等公司ERP产品在生产制造模块上的完善，将对其带来更大的竞争压力。

除上述一系列主流ERP产品外，市场上诸如新中大、浪潮、微软、博科、金算盘等ERP软件厂商，也通过自主研发或并购等方式进入管理软件市场，推出了各自的商业解决方案。

1.5.3 ERP应用现状

ERP系统的应用通常有以下三个层次。

第一个层次，ERP系统的初级应用能够实现主要业务数据的集成和共享，如财务信息与业务信息的集成、销售订单发货信息自动生成应收款信息和收入凭证等。

第二个层次，中级的应用能够更好地帮助企业控制成本和风险，有些企业用到了预警机制，更有效的计划体系协同各个部门和各种资源，降低企业应对市场的风险，如产品生产的成本加上销售人员的工资和业绩计算提成等，可以算出这个产品的真实成本，避免由于降价的恶性竞争。

第三个层次，高级应用则在前两层的应用基础上，系统能够促进企业扩大收入、改善利润，大幅度提高核心竞争力。如商机进程管理有助于控制销售目标的实现，ATO（订单装配生产）有助于提高企业的差异化产品制造的竞争力，生产周期与产能分析有助于更精确的生产排程以提高准时交付率。

虽然中国ERP系统已经进入普及时代，然而大多数成功实施ERP的企业其ERP应用水平还停留在初级阶段。ERP系统的实施是一个管理与技术的集成过程，其中三分靠技术，七分靠管理，然而，管理基础工作落后正是我国制造企业的薄弱环节。目前在ERP实施过程中，主要存在以下问题。

（1）决策者没有意识到 ERP 系统的实施对企业原有管理体制强烈的冲击作用。ERP/MRP Ⅱ 的实施不同于 CAD/CAM 等技术型软件，它需要符合系统要求的特定的管理及技术环境。特别是在中国的环境下，系统的实施有赖于企业运作体系的重建，它涉及管理权限再分配等敏感问题，牵一发而动全局。因此，专家认为企业"一把手"的决心与积极参与是项目成功实施的根本保证。很多 ERP 实施不成功的案例，就是由于企业一把手没有参与或不重视，副总经理及实施人员无权调解新旧体制转换中各部门的利益冲突，而使实施工作宣告失败。

（2）企业管理基础工作不能满足系统运行的要求。ERP 正常运行有赖于生产稳定运行及信息流畅传递，但国内企业的生产过程经常由于质量事故，如设备故障、加工差而停顿。企业管理者 80%的精力用于处理物流的重新启动问题，使得整个生产过程经常无法按预定计划运行，处于不可控制的状态，致使 ERP 系统无法正常运行。另外，企业管理机制和市场环境不完善。目前国内企业由计划经济转向市场经济的时间不长，由于历史的惯性，企业中的一些人员还习惯于计划经济下的传统的管理方式，市场意识不强，消极对待新的管理思想和方式，不愿变革。外部市场法规不健全，行政干预时有发生，合同不按期履行等，都影响企业按市场规律和规则运作。而 ERP 是全球经济一体化环境下市场经济的产物，不但在管理方式、组织机构、工作方式等方面与我国传统的管理体制有差异，而且在文化背景、市场环境、思维方式等方面也有差异。这些差异若不能克服或适应，ERP 的应用实施就难以顺利、和谐地进行。

（3）企业管理和业务人员的素质不能适应。由于历史的原因，许多企业普遍存在着技术装备差、人员素质低的状况，导致管理水平低下。企业内部的管理程序不顺畅，不适应市场经济的要求，操作起来弊端多。有些单位计算机很少，档次低，计算机基础薄弱，未建立过计算机网络，没有网络运行的经验。企业人员缺乏培训，对于新的管理思想和技术知识了解不多、不深，或只懂本岗位的业务，对其他岗位的业务知之甚少，懂管理者缺乏信息技术知识，而信息技术人员缺乏管理经验。企业在实施过程中缺乏整体的经验和技术，只能边学边干。不仅是企业，国内的软件开发及研究单位亦如此，后者严重地影响了国内软件业的发展。

（4）实施周期过长。ERP 系统应用实施是一项复杂的工程，不仅包括软件配置、网络建设，还牵涉企业的管理体制和工作方式。根据专家的经验，系统实施时间应控制在 18 个月左右。然而，由于国内绝大部分企业采用先购机、购软件，最后培训的步骤，员工对系统原理及作用都需要时间来消化；再加上企业管理基础工作较差及现行管理体制的约束等问题，系统运行所需的大量基础数据无法及时得到，致使一些企业与软件公司在实施过程中相互扯皮；另外，一些软件公司的支持不到位，人员素质远远不能满足企业要求。这些原因造成了 ERP/MRP Ⅱ 从开始实施到完成，一般都需要一年或数年的时间。由于建设周期长，资金投入大，而 ERP 又不能产生立竿见影的直接效益，一旦企业决策者感到得不偿失，那么 ERP 也就到了无疾而终的时候了。

（5）企业缺乏有效的管理和技术支持。实施 ERP 系统的难点在于要建立企业现代化的管理运作体系，它的完成须借助有丰富实践经验、具备现代化管理知识的专家的指导。这项工作目前在我国几乎是空白，而国外专家高额的咨询费又令企业难以承受。此外，企业不愿为管理投入，这也是部分企业在应用先进制造技术中的一个重大误区。

1.5.4 ERP 未来发展趋势

随着信息技术和管理科学的不断发展，ERP 将越来越面向企业的商务过程和产品全生命周期的相关过程与资源的管理，其业务领域与功能不断扩充，ERP 系统除了要具有传统的制造、财务、分销等功能外，还必须具有功能上的可扩展性，能很方便快捷地与客户关系管理 CRM（Customer Relationship Management）、供应链管理 SCM、制造执行系统 MES（Manufacturing Executive System）等其他系统集成，从而构成功能强大的集成化企业管理与决策信息系统。

1. ERP 与客户关系管理 CRM 的进一步整合

ERP 将更加面向市场和面向顾客，通过基于知识的市场预测、订单处理与生产调度、基于约束调度功能等进一步提高企业在全球化市场环境下更强的优化能力，并进一步与客户关系管理 CRM 结合，实现市场、销售、服务的一体化，使 CRM 的前台客户服务与 ERP 后台处理过程集成，提供客户个性化服务，使企业具有更好的顾客满意度。

2. ERP 与电子商务、供应链 SCM、协同商务的进一步整合

ERP 将面向协同商务（Collaborative Commerce），支持企业与贸易共同体的业务伙伴、客户之间的协作，支持数字化的业务交互过程。ERP 供应链管理功能将进一步加强，并通过电子商务进行企业供需协作，如汽车行业要求 ERP 的销售和采购模块支持用电子商务或 EDI 实现客户或供应商之间的电子订货和销售开单过程。ERP 将支持企业面向全球化市场环境，建立供应商、制造商与分销商间基于价值链共享的新伙伴关系，并使企业在协同商务中做到过程优化、计划准确、管理协调。

3. ERP 与产品数据管理 PDM（Product Data Management）的整合

产品数据管理 PDM 将企业中的产品设计和制造全过程的各种信息、产品不同设计阶段的数据和文档组织在统一的环境中。近年来，ERP 软件商纷纷在 ERP 系统中纳入了产品数据管理 PDM 功能或实现与 PDM 系统的集成，增加了对设计数据、过程、文档的应用和管理，减少了 ERP 庞大的数据管理和数据准备工作量，并进一步加强了企业管理系统与 CAD、CAM 系统的集成，进一步提高了企业的系统集成度和整体效率。

4. ERP 与制造执行系统 MES 的整合

为了加强 ERP 对于生产过程的控制能力，ERP 将与制造执行系统 MES、车间层操作控制系统 SFC 更紧密的结合，形成实时化的 ERP/MES/SFC 系统。该趋势在流程工业企业的管控一体化系统中体现得最为明显。

5. ERP 与工作流管理系统的进一步整合

全面的工作流规则保证与时间相关的业务信息能够自动地在正确的时间传送到指定的地点。ERP 的工作流管理功能将进一步增强，通过工作流实现企业的人员、财务、制造与分销间的集成，并能支持企业经营过程的重组，也使 ERP 的功能可以扩展到办公自动化和业务流程控制方面。

总之，未来 ERP 的发展方向和趋势是进一步和电子商务、客户关系管理、供应链管理等

其他企业应用系统进行整合。ERP 的管理范围有继续扩大的趋势，在经营业务方面，电子商务、客户关系管理、办公自动化等系统都将会不断地融入 ERP 系统中。此外，ERP 系统还与 CAD、CAM、CAP 等系统融合，互相传递数据。

复习思考题

1. 现在，我们听到的表示某种管理方法或思想英文字母缩写很多，如 MRP、MRP Ⅱ、ERP、JIT、CIMS、BPR、TQM、SCM、CRM 等，它们的含义各是什么？
2. ERP 在中国的发展经历了哪几个阶段？每个阶段有什么特点？
3. 现代企业面临的挑战为何需要实施和应用 ERP？
4. ERP 如何解决市场多变和均衡生产、库存积压和物料短缺之间的矛盾？
5. 如何理解 ERP 与精益生产、敏捷制造之间的关系，试通过 ERP 原理进行分析。
6. 简述 ERP 系统主要功能模块及业务流程。
7. 如何理解 ERP 中"三分靠技术，七分靠管理"这句话？
8. 原材料采购时，很多企业可能会在毛价格最低时采购进货，但是 MRP 展开计算的结果是按照什么时候需要再进货，是否可由此认为 MRP 是一种"僵化"的系统？
9. 业务流程重组与 ERP 有何关系？
10. 你对目前的 ERP 市场还有新的发现和了解吗？试通过网络、市场调研等手段对目前 ERP 市场进行调研，写出一份分析评估报告。

第 2 章 ERP 总体流程体验

本章以金蝶 K/3 WISE 13.1ERP 为实验平台，通过模拟制造企业主业务流程的运作过程，以展现 ERP 系统的主要功能结构和信息化处理流程，主要涉及账套管理子系统、供应链管理子系统、生产管理子系统等。本章主要内容包括：

- 金蝶 ERP 系统主要功能及数据流程；
- 能熟练完成恢复、备份账套作业；
- 销售报价与销售订单管理；
- MRP 物料需求计划设置与计算；
- 采购与外购入库管理；
- 生产任务管理与生产领料；
- 销售出库与销售发票管理。

2.1 金蝶 ERP 系统简介

2.1.1 金蝶 ERP 系统功能

金蝶 K/3 ERP 系统集供应链管理、财务管理、人力资源管理、客户关系管理、办公自动化、商业分析、移动商务、集成接口及行业插件等业务管理组件为一体，以成本管理为目标，计划与流程控制为主线，通过对成本目标及责任进行考核激励，推动管理者应用 ERP 等先进的管理模式和工具，建立企业人、财、物、产、供、销科学完整的管理体系。金蝶 K/3 ERP 系统的主要功能模块如图 2-1 所示。

（1）企业绩效管理系统。金蝶 K/3 绩效管理系统面向企业全体人员设计，提供上下级互动的绩效目标分解下达、绩效过程管理、绩效考核、绩效总结等全面的绩效流程管理，支持以工作流方式按预设规则进行绩效考核评估，可完成上下级互动的绩效目标分解下达、绩效过程管理、绩效总结等工作，可实现平衡计分卡、KPI、360 度评估等多种绩效评估方式，支持绩效的定性评估和定量考核，将企业对部门绩效和职员绩效的考核规则在系统中以组织或职员考核方案形式进行落实，实现对组织与员工的绩效目标管理和过程管理。绩效管理系统可和 K/3 HR 人事管理系统、薪酬管理系统等相关系统一起组成更为完整的人力资源管理解决方案。

（2）供应链管理系统。金蝶 K/3 供应链管理系统面向企业采购、销售、库存和质量管理人员，提供采购管理、销售管理、仓库管理、质量管理、存货核算、进口管理、出口管理等业务管理功能，帮助企业全面管理供应链业务。该系统既可独立运行，又可与生产、财务系统结合使用，构成更完整、更全面的一体化企业应用解决方案。主要功能包括销售管理、采购管理、仓库管理、存货核算、进口管理、出口管理等模块。

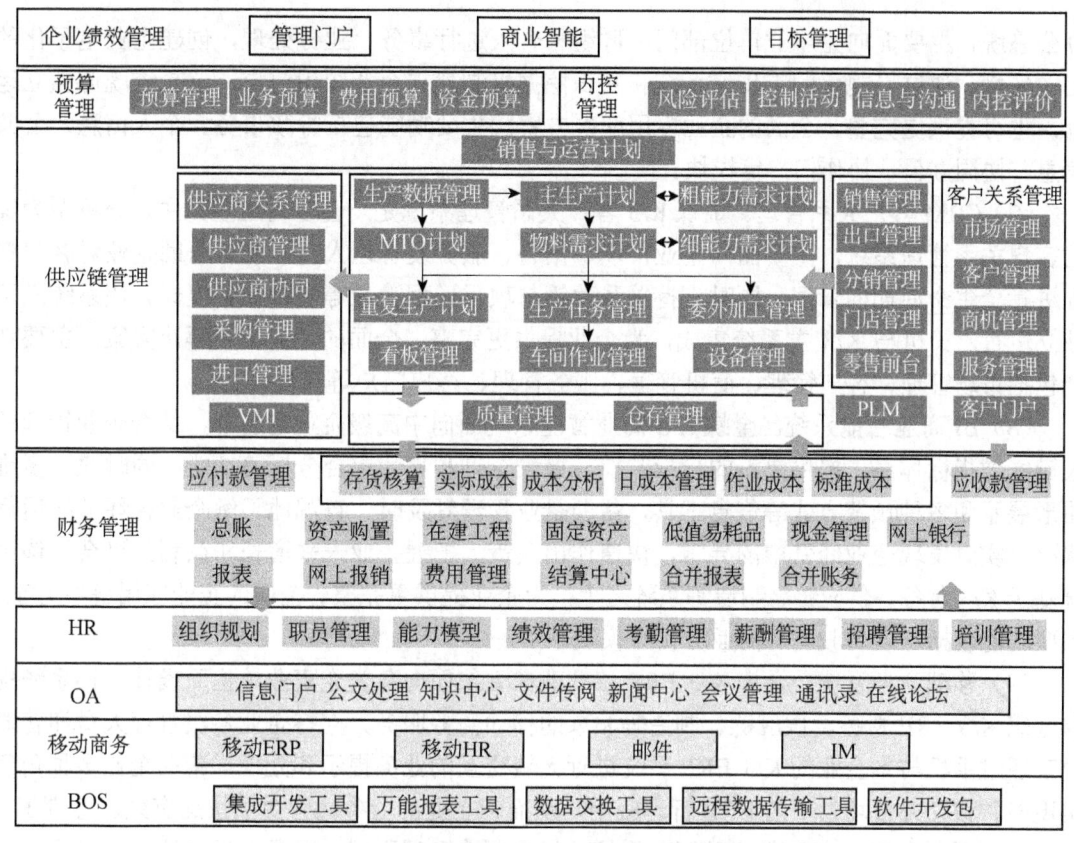

图 2-1 金蝶 K/3 ERP 系统的主要功能模块

（3）生产制造管理系统。金蝶 K/3 生产制造管理系统面向企业计划、生产管理人员，对企业的物料清单、生产计划、能力计划和车间业务等进行全面的管理，帮助企业实现物料清单的建立与变更、多方案的生产计划、精细的车间工序管理等生产制造相关业务管理。该系统与物流、财务系统结合使用，构成更完整、全面的一体化企业应用解决方案。主要功能包括生产数据管理、生产计划管理、生产任务管理、车间作业管理、设备管理等模块。

（4）财务管理系统。金蝶 K/3 财务管理系统面向企业财务核算及管理人员，对企业的财务进行全面管理，在完全满足财务基础核算的基础上，实现集团层面的财务集中、全面预算、资金管理、财务报告的全面统一，帮助企业财务管理从会计核算型向经营决策型转变，最终实现企业价值最大化。财务管理系统各模块可独立使用，同时可与业务系统无缝集成，构成财务与业务集成化的企业应用解决方案。主要功能包括应收款管理、应付款管理、总账、报表、现金管理、固定资产管理等模块。

（5）HR 人力资源管理系统。金蝶 K/3 人力资源管理系统是基于战略人力资源管理思想进行设计和开发的，适用于国内大中型集团企业，同时兼容中小型企业的应用需求，帮助企业实现基础人事管理、专业人力资源管理和员工自助三个层面的应用。该系统采用 Web 应用，既可独立运行，又可与 K/3 其他系统无缝集成，为企业提供更完整、全面的企业应用解决方案。主要功能包括基础人事信息管理、考勤管理、薪酬管理、绩效管理等模块。

（6）OA 办公自动化系统。金蝶 K/3 办公自动化系统是实现企业基础管理协作平台的知识办公系统，主要面向企事业单位部门、群组和个人进行事务、业务处理，创建企业电子化的工作环境，通过可视化的工作流系统和知识挖掘机制建立企业知识门户。该系统既可独立运行，也可提供更完整、全面的企业应用解决方案。主要功能包括行政事务、个人信息、公共信息、协同办公、协作门户等模块。

（7）CRM 客户关系管理。金蝶 K/3 客户关系管理系统是一套以营运型为主、分析型为辅的客户关系管理系统，主要面向企业市场、销售、服务及管理人员，能够帮助企业对客户资源进行全生命周期的管理；同时支持关系营销与项目过程管理等多种业务模式。该系统既可独立运行，又可与 K/3 主系统集成，为企业提供更完整、全面的企业应用解决方案。主要功能包括市场管理、客户管理、商机管理、服务管理、客户门户等模块。

（8）BI 商业智能系统。金蝶 K/3 商业智能系统面向中高级企业管理者，结合企业管理的关键绩效指标体系，提供灵活的指标监控、报表查询和集团综合分析等功能，同时通过多维图形展示和多种预警方式等信息工具，帮助企业管理者及时、直观地了解企业各环节的运行状况，实时发现企业经营中的异常，快速作出决策，把握企业未来增长和盈利的机会。该系统基于 K/3 财务、供应链、制造等系统之上，为企业提供更完整、全面的企业应用解决方案。主要功能包括管理驾驶舱、商业分析等模块。

（9）移动商务系统。金蝶 K/3 ERP 移动商务系统面向各类企事业单位而设计。该系统提供金蝶 K/3 ERP 财务、供应链、制造等领域的移动商务服务，支持企业各级管理人员和普通员工通过手机与本企业的 K/3 ERP 系统进行无线交互的业务提示和处理，帮助企业多种角色实现多种移动办公场景下的 ERP 管理应用，从而使企业的业务运营更加快速有效。金蝶 K/3 ERP 移动商务和 K/3 ERP 供应链管理系统、生产制造管理系统、财务管理系统等构成更为完整的企业信息化解决方案。主要功能包括短信中心服务、审批通知服务、业务预警服务、信息查询服务等模块。

（10）BOS 开发平台。金蝶 K/3 BOS（Business Operating System，业务操作系统）是一个开放的集成与应用平台，是金蝶 ERP 解决方案、合作伙伴解决方案及客户定制应用的技术基础。金蝶 K/3 BOS 能够为企业灵活而迅速地设计、构建、实施和执行一套随需应变的 ERP 系统；并能够与现有的 IT 基础设施无缝地协同运作；为不同行业不同企业的不同的应用阶段，提供随需应变的 ERP 解决方案。企业用户可以通过 K/3 BOS 根据自己的需要方便地进行业务配置，也可以通过 K/3 BOS 高效的集成开发工具来进行个性化、行业化定制，使 K/3 持续满足客户的需要，打造企业客户随需应变的 ERP 系统，为客户带来持久的信息化投资收益。

2.1.2 金蝶 ERP 数据流程

理解各功能模块的基本功能和数据传递流程是用好金蝶 ERP 的前提条件，不同企业可根据自身业务需求来决定使用哪些功能模块。用户在购买和实施 ERP 的过程中，可分模块分阶段进行，并不是所有模块都启用后金蝶系统才能正常运行。一般生产制造型企业在实施 ERP 的过程中，基本都是先实施供应链和财务系统两大模块，待系统运行成熟后再实施生产制造管理系统。金蝶 K/3 ERP 的数据流程图如图 2-2 所示（图中只列出本书中要讲述的功能模块）。

图 2-2　金蝶 K/3 数据流程图

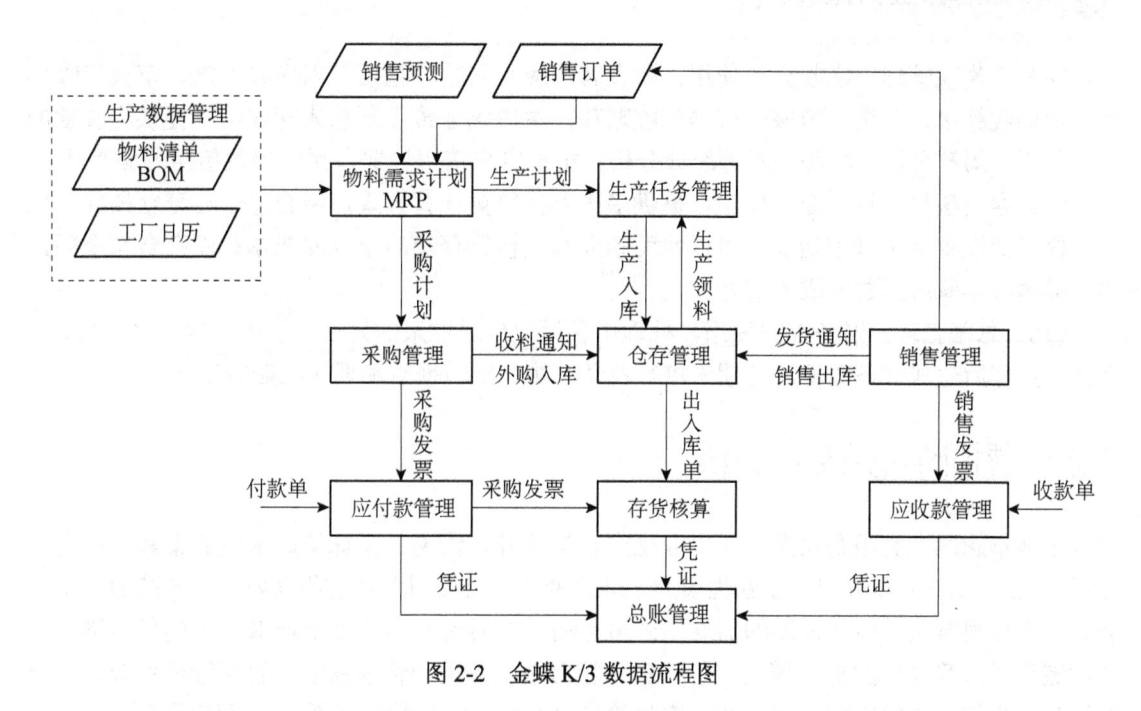

（1）销售管理。销售部门使用，提供从订单、发货/出库、退货、发票到收款的业务管理功能，支持信用赊销、价格、折扣、促销等多种销售业务处理，帮助企业实现销售业务全过程的物流、资金流和信息流的有效管理和控制。

（2）生产数据管理。工程部门使用，通过 BOM 的有效期管理、工程变更管理、工艺路线的管理、结合工序替代处理、成本模拟、物料替代和 PDM 接口功能，帮助企业建立完整的生产基础数据管理规范。

（3）物料需求计划。计划部门使用，将销售订单、销售预测根据所设置好的 MRP 计算方案和 BOM 档案，计算出生产和采购计划单据，为生产部门提供生产计划单，为采购部门提供采购计划单。解决生产什么、生产多少、什么时候生产、什么时候完工、采购什么、采购多少、什么时候采购、什么时候到货等问题。

（4）采购管理。采购部门使用，提供从采购申请、订单、收货/入库、退货到付款的业务管理功能，支持供应商、价格、批号等多种采购业务处理，帮助企业实现采购业务全过程的物流、资金流和信息流的有效管理和控制。

（5）生产任务管理。计划部门和车间共同使用，提供从生产任务、投料与领料、生产检验与汇报，到产品入库、任务单结案等业务的全过程监督与控制，结合模拟发料、领料和入库数量控制等，协助企业有效掌握各项制造活动信息。

（6）仓存管理。仓管部门使用，提供入/出库业务、仓存调拨、库存调整、虚仓等业务管理功能，支持批次、物料对应、盘点、即时库存校对等管理功能，帮助企业建立规范的仓存作业流程，提高仓存运作效率。

（7）应付款管理。应付会计使用，处理供应商应付账款，包括录入应付单据、审核应付单据；填制付款单据，并进行审核；核销应付账款；生成凭证传递到总账管理中；提供应付款的账龄分析、付款分析和付款预测；提供合同管理和担保处理功能。

（8）应收款管理。应收会计使用，处理客户应收账款，包括录入应收单据、审核应收单据；填制收款单，并进行审核；核销应收账款；生成凭证传递到总账管理中；提供应收款的账龄分析、周转分析、坏账分析等统计分析；根据客户信用设置，系统提供信用预警功能。

（9）存货核算。材料会计使用，提供多种存货核算计算方式，结合总仓与分仓核算、凭证模板灵活设置业务管理功能，可以帮助企业准确核算存货的出入库成本和库存金额余额，实时提供库存业务的财务成本信息。

（10）总账管理。财务部门使用，处理由各模块传递过来的凭证，也可以自己填制凭证，审核、过账后生成财务账簿，在期末进行自动转账、结转损益和期末结账等工作。

2.2 虚拟企业基本资料

宁波卓越笔业有限公司是一家专业生产、销售各种铅笔、圆珠笔、水笔的文具用品有限公司，成立于2014年6月，企业性质为工业企业。随着公司业务的不断发展，传统的手工作业方式已经很难满足业务发展的需要，公司计划于1月份开始使用金蝶K/3中的供应链、生产制造和财务管理中的部分模块，包括销售管理系统、采购管理系统、仓存管理系统、生产数据管理系统、物料需求计划系统、应收款管理系统、应付款管理系统、总账系统等。

2.2.1 基础数据

公司基本信息如下：
企业名称：宁波卓越笔业有限公司　电话：0574-87806666
单位地址：宁波市风华路666号　邮编：315211
本位币：人民币　启用会计期间：1月
表2-1至表2-13是宁波卓越笔业有限公司初始化设置的基础数据。

表2-1 币别

币别代码	币别名称	记账汇率
RMB	人民币	1
HKD	港币	0.79

表2-2 计量单位

组别	代码	名称	系数
数量组	11	PCS	1
	12	盒	10
	13	箱	100

表2-3 客户

代码	名称	信用管理	应收科目	预收科目	应缴税金
1	国内客户				
1.01	三江超市	否	1122	2203	2221.01.05

(续表)

代码	名称	信用管理	应收科目	预收科目	应缴税金
1.02	华联超市	否	1122	2203	2221.01.05
2	国外客户				
2.01	茂盛公司	否	1122	2203	2221.01.05
2.02	万佳商场	否	1122	2203	2221.01.05

表2-4 供应商

代码	名称	应付科目	预付科目	应缴税金	备注
01	统一公司	2202	1123	2221.01.01	笔帽供应商
02	佳佳企业	2202	1123	2221.01.01	笔芯供应商
03	日升企业	2202	1123	2221.01.01	笔壳供应商
04	万泰企业	2202	1123	2221.01.01	委外供应商
05	天虹纸业	2202	1123	2221.01.01	纸箱供应商

表2-5 仓库

代码	名称	是否MPS/MRP可用量	说明
01	原材仓	是	存放原材料
02	半成品仓	是	存放半成品
03	成品仓	是	存放成品
04	包装物仓	是	存放包装物
05	待处理仓	否	退货或质检临时仓

表2-6 部门

编号	部门名称	部门属性	编号	部门名称	部门属性
01	总经办	非车间	02	财务部	非车间
03	销售部	非车间	04	采购部	非车间
05	研发部	非车间	06	仓管部	非车间
07	生产部	车间	08	人事部	非车间

表2-7 职员

代码	姓名	部门	职务
001	李明	总经办	总经理
002	陈民	财务部	财务总监
003	唐三	财务部	出纳
004	高岗	销售部	销售部主管
005	张英	销售部	销售业务员
006	周龙	采购部	采购部主管
007	赵国友	采购部	采购员
008	王明	研发部	研发部主管
009	毛尖	仓管部	仓管部主管
010	罗元	生产部	生产主管

(续表)

代码	姓名	部门	职务
011	陈静	生产部	生产计划员
012	李芳	人事部	人事部主管

表 2-8 物料

物料大类	1 原材料					2 半成品		3 产成品		4 包装物	
代码	1.01	1.02	1.03	1.04	1.05	2.01	2.02	3.01	3.02	4.01	4.02
名称	笔芯	笔壳	笔帽	笔芯	笔帽	笔身	笔身	水笔	水笔	纸箱	纸盒
规格型号	蓝色		蓝色	红色	红色	蓝色	红色	蓝色	红色		
物料属性	外购	外购	外购	外购	外购	自制	自制	自制	自制	外购	外购
基本计量单位	PCS	PCS	PCS	PCS	PCS	PCS	PCS	PCS	PCS	PCS	PCS
采购单价	1	2	0.55	1	0.55					3	0.2
计价方法	加权平均法										
存货科目代码	1403	1403	1403	1403	1403	1403	1403	1405	1405	1403	1403
销售收入代码	6001	6001	6001	6001	6001	6001	6001	6001	6001	6001	6001
销售成本代码	6401	6401	6401	6401	6401	6401	6401	6401	6401	6401	6401
计划策略	物料需求计划 MRP										
固定提前期	2	3	1	2	1	1	1	2	2	3	3

表 2-9 期初库存

仓库代码	仓库名称	物料代码	物料名称	规格型号	单位	期初库存	期初金额
01	原材仓	1.01	笔芯	蓝色	PCS	250	250
		1.02	笔壳		PCS	500	1 000
		1.03	笔帽	蓝色	PCS	300	165
		1.04	笔芯	红色	PCS	400	400
		1.05	笔帽	红色	PCS	300	165
03	成品仓	3.01	水笔	蓝色	PCS	200	800
		3.02	水笔	红色	PCS	400	1 600

表 2-10 应收账款期初数据

客户	单据号码	单据日期	部门	业务员	摘要	发生额	应收日期	收款金额
三江超市	初始销售增值税发票 OXZP000002	2017-12-31	销售部	张英	2017 年应收款	20 000	2018-1-16	20 000

表 2-11 应付账款期初数据

供应商	单据号码	单据日期	部门	业务员	发生额	付款金额	物料代码	数量	含税单价
日升企业	初始采购增值税发票 OCZP000002	2017-12-31	采购部	赵国友	5 000	5 000	1.02	2500	2

表 2-12　总账一般科目初始数据

科目代码	科目名称	方向	期初余额
1001.01	人民币	借	5 000
1002.01	建行科技支行	借	346 620
1122	应收账款	借	20 000
1403	原材料	借	1 980
1405	库存商品	借	2 400
2202	应付账款	贷	5 000
4001	实收资本	贷	450 000

表 2-13　外币科目初始数据

科目代码	科目名称	方向	原币	本位币
1001.02	中行科技支行	借	100 000	79 000

2.2.2　产品 BOM

宁波卓越笔业有限公司主营产品为蓝色和红色水笔，产品 BOM 结构如图 2-3 所示。

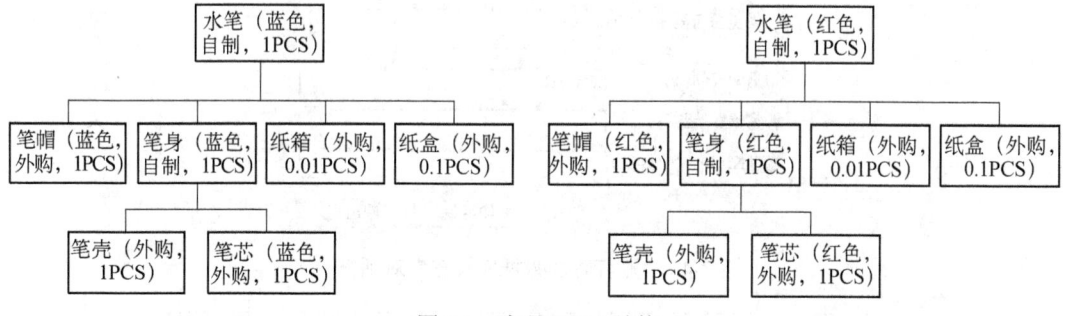

图 2-3　产品 BOM 结构

2.3　引入账套

账套是金蝶 K/3 系统中存放各种数据的载体，各种财务数据、业务数据、一些辅助信息等都存放在账套中，账套本身就是一个数据库文件。下面以"宁波卓越笔业有限公司"案例账套为例介绍如何通过账套管理引入账套。

【业务场景】

宁波卓越笔业有限公司的基础数据已经录入到 ERP 系统中，系统管理员将账套进行了备份，并命名为"F 宁波卓越笔业有限公司-初始数据录入后.bak"。请根据本书提供的初始账套信息，在 ERP 系统中进行账套恢复，以便后续业务的处理。

【业务分析】

在登录金蝶 K/3 ERP 系统前，必须先建立相应的账套信息，可通过金蝶提供的"账套管理"工具进行账套的新建、恢复、备份和注册等操作。本案例中，为简化实验过程，要求读者利用"账套管理"工具中的"恢复账套"功能,将备份的账套文件恢复成一个新的金蝶 K/3 账套。

【操作步骤】

第 1 步,执行"开始"→"程序"→"金蝶 K3 WISE 创新管理平台"→"金蝶 K3 服务器配置工具"→"账套管理"菜单命令,系统弹出"未设置账套管理数据库或设置的账套管理数据库有误,请重新设定"的提示窗口。这是因为第一次使用"账套管理"功能时,要设置数据库的配置情况,当配置设置好后,以后不再有此提示窗口出现。

第 2 步,单击"确定"按钮,系统打开"账套管理数据库设置"对话框,如图 2-4 所示。单击"数据库文件路径"右侧的"〉"按钮,系统弹出"选择数据库文件路径"界面,如图 2-5 所示。

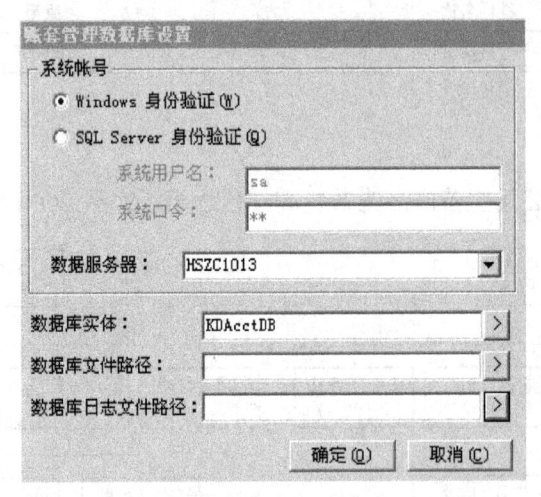

图 2-4 "账套管理数据库设置"对话框

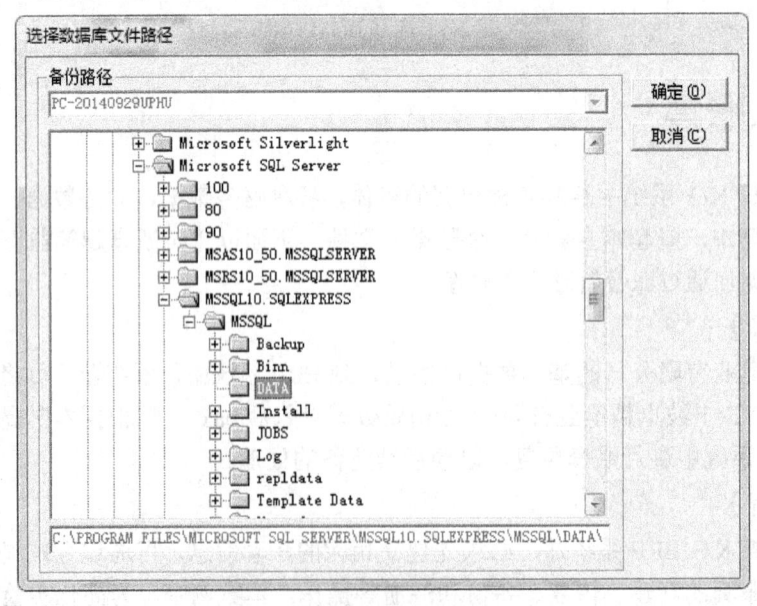

图 2-5 "选择数据库文件路径"界面

第 2 章　ERP 总体流程体验

第 3 步，设置"数据库文件路径"和"数据库日志文件路径"，然后单击"确定"按钮结束配置，并进入"金蝶 K/3 系统登录"窗口，如图 2-6 所示。

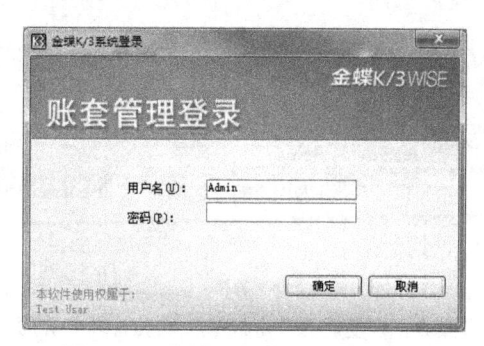

图 2-6　"金蝶 K/3 系统登录"窗口

第 4 步，用户名 Admin 是系统默认的账套管理员，密码默认为空，单击"确定"按钮，进入"金蝶 K/3 账套管理"界面，如图 2-7 所示。

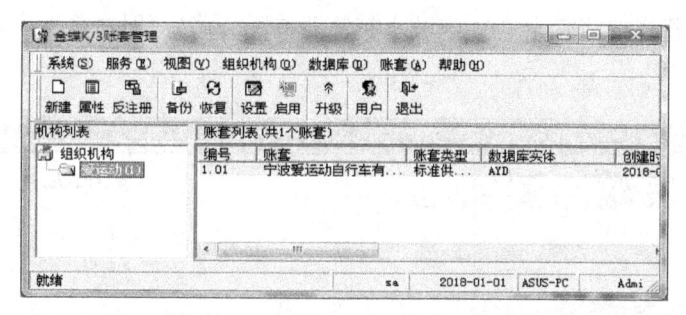

图 2-7　"金蝶 K/3 账套管理"界面

第 5 步，执行"数据库"→"恢复账套"菜单命令，系统弹出"选择数据库服务器"窗口。单击"确定"按钮，系统弹出"恢复账套"对话框。选择相应的账套文件，设置"账套号"和"数据库文件路径"，单击"确定"按钮恢复账套，如图 2-8 所示。

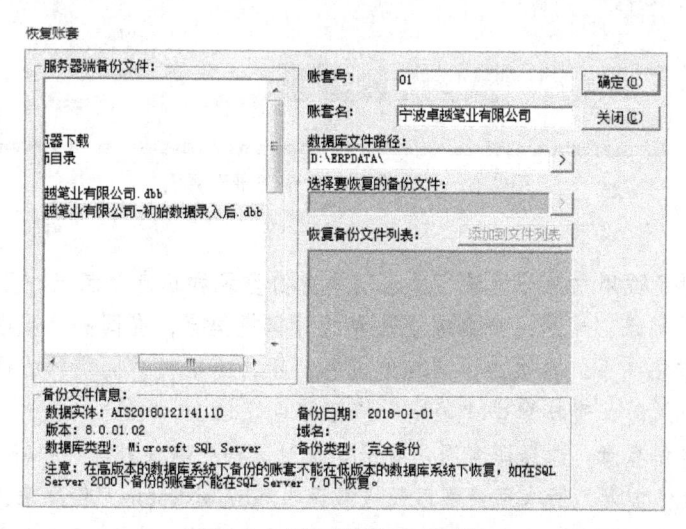

图 2-8　"恢复账套"对话框

第 6 步，账套恢复成功后，在"金蝶 K/3 账套管理"界面的"账套列表"中，将显示恢复后的账套信息，如图 2-9 所示。

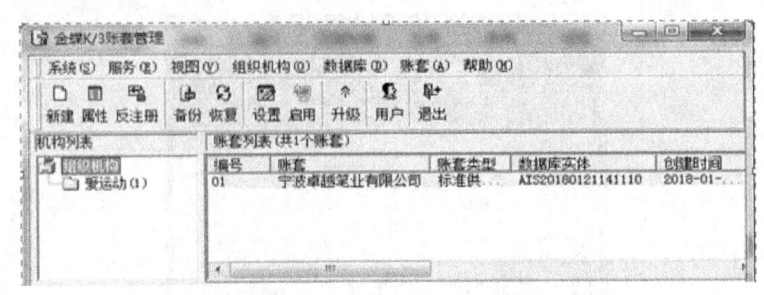

图 2-9 恢复后的"金蝶 K/3 账套管理"界面

当系统建立或恢复所需账套后，可以登录 K/3 系统进行各种单据的录入、报表查询等业务处理工作。

第 7 步，在桌面上单击"金蝶 K3 WISE"图标，打开"金蝶 K/3 系统登录"界面，如图 2-10 所示。选择当前账套为"01|宁波卓越笔业有限公司"，用户名为"administrator"，密码为空。

图 2-10 "金蝶 K/3 系统登录"界面

【要点说明】

金蝶 K/3 提供了域用户身份登录、命名用户身份登录和单点登录三种登录方式。

- 域用户身份登录：域是一个有安全边界的计算机集合，在同一个域中的计算机彼此之间建立了信任关系，在域内访问其他机器，不再需要被访问机器的许可。因此选择域用户身份登录时，直接单击"确定"按钮即可登录。
- 命名用户身份登录：选择命名用户身份登录时，需要输入用户名和密码才可登录。在本节中，为操作方便，所有用户都以超级管理员 administrator 身份登录，默认密码为空。
- 单点登录：实现了 K/3 各个应用系统之间的单点登录，保证用户只需在管理门户中登录一次，即可在管理门户、K/3 ERP、K/3 HR、K/3 CRM系统之间无障碍访问，包括切换账套的无障碍访问。同时，也支持第三方系统通过简单的二次开发，实现第三方系统与管理门户的单点登录。

第8步，单击"确定"按钮，系统进入"K3流程图"主界面，如图2-11所示。

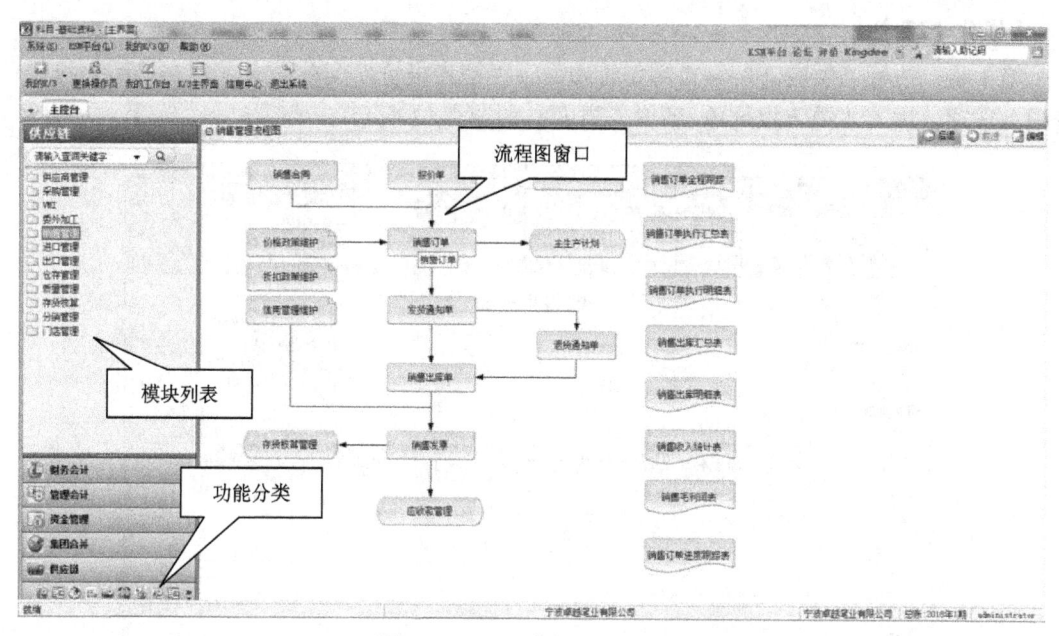

图2-11 "K3流程图"主界面

流程图窗口模式是最近几个版本竭力推荐的模式，通过流程图用户可以轻松、快速、形象化地了解系统的数据流向，并且直接双击流程图中的图标可以快速进入相应的功能界面。可以单击工具栏中的"K/3主界面"按钮，切换到主界面窗口模式。

2.4 销售订单管理

销售订单管理是金蝶ERP供应链管理的重要作业，主要包括模拟报价、销售报价、销售合同、销售订单、销售出库等功能。企业可根据自身管理需求制订相应的销售管理业务流程。本案例中，主要要求录入销售报价单，并根据销售报价单自动生成销售订单。

【工作任务】

1月4日，宁波卓越笔业有限公司销售业务员张英接到三江超市的来电，计划采购"蓝色水笔"5 000PCS和"红色水笔"3 000PCS，询问公司水笔价格情况，经销售部模拟报价，并核算产品利润后，以每支5元的价格进行报价。

1月5日，三江超市接到报价信息后，决定购买"蓝色水笔"5 000PCS，"红色水笔"3 000PCS，并要求1月20日交货。

【业务分析】

销售报价单是销售部门根据企业销售政策、产品成本、目标利润率、以往价格资料等，向客户提出的产品报价。企业可以针对不同客户、不同存货、不同批量提出不同的报价、折扣率。一般情况下，销售部门根据具体的产品价格产生报价，经上级业务审核后提供给客户。

销售订单通常是指客户已经确定公司产品报价后，向公司下达采购订单，然后公司将客户方采购订单转为销售订单录入 ERP 系统中，作为计划、生产、发货和收款等依据。

【操作步骤】

第 1 步，执行"供应链"→"销售管理"→"销售报价"菜单命令，双击"销售报价单-新增"选项，进入"销售报价单-新增"界面，如图 2-12 所示。

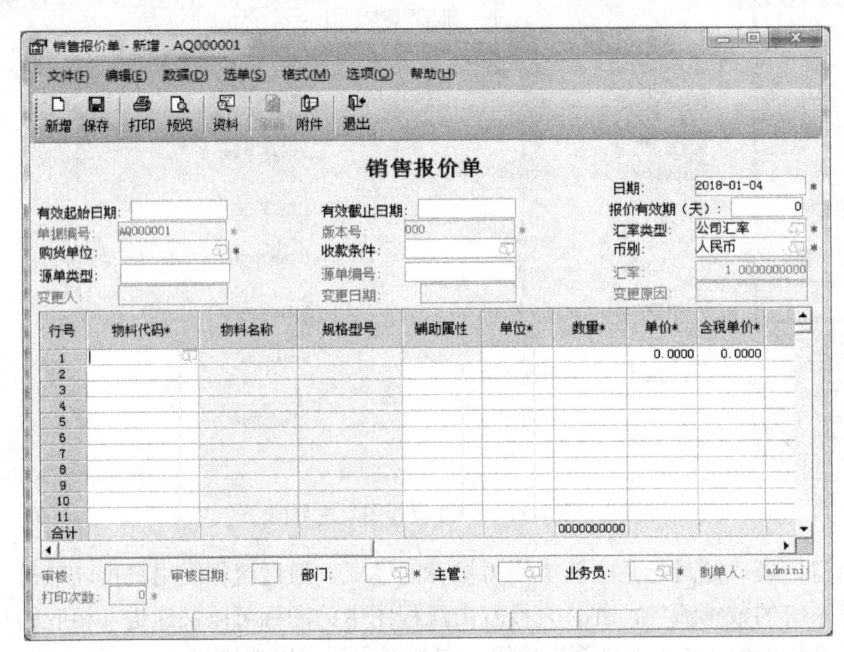

图 2-12 "销售报价单-新增"界面

【要点说明】

销售报价单可以拆分成表头和表体两个部分：表头用于保存报价单的固定信息，处于单据的表头位置；表体用于保存报价单的变动信息，处于单据的表体位置。这一设计可以解决同一客户在一张报价单上给出多种存货报价的现象。

第 2 步，将光标定位到"购货单位"处，单击" （查看）"按钮，系统弹出客户档列表，设置客户档案为"三江超市"；将光标定位到表体第 1 行"物料代码"处，录入"3.01"，按回车键后系统自动显示物料信息，然后录入数量"5 000"，"含税单价"为"5"，交货日期"2018-01-20"。可采用同样的方法在表体第 2 行录入"3.02"的报价信息。

第 3 步，将光标移至窗口底部的"部门"处，单击"查看"按钮，再选择"销售部"，"主管"处选择"高岗"，"业务员"处选择"张英"，录入完成后，单击"保存"按钮保存，完成后的单据如图 2-13 所示。

【要点说明】

● 销售报价单必须经过"审核"才能生效，已经审核的报价单，需取消审核才能进行修改，可通过执行"编辑"→"反审核"菜单命令取消已审核单据。

- 40 -

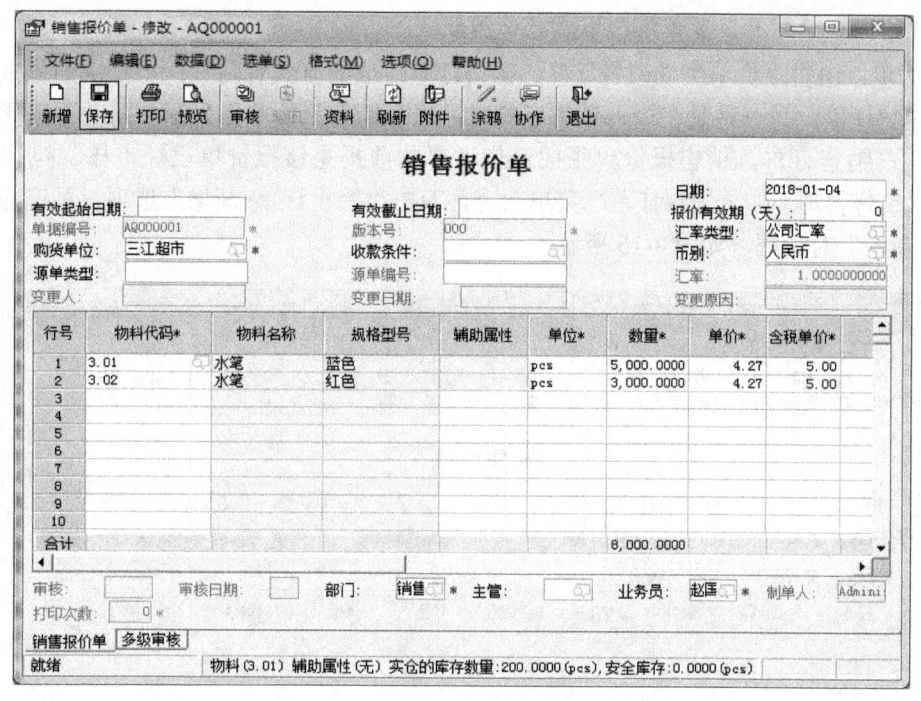

图 2-13 "销售报价单-修改"界面

- 一般系统默认"销售报价单"有多级审核权限，若审核时提示"没有该级审核权限"，则执行"系统设置"→"系统设置"→"销售管理"→"审批流管理"菜单命令，再设置"销售报价单"中"用户姓名"为"Administrators"，如图 2-14 所示。

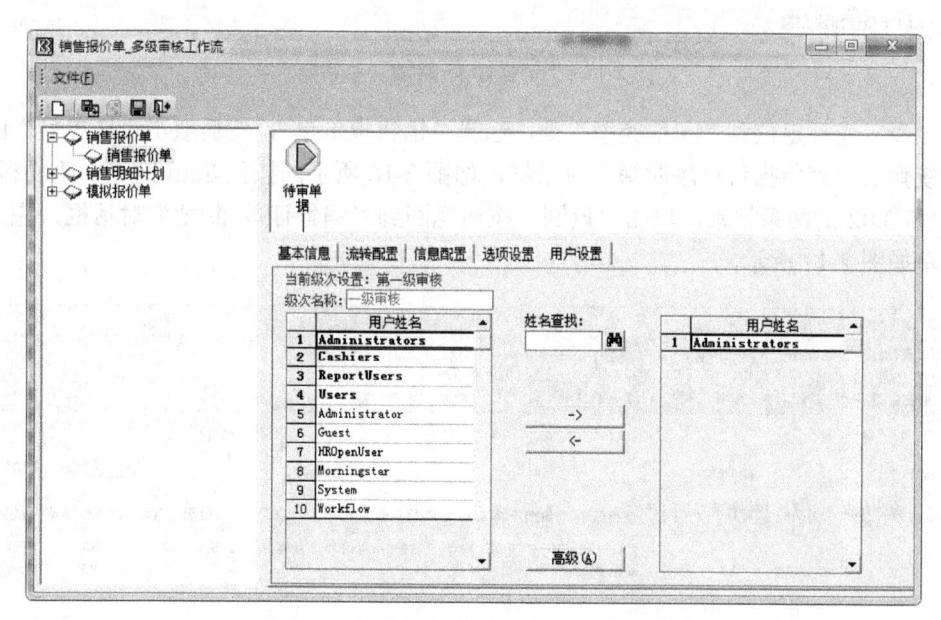

图 2-14 销售报价单-多级审核工作流设置

【要点说明】

在此选择"Administrators"是因为此组为系统管理员组，并且所有用户都在此组，所以选择该组，即表示同时设置该组别下所有操作员。

第 4 步，销售报价单生成销售订单。销售订单生成的方式有两种：一是由销售报价单下推生成销售订单；另一种是在录入销售订单时，选择销售报价单作为源单据，再选择由哪张报价单生产销售订单。销售报价单生成销售订单的前提是该报价单已经审核。执行"供应链"→"销售管理"→"销售订单"菜单命令，双击"销售订单-新增"选项，系统弹出"销售订单-新增"对话框，如图 2-15 所示。

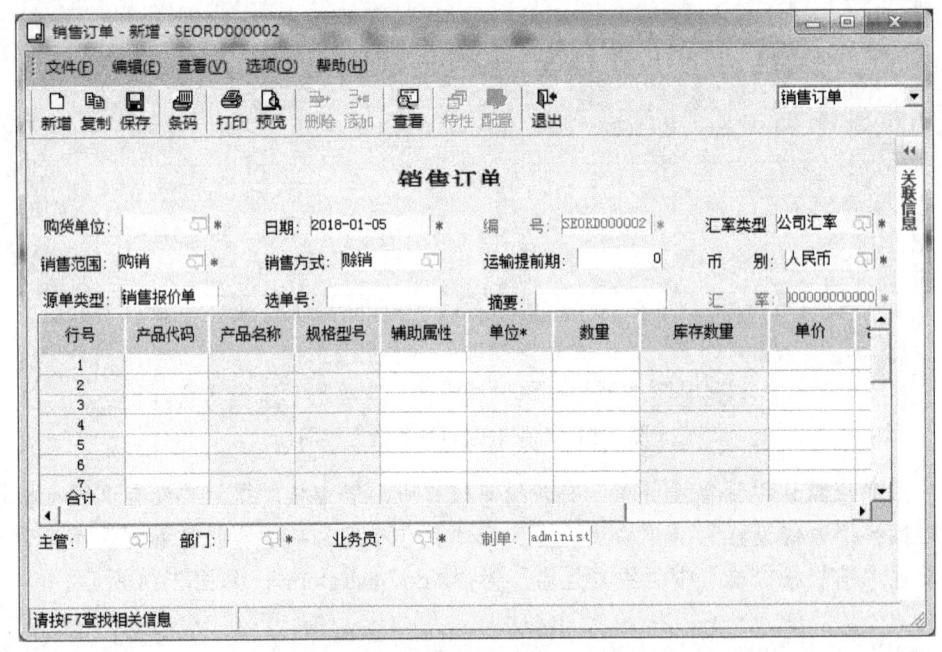

图 2-15 "销售订单-新增"对话框

第 5 步，光标定位到"源单类型"处，选择"销售报价单"，然后双击"选单号"的文本框，系统弹出"销售报价单序时簿"对话框，如图 2-16 所示。按住 Shift 键选中"物料代码"为 3.01 和 3.02 的两条记录，单击"返回"按钮返回到"销售订单-新增"对话框，完成后的销售订单如图 2-17 所示。

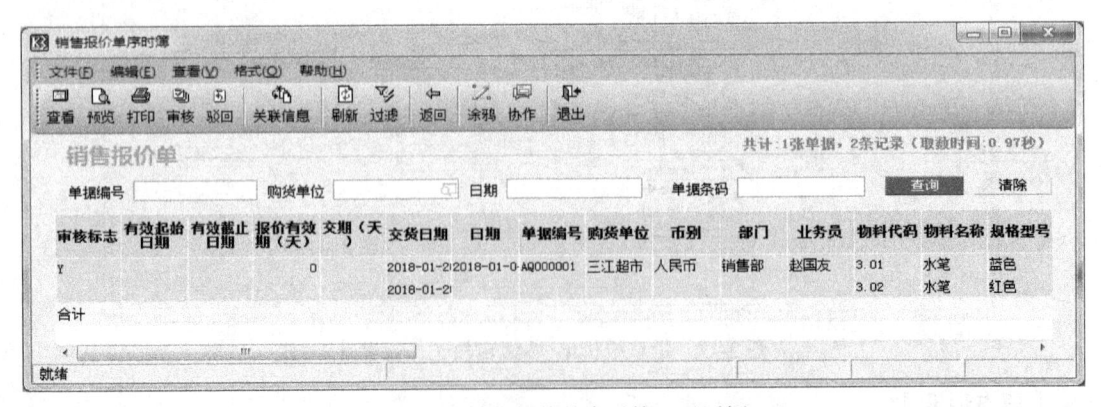

图 2-16 "销售报价单序时簿"对话框

- 42 -

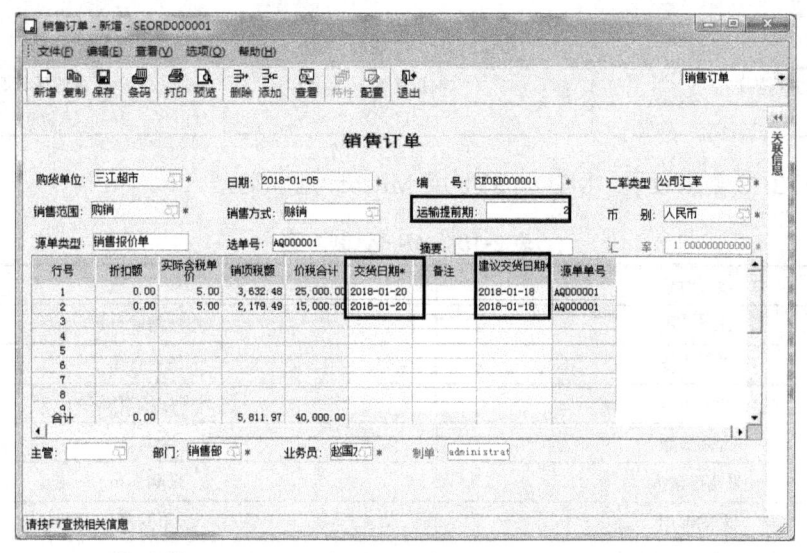

图 2-17 完成后的"销售订单-新增"界面

【要点说明】

- 销售方式：系统目前提供现销、赊销、分期收款销售、委托代销、直运销售、受托代销销售 6 种方式，用户可根据需要选择。
- 运输提前期：向该客户交货所需要提前的天数，为整数字型，系统将客户基础资料中当前客户的"默认运输提前期"属性直接带入该字段，用户可修改。每个客户的运输提前期不同，客户每次要求的送货地及运输方式也可不相同，因此需要根据每个销售订单的交货地点及运输方式确定其运输提前期，MPS 计算时产品的完工日期需要考虑销售订单的运输提前期，以确保产品能按客户的需求日期及时交货。
- 销售订单的交货日期一般是指货物抵达交货地的日期，每个客户要求的交货方式不同，一般分为"提货制"与"送货制"，实行"提货制"的客户不需要送货，交货日期一般就是产品的完工日期；实行"送货制"的客户要求厂家送货，交货日期一般指到达客户要求的送货地的时间，因此除了考虑客户本身要求的交货日期以外，还需要考虑运输需要的时间，即建议交货日期。

2.5 MRP 物料需求计划

主生产计划（MPS）及物料需求计划（MRP）系统是 ERP 管理软件的核心，也是 ERP 系统发展的基础。通过 MPS/MRP 系统将企业外部销售市场对企业的销售需求转化为企业内部的生产需求和采购需求，将销售计划转化为生产计划和采购计划。MPS/MRP 管理方式可以解决"需要什么？什么时候需要？需要多少？"三大难题。相对于手工管理来说，MPS/MRP 计划可以大大提高计划下达的效率，并大大增加计划的准确性、及时性，从根源及计划层面杜绝不必要的库存，减少浪费。

【业务场景】

（1）按表 2-14 要求设置计划展望期。

表 2-14 计划展望期

时区序列	时区个数	各时区天数
1	1	360

（2）按表 2-15 要求设置"MTO（SYS）"MRP 计划方案。

表 2-15 MRP 计划方案

设置对象	参 数
计算范围	指定需求单据
需求来源	销售订单
计算参数	只考虑现有库存
合并参数	全勾选
采购申请人	采购人员
采购部门	采购部
自制件默认生产类型	普通订单
自制件默认生产部门	生产部
其他参数	勾选"计算前自动运算低位码维护"选项
其他选项	默认

（3）1月6日，计划部对销售订单 SEORD000001 依据"MTO（SYS）"计划方案进行物料需求计划的计算，并对 MRP 计划单进行审核和投放，以便及时安排原材料的采购和生产。

【业务分析】

计划展望期是一个时间段，决定参与计算的需求单据的时间范围和产生计划订单的时间范围，并可用于实现对 MPS/MRP 运算结果直观灵活的汇总显示及销售订单与产品预测间的关系界定。计划展望期应大于产品的总提前期，一般以月、季等作为计划展望期的时间跨度。

在进行 MRP 计算时，可以定义不同的计划方案。计划方案的参数不同，计算的结果也完全不一样。

MRP 计算结果将产生采购计划单和生产计划单两大计划，其主要作用就是将外部市场对制造企业的需求转化为制造企业内部的需求，从而解决"需要什么？需要多少？什么时间需要"三个问题。MRP 计划单必须经过审核和投放后，才能自动生成采购申请单和生产任务单。

图 2-18 "计划展望期维护"对话框

【操作步骤】

第 1 步，执行"计划管理"→"物料需求计划"→"系统设置"菜单命令，双击"计划展望期维护"选项，弹出"计划展望期维护"对话框。设置"时区个数"为 1，"各时区天数"为 360，如图 2-18 所示。

【要点说明】

在计划展望期维护中，用户定义每个时区序列所表示的时区个数及每一时区所表示的长度（天数），其中各项意义如下。

- 时区序列。由系统自动显示，由 1 开始依次递增。

- 时区个数。代表每一时间序列中包含的时区个数，由用户手工录入，为大于 0 的整数。
- 各时区天数。表示每一时区内所包含的天数，由用户手工录入，为大于 0 的整数。

每次 MPS 及 MRP 运算时，用户只需设定计划开始日期，系统即依据用户在展望期中设定的时间框架，以一张独立的表计算并保存相应的计划展望期，用户可以在 MPS/MRP 运算界面进行计划展望期查询，查看每一时段的起止日期。

第 2 步，执行"计划管理"→"物料需求计划"→"系统设置"菜单命令，双击"MRP 计划方案维护"选项，弹出"计划方案维护"对话框，如图 2-19 所示。选择"MTO（SYS）"方案，单击"修改"按钮，按表 2-15 所示进行参数设置。

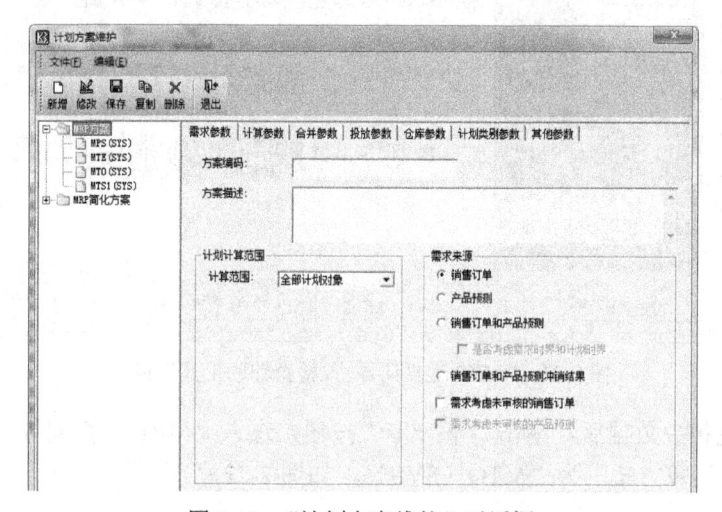

图 2-19 "计划方案维护"对话框

第 3 步，执行 MRP 计算。

（1）执行"计划管理"→"物料需求计划"→"MRP 计算"菜单命令，双击"MRP 计算"选项，弹出"MRP 运算向导-开始"界面，如图 2-20 所示。根据向导窗口，用户可以轻松地完成 MRP 计算过程。

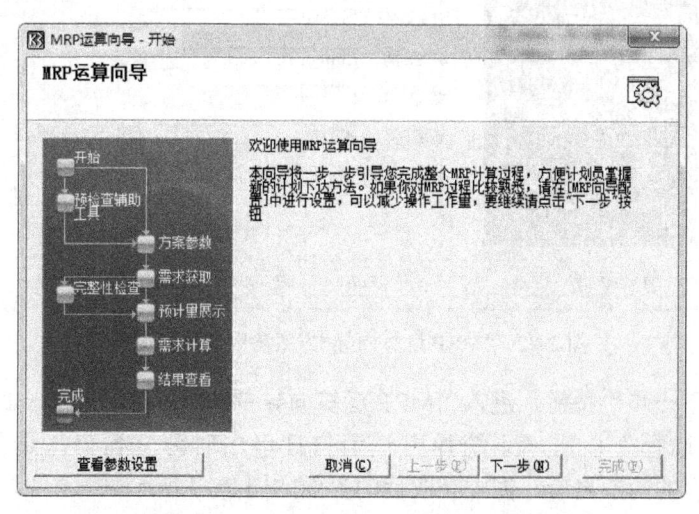

图 2-20 "MRP 运算向导-开始"界面

(2)单击"下一步"按钮,进入"MRP 运算向导-预检查辅助工具"窗口,如图 2-21 所示。分别单击"BOM 单嵌套检查"和"低位码维护"按钮进行 BOM 检查以保证 BOM 数据的正确。

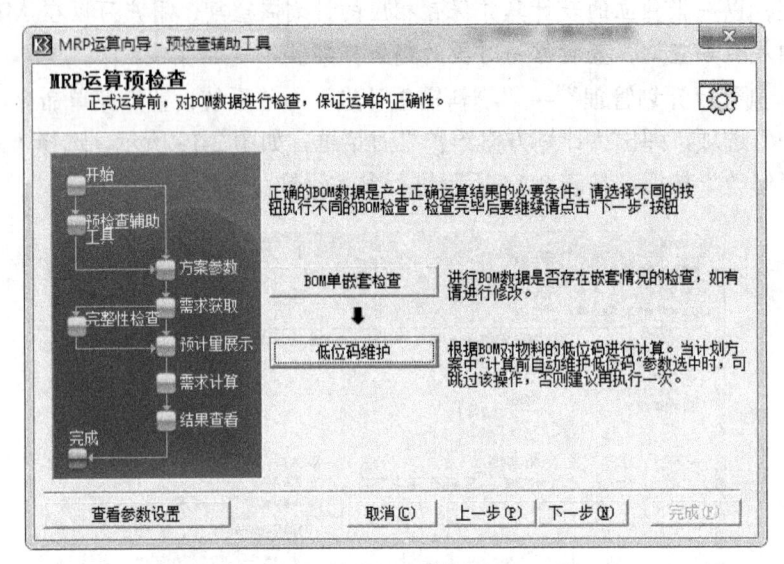

图 2-21 "MRP 运算向导-预检查辅助工具"窗口

(3)检查完相关数据后,单击"下一步"按钮,进入"MRP 运算向导-方案参数"设置窗口,并设置"运算方案"为"MTO(SYS)",如图 2-22 所示。

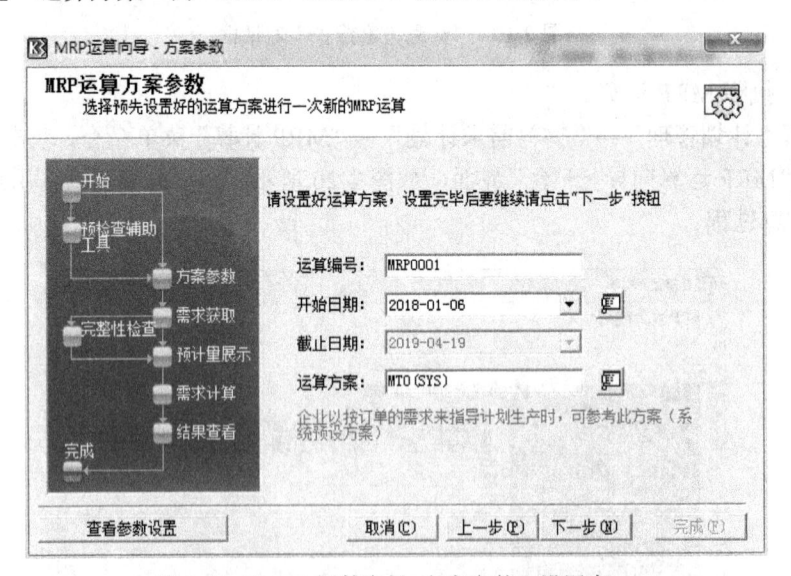

图 2-22 "MRP 运算向导-方案参数"设置窗口

(4)单击"下一步"按钮,进入"MRP 运算向导-需求获取"窗口,如图 2-23 所示。

(5)单击"选择"按钮,系统弹出"销售订单序时簿"窗口,选择"单据号"为"SEORD000001"的两条记录,需求获取后的界面如图 2-24 所示。

(6)单击"下一步"按钮,系统进入"MRP 运算向导-预计量展示"窗口,如图 2-25 所示。

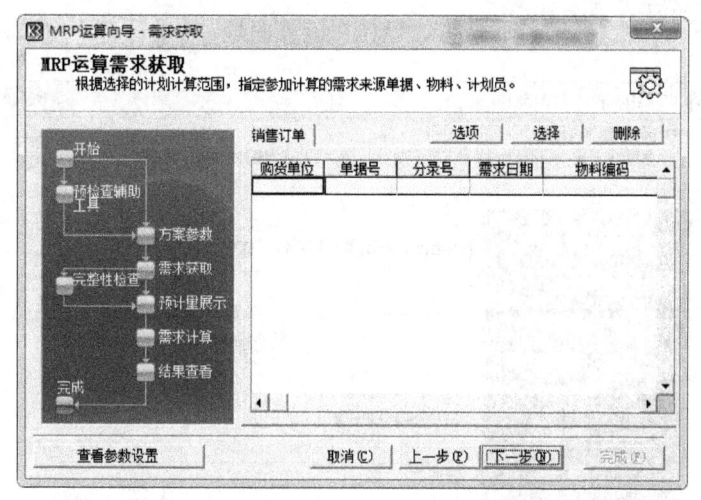

图 2-23 "MRP 运算向导–需求获取"窗口（1）

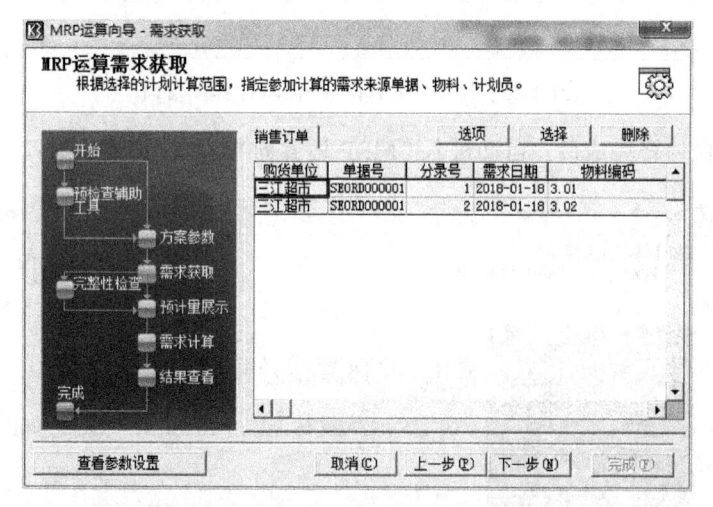

图 2-24 "MRP 运算向导–需求获取"窗口（2）

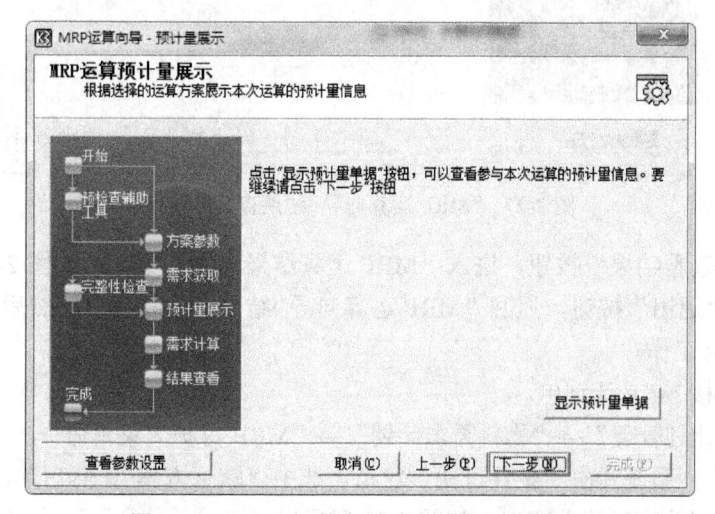

图 2-25 "MRP 运算向导–预计量展示"窗口

(7) 单击"下一步"按钮,系统进入"MRP 运算向导-需求计算"窗口,如图 2-26 所示。

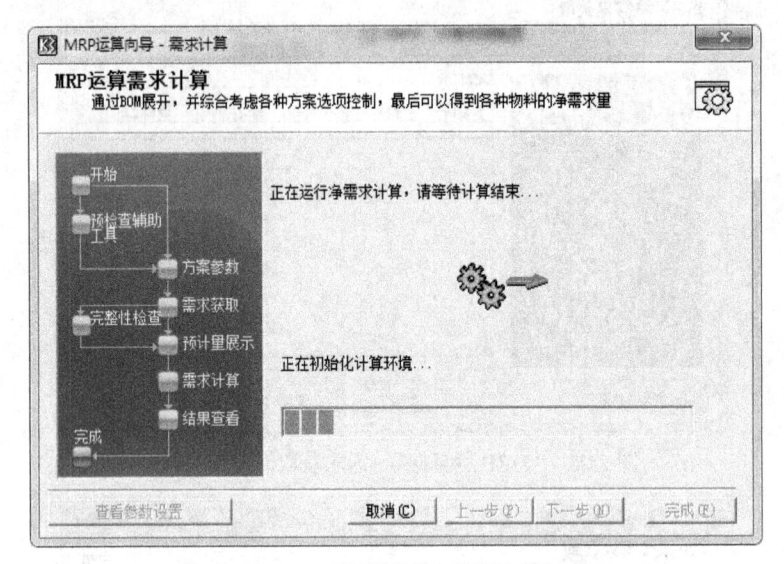

图 2-26 "MRP 运算向导-需求计算"窗口

(8) 系统后台计算完成后,自动进入"MRP 运算向导-结果查看"窗口,如图 2-27 所示。

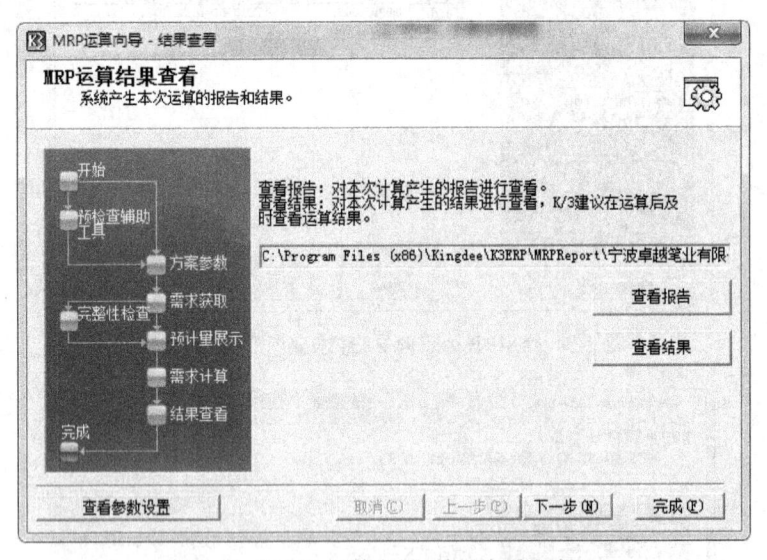

图 2-27 "MRP 运算向导-结果查看"窗口

(9) 单击"查看结果"按钮,进入"MRP 运算结果查询"窗口,如图 2-28 所示。

(10) 单击"退出"按钮,返回"MRP 运算向导-结果查看"窗口,然后单击"完成"按钮结束 MRP 计算工作。

第 4 步,审核 MRP 计划单。

(1) 执行"计划管理"→"物料需求计划"→"MRP 维护"菜单命令,双击"MRP 计划订单-维护"选项,系统弹出"条件过滤"窗口。选中"默认方案",然后单击"确定"按钮,系统弹出"计划订单序时簿"窗口,如图 2-29 所示。

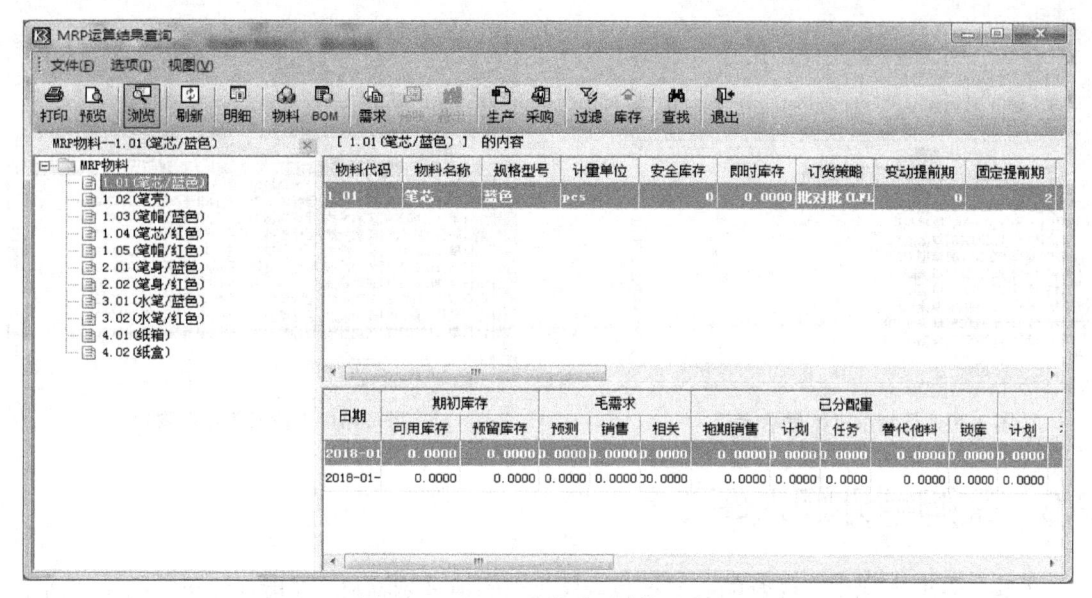

图 2-28 "MRP 运算结果查询"窗口

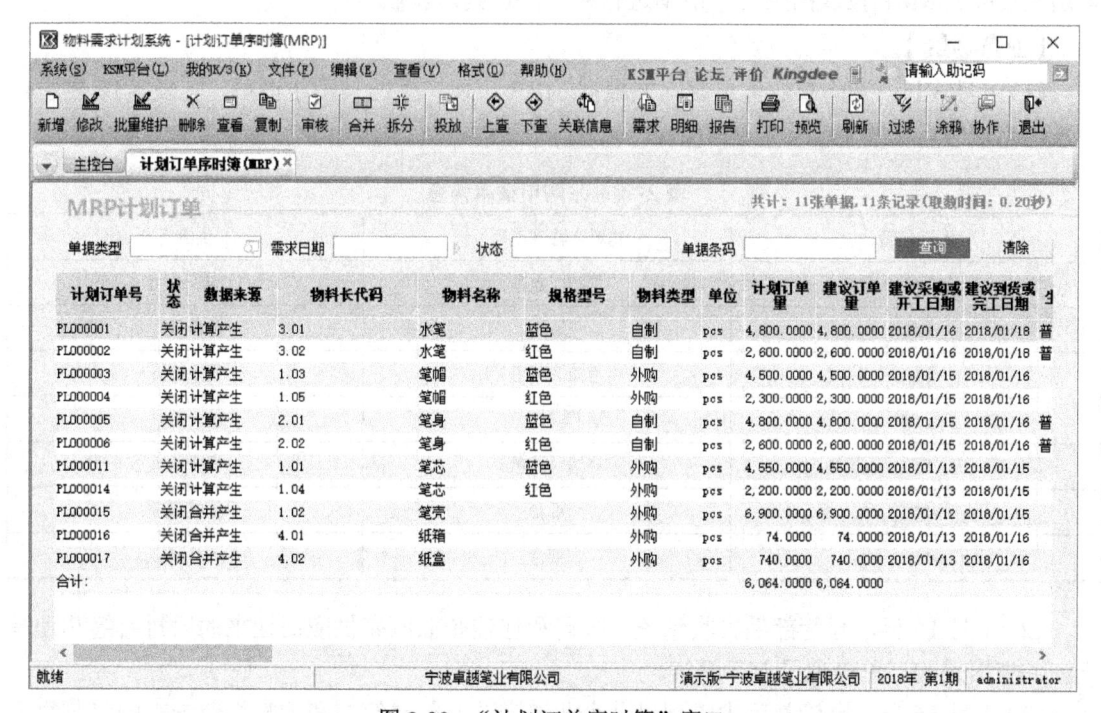

图 2-29 "计划订单序时簿"窗口

（2）选中第一行记录，然后按住 Shift 键并选中最后一条记录，即选中所有记录，单击"审核"按钮，审核成功后系统弹出如图 2-30 所示的提示窗口。

第 5 步，投放 MRP 计划单。

在"计划订单序时簿"窗口中，选中所有记录，然后单击"投放"按钮，在弹出的提示信息窗口中单击"是"按钮，系统弹出"投放信息"窗口，如图 2-31 所示。由图 2-31 可知，系统生成了 1 张编号为 POREQ000001 的采购申请单和 4 张生产任务单。

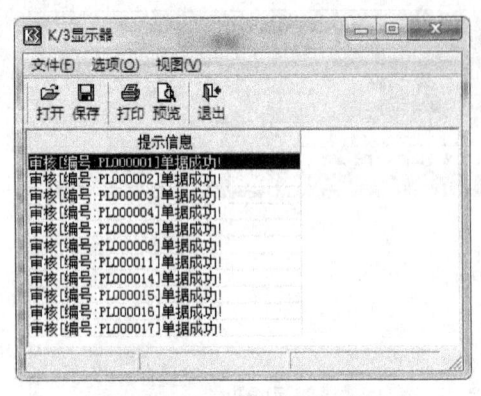

图 2-30　计划单审核提示窗口　　　　　图 2-31　"投放信息"窗口

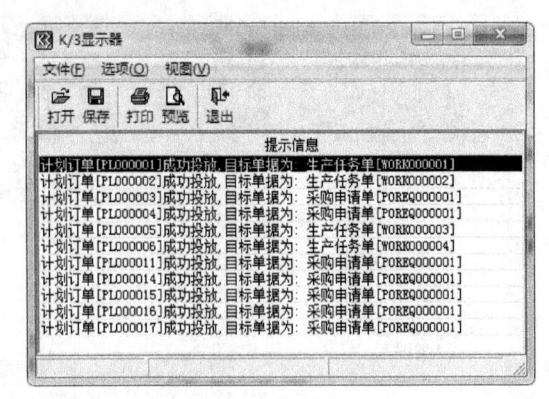

2.6　采购与外购入库

采购是企业实现生产经营的必要过程，只有正确地采购物料，才能保证正常的生产活动。采购人员根据 MRP 投放的采购申请单进行采购，货到后验收入库。

【业务场景】

（1）1 月 6 日，采购部业务员赵国友根据 MRP 计划产生的采购申请单，按表 2-16 要求维护采购申请信息，并下推生成采购订单。

表 2-16　采购申请单信息

物料代码	物料名称（型号）	供应商
1.01	笔芯（蓝色）	统一公司
1.02	笔壳	佳佳公司
1.03	笔帽（蓝色）	日升企业
1.04	笔芯（红色）	统一公司
1.05	笔帽（红色）	日升企业
4.01	纸箱	天虹纸业
4.02	纸盒	天虹纸业

（2）1 月 15 日，仓管部毛尖收到统一公司和佳佳企业两家供应商送来的原材料笔芯和笔壳，并根据采购订单办理了入库手续。

（3）1 月 16 日，仓管部毛尖收到日升企业送来的原材料笔帽和天虹纸业送来的包装物纸箱、纸盒，并根据采购订单办理了入库手续。

【业务分析】

采购申请单是各业务部门或计划部门根据主生产计划、物料需求计划、库存管理需要、销售订货或零星需求等实际情况，向采购部门提请购货申请并可批准采购的业务单据。

采购申请单是购销双方共同签署的以确认采购活动的标志，在 K/3 系统中处于采购管理的核心地位。采购申请单生成采购订单有两种方式：一种是由采购申请单直接生成采购订单，另一种是在录入采购订单时，选择采购申请单作为源单据后，再选择由哪张申请单生成采购订单。两种方法结果一样，只是操作方式不同。

外购入库单又称收货单、验收入库单等，是确认货物入库的书面证明。外购入库单包括蓝字外购入库单和红字外购入库单，红字外购入库单是蓝字外购入库单的反向单据，代表物料的退库。两者数量相反，但内容一致，因此一并介绍。

【操作步骤】

第1步，维护采购申请单。

（1）执行"供应链"→"采购管理"→"采购申请"菜单命令，双击"采购申请单-维护"选项，系统弹出"条件过滤"窗口。选择"默认方案"后单击"确定"按钮，系统弹出"采购申请单序时簿"窗口，如图2-32所示。

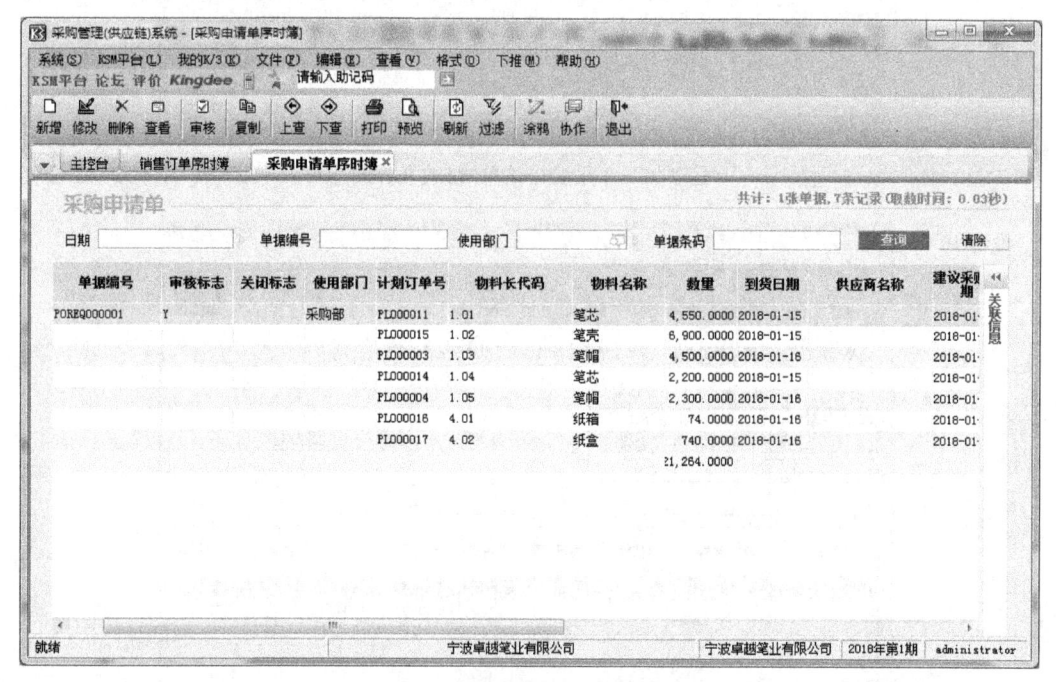

图2-32 "采购申请单序时簿"窗口

（2）双击采购申请单条目，系统打开"采购申请单-修改"界面，如图2-33所示。

【要点提示】

若采购申请单已经被审核，则可以通过执行"查看"→"反审核"菜单命令取消审核。

（3）将光标定位到"供应商"处（注：图中未显示），按表2-16要求设置供应商信息，完成后单击"保存"按钮保存"采购申请单"。

（4）单击"审核"按钮，审核"采购申请单"，完成后单击"退出"按钮，返回到"采购申请单序时簿"窗口。

第2步，由采购申请单下推生成采购订单。

（1）在图2-32所示"采购申请单序时簿"窗口中，选中所有记录，执行"下推"→"生成采购订单"菜单命令，系统弹出"采购申请单生成采购订单"窗口，如图2-34所示。

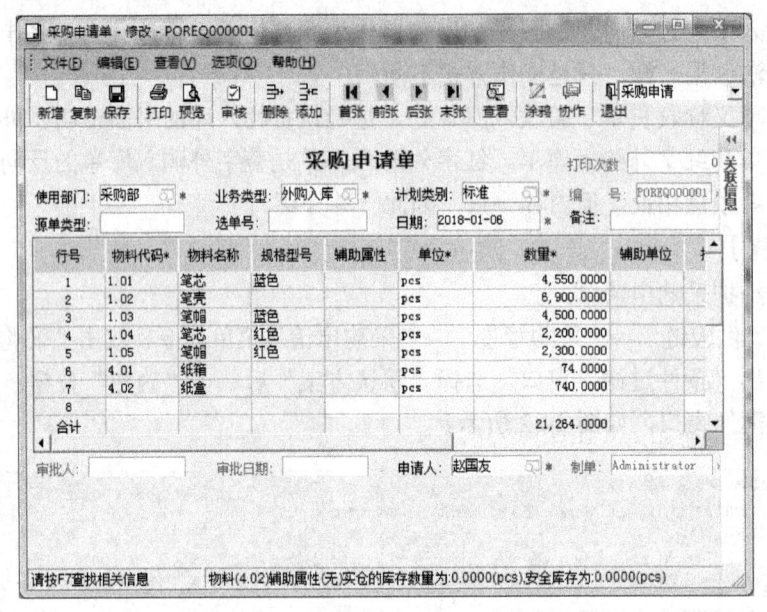

图 2-33 "采购申请单-修改"界面

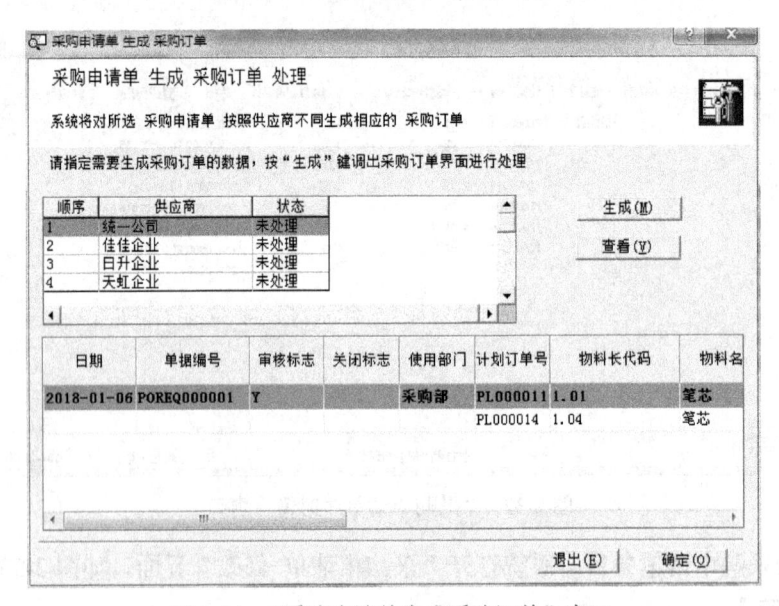

图 2-34 "采购申请单生成采购订单"窗口

（2）选中第一条供应商记录"统一公司"，单击"生成"按钮，系统弹出"采购订单-新增"窗口，如图 2-35 所示。

（3）输入"部门"为采购部，"业务员"处设为赵国友，"主管"处设为周龙，然后单击"保存"按钮保存采购订单。保存成功后，再单击"审核"按钮审核"采购订单"，然后单击"退出"按钮返回到图 2-33 所示界面。

（4）采用步骤（2）～（3）的相同方法，分别生成其他 3 家公司的采购订单，操作完成后供应商"状态"变成"已生成"，如图 2-36 所示。

（5）单击"确定"按钮，返回到"采购申请单序时簿"窗口。

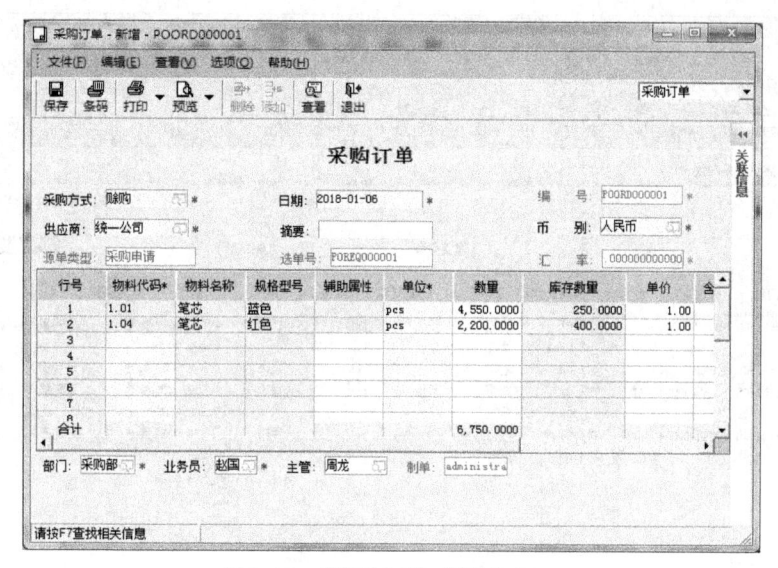

图 2-35 "采购订单-新增"窗口

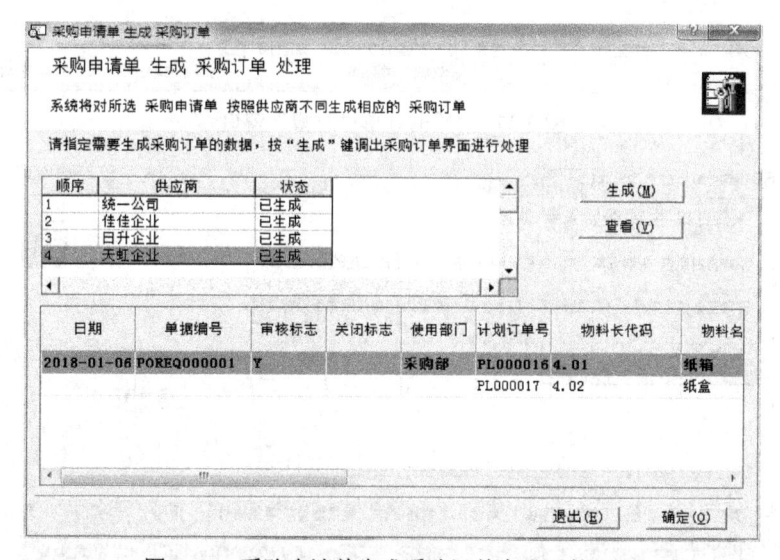

图 2-36 采购申请单生成采购订单完成后的界面

第 3 步，根据采购订单下推生成外购入库单。

（1）执行"供应链"→"采购管理"→"采购订单"菜单命令，双击"采购订单-维护"选项，系统弹出"条件过滤"窗口。选择"默认方案"后单击"确定"按钮，进入"采购订单序时簿"窗口，如图 2-37 所示。"采购订单序时簿"窗口中显示了满足条件的所有采购订单信息。

【要点提示】

可以根据需要修改实际要求采购的数量信息，采购订单必须审核后才能下推生成外购入库单。

（2）选择"供应商"为"统一公司"的 2 条订单记录，然后执行"下推"→"生产外购入库"菜单命令，系统弹出"采购订单生成外购入库"窗口，如图 2-38 所示。

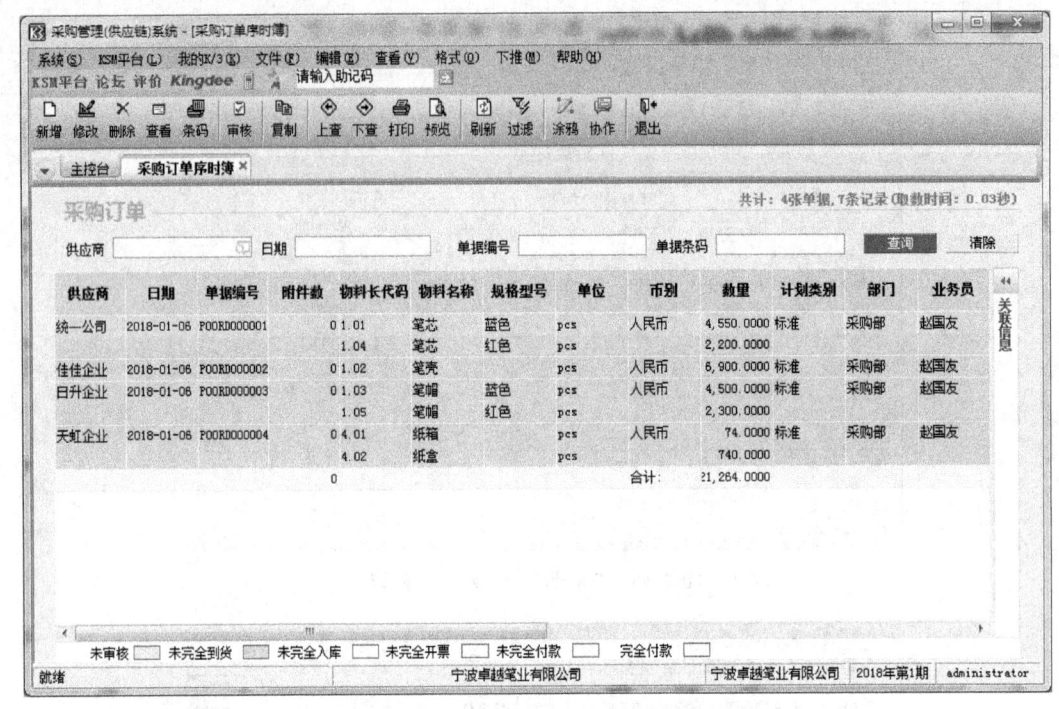

图 2-37 "采购订单序时簿"窗口

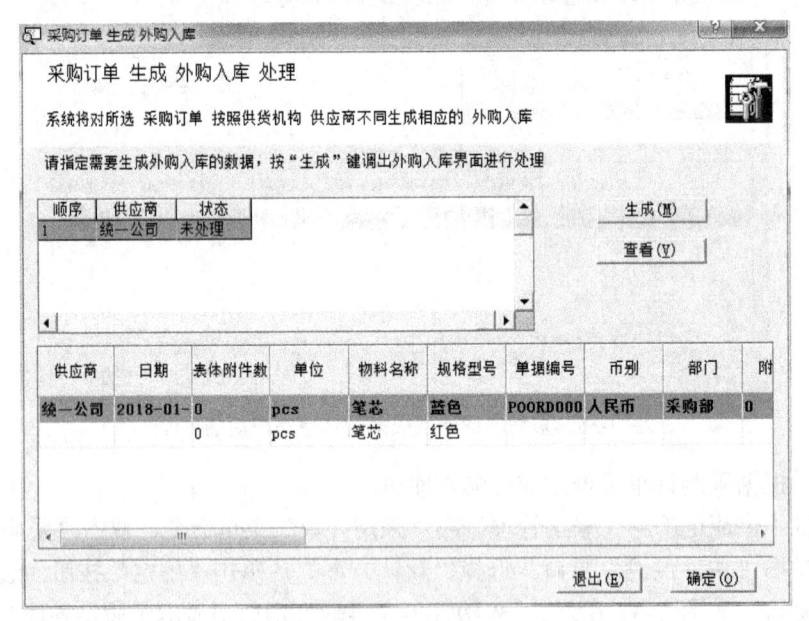

图 2-38 "采购订单生成外购入库"窗口

（3）单击"生成"按钮，系统弹出"外购入库单-新增"窗口，如图 2-39 所示。

（4）将光标定位到"收料仓库"处，按 F7 键设置"收料仓库"为"原材仓"。

（5）将"保管"和"验收"处都设为"毛尖"，然后单击"保存"按钮保存设置。

（6）单击"审核"按钮审核外购入库单，然后单击"退出"按钮返回到图 2-38 所示的窗口，再单击"确定"按钮返回到图 2-37 所示的"采购订单序时簿"窗口。

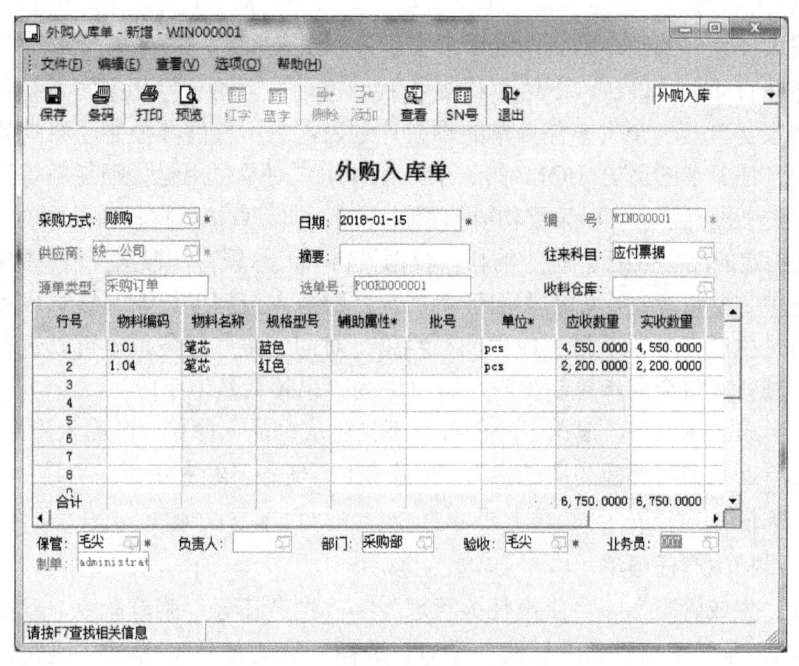

图 2-39 "外购入库单-新增"窗口

（7）采用步骤（3）～（6）的步骤生成其他外购入库单，注意纸箱和纸盒的收料仓库为"包装物仓"。

2.7 生产任务管理

工厂中任何一项生产活动，都应该由生产管理部门发出一张"生产任务单"作为生产部门生产的依据。"生产任务单"上所记载的信息除产品名称、生产数量、预计开工日期、完工日期外，还应该说明所要使用的物料清单与工艺路线等信息。"生产任务单"在不同的工厂所使用的名称可能不同，如"工单""制造通知单""生产命令"等，但其意义及作用则大同小异。

【业务场景】

（1）1 月 15 日，生产部对 MRP 计算产生的生产任务单进行维护，计划当天安排半成品 2.01 和 2.02 的生产任务并于 1 月 16 日完工，等半成品生产完工后，再安排产成品 3.01 和 3.02 的生产任务，计划于 1 月 18 日完工入库。维护好生产任务单后，对生产任务单进行了下达命令。

（2）1 月 15 日，生产部根据下达的生产任务单，进行生产半成品 2.01 和 2.02 所需的原材料的领料工作。1 月 16 日，生产部完成半成品的生产，办理入库手续。

（3）1 月 16 日，生产部根据下达的生产任务单，进行生产产成品 3.01 和 3.02 所需的原材料的领料工作。1 月 18 日，生产部完成产成品的生产，办理入库手续。

【任务分析】

生产任务有两种新增方式：一种是由"物料需求计划"系统产生出生产计划单，投放后会在"生产任务单-维护"中进行，如确认、下达和结案等操作；另一种是手工录入，如果未使用"物料需求计划"系统,则只能采用手工录入方法录入生产任务单。

生产任务单有计划、确认、下达和结案 4 种状态,在"确认"状态时系统自动生成生产投料单。生产投料单是一个生产任务单的领料计划表,它不仅能够控制物料的领用数量,而且提供相关生产任务单的历史 BOM 的记录,允许用户对单位用量、损耗率等进行调整、查询和分析。在生产投料单中可以设置物料的领料方式,如:直接根据投料单领料,根据投料单的比例关系及指定的配套数配套领/退物料,根据投料单汇总领料,根据投料单的领料倒冲等。

生产领料单是确认货物出库的书面证明,也是财务人员据以记账、核算成本的重要原始凭证。可以通过生产任务单下推生成生产领料单,对同一生产任务单也可以进行多次领料,审核后的生产领料单将会同步更新生产投料单中的"已领数量"字段。

产成品、半成品完工后,根据生产任务单下推生成产品入库单。产品入库单"审核"后,生产任务单的单据状态将更新为"结案",表明该生产任务已经完工。

【操作步骤】

第 1 步,维护生产任务单。

(1)执行"生成管理"→"生产任务管理"→"生产任务"菜单命令,双击"生产任务单-维护"选项,系统弹出"条件过滤"窗口。选择"默认方案",单击"确定"按钮,系统弹出"生产任务单序时簿"窗口,如图 2-40 所示。

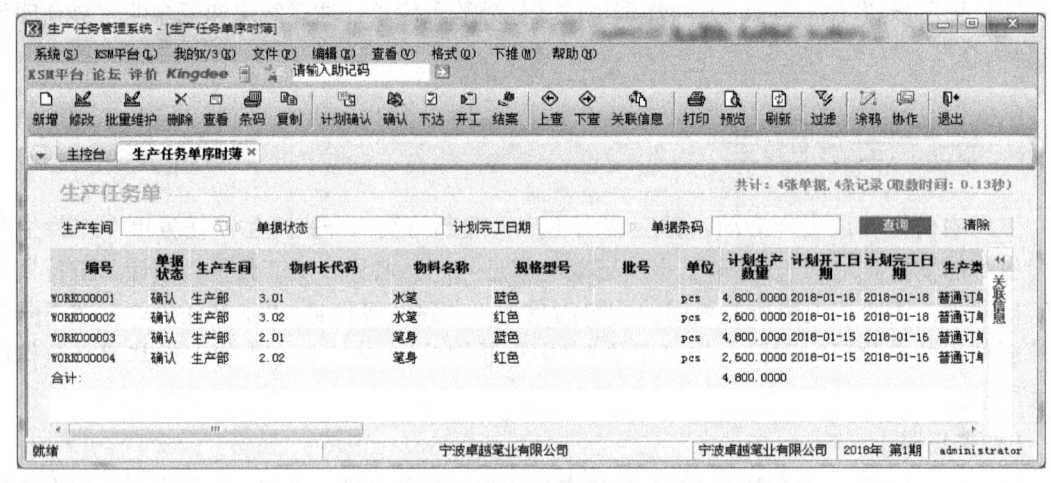

图 2-40 "生产任务单序时簿"窗口

【要点说明】

生产任务单有普通订单、返工、工序跟踪普通订单、受托加工、流转卡跟踪普通订单 5 种生产类型,不同生产类型的生产任务在生产投领料、工序跟踪与生产统计时处理方式也不同。

(1)"普通订单"类型的生产任务单在确认时自动按 BOM 展开生成生产投料单。

(2)"返工"类型的生产任务单在生成投料单时需要领出的物料就是产品本身,可以增减修换件。

(3)不跟踪工序的生产任务单将不能建立工序计划单;未启用流转卡的生产任务单将不能建立工序流转卡。

生产任务单有计划、确认、下达和结案 4 种单据状态。

第 2 章 ERP 总体流程体验

- 计划：表示有这个生产任务单，但是还未按照 BOM 用量生成投料单，在生产领料和产成品入库时都不能参照此单据进行处理。
- 确认：表示该生产任务单同意生产，类似"审核"概念，"确认"状态下的生产任务单会按照 BOM 用量自动生成"投料单"，在"投料单-维护"窗口中可以进行投料单的修改和审核等操作。
- 下达：表示该生产任务单同意生产并投放到车间进行实际生产，下达后的生产任务单可以下推生成"生产领料单"和"产品入库单"。
- 结案：结案有两种方式，一种是手工结案，通常是指该生产任务单不再执行生产，强行关闭和结案后的生产任务单不能下推"生产领料单"和"产品入库单"；另一种是自动结案，自动结案的标准会按照系统设置参数中的"自制生产任务结案条件"设置进行控制，只有处于"下达"状态的生产任务单才能结案。

（2）按业务场景要求设置半成品的计划的开工日期为"1月15日"和完工日期为"1月16日"，再设置成品的计划的开工日期为"1月16日"和完工日期为"1月18日"。

（3）选中所有生产任务单记录，单击工具栏中的"下达"按钮，系统提示"下达单据成功"的信息，如图2-41所示。"下达"成功后，单据状态显示"下达"字样。

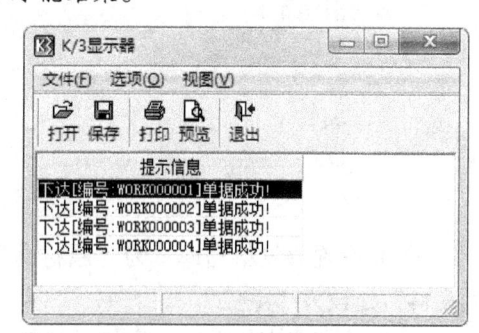

图 2-41 下达生产任务单

第 2 步，半成品生产领料。

（1）在"生产任务单序时簿"窗口中，选择"物料长代码"为"2.01"的生产任务单，然后执行"下推"→"生成生产领料单"菜单命令，系统弹出"生产任务单生成生产领料单"窗口，如图2-42所示。

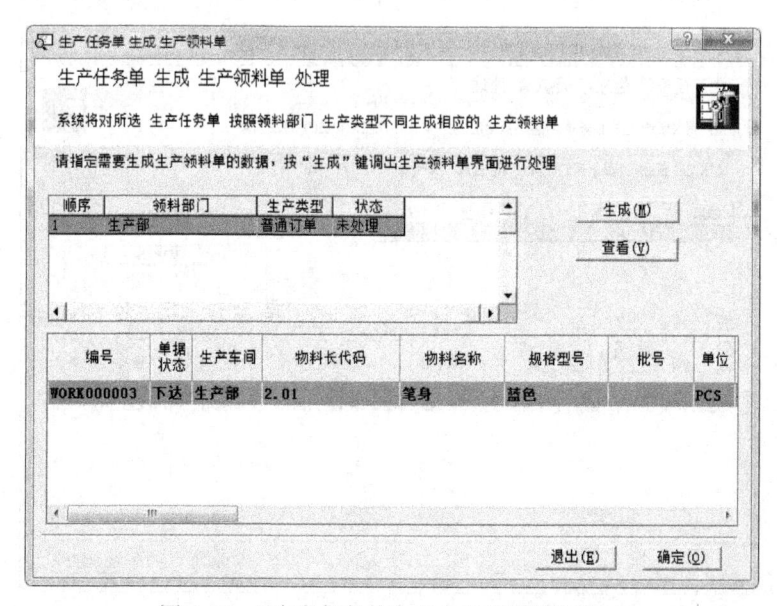

图 2-42 "生产任务单生成生产领料单"窗口

（3）单击"生成"按钮，系统进入"领料单-新增"窗口，如图2-43所示。

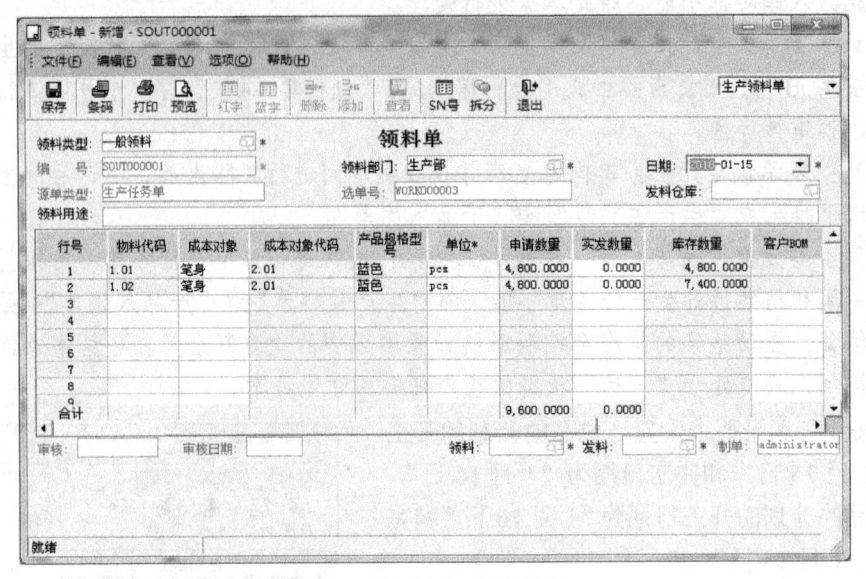

图2-43 "领料单-新增"窗口

（3）设置"发料仓库"为"原材仓"，"实发数量"设为4800，"领料"处设为"陈静"，"发料"处设为"毛尖"。

（4）单击"审核"按钮审核领料单，然后退出"领料单-修改"窗口。

（5）按步骤（1）～（4）的方法，生成物料长代码为2.02的生产领料单。

第3步，半成品生产入库。

（1）在"生产任务单序时簿"窗口中，选中"物料长代码"为"2.01"的生产任务单，执行"下推"→"生成产品入库"菜单命令，弹出如图2-44所示的窗口。

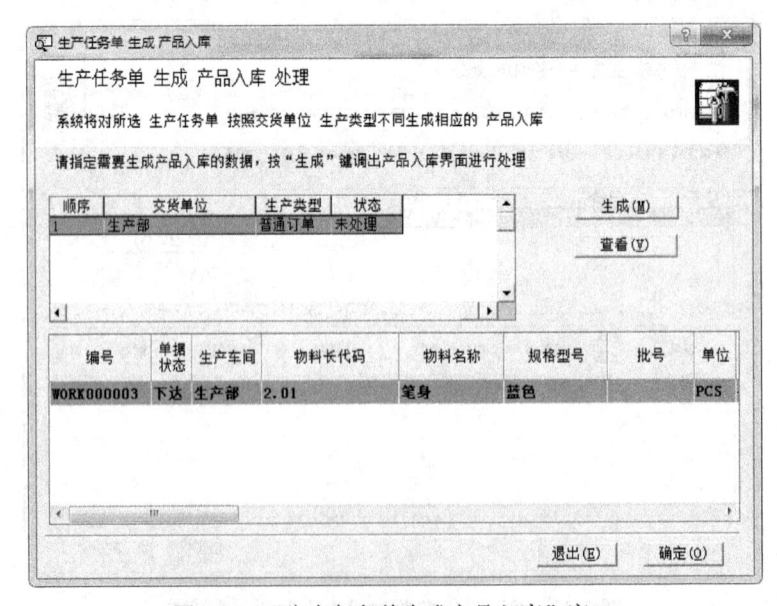

图2-44 "生产任务单生成产品入库"窗口

（2）单击"生成"按钮，系统打开"产品入库单-新增"窗口，如图 2-45 所示。

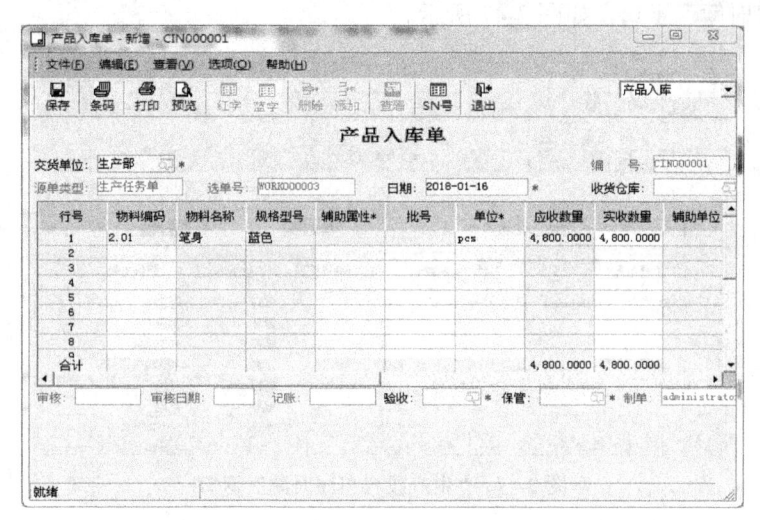

图 2-45 "产品入库单-新增"窗口

（3）设置"收货仓库"为"半成品仓"，"验收"和"保管"都为"毛尖"，然后单击"保存"按钮保存产品入库单。

（4）单击"审核"按钮审核产品入库单并退出。

（5）采用步骤（1）～（4）相同的方法，生成物料长代码为"2.02"的产品入库单。

第 4 步，成品生产领料。

由于成品"水笔"生产涉及的原材料存放在原材仓、半成品仓和包装物仓 3 个仓库中，因此需要生成 3 张生产领料单。

（1）执行"供应链"→"仓存管理"→"领料发货"菜单命令，双击"生产领料-新增"选项，进入"领料单-新增"窗口，如图 2-46 所示。

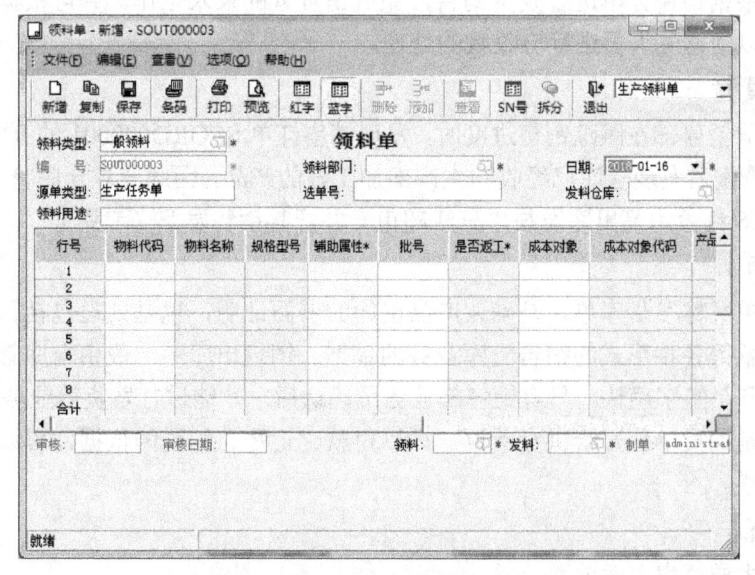

图 2-46 "领料单-新增"窗口

（2）设置"源单类型"为"生产任务单"，将光标定位到"选单号"中再按 F7 键，打开"生产投料单序时簿"窗口，如图 2-47 所示。

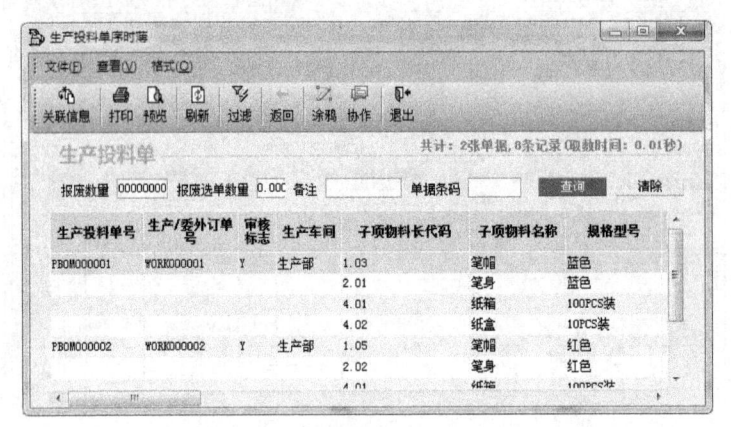

图 2-47 "生产投料单序时簿"窗口

（3）选中第 1 条"1.03"记录，然后单击"返回"按钮返回到"领料单-新增"窗口，然后再设置"发料仓库"为"原材仓"，"实发数量"设为"4800"，"领料"处设为"陈静"，"发料"处设为"毛尖"，然后单击"保存"按钮保存领料单并审核。

（4）采用步骤（1）～（3）相同的方法，完成其他领料单操作。完成后总计生成 6 条领料单记录。

第 5 步，成品生产入库。

可以根据第 3 步的方法，完成产成品的入库，这里不再赘述。

2.8 销售出库

销售人员根据销售订单进行发货销售，完成销货单的录入工作，并可根据销售出库单生成销售发票，以便财务人员进行应收款的处理。

【业务场景】

1 月 20 日，销售部在跟踪销售进度时，发现销售订单 SEORD000001 的 8 000PCS 水笔临近发货时间，查询后发现仓库已经收到生产部加工好的产品，因此要求仓库将 5 000PCS 蓝色水笔和 3000PCS 红色水笔出库发往"三江超市"并开具销售发票（专用）。

【业务分析】

销售出库单又称发货库单，是确认产品出库的书面证明，也是处理包括日常销售、委托代销、分期收款等各种形式的销售出库业务的单据。销售出库单一般由仓库管理员填写，然后由销售部业务员签字确认。只有销售部业务员确认后，才能进行发货等业务。

销售发票是购货单位开给供货单位，据以付款、记账、纳税的依据，可以根据销售出库单生成销售发票。

【操作步骤】

第 1 步，生成销售出库单。

(1)执行"供应链"→"销售管理"→"销售出库"菜单命令,双击"销售出库-新增"选项,弹出"销售出库单-新增"窗口,如图 2-48 所示。

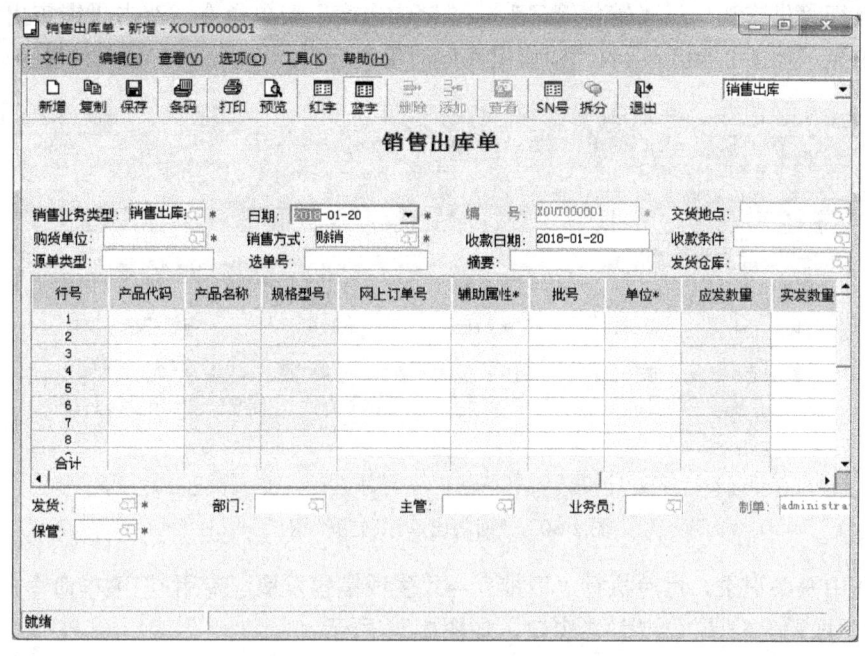

图 2-48 "销售出库单-新增"窗口

【要点说明】

销售出库单的"源单类型"可以是"无",也可以根据"销售订单""购货发票""销售出库""合同(应收)""初始化合同(应收)"等生成,具体要根据业务流程设计设置的情况而定。

(2)"源单类型"选择"销售订单",将光标定位到"选单号"处,按 F7 键,系统弹出"销售订单序时簿"窗口,如图 2-49 所示。

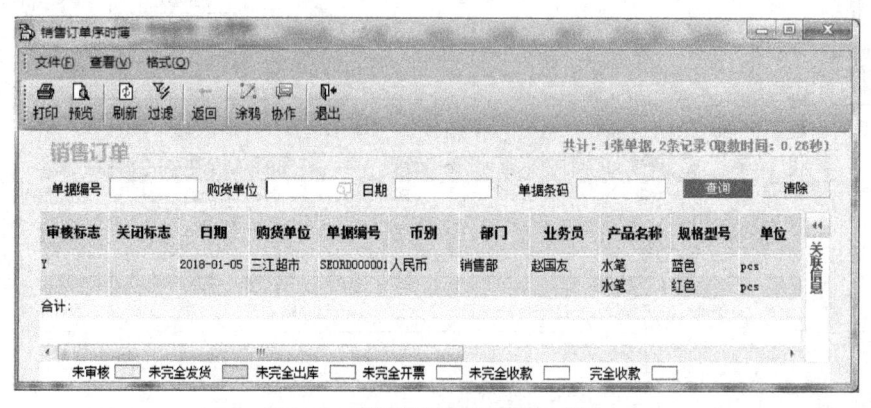

图 2-49 "销售订单序时簿"窗口

(3)选中两条记录,然后单击"返回"按钮,返回"销售出库单-新增"窗口,获取成功的信息将显示在窗口中。

(4)设置"发货仓库"为"成品仓","发货""主管""保管"处都设置为"毛尖",设置完成后单击"保存"按钮，保存当前销售出库单。然后再单击"审核"按钮审核当前单据。

第2步，由销售出库单生成销售发票。

（1）执行"供应链"→"销售管理"→"销售出库"菜单命令，双击"销售出库-维护"选项，系统显示如图2-50所示的"销售出库序时簿"窗口。

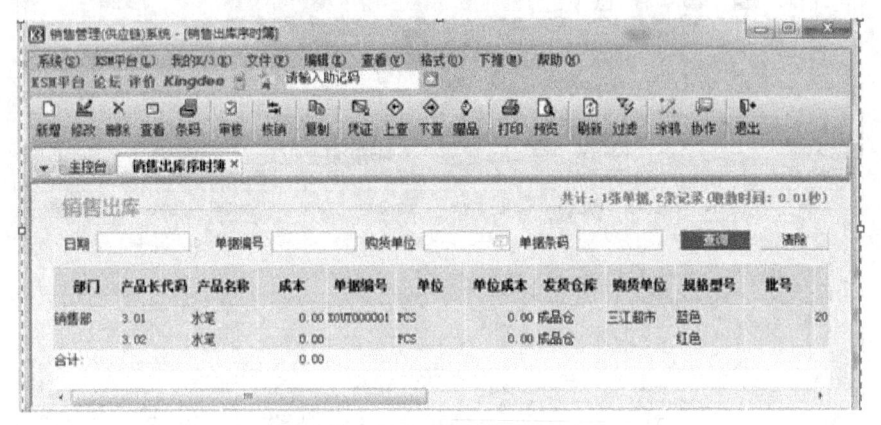

图2-50 "销售出库序时簿"窗口

（2）选中两条记录，然后执行"下推"→"生成销售发票（专用）"菜单命令，系统弹出"销售出库生成销售发票（专用）"窗口，如图2-51所示。

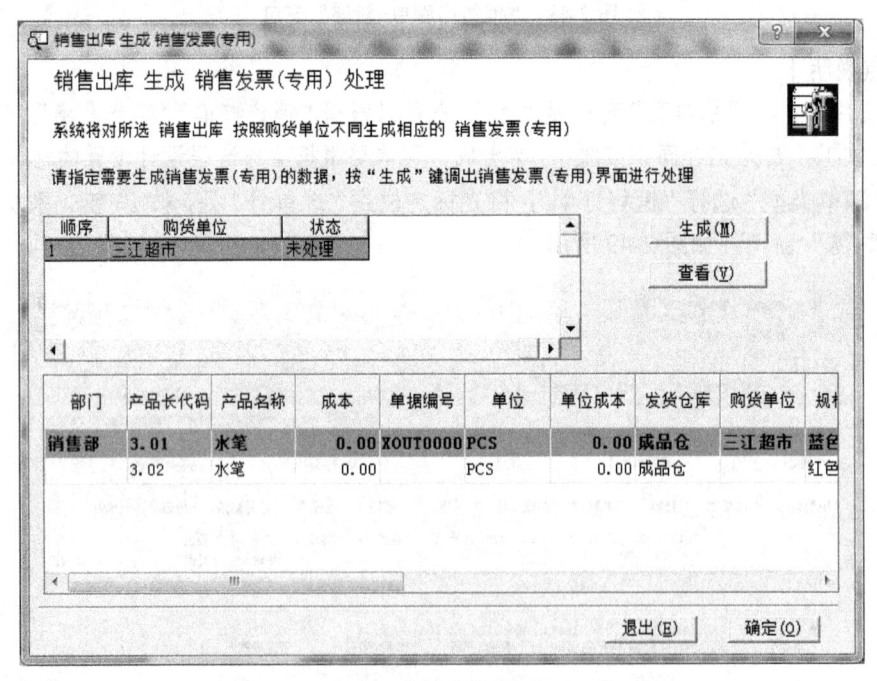

图2-51 "销售出库生成销售发票（专用）"窗口

（3）在图2-51中，单击"生成"按钮，系统弹出"销售发票（专用）-新增"窗口，如图2-52所示。

（4）单击"保存"按钮，保存销售发票，然后单击"审核"按钮审核销售发票。

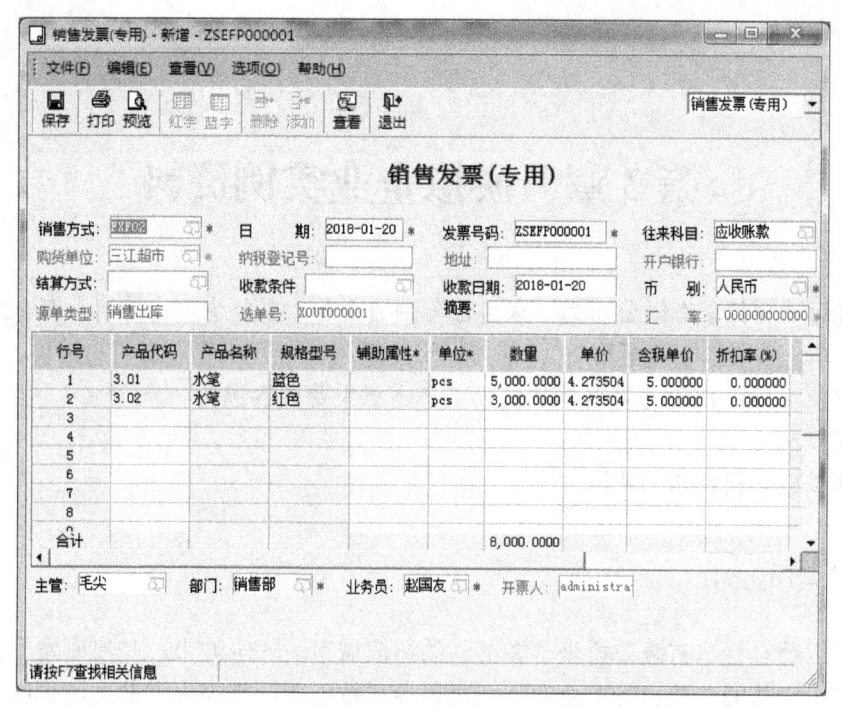

图 2-52 "销售发票（专用）-新增"窗口

复习思考题

1. 通过对本章的学习，请利用 visio 软件简要绘制制造型企业 ERP 系统的基本流程图，请对各操作点注明岗位。
2. 查找资料，了解金蝶软件有限公司的基本情况以及提供的软件产品，分析其市场地位和产品的特点。
3. 物料属性有几种类型，自制、外购物料属性在 MRP 计算时分别将产生何种计划单据？
4. MRP 计算的逻辑是什么？
5. 如何理解毛需求和净需求？
6. 生产投料单在何时生成？与生产领料单有什么关系？
7. 列举说明常见的销售方式。
8. 生产任务单有几种单据状态？各状态表示什么含义？
9. MRP 计算产生的生产/采购数量是否会超过来源单据需求的最大量，为什么？
10. 采购申请单中的采购日期和交货日期、生产任务单中的开工日期和完工日期是如何产生的？

第3章　模拟企业实例资料

宁波爱运动自行车有限公司为一家自行车制造企业，主要生产山地自行车、旅行自行车和公路自行车。本书第4章至第12章都将以宁波爱运动自行车有限公司的销售、采购、生产等业务为背景，介绍ERP系统各模块的功能。本章主要内容包括：
- 公司概况；
- 公司基础资料和初始数据。

3.1　公司概况

宁波爱运动自行车有限公司坐落在美丽的海滨城市——宁波市，是集研发、生产、销售和配套服务于一体的专业自行车企业。公司倡导科技创新，提高人们的生活休闲水平。自成立以来一直以市场为导向、以客户满意为标准、以绩效为价值体现、以创造效益为目的。本着"客户、员工、企业共同发展共同繁荣"的经营理念，以"制造优质环保产品，改善人类生存环境"为己任，以"服务无止境，满意至上"为服务宗旨，不断提高企业的综合竞争实力，提升产品优势，每辆车子无不彰显"爱运动"品牌的年轻时尚、低碳环保和无限活力。

该公司依靠强大的设计实施能力强化市场应用以服务需求为主的客观态度，为用户设计具有世界先进水准的产品。公司设有财务部、销售部、采购部、生产部、技术研发部等8个部门，其中生产部下设计划组、注塑车间、加工车间、装配车间4个科室，公司组织结构如图3-1所示。

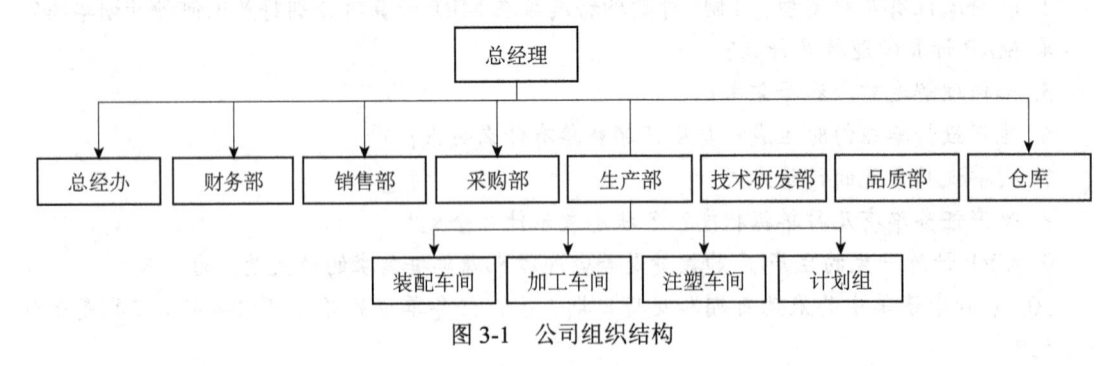

图3-1　公司组织结构

公司各部门职责如表3-1所示。

表3-1　部门职责

部门	部门职责
总经办	维护ERP部门、职员等信息

(续表)

部门	部门职责
财务部	负责财务核算、财务记账等事务
销售部	负责销售报价、接单、订单跟踪、发货等事务
采购部	负责采购询价、下单、订单催货、收料、退货、采购结算等事务
生产部	负责企业的生产计划安排、MRP运算、生产单据制作下达
技术研发部	负责物料资料、产品BOM和工艺路线的维护工作
品质部	负责各项检验单据的事务
仓库	办理所有出入库、调拨及仓库盘点事务
注塑车间	负责注塑件的生产
加工车间	负责加工件的加工
装配车间	负责产品的组装

3.2 基础资料

表3-2至表3-9为宁波爱运动自行车有限公司初始化设置的基础数据。

表3-2 币别

币别代码	币别名称	记账汇率
RMB	人民币	1
HKD	港币	0.802 0
USD	美元	6.855

表3-3 计量单位

组别	代码	名称	系数
重量组	01	kg*	1
长度组	02	m*	1
只组	03	PCS	1

注：单位采用国际标准，重量组单位为kg，长度组单位为m，但在ERP系统中一般设为KG，M。另外，"只组"单位为PCS，系统中显示有时为pcs，Pcs，因是软件界面，不作修改。

表3-4 客户资料

代码	名称	增值税率（%）	信用管理	应收科目	预收科目	应缴税金
01	浙江省					
01.01	宁波进出口有限公司	17	是	1122	2203	2221.01.05
01.02	杭州自行车销售公司	6	是	1122	2203	2221.01.05
02	江苏省					
02.01	南京商贸有限公司	17	是	1122	2203	2221.01.05
02.02	苏州运动产品配套公司	17	是	1122	2203	2221.01.05

注：设置所有客户应收科目：1122，预收科目：2203，应缴税金2221.01.05。

表3-5 供应商资料

代码	名称	增值税率（%）	专营业务员	付款条件
01	浙江省			

(续表)

代码	名称	增值税率（%）	专营业务员	付款条件
01.01	宁波塑料有限公司	6	赵管娜	下月5日结算
01.02	温州钢材有限公司	6	赵管娜	信用天数60天
02	江苏省			
02.01	苏州自行车配件有限公司	17	王玉飞	下月5日结算
02.02	南京标准件制造有限公司	17	王玉飞	下月5日结算

注：设置所有供应商应付科目：2202，预付科目：1123，应缴税金2221.01.01。

表 3-6 仓库

代码	名称	保管员	是否 MPS/MRP 可用量	说明
1	原材料仓库	满婷婷	是	存放原材料
2	半成品仓库	江涛	是	存放半成品
3	成品仓库	江涛	是	存放成品
4	不良品仓库	江涛	否	存放不良品

表 3-7 部门

编号	部门名称	部门属性	编号	部门名称	部门属性
01	总经办	非车间	02	财务部	非车间
03	销售部	非车间	04	采购部	非车间
05	技术研发部	非车间	06	仓管部	非车间
07	品质部	非车间	08	行政部	非车间
10	生产管理部	非车间	11	装配车间	车间
12	加工车间	车间	13	注塑车间	车间

表 3-8 职员

代码	姓名	部门	职务
01.001	王军	总经办	总经理
01.002	杜丽	总经办	办公室主任
02.001	李鹏	财务部	财务总监
02.002	朱小芳	财务部	会计
02.003	车晓	财务部	会计
03.001	钱旭波	销售部	经理
03.002	赵管娜	销售部	业务员
03.003	王玉飞	销售部	业务员
04.001	应诗梦	采购部	采购部经理
04.002	乐平	采购部	业务员
04.003	王芳	采购部	业务员
05.001	张玲玲	技术研发部	经理
05.002	李诗曼	技术研发部	研发员
06.001	李平	仓库	仓库经理
06.002	满婷婷	仓库	仓管员

（续表）

代码	姓名	部门	职务
06.003	江涛	仓库	仓管员
07.001	姚飞飞	品质部	品质部经理
07.002	李红娟	品质部	质检员
08.001	季晓军	行政部	行政文员
10.001	李明	生产管理部	生产计划管理
11.001	陈民	装配车间	车间主任
11.002	唐三	装配车间	工人
12.001	高岗	加工车间	车间主任
12.002	张英	加工车间	工人
13.001	周龙	注塑车间	车间主任
13.002	赵国友	注塑车间	工人

表3-9 物料

物料代码	物料名称	规格型号	物料属性	单位
1.003	公路车	运动-330	自制	PCS
2	半成品			
2.001	车架	碳素	自制	PCS
2.002	车架	合金	自制	PCS
2.003	前叉		自制	PCS
2.004	车轮	26寸	自制	PCS
2.005	车轮	700C	自制	PCS
2.006	挡泥板	前	自制	PCS
2.007	挡泥板	后	自制	PCS
3	原材料			
3.001	碳素铜管	φ5.2	外购	m
3.002	钢管	φ2.5	外购	m
3.003	ABS	HI-121H	外购	kg
4	外购件			
4.001	车座	运动型	外购	PCS
4.002	车座	舒适型	外购	PCS
4.003	头管碗组		外购	PCS
4.004	车把	直把	外购	PCS
4.005	车把	蝴蝶把	外购	PCS
4.006	车把	弯把	外购	PCS
4.007	把套		外购	PCS
4.008	车闸		外购	PCS
4.009	变速把		外购	PCS
4.010	前轴		外购	PCS
4.011	后轴		外购	PCS
4.012	车圈	双层	外购	PCS

（续表）

物料代码	物料名称	规格型号	物料属性	单位
4.013	车圈	单层	外购	PCS
4.014	轮胎	26*2.0 齿胎	外购	PCS
4.015	轮胎	26*1.5 半光胎	外购	PCS
4.016	轮胎	26*1.25 光头胎	外购	PCS
4.017	钢丝		外购	PCS
4.018	气门芯		外购	PCS
4.019	脚蹬		外购	PCS
4.020	中轴		外购	PCS
4.021	链条		外购	PCS
4.022	挡板		外购	PCS
4.023	飞轮	多级飞轮	外购	PCS
4.024	飞轮	单级飞轮	外购	PCS
4.025	车灯		外购	PCS
4.026	车铃		外购	PCS
5	包装材料			
5.001	吸塑泡沫		外购	PCS
5.002	标贴		外购	PCS
5.003	纸箱		外购	PCS
5.004	泡沫		外购	PCS

原材料、外购件、包装材料等物料存货科目代码：1403，销售收入代码：6001，销售成本代码：6401。

半成品物料存货科目代码：1404，销售收入代码：6001，销售成本代码：6401。

成品物料存货科目代码：1405，销售收入代码：6001，销售成本代码：6401。

原材料、外购件、包装材料等物料默认仓库为原材料仓库；半成品物料默认仓库为半成品仓库；成品物料默认仓库为成品仓库。

计价方法：加权平均法。

计划策略：物料需求计划 MRP。

3.3 初始数据

表 3-10 至表 3-16 为宁波爱运动自行车有限公司期初开账数据。

表 3-10 物料期初库存表

仓库代码	仓库名称	物料代码	物料名称	规格型号	单位	期初数量	期初金额
1	原材料仓库	3.001	碳素铜管	Φ5.2	PCS	500	1 500
1	原材料仓库	3.003	ABS	HI-121H	PCS	200	4 480
1	原材料仓库	4.004	车把	直把	PCS	60	1 560
1	原材料仓库	4.017	钢丝		PCS	5 000	600
1	原材料仓库	4.018	气门芯		PCS	1 000	1 000

(续表)

仓库代码	仓库名称	物料代码	物料名称	规格型号	单位	期初数量	期初金额
1	原材料仓库	4.025	车灯		PCS	800	2 400
2	半成品仓库	2.001	车架	碳素	PCS	120	10 800
2	半成品仓库	2.006	挡泥板	前	PCS	300	2 700
2	半成品仓库	2.007	挡泥板	后	PCS	180	1 260
3	成品仓库	1.001	山地车	运动-770	PCS	100	85 000
3	成品仓库	1.003	公路车	运动-330	PCS	50	30 000

表 3-11 期初暂估入库单（1）

外购入库单单号	WZGC20150118					
供应商	温州钢材有限公司					
入库日期	2018-10-12					
仓库管理员	李志远					
物料代码	物料名称	规格型号	数量	单价	金额	
3.001	碳素铜管	φ5.2	3 000	3	9 000	
3.002	钢管	φ2.5	2 000	2	4 000	

表 3-12 期初暂估入库单（2）

外购入库单单号	wzgc20150125				
供应商	温州钢材有限公司				
入库日期	2018-10-12				
仓库管理员	李志远				
物料代码	物料名称	规格型号	数量	单价	金额
3.002	钢管	φ2.5	1 800	2.1	3 780

表 3-13 期初暂估入库单（3）

外购入库单单号	szzxc20150340				
供应商	苏州自行车配件有限公司				
入库日期	2018-10-12				
仓库管理员	李志远				
物料代码	物料名称	规格型号	数量	单价	金额
4.005	车把	蝴蝶把	800	25	20 000
4.006	车把	弯把	250	23	5 750

表 3-14 期初已销售出库未开票单据（1）

销售出库单单号	nbjck20150128				
客户	宁波进出口有限公司				
出库日期	2017-11-9				
仓库管理员	李志远				
物料代码	物料名称	规格型号	数量	单价	金额
1.001	山地车	运动-770	500	850	425 000
1.002	旅行车	运动-550	200	500	100 000

表3-15 期初已销售出库未开票单据（2）

销售出库单单号	njsm20150213				
客户	南京商贸有限公司				
出库日期	2017-11-17				
仓库管理员	李志远				
物料代码	物料名称	规格型号	数量	单价	金额
1.001	山地车	运动-770	130	870	113 100
1.003	公路车	运动-330	300	600	180 000

表3-16 期初已销售出库未开票单据（3）

销售出库单单号	nbjck20150129				
客户	宁波进出口有限公司				
出库日期	2017-12-23				
仓库管理员	李志远				
物料代码	物料名称	规格型号	数量	单价	金额
1.001	山地车	运动-770	220	850	187 000
1.002	旅行车	运动-550	1 200	500	600 000
1.003	公路车	运动-330	650	590	383 500

第 4 章 账 套 管 理

账套管理系统为系统管理员维护和管理各种不同类型的金蝶 K/3 账套提供了一个方便的操作平台，它是围绕着金蝶 K/3 账套来进行组织的。金蝶账套管理工具包含账套管理和用户管理。本章主要内容包括：
- 账套的新建、备份及恢复；
- 用户及用户组的建立及权限设置。

4.1 账套管理操作

账套在整个金蝶 K/3 系统中是非常重要的，它是存放各种数据的载体，各种财务数据、业务数据、一些辅助信息等都存放在账套中，账套本身就是一个数据库文件。

4.1.1 新建账套

【业务场景】

按表 4-1 所示新建宁波爱运动自行车有限公司的账套。

表 4-1 账套信息

设置项目	项目代码	项目名称
组织机构	1	爱运动 ERP
账套名称	1.01	宁波爱运动自行车有限公司
账套类型		标准供应链解决方案
数据库文件路径		D:\ERPDATA
数据库实体		AYD
系统账号验证模式		SQL Sever 身份验证

【业务分析】

建立账套之前需要确定公司的名称、需使用的模块、连接数据库的账号和密码等内容，只有建立正确的账套，才能保证账套的正常使用。

【操作步骤】

第 1 步，登录账套管理系统。

（1）执行"开始"→"程序"→"金蝶 K3 WISE"→"金蝶 K3 服务器配置工具"→"账套管理"菜单命令，系统弹出"账套管理登录"窗口。

（2）首次登录账套管理时，默认用户名为 Admin，密码为空。单击"确定"按钮，进入

"金蝶 K/3 账套管理"主界面，如图 4-1 所示。

图 4-1 "金蝶 K/3 账套管理"主界面

第 2 步，添加组织机构。

很多集团公司为实现各分公司财务数据的独立核算和集团汇总，便于分类管理，可以将组织机构进行分层，然后在相应的组织机构下新建账套。

执行"组织机构"→"添加机构"菜单命令，在弹出的"机构属性"对话框中输入机构代码、机构名称、访问口令等内容，如图 4-2 所示。

第 3 步，新建账套。

（1）单击选中组织机构"爱运动 ERP"，再执行"数据库"→"新建账套"菜单命令，或单击工具栏中的"新建"按钮，系统弹出"信息"窗口，如图 4-3 所示。

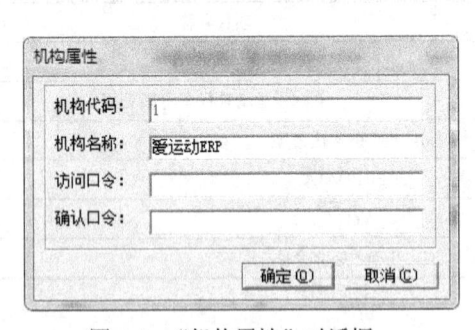

图 4-2 "机构属性"对话框　　　　图 4-3 "信息"窗口

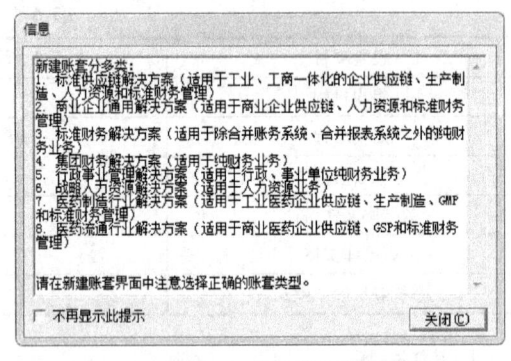

（2）单击图 4-3 中的"关闭"按钮，系统弹出"新建账套"窗口，如图 4-4 所示。

（3）设置"账套号"为"1.01"，"账套名称"为"宁波爱运动自行车有限公司"，"账套类型"为"标准供应链解决方案"，"数据库文件路径""数据库日志文件路径"都为"D：\"，"系统账号"认证方式为"SQL Server 身份认证"，并输入"系统用户名"和"系统口令"。设置完成后的窗口如图 4-5 所示。

（4）设置完成后，单击"确定"按钮，系统开始新建账套，这需要花费几分钟的时间。账套新建成功后，账套信息会显示在账套列表中，如图 4-6 所示。

图 4-4 "新建账套"窗口（1） 　　　　　 图 4-5 "新建账套"窗口（2）

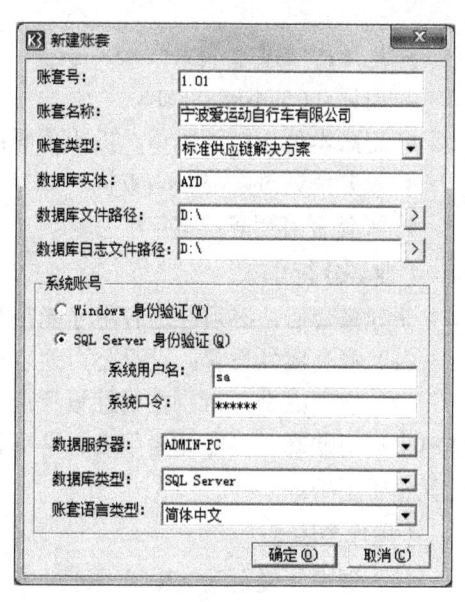

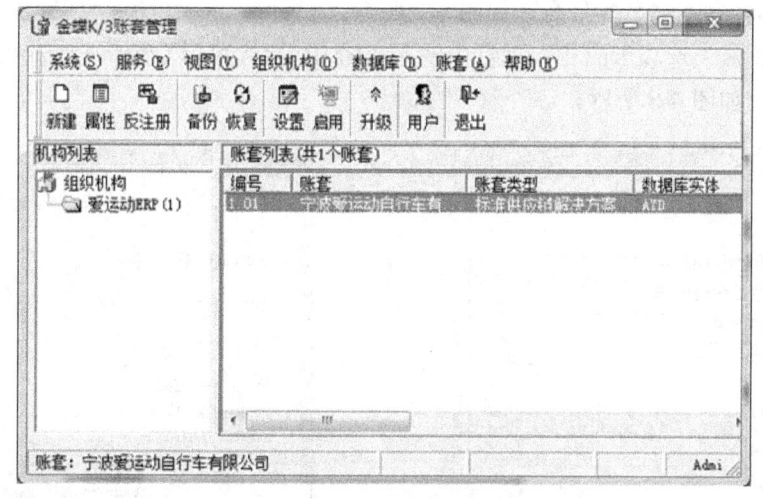

图 4-6 账套列表

【要点说明】

账套管理系统为系统管理员维护和管理各种不同类型的金蝶 K/3 账套提供了一个方便的操作平台，它是围绕着金蝶 K/3 账套来进行组织的。

不同的账套类型可以选择使用不同的系统模块。如"标准供应链解决方案"的账套类型，可以使用供应链系统、生产管理系统、人力资源系统、标准财务系统，但不能使用医药行业的供应链系统，所以应根据企业的实际背景选择正确的账套类型。

4.1.2 属性设置和启用账套

【业务场景】

- 机构名称：宁波爱运动自行车有限公司

- 73 -

- 地址：宁波市中山路 888 号
- 电话：0574-88888888
- 记账本位币：人民币，货币代码：RMB
- 设置凭证过账前必须审核
- 账套启用期间：本年 1 月

【业务分析】

新建账套后，必须经过启用才能在客户端使用。启用一个账套包含以下两个步骤。

（1）账套属性设置：设置公司的名称、地址、记账本位币和账套启用期间等信息。

（2）启用账套：可以在属性设置后直接启用账套，也可以选择"账套"→"启用账套"菜单来启用账套。当账套启用后，各项设置则不能再进行修改，因此在启用前务必检查各项设置是否正确。

【操作步骤】

（1）选中"爱运动 ERP"账套，单击工具栏中的"设置"按钮，系统弹出"属性设置"对话框。在"系统"选项卡的相关栏目中输入"宁波爱运动自行车有限公司""宁波市中山路 888 号""0574-88888888"等信息，如图 4-7 所示。

（2）在"总账"选项卡的相关栏目中输入"RMB""人民币""2"，勾选"凭证过账前必须审核"选项，如图 4-8 所示。

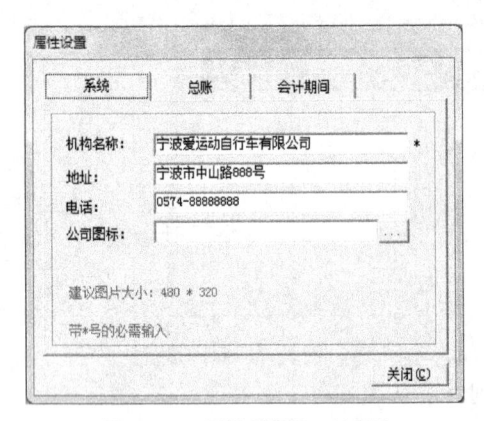

图 4-7 "属性设置"对话框　　　　　图 4-8 总账属性设置

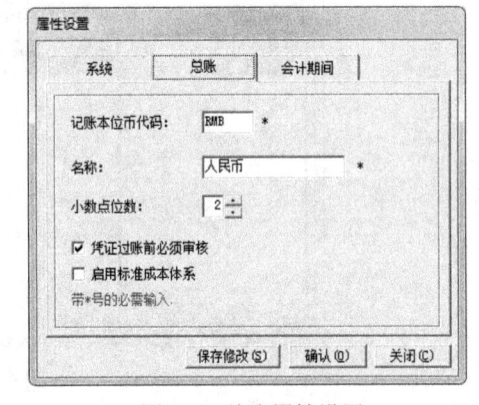

（3）在"会计期间"选项卡中，单击"更改"按钮，"启用会计年度"设为"2018"，"启用会计期间"设为"1"，如图 4-9 所示。单击"确认"按钮保存会计期间设置，并返回"属性设置"对话框。

【要点说明】

注："启用会计年度"为"2018"，"启用会计期间"为"1"，表示初始设置的期初数据是 2017 年 12 月的期末数。

（4）以上三个选项卡参数设置完成后，在图 4-8 中单击"确认"按钮，系统弹出"确认启用当前账套吗？"窗口。如果属性设置完成，单击"是"按钮，如果还需要修改，单击"否"按钮。在此单击"是"按钮，从而完成属性设置和账套启用工作。

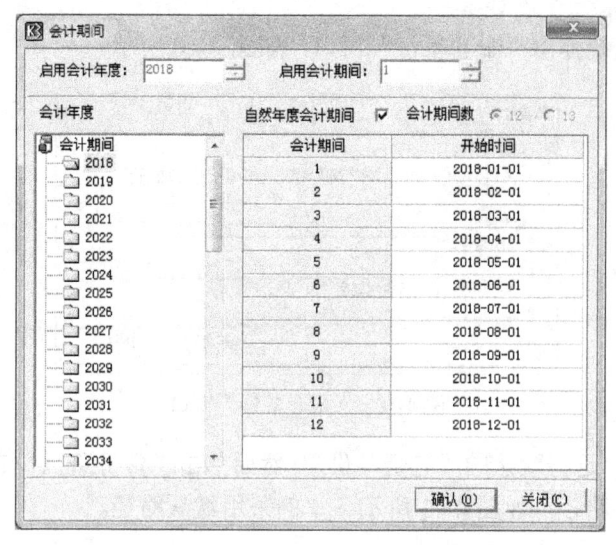

图 4-9　会计期间参数设置

4.1.3　账套备份

为了保证账套数据的安全性，需要定期对账套进行备份。一旦原有的账套毁坏，则可以通过账套恢复功能将以前的账套备份文件恢复成一个新账套进行使用。

【业务场景】

王军作为公司系统管理员，每周一需要对"宁波爱运动自行车有限公司"账套进行完全备份，其余时间则每天进行增量备份。

【业务分析】

对于账套的备份和恢复操作，系统提供了3种方式供选择，这个与 SQL Server 提供的数据库备份与恢复方式是一致的。账套备份的策略主要有完全备份、增量备份、日志备份。

（1）完全备份：执行完整备份，也就是为账套中的所有数据建立一个副本。备份后，生成完全备份文件。

（2）增量备份：记录自上次完整备份后对数据库数据所做的更改，也就是为上次完整备份后发生变动的数据建立一个副本。备份后，生成增量备份文件。增量备份文件比完全备份文件小而且备份速度快，因此可以经常备份，经常备份可以减少丢失数据的危险。增量备份是基于完全备份之上的，因此在增量备份之前，必须先做好完全备份。

（3）日志备份：事务日志是自上次备份事务日志后对数据库执行的所有事务的一系列记录。可以使用日志备份和恢复到特定的即时点（如输入多余数据前的那一点）或恢复到故障点。一般情况下，日志备份比完全备份和增量备份使用的资源少，因此可以更经常地创建日志备份，经常备份将减少丢失数据的危险。

日志备份文件有时比数据库备份大。例如，数据库的事务率很高，从而导致日志备份文件迅速增大。在这种情况下，应更经常地创建日志备份。

【操作步骤】

（1）在账套列表中选中"宁波爱运动自行车有限公司"账套，执行"数据库"→"备份账套"菜单命令,系统弹出"账套备份"窗口,如图 4-10 所示。

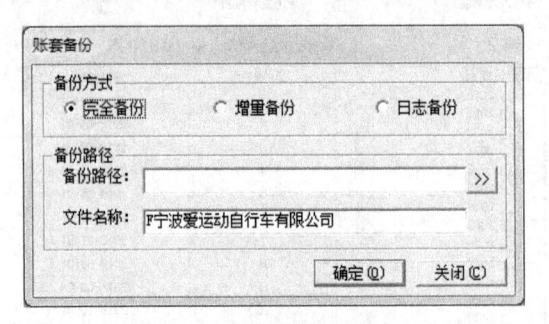

图 4-10 "账套备份"窗口

(2)"备份方式"选择默认的"完全备份",然后单击"备份路径"右侧的"》"按钮,设置数据库文件备份的路径,如图 4-11 所示。本例采用默认路径。

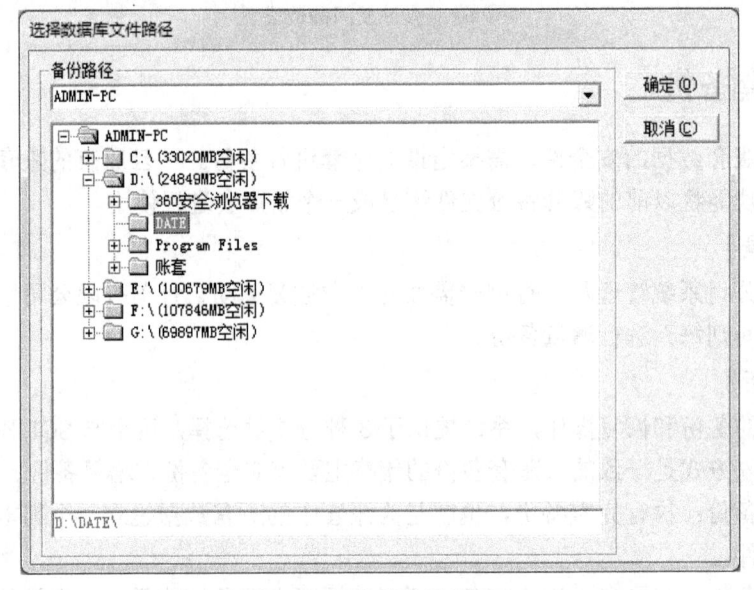

图 4-11 备份路径设置

(3)单击"确定"按钮,系统返回"账套备份"窗口。然后单击"确定"按钮,系统开始备份数据。数据备份完成后,系统提示生成了两个备份文件,如图 4-12 所示。

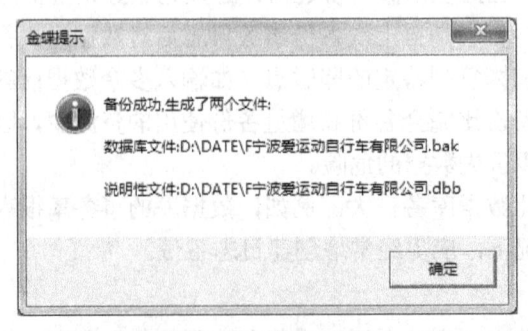

图 4-12 备份文件

(4) 可以采用类似的方法进行增量备份，增量备份生成的文件名为"D 宁波爱运动自行车有限公司.bak"，用字母 F、D、L 分别表示完全备份、增量备份和日志备份。

【要点说明】

如果账套管理中的账套很多，每个账套均进行备份会比较麻烦，因此系统提供了账套自动批量备份工具，一次可以备份多个账套。一旦设置之后，系统就会根据设置的时间定时地在后台自动进行备份，无须手工干预。执行时间精确到分，如时间设置为 10：30：00，间隔为 1 小时，则系统到了 11：30：00 时就会自动按备份方案进行备份。

4.1.4 账套恢复

【业务场景】

由于机房突然停电导致数据库系统发生错误，数据库文件损毁，系统管理员利用原先备份的数据进行账套恢复。

【业务分析】

账套恢复策略主要有：

（1）通过完全备份文件恢复账套。通过已有的完全备份文件，将账套恢复到上次完全备份点。

（2）通过增量备份文件恢复账套。通过已有的增量备份文件和完全备份文件，将账套恢复到上次增量备份点。在该种恢复方式下，需要使用到的备份文件包括：账套增量备份文件、账套完全备份文件（必需）。

上述这两种方式都不能将数据库还原到故障点或特定的即时点。若要还原到这些点，则需选择通过日志备份文件恢复的功能。

（3）通过日志备份文件恢复账套：提供将账套恢复到故障点或特定即时点的功能。在该种恢复方式下，需要的备份文件包括：账套日志备份文件、账套完全备份文件、账套增量备份文件（非必需）。

在通过日志备份文件恢复账套的情况下，账套增量备份文件不一定是必需的。如果日志备份前做了增量备份，则进行日志恢复时，增量备份文件是必需的，否则就不是必需的。

如果存在多个日志备份，则恢复时，日志备份文件必须要根据时间先后顺序都列在恢复文件列表中。

【操作步骤】

（1）执行"数据库"→"恢复账套"菜单命令，系统弹出"选择数据库服务器"窗口。选中"SQL Server 身份验证"，再设置正确的用户名、口令及数据库服务器，如图 4-13 所示。

（2）单击"确定"按钮，系统弹出"恢复账套"窗口，如图 4-14 所示。在"服务器端备份文件"中选择原先备份的文件路径，然后选中"F 宁波爱运动自行车有限公司.dbb"文件，在"账套号"栏中输入"1.02"，

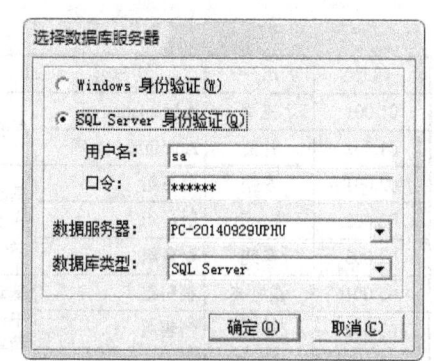

图 4-13 "选择数据库服务器"窗口

"账套名"栏改为"宁波爱运动自行车有限公司",然后再设置"数据库文件路径"为"D:\"。

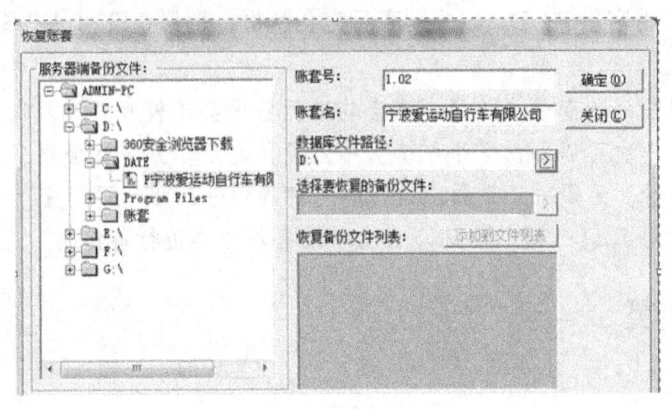

图 4-14 "恢复账套"窗口

(3)完成上述设置后,单击"确定"按钮,系统开始恢复账套,完成后系统显示"账套恢复成功"的提示信息。

【要点说明】

恢复账套时,账套号、账套名不能与系统内已有的账套号和账套名相同。

4.2 用户管理

用户管理是对具体账套的用户进行的管理,即对用户使用某一个具体账套的权限进行控制,它可以控制哪些用户可以登录到指定的账套中,对账套中的哪些子系统或者哪些模块有使用或者管理的权限等。

用户管理的功能包括新建用户、新建用户组、权限设置、修改属性(权限)、删除用户(用户组)、权限浏览等内容。

【业务场景】

为了防止企业的一些关键信息被无关的人员随意获取,需要对操作软件系统的每个人员进行权限的分配。同时,为了便于权限管理,宁波爱运动自行车有限公司建立了财务、销售等用户组。账套用户信息如表 4-2 所示。

表 4-2 账套用户信息

编号	用户	用户组	权限
01.001	王军	Administrators	所有权限
01.002	杜丽	Administrators	
02.001	李鹏	财务组	基础资料、总账、固定资产、报表、财务分析、现金管理、现金流量表、工资、应收账、应付账、存货核算、采购管理系统(查询权)、销售管理系统(查询权)、仓存管理系统(查询权)
02.002	朱小芳	财务组	
02.003	车晓	财务组	
03.001	钱旭波	销售组	基础资料、销售管理、供应链系统公用设置、生产管理系统(查询权)、高级权限中的"供应链单据_领料/发货":销售出库单、经销商门户管理:销售订单变更申请单
03.002	赵管娜	销售组	
03.003	王玉飞	销售组	单独给销售部经理"钱旭波"的销售报价单的审批权限、生产预测单的权限

（续表）

编号	用户	用户组	权限
04.001	应诗梦	采购组	
04.002	乐平	采购组	基础资料、供应商管理、供应商门户管理、采购管理、供应链系统公用设置
04.003	王芳	采购组	
05.001	张玲玲	技术研发组	基础资料、生产管理系统、工程变更审批权限
05.002	李诗曼	技术研发组	
06.001	李平	仓库组	
06.002	满婷婷	仓库组	基础资料、采购管理、仓存管理、销售管理、供应链系统公用设置
06.003	江涛	仓库组	
07.001	姚飞飞	品质组	质量管理
07.002	李红娟	品质组	
08.001	季晓军	行政组	职员管理、绩效管理
10.001	李明	生产管理组	基础资料、生产管理系统、委外加工管理
11.001	陈民	车间组	
12.001	高岗	车间组	基础资料、车间管理权。高级授权包括供应链物流单据中的"采购申请单"、供应链单据_领料/发货中的"生产领料单"
13.001	周龙	车间组	

注：所有人员认证方式采用：密码认证，传统认证方式；密码：123。

【操作步骤】

第1步，新增用户组。

用户组的作用主要是方便对多个用户进行集中授权。举例来说，如果有多个用户存在相同的权限，对这些用户一个一个地进行授权，这样操作起来比较烦琐和耗费时间。但是如果有一个用户组，所有用户都在用户组下，我们只要对用户组进行一次授权，这些用户都可以继承用户组下的所有信息。

（1）选中"宁波爱运动自行车有限公司"账套，然后在工具栏中单击"用户"按钮，系统弹出"用户管理"窗口，如图4-15所示。在该窗口中，我们可以看到一些已经存在的用户和用户组，如Guest、Administrator等，这些都是系统预设的用户和用户组。

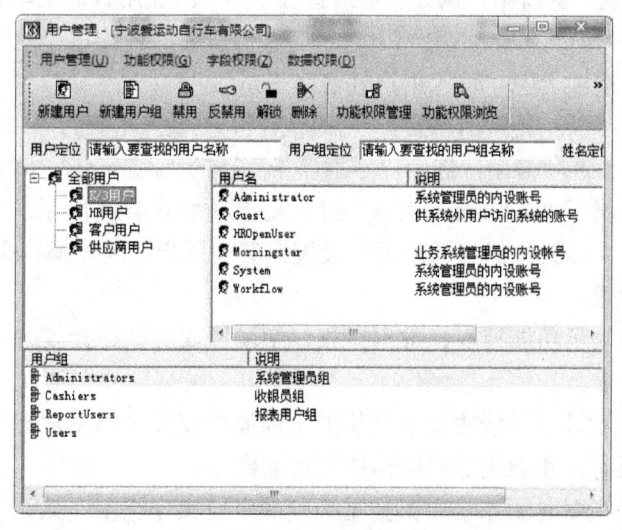

图4-15 "用户管理"窗口

（2）执行"用户管理"→"新建用户组"菜单命令，系统弹出"新增用户组"窗口，按表 4-2 要求录入用户组，如图 4-16 所示。

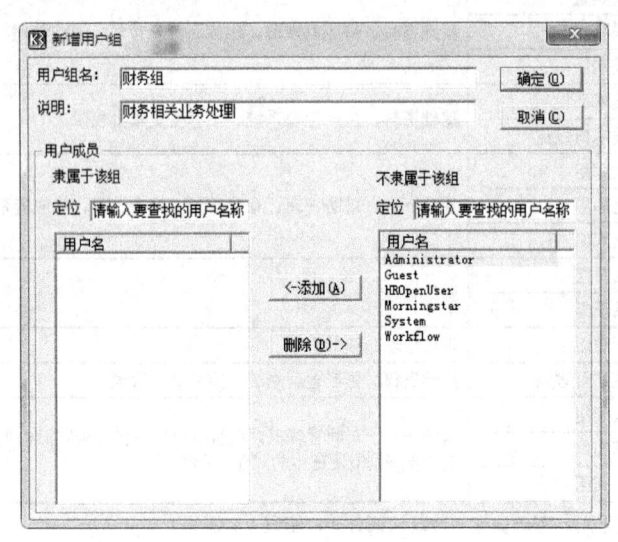

图 4-16 "新增用户组"窗口

【要点说明】

"隶属于该组"下显示了当前用户组下所有的用户信息。如果需要将一个新的用户加到用户组下，则从"不隶属于该组"下选择用户，单击"添加"按钮，就可以将该用户加到当前用户组下。如果要将一个用户从当前用户组中删除，则从"隶属于该组"下选择用户，单击"删除"按钮，就可以将该用户从当前用户组中删除了。

（3）单击"确定"按钮，保存用户组。其他用户组的添加采用相同的方法。

第 2 步，新增用户。

下面以新增用户"王军"为例，详述新增用户的操作步骤。

（1）在"用户管理"窗口中，执行"用户管理"→"新建用户"菜单命令，系统弹出"新增用户"窗口。

（2）在"用户"选项卡中，输入用户姓名"王军"。

（3）在"认证方式"选项卡中，选择"密码认证"，并输入密码为"123"，如图 4-17 所示。

（4）在"用户组"选项卡中，选中"不隶属于"下的"Administrators"，单击"添加"按钮，完成"王军"隶属于"Administrators"组的设置，如图 4-18 所示。

（5）单击"确定"按钮，保存新增用户设置。其他用户的新增操作采用相同的方法。

第 3 步，权限设置。

K/3 权限管理提供了功能授权、数据授权、字段授权等多种授权方式，以满足不同组织机构对用户的不同要求。

- 功能权限：指对各子系统中功能模块的功能操作权限，当用户拥有了子系统的功能模块的功能权限时，才能进行对应模块的功能操作。

- 字段权限：是指对各子系统中某数据类别的字段操作权限，默认系统不进行字段权限检查。当授权用户对指定字段设置了字段权限控制后，用户对该数据类别的指定字段

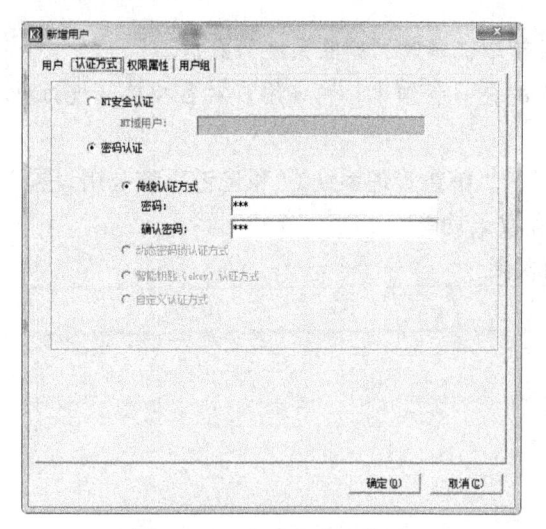

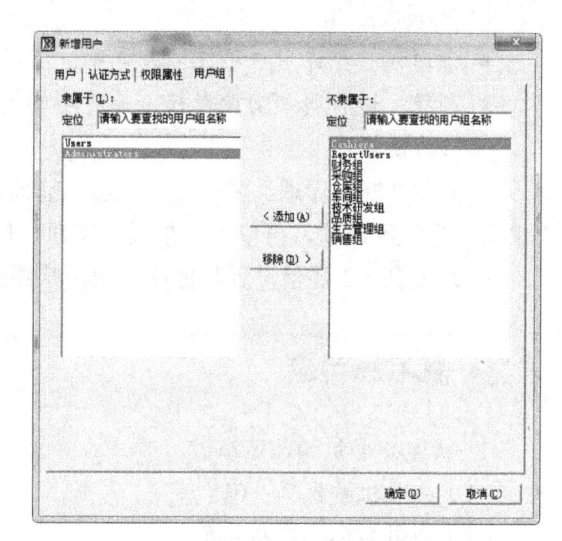

图 4-17 "认证方式"设置　　　　　　　图 4-18 "用户组"设置

进行操作时要经过权限检查。只有当用户拥有了该字段的字段权限时，才能对该字段进行对应的操作。

- 数据权限：数据权限是指对系统中具体数据的操作权限，分为数据查询权、数据修改权、数据删除权。

下面以设置表 4-2 中"销售组"的功能权限为例，说明用户权限设置的具体步骤。

（1）选中用户组"销售组"，执行"功能权限"→"功能权限管理"菜单命令，或单击工具栏中的"功能权限管理"按钮，系统弹出"权限管理"窗口，如图 4-19 所示。

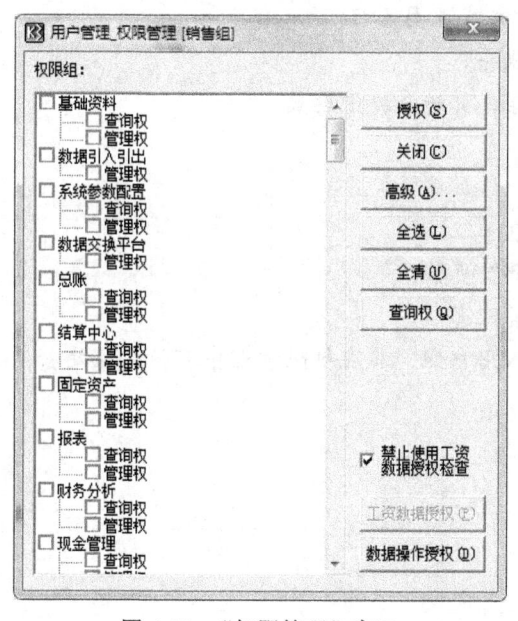

图 4-19 "权限管理"窗口

【要点说明】

- 查询权：只允许用户查看系统中的数据。

- 管理权：允许用户不仅可以查看，还可以新增、修改、删除系统的数据。
- 高级：进行明细功能授权，是对功能授权的进一步细化，允许用户对各种功能进行更细的授权。

（2）在"权限管理"窗口中，勾选"基础资料""销售管理系统""供应链系统公用设置""出口管理"等选项，再单击"授权"按钮，保存权限功能。

（3）按表4-2要求设置其他用户或用户组的权限。

复习思考题

1. 新建公司机构及账套。
（1）公司机构代码：01。
（2）公司名称：广东非凡。
（3）账套号：01。
（4）账套名：非凡工业。
（5）账套类型：工业企业。
（6）数据实体：系统会自动给出，不需用户命名。
（7）数据库文件路径：C:\。
2. 设置账套参数。
（1）公司名称：广东非凡工业有限公司。
（2）记账本位币：人民币货币代码：RMB。
（3）账套启用期间：本年1月1日。
3. 启用账套和备份账套。
4. 增加用户和用户组，并进行权限设置。
用户组：财务组。
用户：张斌。
密码认证，密码：123。
权限：费用预算、资金预算。
5. 删除账套并再恢复账套。
6. 思考为什么要引入用户组，其在权限管理中有什么益处。

第 5 章 基础资料设置

基础资料在企业各部门中都要用到，是整个 ERP 系统的基础。用户在录入凭证或者录入单据时，都毫无例外地需要输入一些业务资料信息，如科目、币别、商品、客户、金额等信息。可以这么说，所有的凭证、单据都是由一些基础资料信息和具体的数量信息构成的。对于这些基础的数据，为了便于进行统一的设置与管理，金蝶 K/3 系统提供了基础资料管理这一功能。本章主要内容包括：

- 币别、科目、凭证字、计量单位、核算项目设置方法；
- BOS 数据交换平台；
- 核算参数、工厂日历设置；
- 期初库存、期初各单据的初始化。

5.1 币别

在企业的经营活动中，都是以币别作为交易的媒介和度量单位的。对于涉外企业，其交易活动中不可避免地将涉及多种币别，为了方便用户对不同币种的业务数据进行记录和度量，系统提供了币别这个基础资料。

【业务场景】

宁波爱运动自行车有限公司与中国香港、美国等国家和地区有业务往来，涉及的外币主要有港币和美元，本位币为人民币。币别资料信息如表 5-1 所示。

表 5-1 币别资料

币别代码	币别名称	记账汇率	折算方式	汇率类型
HKD	港币	0.802 0	原币*汇率=本位币	浮动汇率
USD	美元	6.855	原币*汇率=本位币	浮动汇率

【业务分析】

币别项是针对企业经营活动中所涉及的币种进行管理，功能主要有新增、修改、删除和禁用等。当企业在经营活动中有本位币以外的币别时，则需要新增入系统中以供调用。

基础资料一般在系统初始化前由系统管理员进行设置，设置完成后不再改变。用户可以用 Administrator 身份登录系统，进行币别资料的维护。

【操作步骤】

（1）执行"系统设置"→"基础资料"→"公共资料"菜单命令，双击"币别"选项，系统弹出"币别"窗口，如图 5-1 所示。

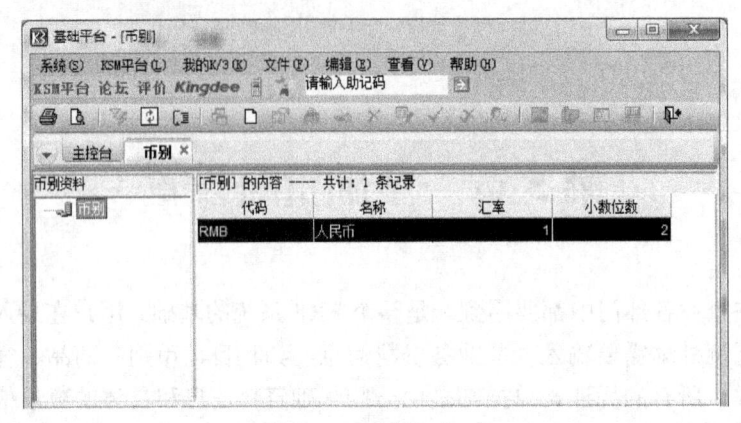

图 5-1 "币别"窗口

（2）单击工具栏中的"新增"按钮，系统弹出"币别-新增"窗口，按表 5-1 所示的资料要求输入相关信息后，单击"确定"按钮保存币别设置。如图 5-2 所示。

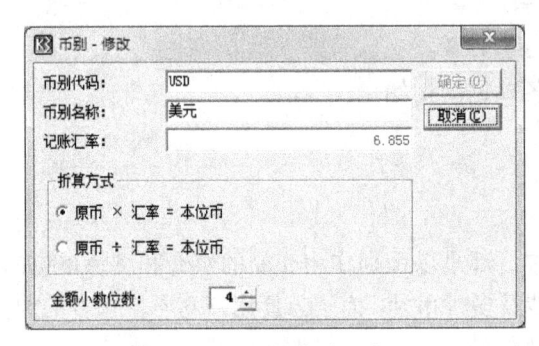

图 5-2 "币别-修改"窗口

【要点说明】
- 币别代码：建议使用惯例编码，如港币 HKD、美元 USD、欧元 EUR。
- 记账汇率：外币记账汇率建议使用 4 位小数，在期末调整汇兑损益时，系统自动按对应期间的记账汇率折算，并调整汇兑损益额度。

5.2 科目设置

会计科目是填制会计凭证、登记会计账簿和编制会计报表的基础。会计科目是对会计对象具体内容分门别类地进行核算所规定的项目。会计科目是一个完整的体系，是区别于流水账的标志，是复试记账和分类核算的基础。会计科目的一级科目设置必须符合会计制度的规定，而在明细科目上，核算单位可以根据实际情况，在满足核算和管理要求及报表数据来源的基础上进行设置。会计科目设置的重点是对明细科目和属性的设置。

【业务场景】
李鹏作为财务组负责人，在系统管理员王军的指导下，负责会计科目的设置工作。
（1）引入新会计准则科目。
（2）按表 5-2 要求新增或修改科目。

(3) 将1404"材料成本差异"一级科目修改成"自制半成品"。
(4) 设置应收账款、应收票据的核算项目为客户。
(5) 设置预付账款、应付票据、应付账款的核算项目为供应商。
(6) 设置差旅费、电话费核算项目具体到职员个人。
(7) 设置办公费按部门进行核算。

表 5-2 科目设置

科目代码	科目名称	科目类别	余额方向	币别核算	核算项目
1002	银行存款	流动资产	借方	RMB	
1002.01	中国银行宁波高新区支行	流动资产	借方	RMB	
1002.02	工商银行宁波高新区支行	流动资产	借方	RMB	
1002.03	工商银行宁波高新区支行（美元户）	流动资产	借方	USD	
1121	应收票据	流动资产	借方	RMB	客户
1122	应收账款	流动资产	借方	*	客户
1123	预付账款	流动资产	借方	RMB	供应商
1404	材料成本差异	流动资产	借方	RMB	
2201	应付票据	流动负债	贷方	RMB	供应商
2202	应付账款	流动负债	贷方	RMB	供应商
2202.01	应付账款（到票）	流动负债	贷方	RMB	供应商
2202.02	应付账款（暂估）	流动负债	贷方	RMB	供应商
2221	应交税费	流动负债	贷方	RMB	
2221.01	应交增值税	流动负债	贷方	RMB	
2221.01.01	进项税额	流动负债	贷方	RMB	
2221.01.02	已交税金	流动负债	贷方	RMB	
2221.01.03	转出未交增值税	流动负债	贷方	RMB	
2221.01.04	减免税款	流动负债	贷方	RMB	
2221.01.05	销项税款	流动负债	贷方	RMB	
2221.01.06	出口退税	流动负债	贷方	RMB	
2221.01.07	进项税额转出	流动负债	贷方	RMB	
2221.01.08	出口抵税内销产品应纳税额	流动负债	贷方	RMB	
2221.01.09	转出多交增值税	流动负债	贷方	RMB	
2221.01.10	未交增值税	流动负债	贷方	RMB	
2221.02	应交个人所得税	流动负债	贷方	RMB	
2221.03	应交营业税	流动负债	贷方	RMB	
2221.04	应交消费税	流动负债	贷方	RMB	
2221.05	应交资源税	流动负债	贷方	RMB	
2221.06	应交所得税	流动负债	贷方	RMB	
2221.07	应交土地增值税	流动负债	贷方	RMB	
2221.08	应交城市维护建设税	流动负债	贷方	RMB	
2221.09	应交房产税	流动负债	贷方	RMB	
2221.10	应交土地使用税	流动负债	贷方	RMB	

(续表)

科目代码	科目名称	科目类别	余额方向	币别核算	核算项目
2221.11	应交车船使用税	流动负债	贷方	RMB	
2221.13	应交地方税	流动负债	贷方	RMB	
2221.13.01	地方教育费附加	流动负债	贷方	RMB	
2221.13.02	残保金	流动负债	贷方	RMB	
2221.13.03	水利建设基金	流动负债	贷方	RMB	
2221.13.04	职教费	流动负债	贷方	RMB	
2221.13.05	工会经费	流动负债	贷方	RMB	
2221.13.06	应交印花税	流动负债	贷方	RMB	
4104	利润分配	所有者权益	贷方	RMB	
4104.01	其他转入	所有者权益	贷方	RMB	
4104.02	提取法定盈余公积	所有者权益	贷方	RMB	
4104.03	提取法定公益金	所有者权益	贷方	RMB	
4104.04	提取储备基金	所有者权益	贷方	RMB	
4104.05	提取企业发展基金	所有者权益	贷方	RMB	
4104.06	提取职工奖励及福利基金	所有者权益	贷方	RMB	
4104.07	利润归还投资	所有者权益	贷方	RMB	
4104.08	应付归还投资	所有者权益	贷方	RMB	
4104.09	提取任意盈余公积	所有者权益	贷方	RMB	
4104.10	应付普通股股利	所有者权益	贷方	RMB	
4104.11	转作资本（或股本）的普通股利	所有者权益	贷方	RMB	
4104.12	应付利润	所有者权益	贷方	RMB	
4104.15	未分配利润	所有者权益	贷方	RMB	
5001	生产成本	成本	借方	RMB	
5001.01	生产成本-直接材料	成本	借方	RMB	
5001.02	生产成本-直接人工	成本	借方	RMB	
5001.03	生产成本-制造费用	成本	借方	RMB	
5101	制造费用	成本	借方	RMB	
5101.01	水电费	成本	借方	RMB	
5101.02	加工费	成本	借方	RMB	
5101.03	折旧费	成本	借方	RMB	
5101.04	物耗	成本	借方	RMB	
5101.05	模具费	成本	借方	RMB	
5101.06	房租费	成本	借方	RMB	
5101.07	其他	成本	借方	RMB	
5501	坏账损失	成本	借方	RMB	
6601	销售费用	期间费用	借方	RMB	
6601.01	运费	期间费用	借方	*	
6601.02	广告费	期间费用	借方	RMB	
6601.03	展览费	期间费用	借方	RMB	
6601.04	样品费	期间费用	借方	*	
6601.05	业务招待费	期间费用	借方	*	
6601.06	折旧费	期间费用	借方	RMB	

（续表）

科目代码	科目名称	科目类别	余额方向	币别核算	核算项目
6601.07	差旅费	期间费用	借方	*	职员
6601.08	报关费	期间费用	借方	RMB	
6601.09	宣传费	期间费用	借方	RMB	
6602	管理费用	期间费用	借方	RMB	
6602.01	办公费	期间费用	借方	RMB	部门
6602.02	电话费	期间费用	借方	RMB	职员
6602.03	差旅费	期间费用	借方	*	部门、职员
6602.04	印花税	期间费用	借方	RMB	
6602.05	研发费	期间费用	借方	RMB	
6602.06	折旧费	期间费用	借方	RMB	
6602.07	工资	期间费用	借方	RMB	
6602.08	认证费	期间费用	借方	RMB	
6602.09	职工福利	期间费用	借方	RMB	
6602.10	养老保险	期间费用	借方	RMB	
6602.11	残保金	期间费用	借方	RMB	
6602.12	水电费	期间费用	借方	RMB	
6602.13	测试费	期间费用	借方	RMB	
6602.14	水利基金	期间费用	借方	RMB	
6602.15	专利费	期间费用	借方	RMB	
6602.16	审计费	期间费用	借方	RMB	
6602.17	汽车保险	期间费用	借方	RMB	
6602.18	汽油费	期间费用	借方	RMB	
6602.19	修理费	期间费用	借方	RMB	
6602.20	其他	期间费用	借方	RMB	
6602.21	坏账损失	期间费用	借方	RMB	
6602.22	教育经费	期间费用	借方	*	
6603	财务费用	期间费用	借方	RMB	
6603.01	汇兑损失	期间费用	借方	*	
6603.02	汇兑收益	期间费用	借方	*	
6603.03	利息	期间费用	借方	*	
6603.04	手续费	期间费用	借方	RMB	

注：币别核算为"*"号，表示核算所有外币。

【业务分析】

为了提高用户录入科目的速度，金蝶 K/3 系统为用户预设了部分行业的一级会计科目和部分二级明细科目，包括新会计准则、企业会计制度科目、小企业会计制度科目、商品流通行业和股份制企业等行业的会计科目，需要用户先引入账套，然后增加明细科目。

系统将会计科目分为资产、负债、共同、权益、成本、损益、表外七大类，每组科目下面又进行了再次分类，科目分组目前分了两级，在前面的类别下又再分了一个类别，如资产分为流动资产和长期资产，在科目设置中必须选择某一个具体的科目类别。

【操作步骤】

第1步，引入新会计准则科目。

（1）执行"系统设置"→"基础资料"→"公共资料"菜单命令，双击"科目"选项，系统弹出"基础平台-科目"窗口，如图 5-3 所示。

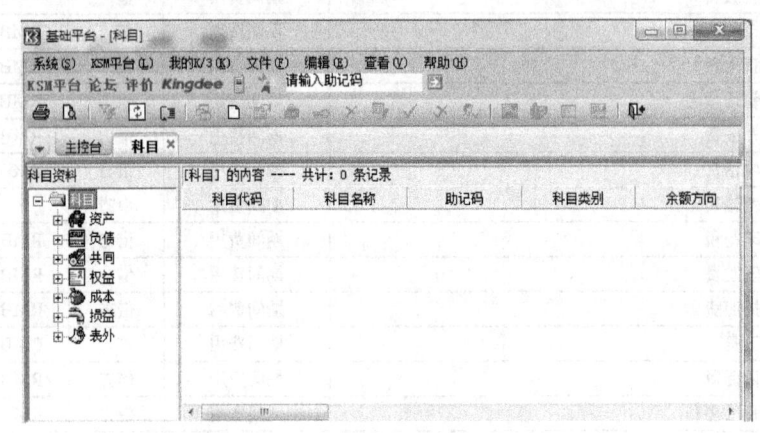

图 5-3　"基础平台-科目"窗口

（2）执行"文件"→"从模板中引入科目"菜单命令，系统弹出"科目模板"对话框，如图 5-4 所示。

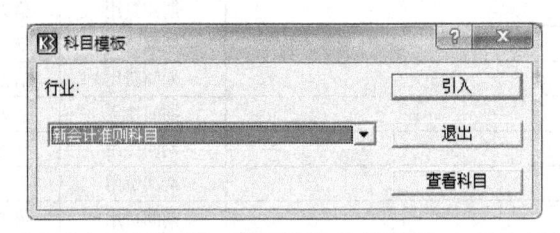

图 5-4　"科目模板"对话框

（3）在"科目模板"对话框中选择"行业"为"新会计准则科目"，然后单击"引入"按钮，系统弹出"引入科目"对话框，如图 5-5 所示。

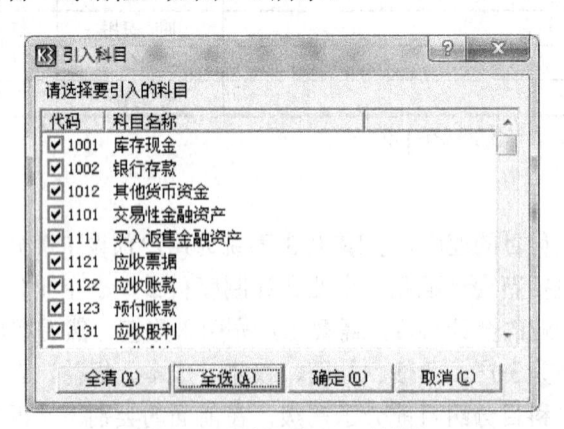

图 5-5　"引入科目"对话框

（4）单击"全选"按钮以便引入全部科目，然后单击"确定"按钮，系统开始引入科目。科目引入成功后，可以在"基础平台-科目"窗口中显示所有科目信息，如图 5-6 所示。

第 5 章 基础资料设置

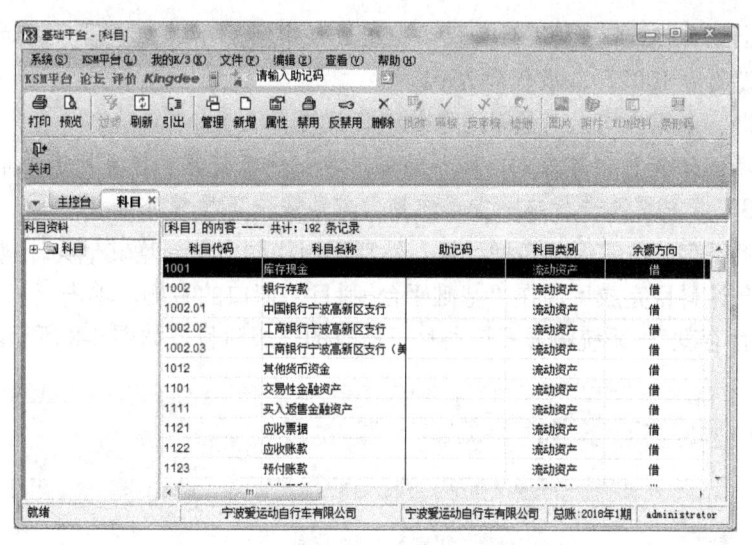

图 5-6 科目信息

【要点说明】

（1）系统将会计科目分为资产、负债、共同、权益、成本、损益和表外七大类，可以通过单击"+"号层层展开以查看明细科目信息。

（2）科目引入成功后，若在屏幕上没有显示科目信息，可以单击工具栏中的"刷新"按钮即可显示。

第 2 步，按表 5-2 要求新增或修改科目。

本例以新增"1002 银行存款"二级明细科目为例，说明新增科目操作步骤。

（1）在"基础资料-科目"窗口中，单击工具栏中的"新增"按钮，系统弹出"会计科目-新增"窗口。按资料要求输入"科目代码""科目名称"等信息，如图 5-7 所示。

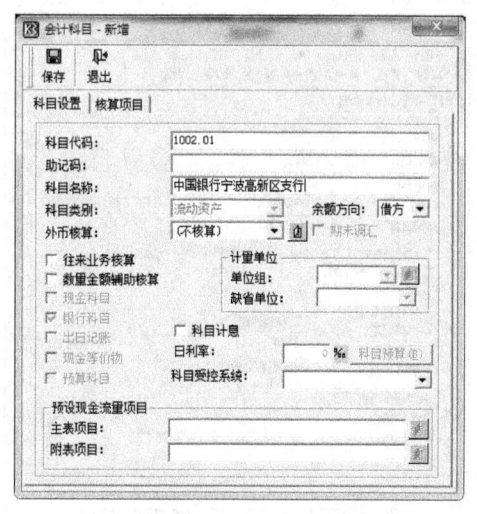

图 5-7 "会计科目-新增"窗口

【要点说明】

● 科目代码：必须唯一，先有上级科目代码后才能新增下级科目代码。明细科目代码一般由"上级科目代码+本级科目代码"组成,中间用小数点分隔。例如"1002.01"表示一级代码为1002,二级代码为01。
- 科目类别、余额方向:一般采用系统默认设置。
- 外币核算:分3种核算方式,即不核算、单一货币核算、核算所有外币。本例中只有"1002.03"账户需要进行单一货币核算,其他账户不核算外币。

(2)单击"保存"按钮保存新增科目。然后采用相同方法新增其他会计科目。

(3)新增会计科目完成后,在"基础平台-科目"窗口的右侧,单击"+"按钮层层展开科目"1002 银行存款",系统将显示该科目下所有的二级科目,如图5-8所示。

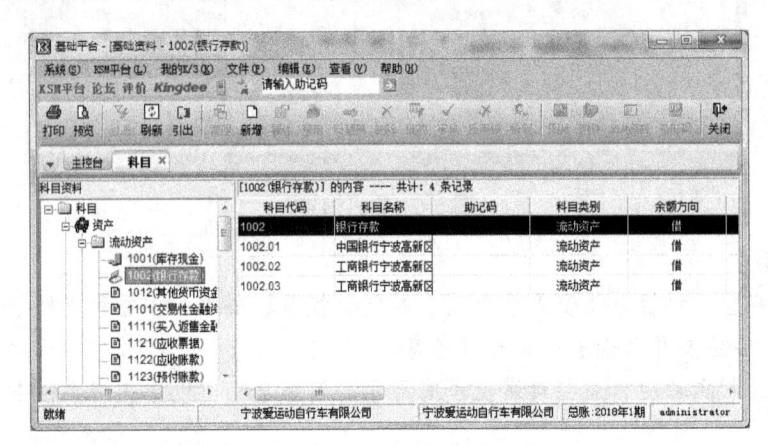

图5-8 银行存款二级科目列表

第3步,设置核算项目。

本例以"2201 应付票据"核算项目设置为例,讲述核算项目设置方式。

(1)双击"应付票据"科目条目,打开"会计科目-修改"窗口,如图5-9所示。

图5-9 "会计科目-修改"窗口

(2)选择"核算项目"选项卡,然后单击"增加核算项目类别"按钮,系统弹出"核算项目类别"窗口,如图5-10所示。

（3）选择"008 供应商"类别，然后单击"确定"按钮，系统返回到"核算项目"选项卡，如图 5-11 所示。

图 5-10 "核算项目类别"窗口

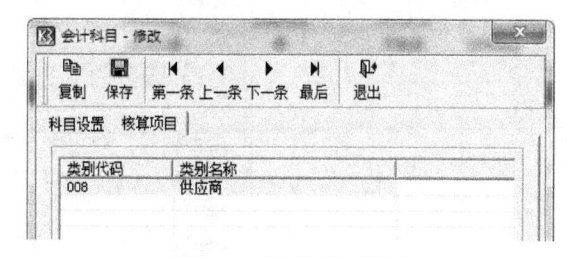

图 5-11 核算项目设置

（4）单击工具栏中的"保存"按钮，保存相关设置。

5.3 凭证字

凭证字就是我们在录入凭证时所使用的用于标记凭证类别的凭证字，它与我们在实际工作中所使用的凭证字的含义是相同的。

凭证字功能是管理凭证处理时使用的凭证字，如收、付、转、记等，可以对凭证字进行新增、修改、删除等操作。

【业务场景】

增加凭证字为"记"字。

【业务分析】

财务中一般将凭证分为收款凭证、付款凭证、转账凭证三种，所对应的凭证字为收、付、转。在目前新的会计制度下，很多单位只有一个"记"字凭证字。

【操作步骤】

（1）执行"系统设置"→"基础资料"→"公共资料"菜单命令，双击"凭证字"选项，系统弹出"凭证字"窗口，如图 5-12 所示。

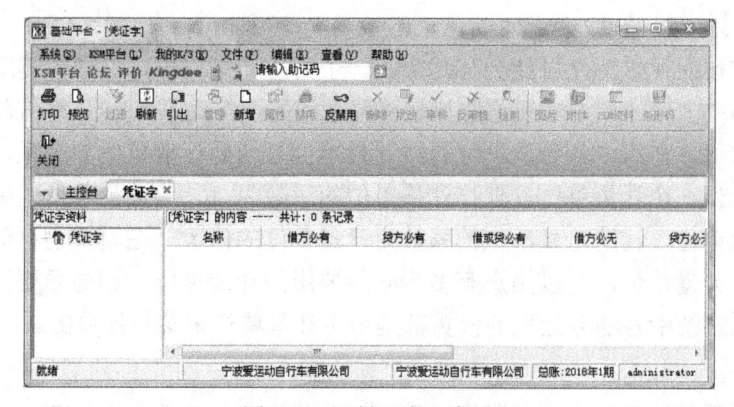

图 5-12 "凭证字"窗口

（2）单击工具栏中的"新增"按钮，系统弹出"凭证字-新增"窗口。在"凭证字"处录入"记"字，其他选项不设置，如图 5-13 所示。单击"保存"按钮保存设置。

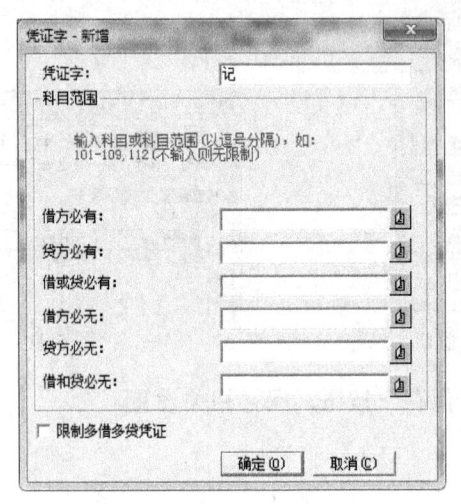

图 5-13 "凭证字-新增"窗口

5.4 计量单位

计量单位是在系统进行存货核算和固定资产资料录入时，为不同的存货、固定资产设置的计量标准。

【业务场景】

按表 5-3 要求设置物料单位和单位组。

表 5-3 计量单位

单位组	单位码	单位
重量组	01	kg
长度组	02	M
只组	03	PCS

【业务分析】

由于有些物料的计量单位可能会有几个，一个为主计量单位，其他为辅助计量单位，为了能够体现该物料多种计量方法及这些计量单位之间的换算关系，ERP 系统将其设置成一个一个的计量单位组，在组中各计量单位是主计量单位和辅助计量单位的关系。因此一个计量单位组系统只默认一个计量单位，默认计量单位的系数为 1。此计量单位组中其他的计量单位都为辅助计量单位，辅助计量单位的系数为计量单位的倍数。在设置物料信息时，物料只能获取到默认的计量单位，所以用户有多少必须要用的计量单位，则必须要设置多少计量单位组，并且物流系统中各物流处理的核算都是用主计量单位来参与计算的。

【操作步骤】

（1）执行"系统设置"→"基础资料"→"公共资料"菜单命令，双击"计量单位"选项，系统弹出"基础平台-计量单位"窗口，如图 5-14 所示。

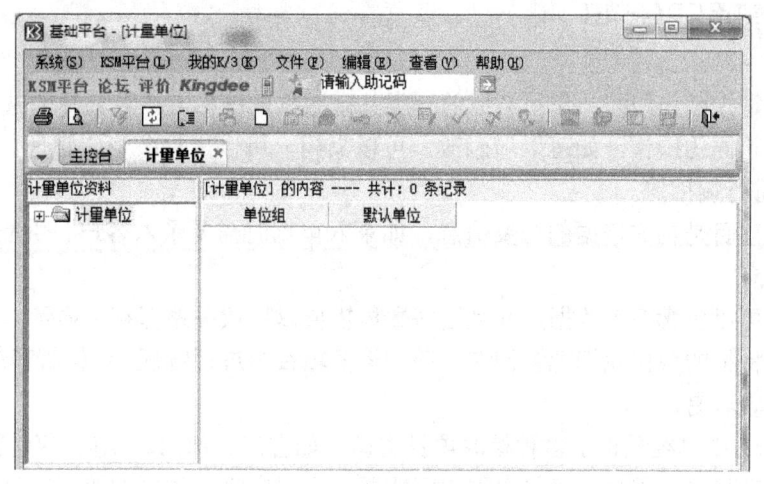

图 5-14 "基础平台-计量单位"窗口

（2）新增组别。选中左侧"计量单位资料"下的"计量单位"，单击"新增"按钮，系统弹出"新增计量单位组"对话框，"计量单位组"栏中录入"重量组"，如图 5-15 所示。

（3）单击"确定"按钮，保存设置并返回"基础平台-计量单位"窗口，这时可以看到窗口左侧新增了"计量单位组"资料。

（4）按步骤（2）的方法新增"长度组"和"只组"。

（5）选中左侧窗口"计量单位"下的"重量组"，然后在右侧窗口的任意空白处单击，再单击工具栏中的"新增"按钮，系统弹出"计量单位-新增"对话框，录入代码"01"、名称"kg"，换算率"1"，如图 5-16 所示。

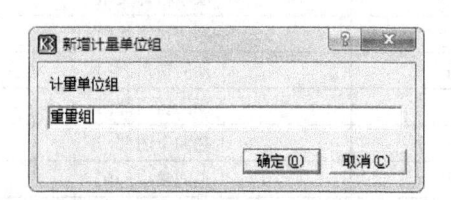

图 5-15 "新增计量单位组"对话框 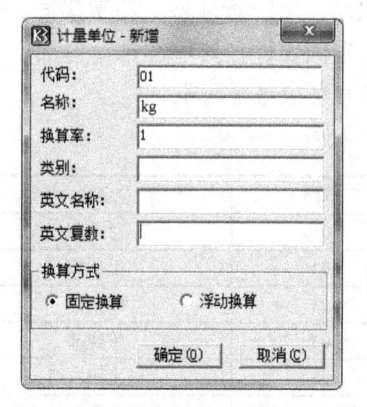   图 5-16 "计量单位-新增"对话框

【要点说明】

换算率是当前计量单位与默认计量单位的换算系数。如默认单位为"千克"，当前新增计量单位为"克"，则换算率应设置为"0.001"。

（6）单击"确定"按钮，保存设置并返回"基础平台-计量单位"窗口。

（7）按步骤（5）的方法增加其他计量单位。

5.5 核算项目管理

核算项目是指操作相同、作用类似的一类基础数据的统称。核算项目的共同特点是：

（1）具有相同的操作，如可以增删改，可以禁用，可以进行条形码管理，可以在单据中通过按 F7 键进行调用等。

（2）核算项目是构成单据的必要信息，如录入单据时需要录入客户、供应商、商品、部门、职员等信息。

（3）本身可以包含多个数据，并且这些数据需要以层级关系保存和显示。

具有这些特征的数据我们把它们统一归到核算项目中进行管理。这样管理起来比较方便，操作起来也比较容易。

在金蝶 K/3 中已经预设了多种核算项目类型，如客户、部门、职员、存货、仓库、供应商、现金流量项目等。用户也可以根据实际需要，自己定义所需要的核算项目类型。

每个核算项目的内容可以在"核算项目管理"中新增，也可以在"公共资料"中新增。

5.5.1 部门

部门资料用来记录企业的组织结构的构成情况。用户可以根据实际情况来决定部门的级次结构。部门可以与会计科目相关联作为一个辅助核算项目进行核算以及费用归集，同时也是采购系统、销售系统、仓存系统和存货核算中各种单据的组成部分。

【业务场景】

公司部门设置有：总经办、财务部、销售部、采购部、技术研发部、仓管部、品质部、行政部、生产管理部、注塑车间、加工车间、装配车间。其中注塑车间、加工车间、装配车间为车间属性，其他都是管理部门。所有部门采用两位流水码数字作为代码，从 01 开始。部门信息如表 5-4 所示。

表 5-4 部门信息

代码	名称	部门属性	成本核算类型
01	总经办	非车间	期间费用部门
02	财务部	非车间	期间费用部门
03	销售部	非车间	期间费用部门
04	采购部	非车间	期间费用部门
05	技术研发部	非车间	期间费用部门
06	仓管部	非车间	期间费用部门
07	品质部	非车间	期间费用部门
08	行政部	非车间	期间费用部门
10	生产管理部	非车间	期间费用部门
11	装配车间	车间	基本生产部门
12	加工车间	车间	基本生产部门
13	注塑车间	车间	基本生产部门

【业务分析】

部门资料用来记录企业的组织结构的构成情况。用户可以根据实际情况来决定部门的级次结构。根据部门的生产性质可以分为车间和非车间两种。

部门对应的会计科目，是部门重要的核算属性。可以使用 F7、F8、F9 快捷键从会计科目资料中选择，也可以直接手工录入会计科目代码。录入后，可以通过设置凭证模板，在自动生成记账凭证时可以将核算类单据的相关金额、成本直接对应归入该科目账户，特别应用于其他入库单、其他出库单、生产领料单以及成本模块的凭证处理中。

【操作步骤】

（1）执行"系统设置"→"基础资料"→"公共资料"菜单命令，双击"部门"选项，系统弹出"基础平台-部门"窗口，如图 5-17 所示。

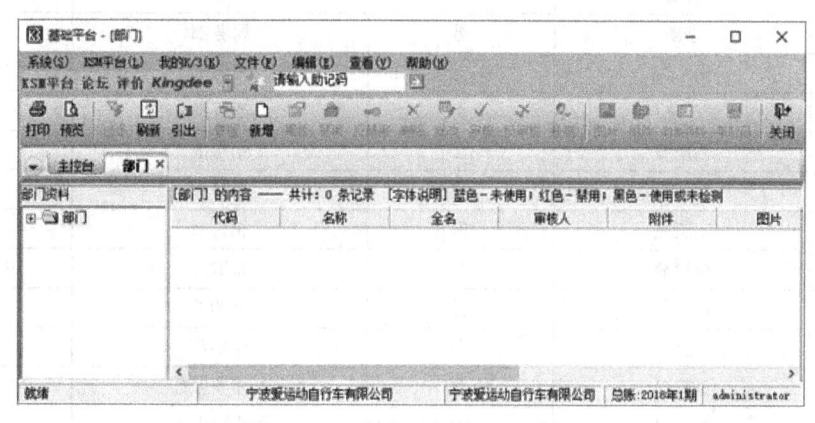

图 5-17 "基础平台-部门"窗口

（2）单击"新增"按钮，打开"部门-新增"窗口。输入代码为"01"，名称为"总经办"，部门属性为"非车间"，成本核算类型为"期间费用部门"，其他采用默认设置，设置完成后单击"保存"按钮，如图 5-18 所示。

图 5-18 "部门-新增"窗口

（3）采用步骤（2）的方式新增其他部门。

5.5.2 职员

职员用来记录一个组织机构内的所有员工信息。

【业务场景】

根据表 5-5 中的要求将职员信息录入系统中。

表 5-5 职员信息

代码	姓名	性别	部门	职务
01.001	王军	男	总经办	总经理
01.002	杜丽	女	总经办	办公室主任
02.001	李鹏	男	财务部	财务总监
02.002	朱小芳	女	财务部	会计
02.003	车晓	女	财务部	会计
03.001	钱旭波	女	销售部	经理
03.002	赵管娜	女	销售部	业务员
03.003	王玉飞	男	销售部	业务员
04.001	应诗梦	女	采购部	采购部经理
04.002	乐平	男	采购部	业务员
04.003	王芳	女	采购部	业务员
05.001	张玲玲	女	技术研发部	经理
05.002	李诗曼	女	技术研发部	研发员
06.001	李平	男	仓管部	仓库经理
06.002	满婷婷	女	仓管部	仓管员
06.003	江涛	男	仓管部	仓管员
07.001	姚飞飞	女	品质部	品质部经理
07.002	李红娟	女	品质部	质检员
08.001	季晓军	男	行政部	行政文员
10.001	李明	男	生产管理部	生产计划管理
11.001	陈民	男	装配车间	车间主任
11.002	唐三	男	装配车间	工人
12.001	高岗	男	加工车间	车间主任
12.002	张英	女	加工车间	工人
13.001	周龙	男	注塑车间	车间主任
13.002	赵国友	男	注塑车间	工人

【业务分析】

职员资料的录入与部门资料的管理方式类似，可以专门对职员资料进行维护和管理。职员维护和管理提供了职员资料的增加、修改、删除、复制、打印等功能，对企业所使用的职员资料进行集中、分级管理，其作用是标志和描述每个职员及其详细信息。

职员信息是人力资源、工资系统中最重要的最基本的基础资料,同时也是采购系统、销售系统、仓存系统和存货核算系统中各种单据的组成部分。

【操作步骤】

(1)执行"系统设置"→"基础资料"→"公共资料"菜单命令,双击"职员"选项,系统弹出"基础平台-职员"窗口,如图5-19所示。

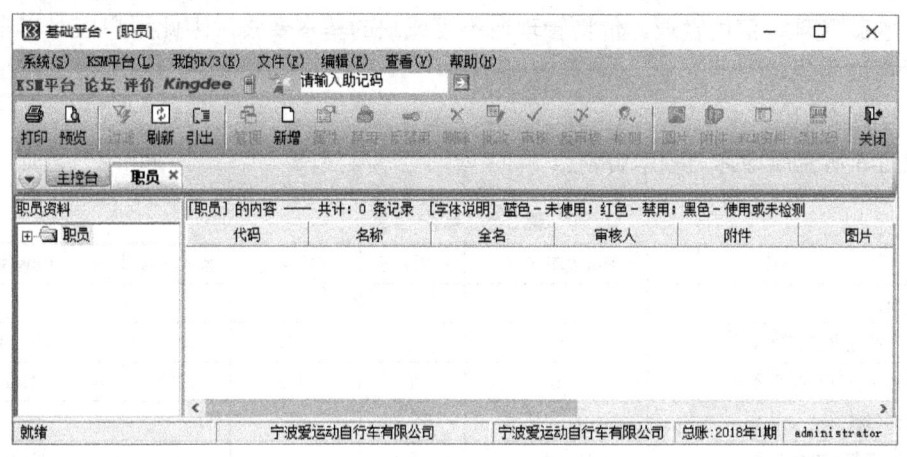

图5-19 "基础平台-职员"窗口

(2)新增组别。单击"新增"按钮,系统弹出"职员-新增"窗口。单击"上级组"按钮,输入代码"01",名称"总经办",单击"保存"按钮并退出,如图5-20所示。

(3)按步骤(2)的方法新增其他上级组。

(4)选中左侧窗口"职员"下的"总经办",然后在右侧窗口的任意空白处单击,再单击工具栏中的"新增"按钮,系统弹出"职员-新增"窗口。录入代码"01.001",名称"王军",性别"男",部门"总经办",职务"总经理",单击"保存"按钮并退出,如图5-21所示。

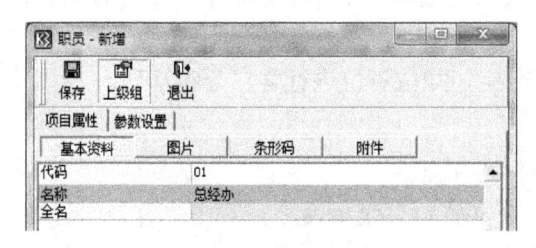

图5-20 "职员-新增"窗口1　　　　图5-21 "职员-新增"窗口2

【要点说明】

所有职员的代码必须唯一,采用二级分类,一级代码与部门保持一致,明细码采用3位流水号。

5.5.3 客户

客户资料用于提供管理存货流转的消费者信息的功能。客户是企业购销业务流程的终点，也是企业执行生产经营业务的直接外因，设置客户管理不仅是销售管理的重要组成部分，同时也是应收款管理、信用管理、价格管理所不可或缺的基本要素，因此用户应对客户资料的设置给予高度重视。

【业务场景】

按表5-6所示新增客户基本资料。

表5-6 客户信息

代码	名称	增值税率（%）	信用管理	应收科目	预收科目	应缴税金
01	浙江省					
01.01	宁波进出口有限公司	17	是	1122	2203	2221.01.05
01.02	杭州自行车销售公司	6	是	1122	2203	2221.01.05
02	江苏省					
02.01	南京商贸有限公司	17	是	1122	2203	2221.01.05
02.02	苏州运动产品配套公司	17	是	1122	2203	2221.01.05

设置所有客户应收科目：1122，预收科目：2203，应缴税金：2221.01.05。

客户编码采用两级，第一级用于区分省份，第二级为流水码，每级各两位，从01开始。

杭州自行车销售公司的开票税率为6%，其他均为17%。

【业务分析】

客户是企业生产经营的对象，准确地设置客户信息对往来账务管理非常有利。客户资料在以下情况下需要设置。

（1）单独使用"总账"模块时，如果会计科目中的"核算项目"属性设置为"客户"，则客户资料需要设置。

（2）使用"应收款管理"模块时，需要设置客户资料，因为在录入发票、其他应收单据时，需要调用客户信息。

（3）使用"销售管理"模块时需要设置客户资料，因为在录入销售订单、销售合同、销售发货等单据时需要调用客户信息。

一般企业为了客户管理的方便，将客户进行分组，如按省份进行客户分组管理。

【操作步骤】

本例以新增客户资料为例，说明客户信息的新增过程。

（1）执行"系统设置"→"基础资料"→"公共资料"菜单命令，双击"客户"选项，系统弹出"基础平台-客户"窗口，如图5-22所示。

（2）新增组别。单击"新增"按钮，系统弹出"客户-新增"窗口。单击"上级组"，输入代码"01"，名称"浙江省"，单击"保存"按钮并退出，如图5-23所示。

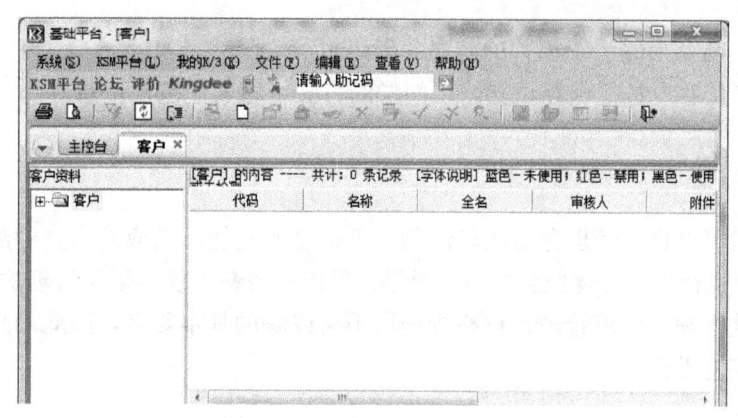

图 5-22 "基础平台-客户"窗口

（3）按步骤（2）的方法新增其他上级组。

（4）选中左侧窗口"客户"下的"浙江省"，然后在右侧窗口的任意空白处单击，再单击工具栏中的"新增"按钮，系统弹出"客户-新增"窗口。录入代码"01.01"，名称"宁波进出口有限公司"，增值税率（%）"17"，信用管理"是"，应收科目"1122"，预收科目"2203"，应交税金"2221.01.05"，单击"保存"按钮并退出，如图 5-24 所示。

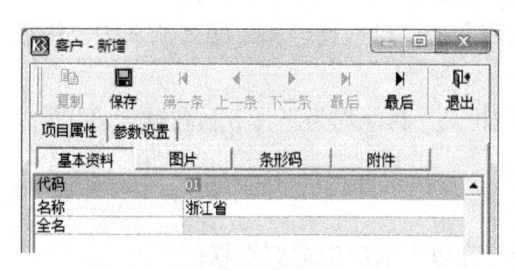

图 5-23 "客户-新增"窗口 1

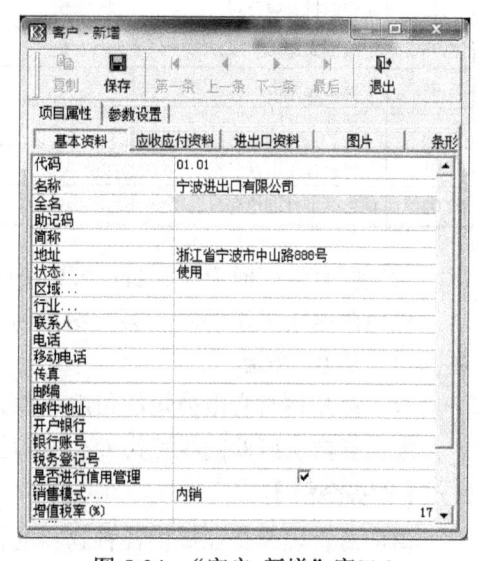

图 5-24 "客户-新增"窗口 2

在"客户-新增"窗口（见图 5-23）中有"项目属性"和"参数设置"两个选项卡，"项目属性"选项卡中包含"基本资料"、"应收应付资料"、"进出口资料"、"图片"和"条形码"5 个选项卡。

- 基本资料：包含客户的一些基本信息，如客户代码、客户名称、联系电话、是否进行信用管理等。
- 应收应付款资料：在应收系统中需要使用到的一些客户信息，如应收账款科目代码等。
- 进出口资料：用于设置进出口系统中需要用到的客户信息。
- 图片：可以将客户的一些图片信息引入系统中，如公司照片、产品照片等。

- 条形码：与条形码系统相关的客户条形码。

（5）单击"保存"按钮保存设置。用同样的方法新增其他客户信息。

5.5.4 供应商

供应商资料可以提供管理存货流转的购买者信息的功能。供应商是企业购销业务流程的起点，也是企业执行生产经营业务的直接外因。供应商资料不仅是采购管理的重要组成部分，同时也是应付款管理、信用管理、价格管理所不可或缺的基本要素，因此用户应对供应商资料的设置给予高度重视。

【业务场景】

按如表5-7所示信息新增供应商。

表5-7 供应商信息

代码	名称	增值税率（%）	专营业务员	应付科目	预付科目	应交税金	付款条件
01	浙江省						
01.01	宁波塑料有限公司	6	乐平	2202.01	1123	2221.01.01	下月5日结算
01.02	温州钢材有限公司	6	乐平	2202.01	1123	2221.01.01	信用天数60天
01.03	宁波坚固加工有限公司	6	乐平	2202.01	1123	2221.01.01	下月5日结算
01.04	宁波达克表面处理有限公司	6	乐平	2202.01	1123	2221.01.01	下月5日结算
02	江苏省						
02.01	苏州自行车配件有限公司	17	王芳	2202.01	1123	2221.01.01	下月5日结算
02.02	南京标准件制造有限公司	17	王芳	2202.01	1123	2202.01.01	下月5日结算

设置所有供应商应付科目：2202.01，预付科目：1123，应缴税金：2221.01.01。

供应商编码采用两级，第一级分为原材料供应商和配件供应商，第二级为流水码，每级各两位，从01开始。

除了温州钢材有限公司的付款条件为信用天数60天，其他均为下月5日付款计算。

浙江省内供应商的税点为6%，其他的为17%。

【业务分析】

供应商管理为企业提供各种物料的供应商信息，在以下情况中需要设置：

（1）单独使用"总账"模块，会计科目中的"核算项目"属性又设置为"供应商"时，则供应商资料需要设置。

（2）使用"应付款管理"模块时，需要设置供应链资料，因为在录入发票、其他应付单据时，需要调用供应商信息。

（3）使用"采购管理"模块时需要设置供应商资料，因为在录入采购订单、采购合同等单据时需要调用供应商信息。

【操作步骤】

（1）执行"系统设置"→"基础资料"→"公共资料"菜单命令，双击"供应商"选项，系统弹出"基础平台-供应商"窗口，如图5-25所示。

第 5 章　基础资料设置

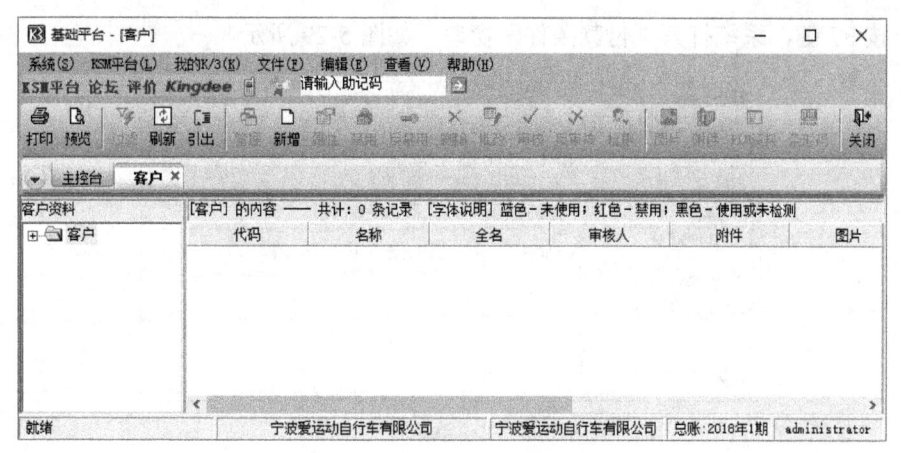

图 5-25　"基础平台-供应商"窗口

（2）新增组别。单击"新增"按钮，系统弹出"供应商-新增"窗口。单击"上级组"按钮，输入代码"01"，名称"浙江省"，如图 5-26 所示。

（3）单击"保存"按钮，保存设置并返回"基础平台-供应商"窗口，这时可以看到左侧新增的"供应商"资料。按同样方法可以新增"江苏省"组别。

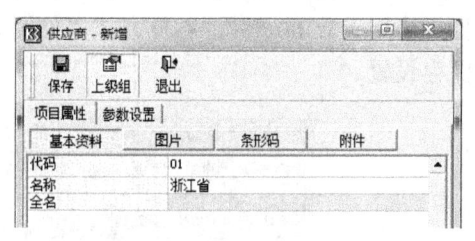

图 5-26　"供应商-新增"窗口

（4）选中左侧窗口"供应商"下的"浙江省"，然后在右侧窗口的任意空白处单击，再单击工具栏中的"新增"按钮，系统弹出"供应商-修改"窗口。录入代码"01.01"，名称"宁波塑料有限公司"，增值税率（%）"6"，专营业务员"乐平"，如图 5-27 所示。

（5）选中"应收应付资料"选项卡，再选中"付款条件"选项，根据表 5-7 要求设置应付账款科目代码、预付账款科目代码等信息，如图 5-28 所示。

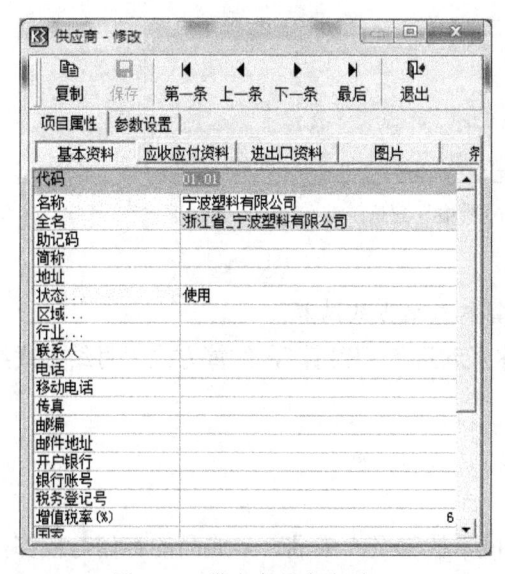

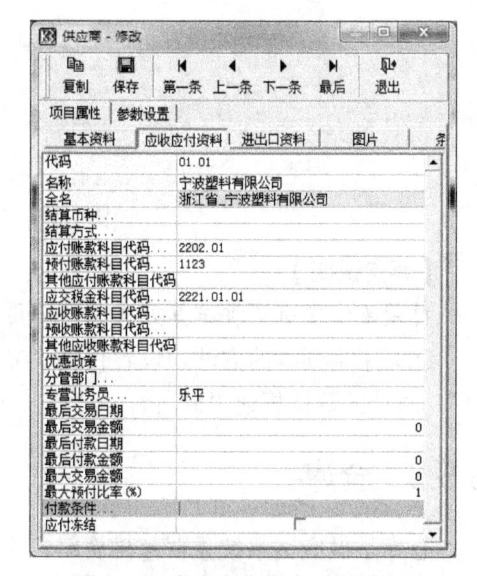

图 5-27　供应商基本资料　　　　图 5-28　供应商应收应付资料设置

- 101 -

（6）按 F7 键，系统打开"付款条件"窗口，如图 5-29 所示。

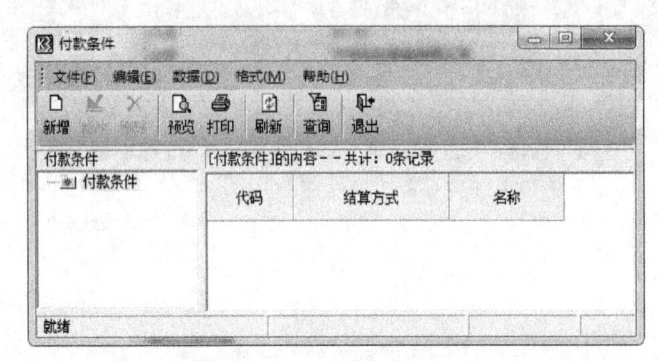

图 5-29　"付款条件"窗口

（7）单击工具栏中的"新增"按钮，打开"付款条件-新增"窗口。输入代码"01"，名称"信用天数 60 天"，结算方式"信用天数结算"，如图 5-30 所示，然后单击"保存"按钮保存设置。

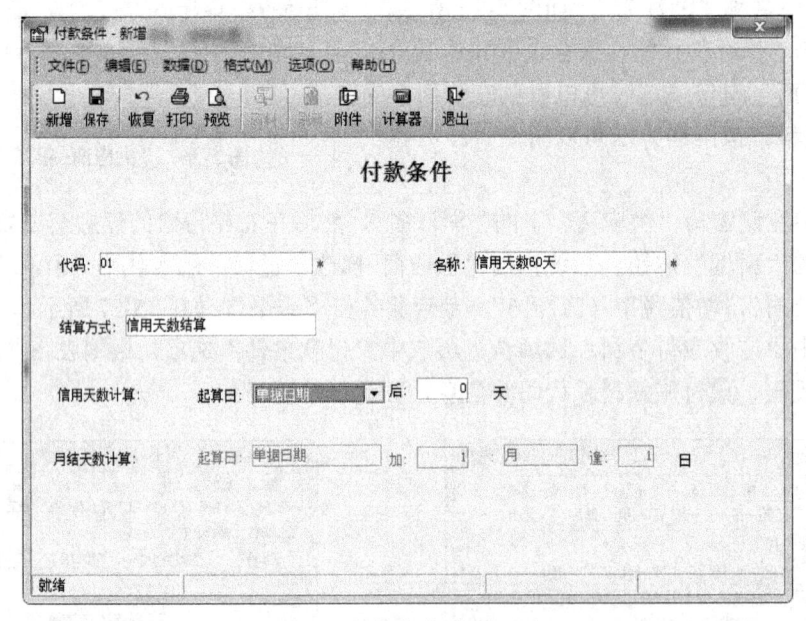

图 5-30　"付款条件-新增"窗口

【要点说明】
付款条件中有两种结算方式，即信用天数结算和月结方式结算。

（8）采用同样的方法，设置代码"02"，名称"下月 5 日结算"，结算方式"月结方式结算"，月结天数计算逢"5"日。

5.5.5　仓库

仓库是供应链系统重要基础资料，主要用于成本核算及产成品、半成品的存储与核算，同时在生产系统时参与 MRP 运算。

根据管理要求，仓库可以再细分仓位管理，通过仓位管理可以将仓库安装位置细分，从而达到更深入的仓库管理。

【业务场景】

按表 5-8 所示录入仓库信息。

表 5-8　仓库信息

代码	名称	仓库管理员	是否 MPS/MRP 可用量	说明
1	原材料仓库	满婷婷	是	存放原材料
2	半成品仓库	江涛	是	存放半成品
3	成品仓库	江涛	是	存放成品
4	不良品仓库	满婷婷	否	存放不良品

仓库分为原材料仓库、半成品仓库、成品仓库、不良品仓库；仓库代码采用 1 位流水码。原材料仓库、不良品仓库两个仓库由满婷婷负责保管，其他仓库由江涛负责保管。

【业务分析】

仓库不仅指具有实物形态的场地或建筑物，还包括不具有仓库实体形态，但代行仓库部分功能、代表物料不同管理方式的虚仓。

系统中设置了 3 种虚仓形式：待检仓、代管仓和赠品仓。

待检仓：表明购进材料处于待检验状态，在此状态中，物料尚未入库，准备进行质量检验，只记录数量，不核算金额。

代管仓：表明入库物料不属于企业所有，本企业只是受托代行看管或部分处置（如只计算加工费的受托加工业务），其处置权归其他企业或单位。具有这种性质的购进物料也只是记录数量，并不考虑成本。

赠品仓：核算赠品收发的虚拟仓库。赠品是指在收货或发货时，除议定的货物外，附带无偿收到或赠予对方一定数量的货物，这种货物处理的方式多、范围广、与日常业务的处理界限不清晰，但总体来说是在货物收入或发出时不具有成本属性，而只具有数量属性。

由此可见，虚仓不是实际存在的仓库，而是对在实仓中存放的一部分物料进行单独管理的手段。

系统中设置了 4 种实仓形式：普通仓、受托代销仓、其他、VMI 仓。其中 VMI 仓为 VMI 物料的存放仓库，指供应商可在用户企业的许可下，取得用户的相关库存和交易数据，按双方的约定规则自动补货。货物的所有权默认属于供应商，在实际领用后再实现物权转移。

虚仓和实仓的区别在于：一是实仓可以进行数量和金额核算，虚仓只进行数量核算，不进行金额核算；二是虚仓不宜处理物料批次管理、保质期管理。

【操作步骤】

（1）执行"系统设置"→"基础资料"→"公共资料"菜单命令，双击"仓库"选项，系统弹出"基础平台-仓库"窗口，如图 5-31 所示。

（2）单击"新增"按钮，输入代码"1"，名称"原材料仓库"，仓库管理员"满婷婷"，是否 MPS/MRP 可用量"√"，其他采用默认设置，完成后单击"保存"按钮设置，如图 5-32

所示。

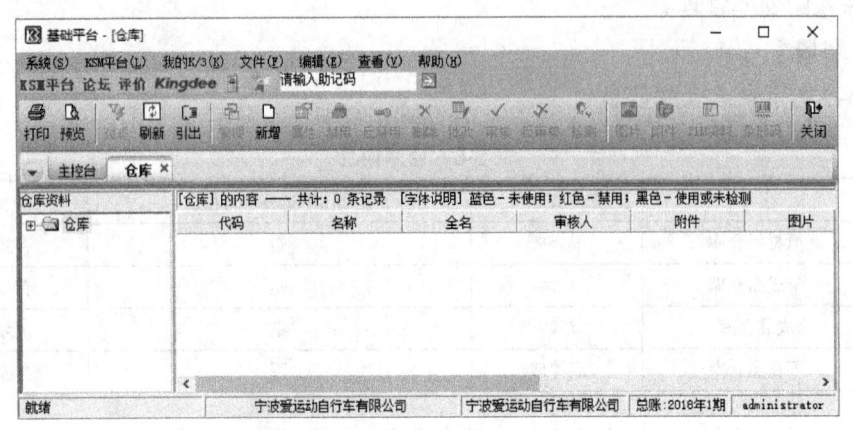

图 5-31 "基础平台–仓库"窗口

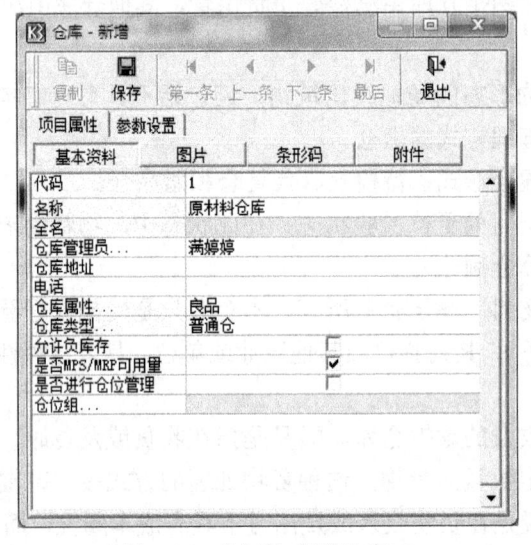

图 5-32 "仓库–新增"窗口

（3）新增其他仓库资料按同样方法操作。

根据企业实际需要，仓库可进行多级设置，增加方法与会计科目的增加方法类似，各级次之间也是通过"."来区分的。

5.5.6 物料

物料是原材料、半成品、产成品等企业生产经营资料的总称，是企业经营运作、生存获利的物质保障，物料资料的设置也成为设置系统基本业务资料中最基本也是最重要的内容。物料是供应链系统核算的对象，它设置关系收货、发货以及物料的成本结算，要慎重设定，同时也是制造系统的计算基础，物料的编码是其唯一的标志，设计时需慎重考虑。

【业务场景】

按表 5-9 所示新增物料信息。

表 5-9 物料信息

代码	名称	规格型号	物料属性	来源	单位	数量精度	安全库存	批量增量	固定提前期	变动提前期	变动提前期批量	生产类型
1	成品											
1.001	山地车	运动-770	自制	装配车间	PCS				3	1	500	普通订单
1.002	旅行车	运动-550	自制	装配车间	PCS				3	1	200	普通订单
1.003	公路车	运动-330	配置	装配车间	PCS				2	1	300	普通订单
2	半成品											
2.001	车架	碳素	自制	加工车间	PCS				8			流转卡跟踪普通订单
2.002	车架	合金	自制	加工车间	PCS				8			流转卡跟踪普通订单
2.003	前叉		自制	加工车间	PCS				1			普通订单
2.004	车轮	26寸	自制	装配车间	PCS				3			普通订单
2.005	车轮	700C	自制	装配车间	PCS				3			普通订单
2.006	挡泥板	前	自制	注塑车间	PCS				2			
2.007	挡泥板	后	自制	注塑车间	PCS				2			
3	原材料											
3.001	碳素铜管	φ5.2	外购		m	2	400		2			
3.002	合金管材	φ5.23	外购		m	2	400		2			
3.003	钢管	φ2.5	外购		m	2	200		3			
3.004	ABS	HI-121H	外购		kg	2	500		2			
4	外购件											
4.001	车座	运动型	外购		PCS				2			
4.002	车座	舒适型	外购		PCS				2			
4.003	头管碗组		外购		PCS				3			
4.004	车把	直把	外购		PCS				4			
4.005	车把	蝴蝶把	外购		PCS				4			
4.006	车把	湾把	外购		PCS				4			
4.007	把套		外购		PCS				3			
4.008	车闸		外购		PCS				2			
4.009	变速把		外购		PCS				2			
4.010	前轴		外购		PCS				3			
4.011	后轴		外购		PCS				3			
4.012	车圈	双层	外购		PCS				2			
4.013	车圈	单层	外购		PCS				2			

(续表)

代码	名称	规格型号	物料属性	来源	单位	数量精度	安全库存	批量增量	固定提前期	变动提前期	变动提前期批量	生产类型
4.014	轮胎	26*2.0齿胎		外购	PCS				2			
4.015	轮胎	26*1.5半光胎		外购	PCS				2			
4.016	轮胎	26*1.25光头胎		外购	PCS				2			
4.017	钢丝			外购	PCS				1			
4.018	气门芯			外购	PCS				3			
4.019	脚蹬			外购	PCS				3			
4.020	中轴			外购	PCS				2			
4.021	链条			外购	PCS				2			
4.022	挡板			外购	PCS				3			
4.023	飞轮	多级飞轮		外购	PCS				3			
4.024	飞轮	单级飞轮		外购	PCS				3			
4.025	车灯			外购	PCS				2			
4.026	车铃			外购	PCS				2			
5	包装材料											
5.001	吸塑泡沫			外购	PCS			200	2			
5.002	标贴			外购	PCS			200	2			
5.003	纸箱			外购	PCS			100	2			
5.004	泡沫			外购	PCS				2			

所有物料计价方法采用加权平均法。

所有成品默认仓库为成品仓库，存货科目代码为1405，销售收入科目代码为6001，销售成本科目代码为6401。

所有半成品默认仓库为半成品仓库，存货科目代码为1404，销售收入科目代码为6001，销售成本科目代码为6401。

所有原材料、外购件和包装材料默认仓库为原材料仓库，存货科目代码为6051，销售收入科目代码为6051，销售成本科目代码为6402。

【业务分析】

物料包括基本资料、物流资料、计划资料、设计资料、标准数据、质量资料和进出口资料。每一个标签页分别保存与某一个主题相关的信息。比如，"物流资料"标签页用于保存物流管理各系统需要使用到的物料资料，"计划资料"标签页用于保存生产管理各系统需要用到的物料资料，此基础资料在K3系统中十分重要。

物料属性是物料的基本性质和产生状态。用户需要从系统设定的 7 种属性中选择，包括规划类、配置类、特征类、外购、委外加工、虚拟件、自制物料。物料属性在物料中是一个必须录入的项目。下面分别对这 7 种属性的含义及应用进行逐一描述。

（1）自制物料。物料属性为自制表明该物料是企业自己生产的产成品。在系统中，如果是自制件，可以进行 BOM 设置，在 BOM 中，可以设置为父项，也可以设置为子项。

（2）外购。物料属性为外购，是指为生产产品、提供维护等原因而从供应商处取得的物料，可以作为原材料来生产产品，也可以直接用于销售。在 BOM 设置中，不可以作为父项存在。

（3）委外加工。物料属性为委外加工，是指该物料需要委托其他单位进行生产加工的物料，一般情况下，其处理类似自制物料。

（4）虚拟件。物料属性为虚拟件，是指由一组具体物料（实件）组成的、以虚拟形式存在的成套件。比如家具生产行业中，销售的产品为桌子，而实际发出的是拼装成桌子的桌面、桌腿、零件等实件，此时这个"桌子"实际上就是一种虚拟件。

以虚拟属性存在的物料不是一个具体物料，不进行成本核算。当记载有虚拟件的销售订单关联以生成销售出库单时，虚拟件在销售出库单上展开，以子项的形式出库。

（5）规划类。规划类物料是针对一类产品定义的、为预测方便而设的、需要在预测时按类进行计划的一类物料。规划类物料不是指具体的物料，而只是在产品预测时使用的物料虚拟类别。也就是说，对应的物料是产品类，不是具体的产品。

在 BOM 中，规划类的物料可以是父项，也可以是子项，但在 BOM 中，该类物料只能挂在规划类物料下，作为其他规划类物料的子项，而不能作为其他属性物料的子项进行定义。在产品预测单中可以录入对规划类物料的预测，在计算过程中会自动按比例分解到具体的物料。

（6）配置类。配置类物料，表示该物料存在可以配置的项，它是指客户对外形或某个部件有特殊要求的产品，其某部分结构由用户指定。如用户可以在购买汽车时选择不同的颜色、发动机功率。只有这类物料才能定义产品的配置属性，其他类型物料均不能定义配置属性。

另外，"配置类"物料只能作为规划类物料的子项，而不能作为其他属性物料的子项进行定义。如果某物料被定义为"配置类"物料属性，则将其强制进行业务批次管理，并在销售订单上确定客户的产品配置。

（7）特征类。特征类物料与配置类物料配合使用，表示可配置的项的特征，不是实际的物料，在 BOM 中只能是配置类物料的下级。特征类物料的下级才是真正由用户选择的物料。如汽车的颜色作为特征件，颜色本身不是实际的物料，只表示颜色是可由用户选择的，其下级可能是黄色、黑色，这才是实际的物料。

此外，特征类物料需要定义其下属特征件组及其用量、百分比关系，并只能作为配置类物料的子项进行定义。此类物料不在任何单据上进行业务处理。

不同物料属性之间的关系和区别如表 5-10 所示。

表5-10 不同物料属性之间的关系和区别

物料属性	性质	业务控制	BOM控制	成本核算
自制	实件	不控制	不控制	核算成本
自制（特性配置）	实件	不控制	不控制	核算成本
外购	实件	不控制	不能作为父项	核算成本
委外加工	实件	不控制	不控制	核算成本
虚拟件	虚拟形式的成套件	不控制	不能作为最明细级子项	不核算成本
规划类	在预测时按类进行计划,虚拟形式	只允许在计划管理系统的产品预测单中处理	作为子项时,只能作为其他规划类物料的子项	不核算成本
配置类	专指客户对外形或某个部件有特殊要求的实件	强制采用业务批次管理,并在销售订单上确定客户的产品配置	唯一可以定义产品的配置属性,并只能作为规划类物料的子项定义	核算成本
特征类	一组必选物料的总称,虚拟形式	禁止在所有单据中处理	作为子项时,只能作为配置类物料的子项	不核算成本

【操作步骤】

下面以新增成品物料"山地车"为例，说明物料新增过程。

（1）执行"系统设置"→"基础资料"→"公共资料"菜单命令，双击"物料"选项，系统弹出"基础平台-物料"窗口，如图5-33所示。

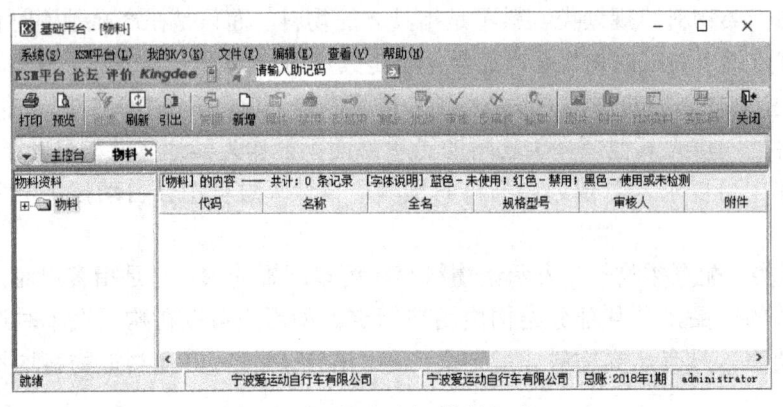

图5-33 "基础平台-物料"窗口

（2）新增组别。单击"新增"按钮，系统弹出"新增供应商"窗口，选择上级组，输入代码"1"，名称"成品"，如图5-34所示。

（3）单击"保存"按钮，保存设置并返回"基础平台-物料"窗口，这时可以看到左侧新增的"物料"资料。按同样方法可以新增半成品、原材料、外购件和包装材料4个组别。

（4）选中左侧窗口"物料"下的"成品"，然后在右侧窗口的任意空白处单击，再单击工具栏中的"新增"按钮，系统弹出"物料-修改"窗口。在"基本资料"选项卡中输入代码"1.001"，名称"山地车"，规格型号"运动-770"，物料属性"自制"，来源"装配车间"。各种单位均设为"PCS"，默认仓库设为"成品仓库"；然后在"物流资料"选项卡中设置计价方法"加权平均法"，存货科目代码"1405"，销售收入科目代码"6001"，销售成本科目代码"6401"。再在"计划资料"选项卡中设置生产类型"普通订单"，固定提前期"3"，变动提前期"1"，变动提前期批量"500"。其他采用默认设置，完成后单击"保存"按钮设置，如图5-35所示。

第 5 章 基础资料设置

图 5-34 新增物料组别

图 5-35 "物料-修改"窗口

【要点说明】

对"物料-修改"窗口中各选项卡下的选项说明如下。

- 默认仓库：表明当前物料默认存放的仓库。这些仓库资料来源于系统中核算项目"仓库"中的数据。确定物料的默认仓库后，在进行库存类单据的录入时，系统会自动携带仓库信息，并且系统会根据仓存系统提供的选项"录单时物料的仓库和默认仓库不一致时给予提示"，来判断是否对仓库的确定予以提示，避免用户出现仓库的选择错误。
- 最低存量、最高存量、安全库存数量：当系统设置了相关预警参数，在录入各业务单据时，当该物料的现存量与所设置的最低存量、最高存量、安全库存数量有冲突时，系统会弹出提示窗口，起到控制企业现存的存货价值的作用。
- 存货科目代码：是当前物料作为存货对应的明细会计科目，是物料重要的核算属性。在初始数据录入时，可以根据物料的库存余额自动对账，转为会计科目期初余额，并传递到总账系统。可以通过设置凭证模板，在自动生成记账凭证时可以将核算类单据的相关采购成本、结转生产成本等直接对应归入该科目账户，还可以明细到该科目下挂的具体核算项目下，特别应用于库存单据的凭证处理中。
- 销售收入科目代码：是当前物料用于销售时所对应的明细会计科目，是物料重要的核算属性。可以通过设置凭证模板，在自动生成记账凭证时可以将销售出库单据的相关销售成本直接对应归入该科目账户，还可以明细到该科目下挂的具体核算项目下。
- 销售成本科目代码：是当前物料用于结转销售成本时所对应的明细会计科目，是物料重要的核算属性。录入后，可以通过设置凭证模板，在自动生成记账凭证时可以将销售出库单据的相关销售成本直接对应归入该科目账户，还可以明细到该科目下挂的具体核算项目下。
- 固定提前期：指生产采购不受批量调整的提前期部分，主要包括产品设计、生产准备和设备调整、工艺准备等必须用到的时间。
- 变动提前期：是指生产受到需求批量影响的提前期部分，在取数时，表示生产变动提前期批量所需要的总的时间减去固定提前期。
- 累计提前期：表示某物料从采购所有的原材料到成品装配入库的整个过程所需要的时间。累计提前期不可维护，在 BOM 维护中可进行累计提前期的计算。

- 最小、最大订货批量及批量增量、固定/经济批量：最小订货批量是指每次订货量不能低于此值；最大订货批量是指每次订货量不能大于此值（最大订货量在计算过程中未做限制，只会在计算日志里进行提示）；批量增量是指物料的最小包装单位或最少生产数量；固定/经济批量是指每次订货最佳的批量。

（5）用步骤（4）方法新增其他物料信息。

5.6 BOS 数据交换平台

在 ERP 实施过程中，需要花费大量的时间录入各种基础资料，而大多数用户精通 Excel 软件，所以希望先以 Excel 格式录入文件后，再导入 ERP 系统中。K/3 提供了统一的数据交换平台，该平台可以支持 K/3 业务模块的业务数据交换任务，以及支持 K/3 系统与异构系统的数据交换。

【业务场景】

利用 BOS 数据交换平台将宁波爱运动自行车有限公司基础资料数据批量导入系统中以完成基础数据的录入。

【业务分析】

数据交换平台的基本功能是完成 K/3 与各类数据的交换要求，通用平台部分可以实现按照预定义规则将配置好的数据在 K/3 账套间进行交互，同时开放接口给各个业务模块，将复杂的业务规则交给业务中间层组件完成，实现各类数据在保证业务规则的前提下引入/引出。用户可以在数据交换平台中建立基础资料数据交换的任务，包括基础资料数据从源账套的引出任务，把目标数据引入到目标账套的引入任务，以及直接把源账套数据引入到目标账套的任务。

目前通用数据平台支持两种类型的数据交换：基础资料和单据。

【操作步骤】

（1）登录金蝶 K/3 系统后，执行"系统"→"K/3 客户端工具包"菜单命令，在弹出的"金蝶 K/3 客户端工具包"窗口中，选择"BOS 平台"→"BOS 数据交换平台"，如图 5-36 所示。

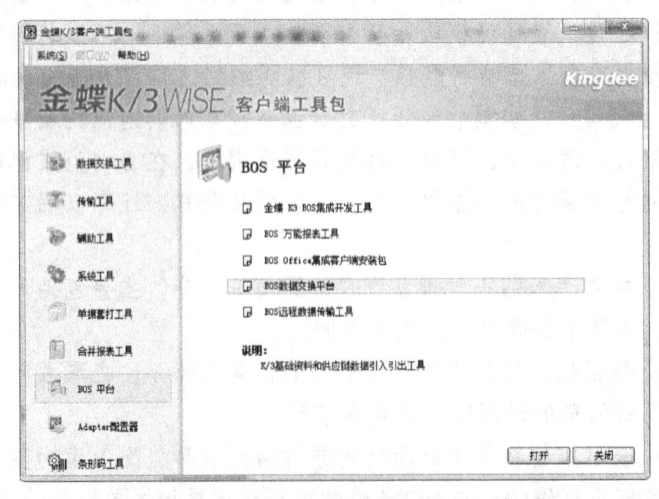

图 5-36 "金蝶 K/3 客户端工具包"窗口

（2）单击"打开"按钮，系统弹出"金蝶K/3系统登录"窗口，如图5-37所示。

图5-37 "金蝶K/3系统登录"窗口

（4）选择"组织机构"为"1|爱运动 ERP"，"当前账套"为"1.01|宁波爱运动自行车有限公司"。输入用户名和密码后，单击"确定"按钮，系统弹出"数据交换平台"窗口，如图5-38所示。

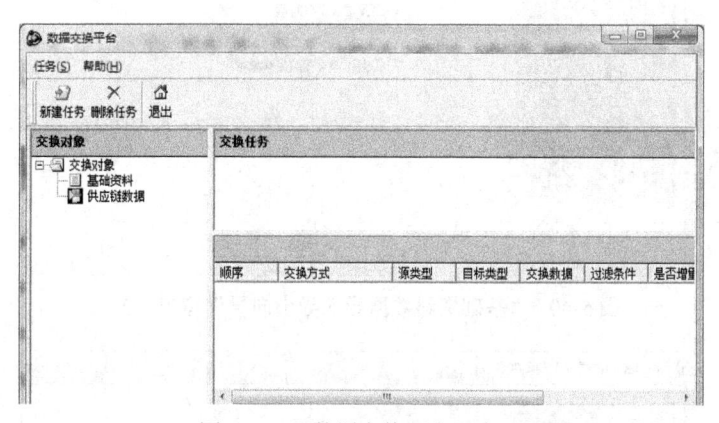

图5-38 "数据交换平台"窗口

（5）选择"基础资料"，单击工具栏中的"新建任务"按钮，系统弹出"基础资料数据导入导出向导"窗口，如图5-39所示。

（6）单击"下一步"按钮，在弹出的窗口中选择"导入基础资料数据"选项，如图5-40所示。

（7）单击"下一步"按钮，在弹出的窗口的"账套列表"中选择"1.01［宁波爱运动自行车有限公司］"，如图5-41所示。

（8）单击"下一步"按钮，在弹出的窗口中，单击"全选"按钮，然后再单击"〉"按钮设置导入文件的存放路径，设置"导入模式"为"覆盖模式"，其他采用默认设置，如图5-42所示。

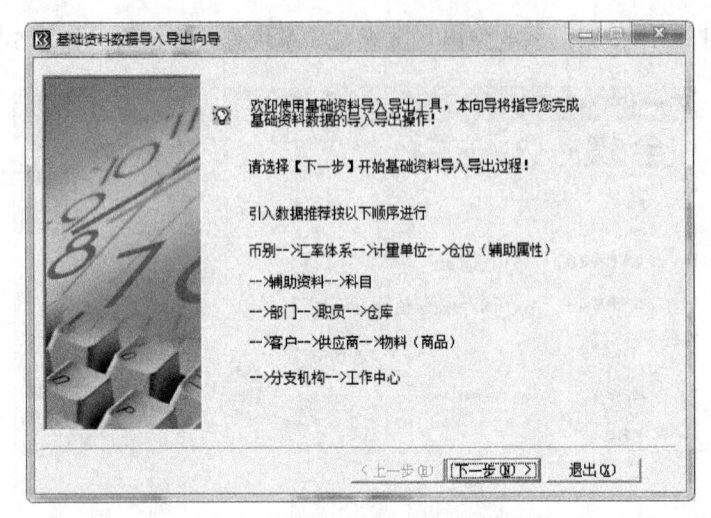

图 5-39 "基础资料数据导入导出向导"窗口（1）

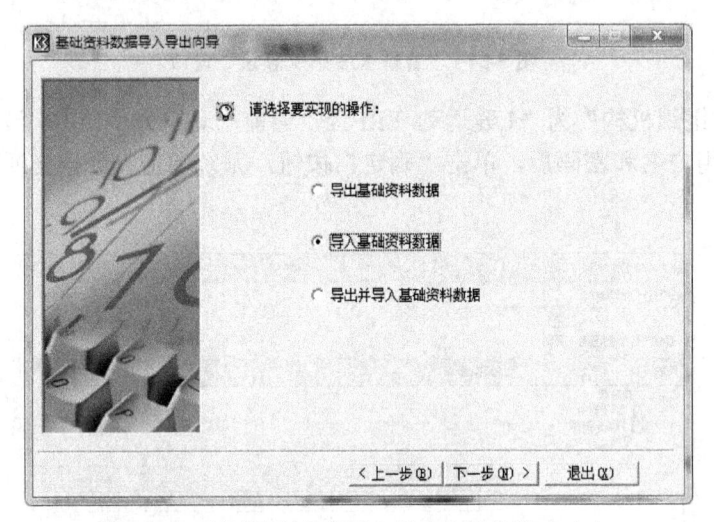

图 5-40 "基础资料数据导入导出向导"窗口（2）

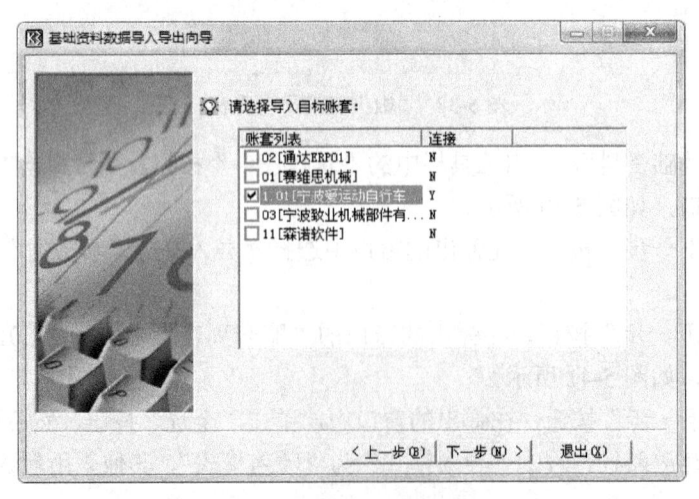

图 5-41 "基础资料数据导入导出向导"窗口（3）

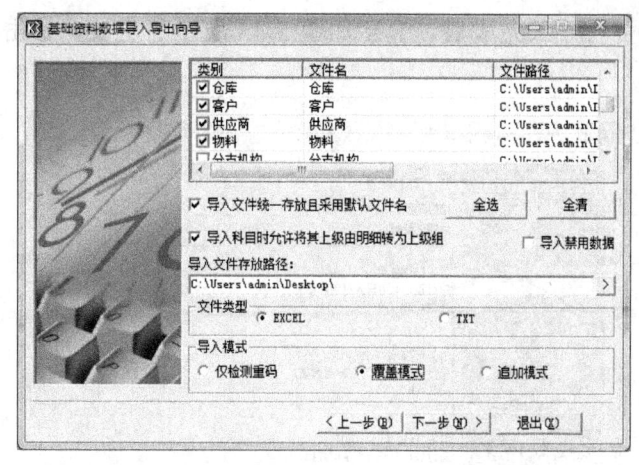

图 5-42 "基础资料数据导入导出向导"窗口（4）

（9）单击"下一步"按钮，在弹出的窗口中选择"立即执行"，如图 5-43 所示。

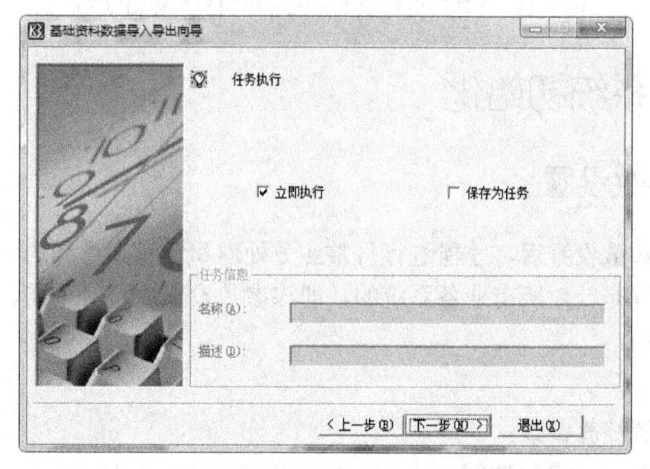

图 5-43 "基础资料数据导入导出向导"窗口（5）

（10）单击"下一步"按钮，系统开始导入数据，导入过程如图 5-44 所示。

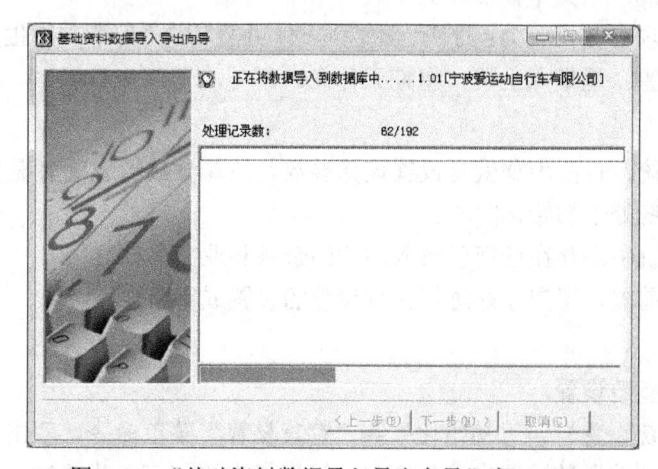

图 5-44 "基础资料数据导入导出向导"窗口（6）

（11）所有基础资料导入完成后，显示如图 5-45 所示的窗口，单击"退出"按钮完成操作。

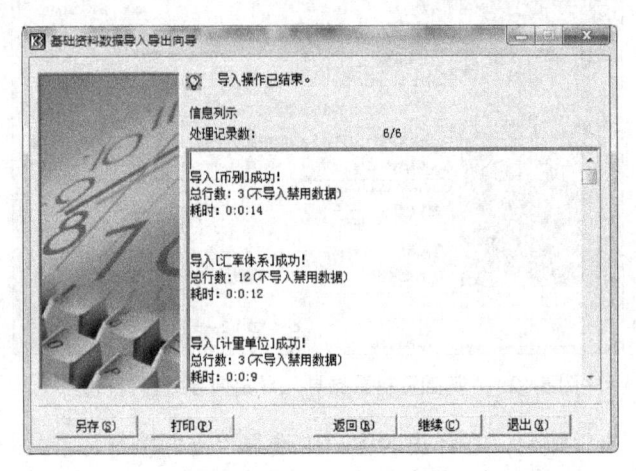

图 5-45 "基础资料数据导入导出向导"窗口（7）

5.7 供应链系统初始化

5.7.1 核算参数设置

只有进行核算参数设置后，才能进行日常业务处理和针对本系统的一些系统设置和基础设置，核算参数设置是针对所有业务系统的，即该参数设置后，对采购、仓存和生产模块的核算参数也是相同的。

【业务场景】

按如下要求设置核算参数。
- 启用年度：2018，启用期间：1。
- 核算方式：数量、金额核算。
- 库存更新控制：单据审核后才更新。
- 核算系统选项参数设置为：月初一次性冲回，并且勾选"外购入库生成暂估冲回凭证"。
- 工厂日历设置：星期六上班，星期天休息。

【业务分析】

进入供应链系统，首要步骤就是设置核算参数。核算参数的设置前提有两个：

（1）供应链系统处于初始化阶段。
（2）供应链系统中不存在任何已录入的初始余额和业务单据。

满足以上两个前提，用户才能进行核算参数的设置或重新设置。

【操作步骤】

第 1 步，核算参数设置。

（1）执行"系统设置"→"初始化"→"存货核算"菜单命令，双击"系统参数设置"选项，系统弹出"核算参数设置向导"窗口。设置"启用年度"为"2018"，"启用期间"为

"1",单击"下一步"按钮,系统弹出如图5-46所示的窗口。

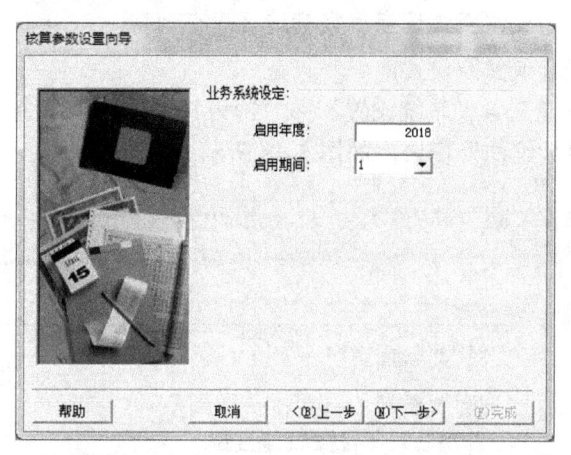

图5-46 "核算参数设置向导"窗口——设置启用年度和启用期间

(2)单击"下一步"按钮,设置核算方式为"数量、金额核算"选项,再设置"库存更新控制"为"单据审核后才更新",如图5-47所示。

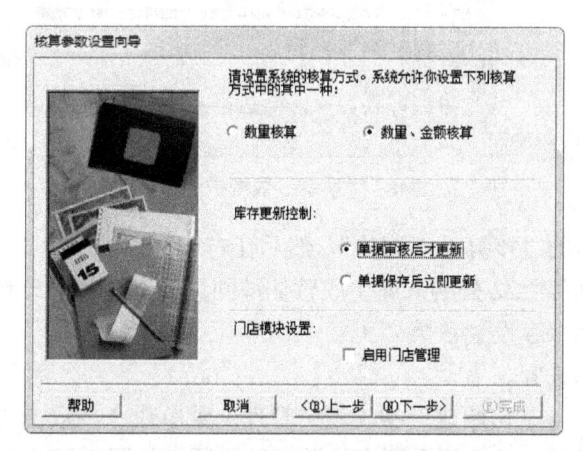

图5-47 "核算参数设置向导"窗口设置核算方式和库存更新控制方式

(3)单击"下一步"按钮,系统将完成核算参数的设定,然后单击"完成"按钮退出向导。

【要点说明】
- 启用年度和启用期间:设置该系统何年何月开始使用,"启用期间"设置为1期,表示录入的期初数据是2017年12期的期末数据。
- 核算方式:系统提供"数量核算"和"数量、金额核算"两种核算方式,设置为"数量核算"时,则系统以后只核算数量,不核算金额,所显示的金额可能不正确;设置为"数量、金额核算"时,则系统对材料数量和金额都核算,与财务各系统连接使用时,最好选择此项。
- 库存更新控制:系统提供两种选项。"单据审核后才更新"表示库存类单据进行业务审核后才将该单据中物料的库存数量计算到即时库存中;"单据保存后立即更新"表示库存类单据保存成功后就将该单据中物料的库存数量计算到即时库存中,并在修改、复制、删除、作废、反作废该库存单据时进行库存调整。

第2步,核算系统选项参数设置。

(1)执行"系统设置"→"系统设置"→"销售管理"菜单命令,双击"系统设置"选项,系统弹出"系统参数维护"窗口,如图5-48所示。

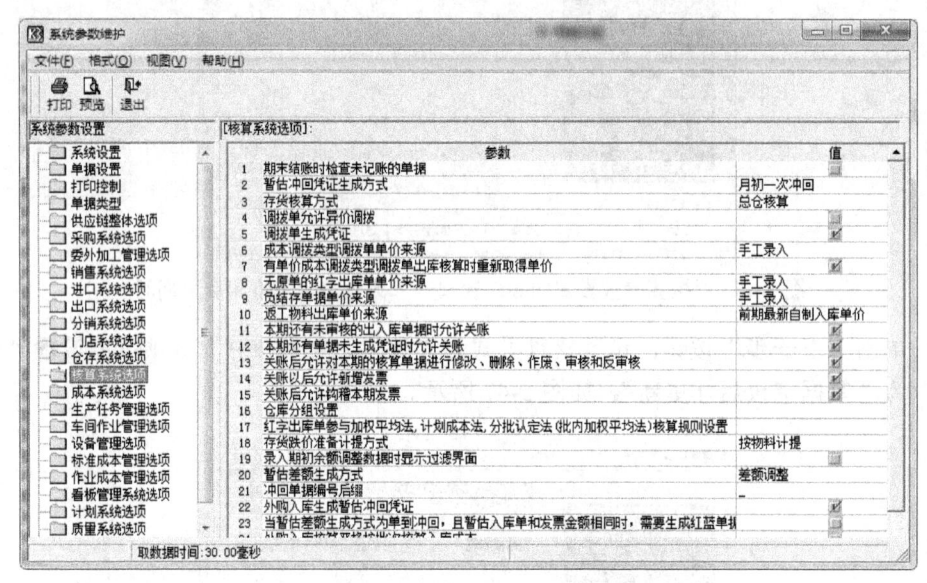

图5-48 "系统参数维护"窗口

(2)选择左边窗口的"核算系统选项",然后在右边窗口中设置"2 暂估冲回凭证生成方式"为"月初一次冲回","22 外购入库生成暂估冲回凭证"打√。设置完成后直接单击"退出"按钮,系统将自动保存设置参数。

第3步,工厂日历设置。

执行"系统设置"→"初始化"→"生产管理"菜单命令,双击"工厂日历"选项,系统弹出"工厂日历"窗口,然后根据要求设置工厂日历,如图5-49所示。

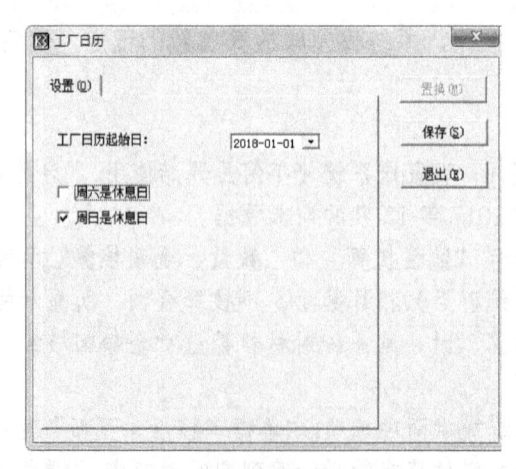

图5-49 "工厂日历"窗口

5.7.2 初始数据录入

当企业的各项资料设置完毕后，需要将物料的期初数据准备好并录入系统，期初数据包括动态数据与静态数据。动态数据是指到目前为止的企业运作经营的数据，如本期发生额等，静态数据是指以前的结存数据，如期初库存、已采购未入库的单据、已销售未出库的单据等。

【业务场景】

（1）按表 5-11 要求录入物料期初库存。

表 5-11 物料期初库存表

仓库代码	仓库名称	物料代码	物料名称	规格型号	单位	期初数量	期初金额
1	原材料仓库	3.001	碳素铜管	φ5.2	PCS	500	1 500
1	原材料仓库	3.003	ABS	HI-121H	PCS	200	4 480
1	原材料仓库	4.004	车把	直把	PCS	60	1 560
1	原材料仓库	4.017	钢丝		PCS	5 000	600
1	原材料仓库	4.018	气门芯		PCS	1 000	1 000
1	原材料仓库	4.025	车灯		PCS	800	2 400
2	半成品仓库	2.001	车架	碳素	PCS	120	10 800
2	半成品仓库	2.006	挡泥板	前	PCS	300	2 700
2	半成品仓库	2.007	挡泥板	后	PCS	180	1 260
3	成品仓库	1.001	山地车	运动-770	PCS	100	85 000
3	成品仓库	1.003	公路车	运动-330	PCS	50	30 000

（2）按表 5-12 至表 5-14 要求录入期初采购暂估单据。

表 5-12 期初采购暂估单据 1

外购入库单单号	WIN000001				
供应商	温州钢材有限公司				
入库日期	2017-10-12				
仓库管理员	满婷婷				
物料代码	物料名称	规格型号	实收数量	单价	金额
3.001	碳素铜管	φ5.2	3 000	3	9 000
3.002	合金管材	φ5.2	2 000	2	4 000

表 5-13 期初采购暂估单据 2

外购入库单单号	WIN000002				
供应商	温州钢材有限公司				
入库日期	2017-10-12				
仓库管理员	满婷婷				
物料代码	物料名称	规格型号	实收数量	单价	金额
3.002	合金管材	φ5.2	1 800	2.1	3 780

表 5-14 期初采购暂估单据 3

外购入库单单号	WIN000003				
供应商	苏州自行车配件有限公司				
入库日期	2017-10-12				
仓库管理员	满婷婷				
物料代码	物料名称	规格型号	实收数量	单价	金额
4.005	车把	蝴蝶把	800	25	20 000
4.006	车把	湾把	250	23	5 750

（3）按表 5-15 至表 5-17 要求录入期初已销售未开票单据。

表 5-15 期初已销售出库未开票单据 1

销售出库单单号	XOUT000001				
客户	宁波进出口有限公司				
出库日期	2017-11-9				
仓库管理员	江涛		业务员		赵管娜
物料代码	物料名称	规格型号	实发数量	单位成本	成本
1.001	山地车	运动-770	500	850	425 000
1.002	旅行车	运动-550	200	500	100 000

表 5-16 期初已销售出库未开票单据 2

销售出库单单号	XOUT000002				
客户	南京商贸有限公司				
出库日期	2017-11-17				
仓库管理员	江涛		业务员		王玉飞
物料代码	物料名称	规格型号	实发数量	单位成本	金额
1.001	山地车	运动-770	130	870	113 100
1.003	公路车	运动-330	300	600	180 000

表 5-17 期初已销售出库未开票单据 3

销售出库单单号	XOUT000003				
客户	宁波进出口有限公司				
出库日期	2017-12-23				
仓库管理员	江涛		业务员		赵管娜
物料代码	物料名称	规格型号	实发数量	单位成本	金额
1.001	山地车	运动-770	220	850	187 000
1.002	旅行车	运动-550	1 200	500	600 000
1.003	公路车	运动-330	650	590	383 500

【业务分析】

期初库存数据是系统启用时仓库物料的结存情况的记录，设置初始数据分仓库、仓位录入。采用不同计价方法、不同管理方法的物料，其录入的信息和录入的方法均不相同。

在供需链系统处于初始化阶段时，启用期前的单据新增的方法只有一种，即在系统的主界面下，执行"初始化"→"仓存管理"→"录入启用期前的暂估入库单"菜单命令，或者执行"初始化"→"仓存管理"→"录入启用期前的未核销销售出库单"菜单命令，或者执行"初始化"→"仓存管理"→"录入启用期前的未核销委外加工出库单"菜单命令。

【操作步骤】

第1步，期初库存数据录入。

（1）执行"系统设置"→"初始化"→"仓存管理"菜单命令，双击"初始数据录入"选项，系统弹出如图 5-50 所示的"初始数据录入"窗口。

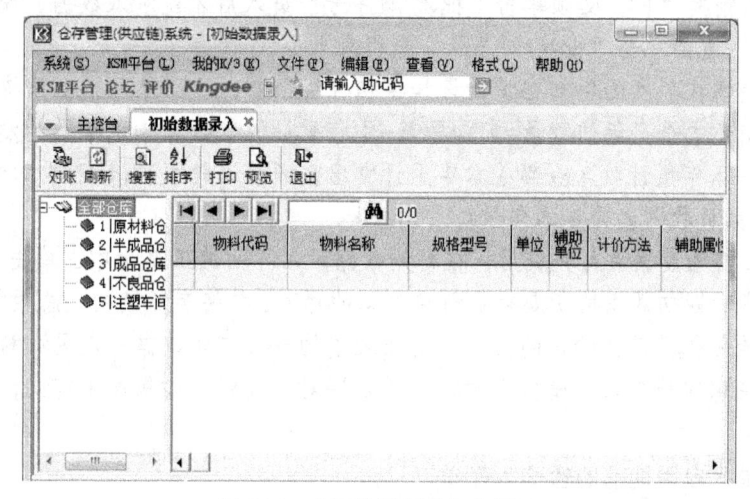

图 5-50 "初始数据录入"窗口

（2）选择"原材料仓库"，系统显示在"物料属性"设置中默认仓库为"原材料仓库"的所有存货项目，拖动水平滚动条，将光标定位到"期初数量"处，按表 5-11 要求录入期初数量和期初金额，如图 5-51 所示。

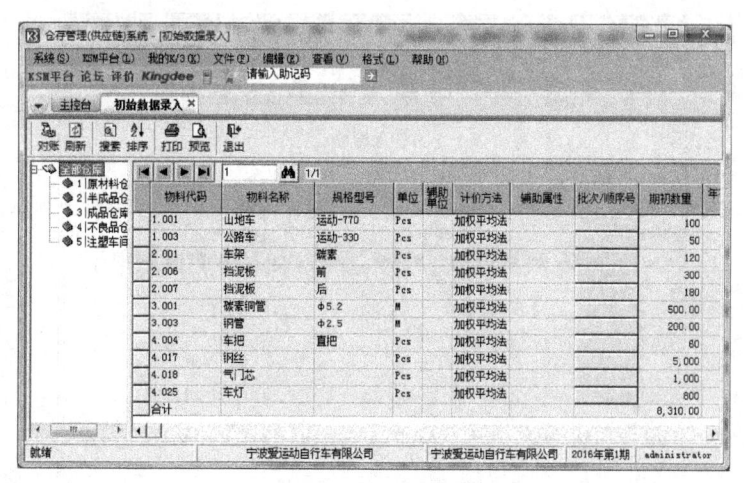

图 5-51 初始数据

（3）按相同操作录入半成品仓库和成品仓库的物料初始数据。录入完成后单击"保存"

按钮，保存初始数据录入。

【要点说明】

（1）若账套是年初启用，则只需要录入"期初数量"和"期初金额"。若此账套是年中启用，如果有本年累计数据则应录入。

（2）加权平均法、移动平均法、计划成本法、启用序列号管理的物料可以直接录入，而且计划成本法物料直接录入期初数量后，期初金额会根据物料属性中的计划单价相乘得到，然后还要录入"材料成本差异"的金额。

（3）进行批次管理、保质期管理的物料，或者计价方法为先进先出、分批认定法的物料，录入物料后分录前有"+"，必须单击"批次/顺序号"进入后才能录入数据，操作上需注意不要把"+"点开，直接单击"批次/顺序号"进行录入。

（4）启用期所在年度的年初存货数量和年初存货余额，不必录入，由系统根据平衡公式自动算出。平衡公式是：年初数量=期初数量-本年累计收入数量+本年累计发出数量；年初金额=期初金额-本年累计收入金额+本年累计发出金额计划成本法；计划成本法的年初差异=期初差异-本年累计收入差异+本年累计发出差异。

（5）对账：初始数据录入完成后，在初始数据录入界面的工具栏中，单击"对账"按钮，系统会调出存货的期初数据按所属存货科目汇总的界面，并将存货期初汇总数据与总账核对。对账是存货初始化和科目初始化的接口。对账表中的科目初始数据一定要和科目初始数据保持一致，需要注意的是在物料属性中的存货科目要对应设置，如果设置有误，则将会影响对账表中数据。

第2步，录入启用期前的暂估入库单。

（1）执行"系统设置"→"初始化"→"仓存管理"菜单命令，双击"录入启用期前的暂估入库单"选项，系统弹出"过滤条件"窗口。单击"确定"按钮进入"启用前的暂估入库单序时簿"窗口。

（2）单击工具栏中的"新增"按钮，弹出"外购入库单-新增"窗口，如图5-52所示。

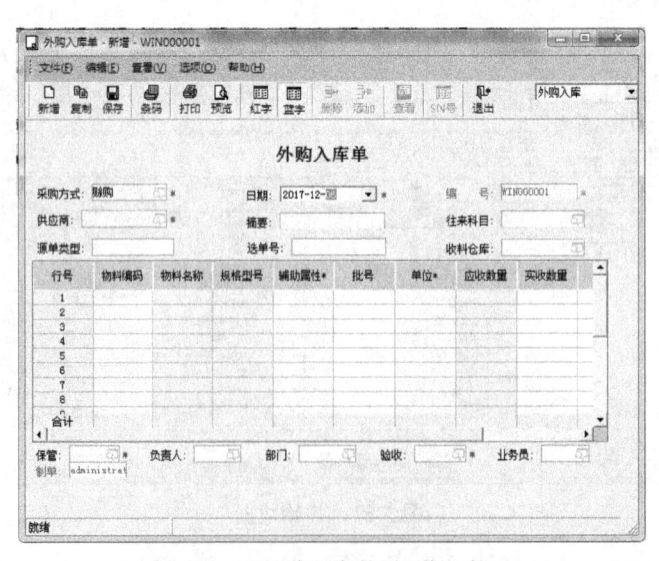

图5-52 "外购入库单-新增"窗口

第 5 章 基础资料设置

（3）以表 5-12 所示期初采购暂估单据录入为例，录入后的外购入库单，如图 5-53 所示。

图 5-53 外购入库单录入完成

（4）按类似方法可以录入表 5-13 和表 5-14 所示的暂估单据，然后在"启用前的暂估入库单序时簿"窗口的工具栏中单击 按钮审核暂估入库单。

第 3 步，录入启用期前的未核销销售出库单。

（1）执行"系统设置"→"初始化"→"仓存管理"菜单命令，双击"录入启用期前的未核销销售出库单"选项，系统弹出"过滤条件"窗口。单击"确定"按钮进入"启用前的未核销销售出库单序时簿"窗口。

（2）单击工具栏中的"新增"按钮，弹出"销售出库单-新增"窗口，如图 5-54 所示。

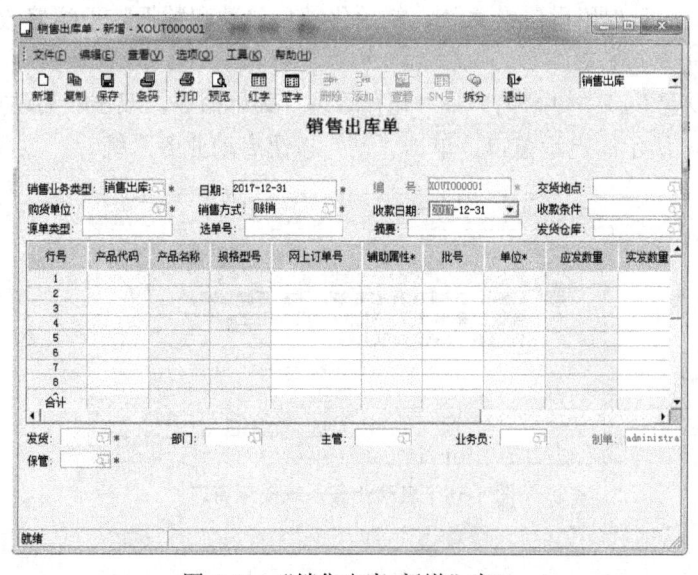

图 5-54 "销售出库-新增"窗口

（3）以表 5-15 所示期初已销售出库未开票单据录入为例，录入表中的信息后的销售出库单如图 5-55 所示。

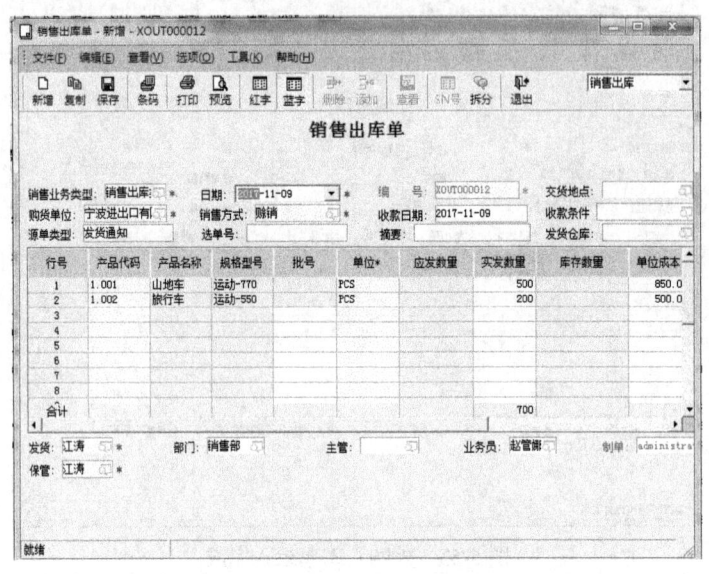

图 5-55　销售出库单录入完成

（4）按类似方法可以录入表 5-16 和表 5-17 所示的期初已销售出库未开票单据，然后在"启用前的未核销销售出库单序时簿"窗口的工具栏中单击 按钮审核销售出库单。

5.7.3　启动业务系统

结束初始化是进行日常业务操作的前提，虽然在未结束初始化状态下，也可以录入单据，但是不能进行审核等操作。结束初始化后才表示各个系统开始正式启用，启用业务系统是初始化的最后一步，一旦启用供应链系统，初始化部分参数和数据将不得修改，所以在启用前要慎重，最好备份一个账套。

执行"系统设置"→"初始化"→"仓存管理"菜单命令，双击"启动业务系统"选项，系统弹出如图 5-56 所示的提示窗口，单击"是"按钮启动业务系统。

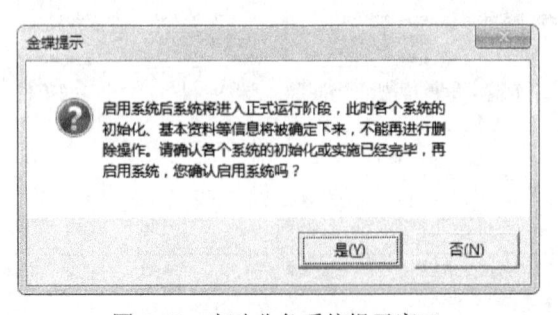

图 5-56　启动业务系统提示窗口

【要点说明】

（1）启动业务系统需要用管理员的身份。

（2）供应链结束初始化的前提：录入启用期前的单据都必须审核且单据的单价和金额要大于0，启用序列号管理的物料必须录入序列号。

（3）启动业务系统后，初始数据和核算参数将不允许修改，若要修改数据需要反初始化处理。

（4）若销售系统与仓存和采购系统在同一启用期间使用时，必须先正确初始化仓存和采购系统数据后，才能启动业务系统，否则一经启动，则仓存和采购系统的初始化无法继续录入。反之，所销售系统单独使用，则不受此限制。

复习思考题

1. 启用业务系统前，需要录入哪些基础资料信息？
2. 物料属性有几种，请举例说明。
3. 什么是实仓和虚仓？系统中为什么要设置虚仓？
4. 对于库存参数中所提到的安全库存、最低库存、最高库存在哪里设置？有什么作用？
5. 在计量单位中，默认计量单位与辅助计量单位的系数是什么关系？请举例说明。
6. 物料的固定提前期、变动提前期、批量增量在哪里设置？如何计算物料的采购提前期？
7. 如何利用BOS数据交换平台导出账套基础数据？
8. 仔细研究各科目在财务系统中起到的作用，并通过查询相关资料，详细说明实收资本和主营业务收入两科目的功能和记账方法。
9. 假如本案例存在委外加工业务，则该企业在供应链初始化之时还需要录入哪些期初数据？
10. 说明启动业务系统前需要做哪些工作？

第6章　生产数据管理

生产数据管理系统是企业进行生产管理的基础部分内容，其中的BOM（物料清单）、ECN（工程变更单）是进行生产任务管理、主生产计划及物料需求计划、能力计划的基础；工艺路线是车间作业管理的基础。ERP系统是"3分技术，7分管理，12分数据"，生产数据管理系统作为企业ERP系统中的基础部分，规范、管理着企业最核心的数据信息。本章主要内容包括：

- 工厂日历；
- BOM录入与维护；
- 工程变更和客户BOM设置；
- 工艺路线设置。

6.1　工厂日历

工厂日历是指在自然月份的基础上，设置工作与休息的时间表，以便"计划部门"在制订计划时将休息日因素考虑在计划日期内，这是"物料需求计划"模块展开MRP计算的基础资料。

【业务场景】

考虑到注塑车间设备运转的连续性，中途不能停止设备运转，因此将"注塑车间"1~3月份周六、日都设置成工作日。李明作为生产管理员，对工厂日历进行维护。

【业务分析】

一般生产制造型企业为保证生产的正常运行，通常会采用每周单休的方式，有些特殊行业（如钢铁）生产设备一旦运行一般就不会停工，因此也没有休息日。为了保证生产和采购计划的准确性，必须将休息日排除在计划日期内。

【操作步骤】

（1）执行"计划管理"→"生产数据管理"→"多工厂日历"菜单命令，双击"多工厂日历-维护"选项，系统打开"多工厂日历设置"窗口，如图6-1所示。

（2）单击"修改"按钮，然后单击"非工作日"（蓝色背景）日期，使其变成工作日（白色背景），如图6-2所示。

（3）单击"保存"按钮，系统弹出"新增"对话框，如图6-3所示。设置注塑车间的"日历代码"和"日历名称"分别为"M02"和"注塑车间日历"，单击"确定"按钮完成注塑车间日历的维护。

第 6 章 生产数据管理

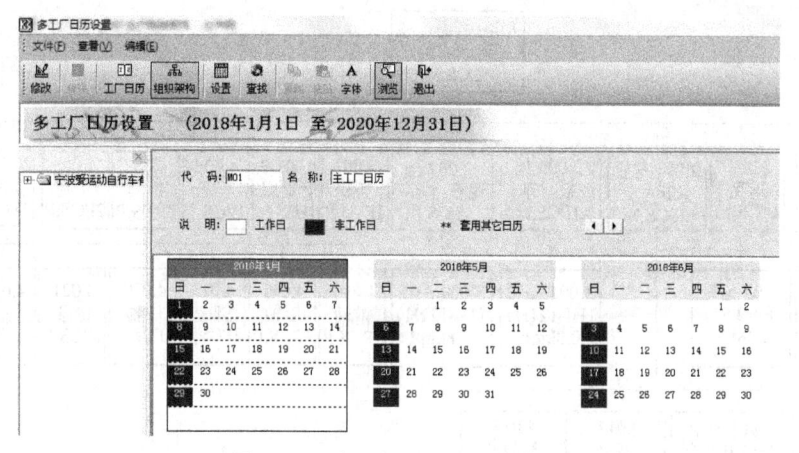

图 6-1 "多工厂日历设置"窗口

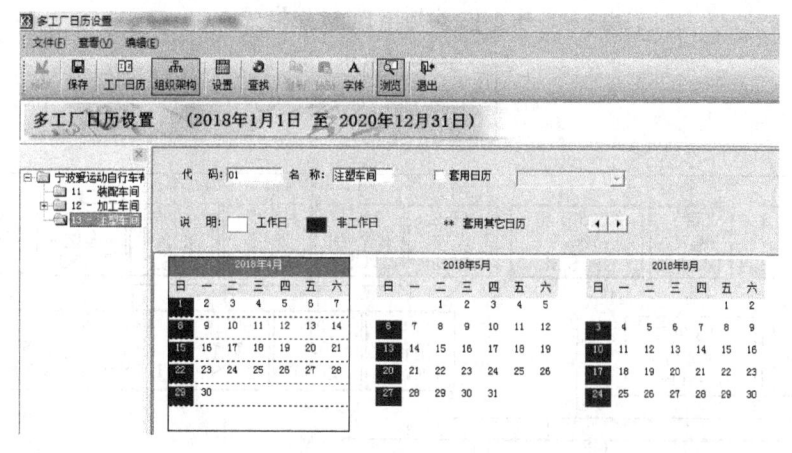

图 6-2 多工厂日历

图 6-3 "新增"对话框

6.2 BOM 新增

制造业只要有生产制造的行为，就会有产品结构信息。而产品材料用量的信息，是一个企业的命脉，所以记录的保存非常重要。物料清单（Bill of Material，BOM）也叫产品结构或配方，描述了物料（通常是完成品或半成品、部品）的组成情况，如一个产品的使用零件（原材料）、使用数量、是否有损耗率、生产及组装的顺序等。

"1.001 山地车""1.002 旅行车""1.003 公路车"三种产品的 BOM 结构如图 6-4～图 6-6 所示。

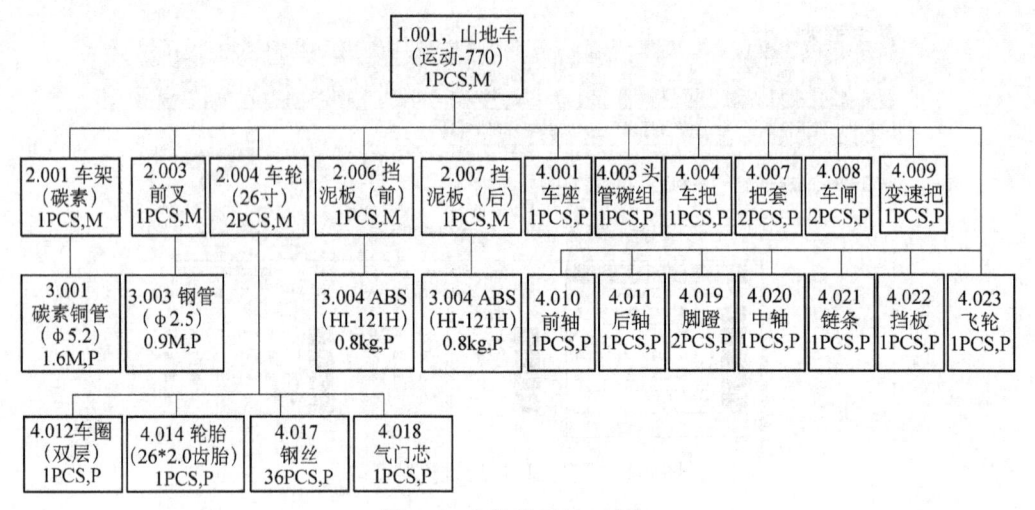

图 6-4 山地车 BOM 结构

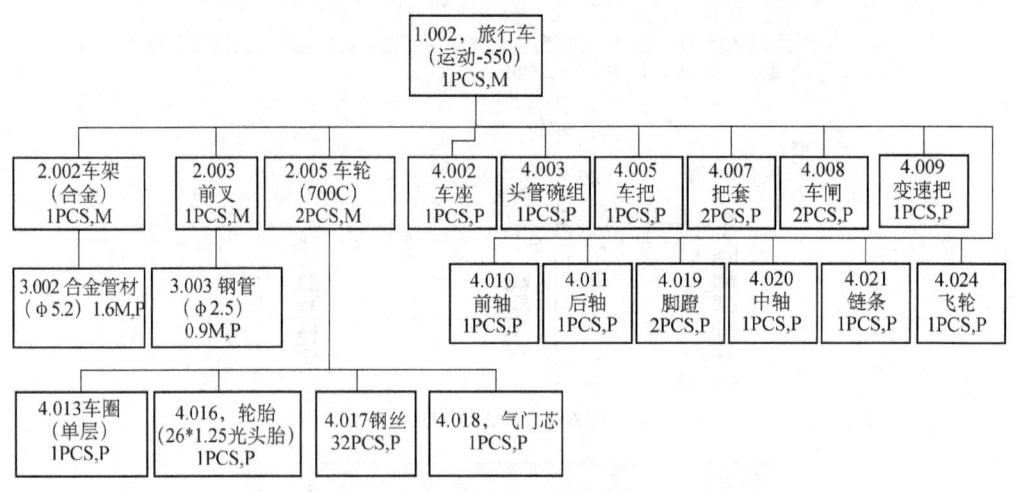

图 6-5 旅行车 BOM 结构

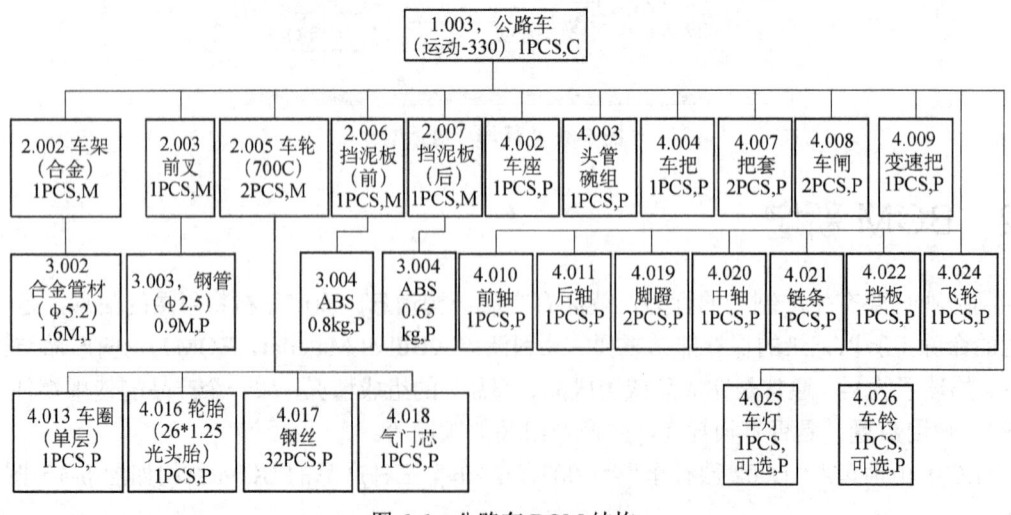

图 6-6 公路车 BOM 结构

三种产品的详细 BOM 信息见表 6-1 至表 6-3。

表 6-1 山地车 BOM 信息

BOM 层级	物料代码	物料名称	规格型号	物料属性	单位	用量
0	1.001	山地车	运动-770	自制	PCS	1
.1	2.001	车架	碳素	自制	PCS	1
..2	3.001	碳素铜管	Φ5.2	外购	m	1.60
.1	2.003	前叉		自制	PCS	1
..2	3.003	钢管	Φ2.5	外购	m	0.90
.1	2.004	车轮	26寸	自制	PCS	2
..2	4.012	车圈	双层	外购	PCS	1
..2	4.014	轮胎	26*2.0 齿胎	外购	PCS	1
..2	4.017	钢丝		外购	PCS	36
..2	4.018	气门芯		外购	PCS	1
.1	2.006	挡泥板	前	自制	PCS	1
..2	3.004	ABS	HI-121H	外购	kg	0.80
.1	2.007	挡泥板	后	自制	PCS	1
..2	3.004	ABS	HI-121H	外购	kg	0.65
.1	4.001	车座	运动型	外购	PCS	1
.1	4.003	头管碗组		外购	PCS	1
.1	4.004	车把	直把	外购	PCS	1
.1	4.007	把套		外购	PCS	2
.1	4.008	车闸		外购	PCS	2
.1	4.009	变速把		外购	PCS	1
.1	4.010	前轴		外购	PCS	1
.1	4.011	后轴		外购	PCS	1
.1	4.019	脚蹬		外购	PCS	2
.1	4.020	中轴		外购	PCS	1
.1	4.021	链条		外购	PCS	1
.1	4.022	挡板		外购	PCS	1
.1	4.023	飞轮	多级飞轮	外购	PCS	1

表 6-2 旅行车 BOM 信息

BOM 层级	物料代码	物料名称	规格型号	物料属性	单位	用量
0	1.002	旅行车	运动-550	自制	PCS	1
.1	2.002	车架	合金	自制	PCS	1
..2	3.002	合金管材	Φ5.2	外购	m	1.60
.1	2.003	前叉		自制	PCS	1
..2	3.003	钢管	Φ2.5	外购	m	0.90
.1	2.005	车轮	700C	自制	PCS	2
..2	4.013	车圈	单层	外购	PCS	1

(续表)

BOM 层级	物料代码	物料名称	规格型号	物料属性	单位	用量
..2	4.016	轮胎	26*1.25 光头胎	外购	PCS	1
..2	4.017	钢丝		外购	PCS	32
..2	4.018	气门芯		外购	PCS	1
.1	4.002	车座	舒适型	外购	PCS	1
.1	4.003	头管碗组		外购	PCS	1
.1	4.005	车把	蝴蝶把	外购	PCS	1
.1	4.007	把套		外购	PCS	2
.1	4.008	车闸		外购	PCS	2
.1	4.009	变速把		外购	PCS	1
.1	4.010	前轴		外购	PCS	1
.1	4.011	后轴		外购	PCS	1
.1	4.019	脚蹬		外购	PCS	2
.1	4.020	中轴		外购	PCS	1
.1	4.021	链条		外购	PCS	1
.1	4.024	飞轮	单级飞轮	外购	PCS	1

表 6-3 公路车 BOM 信息

BOM 层级	物料代码	物料名称	规格型号	物料属性	单位	用量
0	1.003	公路车	运动-330	配置类	PCS	1
.1	2.002	车架	合金	自制	PCS	1
..2	3.002	合金管材	φ5.2	外购	m	1.60
.1	2.003	前叉		自制	PCS	1
..2	3.003	钢管	φ2.5	外购	m	0.90
.1	2.005	车轮	700C	自制	PCS	2
..2	4.013	车圈	单层	外购	PCS	1
..2	4.016	轮胎	26*1.25 光头胎	外购	PCS	1
..2	4.017	钢丝		外购	PCS	32
..2	4.018	气门芯		外购	PCS	1
.1	2.006	挡泥板	前	自制	PCS	1
..2	3.004	ABS	HI-121H	外购	kg	0.80
.1	2.007	挡泥板	后	自制	PCS	1
..2	3.004	ABS	HI-121H	外购	kg	0.65
.1	4.002	车座	舒适型	外购	PCS	1
.1	4.003	头管碗组		外购	PCS	1
.1	4.004	车把	直把	外购	PCS	1
.1	4.007	把套		外购	PCS	2
.1	4.008	车闸		外购	PCS	2
.1	4.009	变速把		外购	PCS	1
.1	4.010	前轴		外购	PCS	1

（续表）

BOM 层级	物料代码	物料名称	规格型号	物料属性	单位	用量
.1	4.011	后轴		外购	PCS	1
.1	4.019	脚蹬		外购	PCS	2
.1	4.020	中轴		外购	PCS	1
.1	4.021	链条		外购	PCS	1
.1	4.022	挡板		外购	PCS	1
.1	4.024	飞轮	单级飞轮	外购	PCS	1
.1	4.025	车灯		外购（可选）	PCS	1
.1	4.026	车铃		外购（可选）	PCS	1

其中，4.025 车灯和 4.026 车铃配置属性为"可选"，其他都为"普通"。

【业务场景】

李诗曼作为技术研发组研究人员，负责对 BOM 单据的新增和维护，在生产管理系统使用前，需要将成品和半成品 BOM 信息录入 ERP 系统中。

【业务分析】

（1）新增 BOM 时，采用自底向上的方式逐步新增，即先要有半成品 BOM 后才能新增成品 BOM。

（2）为了 BOM 管理的方便，企业一般对 BOM 进行分组管理，如成品 BOM 组、半成品 BOM 组等。

（3）为了方便企业的应用，K/3 在设计同一物料时可以存在多个"审核"状态的 BOM，但只能存在一个"使用"状态的 BOM。主生产计划和物料需求计划在进行计划运算时，按"使用"状态的 BOM 向下展开需求。

（4）计算累计提前期是计算"使用"状态的 BOM 档案各物料的累计提前期。每个物料都有自己的制造或采购提前期，而产品或半成品的累计提前期定义为最大的子项物料的累计提前期加自身的固定提前期。累计提前期是 MRP 计算出正确的计划时间的依据。累计提前期计算后，可以在"物料"中查询。

下面以"1.001 山地车"BOM 单新增为例，说明录入 BOM 的基本过程。

【操作步骤】

第 1 步，录入 BOM。

（1）执行"计划管理"→"生产数据管理"→"BOM 维护"菜单命令，双击"BOM-新增"选项，系统弹出"BOM 单-新增"窗口，如图 6-7 所示。

【要点说明】

- 窗体上部称为表头，主要是录入母件的产品信息，如物料代码、数量等。窗体中部表格称为表体，主要是录入子件信息，如一个母件由什么物料组成等。
- 数量：表明本 BOM 单的基准数量。
- 跳层：为生产管理的需要，如生产的半成品可能是虚拟件或在半成品生产完工不需要入库时，生产领料需直接领用下级最明细的物料，此时需要将 BOM 设置跳层属性为"是"。物料属性为"虚拟件"时，"跳层"字段默认为"是"，且不允许修改。

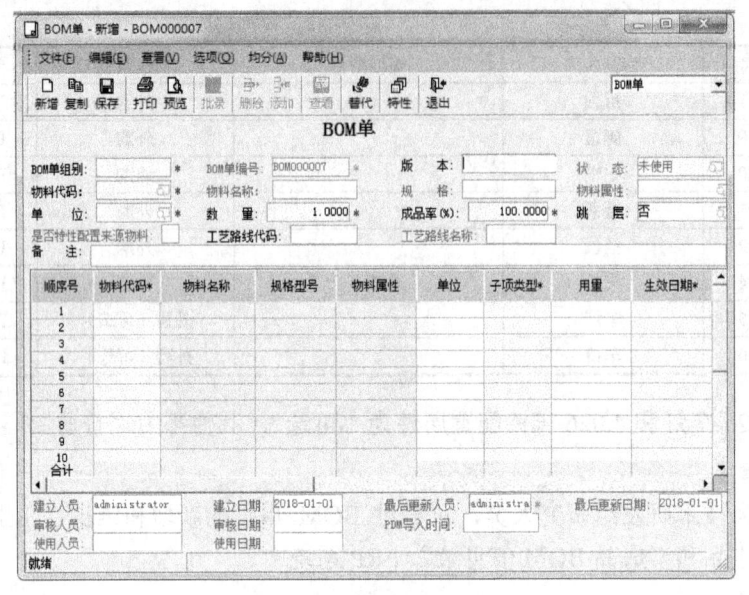

图 6-7 "BOM 单-新增"窗口

- 工艺路线代码：表示父项物料对应的工艺路线。默认为物料主文件中的工艺路线，可选择其他工艺路线，但不能是不存在或禁用的工艺路线。

（2）为方便 BOM 档案管理，可以将 BOM 档案进行分组，即指定 BOM 单组别，将不同物料类型的 BOM 档案放置在不同的组别下。如本案例将 BOM 单组别分成"成品 BOM""半成品 BOM"两组。第一次进行 BOM 单录入时，必须先建立组别。鼠标双击"BOM 单组别"文本框，系统弹出"BOM 组别选择"对话框，如图 6-8 所示。

图 6-8 "BOM 组别选择"对话框

（3）单击"新增组"按钮，系统弹出"新增组"对话框，如图 6-9 所示。设置新增组"代码"和"名称"分别为"1"和"成品 BOM"，然后单击"确定"按钮保存新增组。然后再单击"新增组"按钮添加"半成品 BOM"的组别。

图 6-9 "新增组"对话框

(4) BOM 组别新增完成后，选择"半成品 BOM"组别，然后单击"确定"按钮返回图 6-7 所示的界面。

(5) 将光标定位到表头的"物料代码"处，单击工具栏中的"查看"按钮，弹出"核算项目-物料"窗口，如图 6-10 所示。

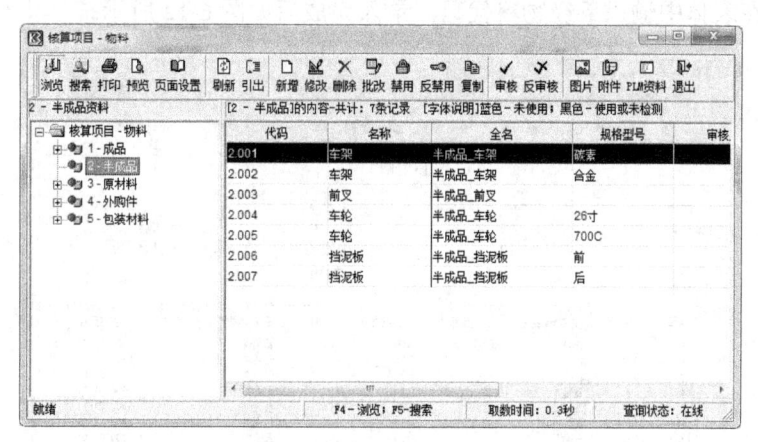

图 6-10 "核算项目-物料"窗口

(6) 在"核算项目-物料"窗口中双击半成品"代码"为"2.001"的档案，系统自动将该物料信息获取到"BOM 单-新增"窗口，然后输入数量"1"。

(7) 母件信息录入完成后，接下来要录入子件信息。将光标定位到表体第 1 行的"物料代码"处，单击工具栏中的"查看"按钮，弹出"物料档案"窗口，如图 6-11 所示。

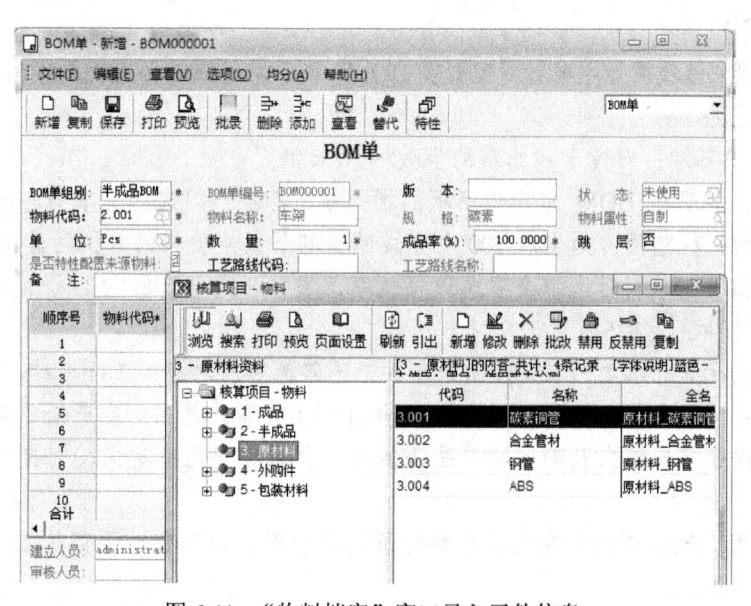

图 6-11 "物料档案"窗口录入子件信息

(8) 执行"3.001"物料档案，并返回"BOM 单-新增"录入窗口，系统获取物料信息成功，并在"数量"处录入"1.6"。录入完成后，单击"保存"按钮保存 BOM 单。

(9) 完成"2.001"BOM 单录入后，按相同的方法完成其他半成品"2.003""2.004"

"2.006"BOM单的录入工作。

(10)半成品BOM单录入完成后,可以录入成品"1.001山地车"BOM单。执行"计划管理"→"生产数据管理"→"BOM维护"菜单命令,双击"BOM-新增"选项,打开"BOM单-新增"窗口。在表头设置"BOM单组别"为"成品","物料代码"为"1.001","数量"为"1",然后在表体中输入下级物料代码,录入完成后如图6-12所示。

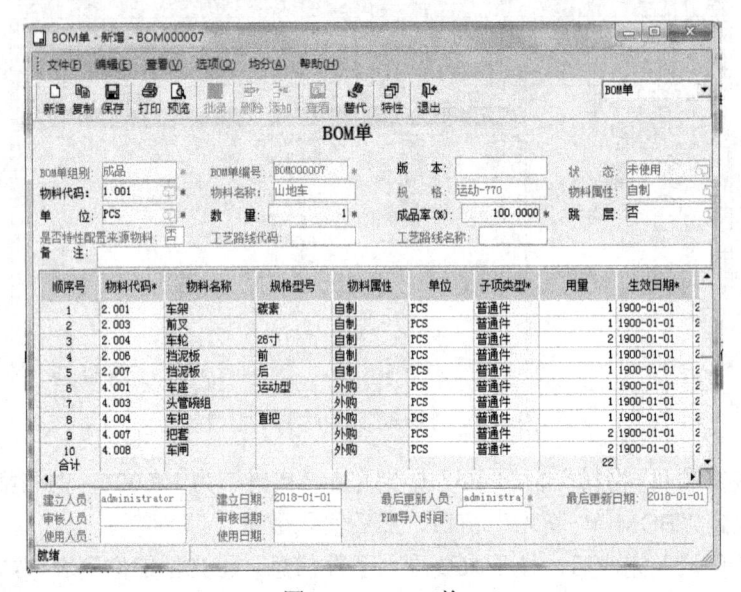

图6-12 BOM单

【要点说明】

- 配置属性:该项属性主要针对配置类BOM,表示某子项是必选还是可选,普通BOM此字段不可见。
- 生效/失效日期:对应子项物料的生效/失效日期。
- 损耗率:表明在BOM单中该子项的损耗率,即生产对应的父项物料时允许该子项物料一定的损耗范围,如生产100个完成品,其下级某物料的单位用量比例为1:1,损耗率为20%,领料时系统会考虑该损耗率,根据公式[数量/(1-损耗率%)],即可得出实际领料数量125。
- 工序:表示该子项物料在BOM指定的工艺路线中所对应的工序名称。
- 是否倒冲:(生产任务、委外加工、重复计划)管理系统在对生产任务单进行倒冲领料时,根据此字段值来判断各物料是否倒冲。如果物料已有定义,则自动带出,可手工维护。
- 发料仓库:表示该物料在生产发料时所属的仓库,如果物料已有定义,则自动带出,可手工维护。

其他BOM单的录入可以参考以上步骤,录入BOM过程中重点要选择正确的物料档案和设置数量信息。如果BOM档案错误,将会导致MRP计算错误,所以一定要注意。

第2步,BOM审核与使用。

BOM档案的审核是再次确认所录入的数据是否正确的过程,并且BOM档案只有审核后才能"使用"。审核 BOM 操作步骤如下。

（1）执行"计划管理"→"生产数据管理"→"BOM 维护"菜单命令，双击"BOM-维护"选项，系统弹出"BOM 维护过滤界面"窗口，如图 6-13 所示。

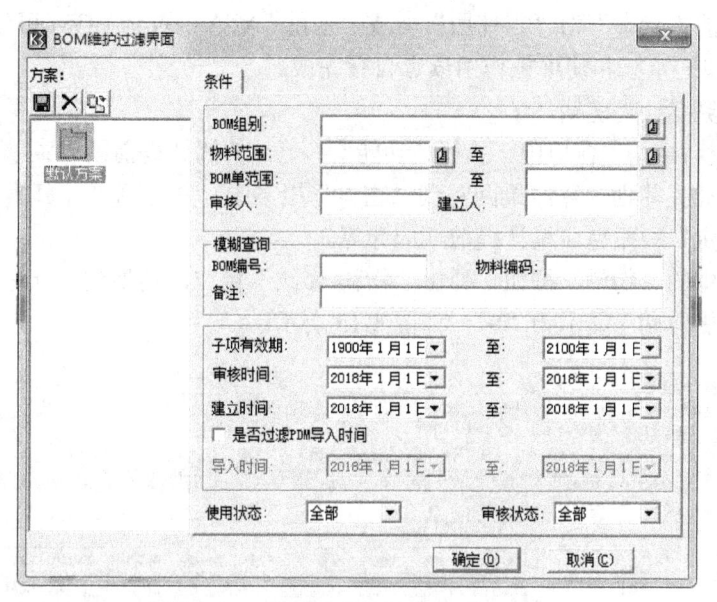

图 6-13 "BOM 维护过滤界面"窗口

（2）将"审核时间"和"建立时间"设置为 2018-01-01 至 2018-01-31，单击"确定"按钮，进入"BOM 资料维护"窗口，如图 6-14 所示。

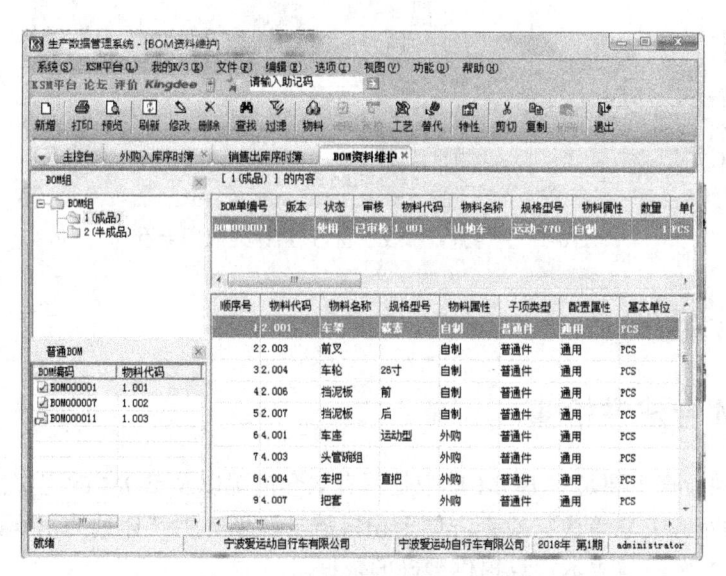

图 6-14 "BOM 资料维护"窗口

窗口左上部显示账套所有的 BOM 组别，左下部显示所选组别下的 BOM 单，窗口右上部显示所选 BOM 单的"母件"信息，右下部显示该 BOM 单的"子件"信息。在"BOM 资料维护"窗口中，可以进行 BOM 单的新增、修改、删除等操作。

（3）选中"物料代码"为"2.001"的 BOM 单，单击工具栏中的"审核"按钮，系统弹出审核成功的提示信息，窗口右上部的"审核"状态栏显示"已审核"字样，表示审核成功。

（4）BOM 单审核成功后，再单击工具栏中的"使用"按钮，系统弹出使用成功的提示信息，窗口右上部的"状态"由"未使用"变成"使用"状态，表示 BOM 可使用。

其他 BOM 单的审核和使用操作由读者自行完成。

第3步，计算累计提前期。

在"BOM 资料维护"窗口中，执行"功能"→"计算累计提前期"菜单命令，系统经后台处理后，将累计提前期计算结果回写到"物料"档案中，并显示"计算累计提前期完成"字样，单击"确定"按钮完成累计提前期的计算。

单击工具栏中的"物料"按钮，弹出"物料-修改"窗口，切换到"计划资料"选项卡，可以看到"累计提前期"显示为"9"，如图 6-15 所示。

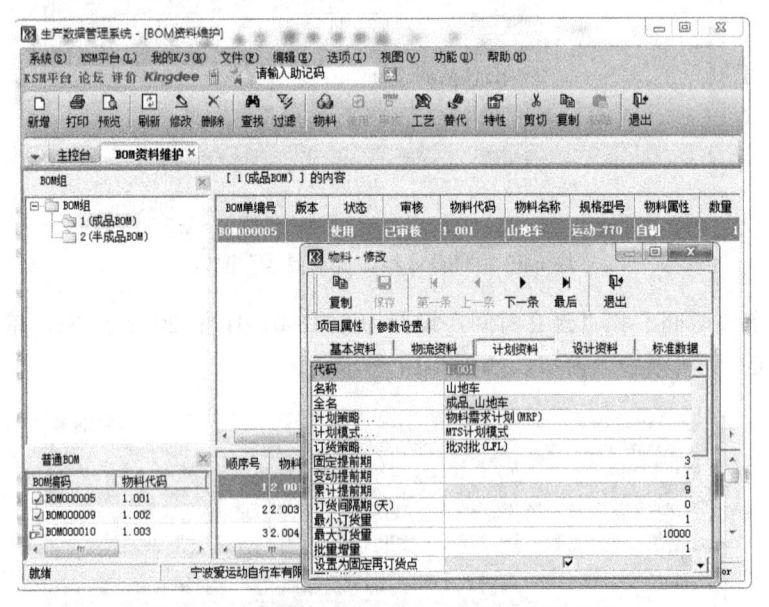

图 6-15 "物料-修改"窗口-累计提前期查看

6.3 BOM 维护

6.3.1 BOM 合法性检查

BOM 合法性检查主要是对 BOM 单中是否有嵌套情况以及 BOM 的完整性、BOM 单与工艺路线、工序的对应关系等进行检查，便于物料需求计划、生产计划的正确计算，同时也为生产过程中的生产发料与成本核算提供准确的依据。

检查范围的设定：在检查前，应选定检查的范围，系统提供两个选项，即对"所有的 BOM 单"进行检查和只对"使用状态的 BOM 单"进行检查。在进行检查前要根据实际情况来选择。

- BOM 单嵌套检查：检查 BOM 中是否有上级物料在其本身的下级物料中使用的情况。

- BOM单完整性检查：对BOM各数据项本身及各数据项之间的限制关系进行检查。
- BOM单工艺路线检查：对BOM对应的工艺路线是否存在、每一子项物料对应的工序是否存在等进行检查。

（1）执行"生产数据管理"→"BOM维护"菜单命令，双击"BOM合法性检查"选项，系统弹出"BOM合法性检查"窗口，如图6-16所示。

（2）在窗口中首先选择"合法性检查选项"中的选项，再选择"BOM单检查范围"中的相关选项，设定完成后，单击"确定"按钮，系统检查后会弹出相应的结果窗口，如果窗口中有内容，表示检查未通过，对没能通过检查的BOM单进行修改，然后再次检查。

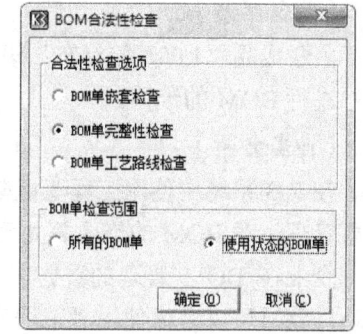

图6-16 "BOM合法性检查"窗口

6.3.2 BOM低位码维护

低位码是指在同一物料在不同的BOM中处于最低的层次，它主要在计算主生产计划、物料需求计划中起作用。

（1）执行"生产数据管理"→"BOM维护"菜单命令，双击"BOM低位码维护"选项，系统弹出"低位码维护"窗口，如图6-17所示。

（2）单击"确定"按钮，稍后系统弹出"地位码维护完毕"字样。

【要点说明】

- 如果BOM单有所变更，如层次或组成部分物料变化就应该进行BOM低位码维护。

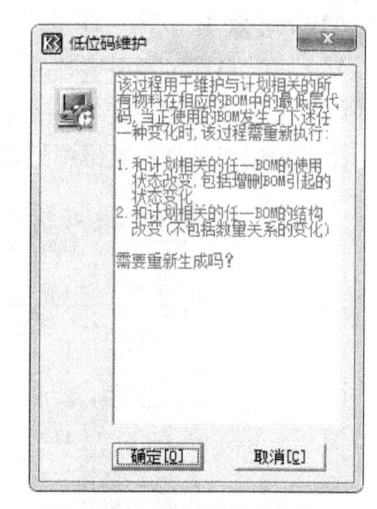

图6-17 "低位码维护"窗口

- 在新建账套或首次进行MPS/MRP计算前必须先进行低位码维护（特别是当系统提示低位码有错时），否则可能计算不准确。

6.3.3 BOM成批修改、成批新增、成批删除

由于技术改进或别的原因需要大批量修改、新增或删除BOM单时，如果对BOM单逐个进行对应的操作，则工作量会很大。因此系统提供了成批修改、新增和删除的功能。

- BOM成批修改：将不同母件物料的具有相同物料代码的子件物料进行批量替换。
- BOM成批新增：将不同母件物料成批新增相同物料代码的子件物料。
- BOM成批删除：将不同母件物料中具有相同物料代码的子件物料进行成批删除。

6.3.4 工程变更

工程变更管理是维护物料清单准确性的重要手段。如果按照ISO要求，设计或工艺的变

更，都必须有文件标志，审查和批准的程序。因此，物料清单的修改以工程变更单为依据，可以追踪到物料清单变化的内容、原因、日期等内容。

【业务场景】

由于成品"1.002 旅行车"设计存在缺陷，需要增加"4.022 挡板"一块，通过工程变更操作进行 BOM 的维护。

【业务分析】

在 K/3 系统中使用工程变更模块必须选中系统参数"启用工程变更管理"。一旦启用工程变更管理，对 BOM 的修改等处理就必须使用"工程变更"管理，并且就不能进行反启用。

企业在 BOM 管理的数据很准确，管理制度比较规范后，需要对工程变更的过程也进行管理，此时可以考虑使用"工程变更"管理。如果企业的 BOM 数据还不准确时，建议不要使用此模块。

【操作步骤】

第 1 步，启用工程变更管理。

（1）执行"系统设置"→"系统设置"→"生产管理"菜单命令，双击"系统设置"选项，系统弹出"系统参数维护"窗口，如图 6-18 所示。

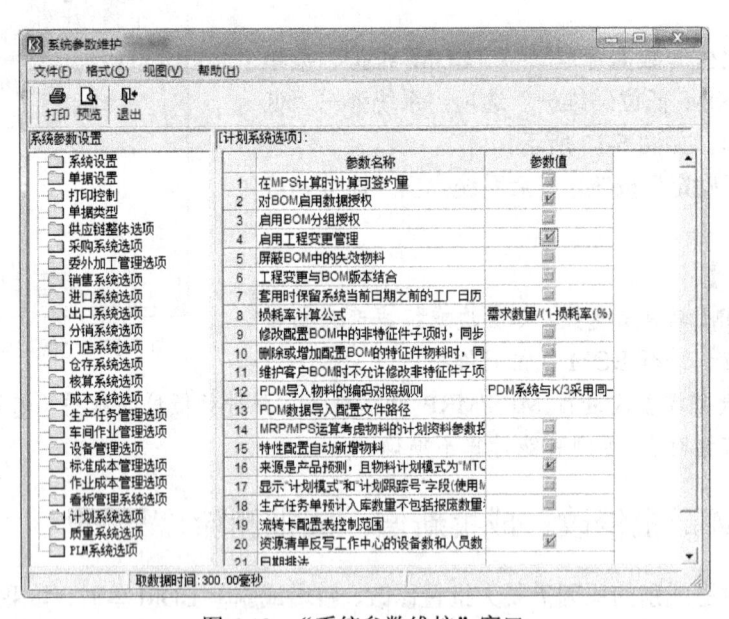

图 6-18 "系统参数维护"窗口

（2）选中左边的"计划系统选项"，再勾选"启用工程变更管理"的参数值，然后单击工具栏中的"退出"按钮，完成启用工程变更的业务流程。启用工程变更管理后，BOM 单不能进行"反审核"操作。

第 2 步，新增工程变更单。

（1）执行"计划管理"→"生产数据管理"→"工程变更"菜单命令，双击"工程变更单-新增"选项，弹出"工程变更单-新增"窗口。输入"变更原因"为"产品设计缺陷，增加 4.022 挡板一块"，然后在表体中选择"1.002 旅行车"所对应的"BOM 编号"，"变更类型"

为"新增",新增的"物料代码"为"4.022",设置完成后如图 6-19 所示。

图 6-19 "工程变更单-查看"窗口

(2)单击"保存"按钮,保存工程变更单。

第 3 步,审核工程变更单。

(1)由于"工程变更单"默认启用了"多级审核"流程,因此需要以技术研发部主管"张玲玲"身份登录系统对"工程变更单"进行审核。若"张玲玲"无多级审核权限,则需先对"张玲玲"进行多级审核权限的授权,可以用 Administrator 账号登录系统,执行"系统设置"→"系统设置"→"生产管理"菜单命令,双击"审批流管理"选项,打开"多级审核工作流"窗口。选中"工程变更单",在"用户设置"选项卡中添加"张玲玲",如图 6-20 所示。

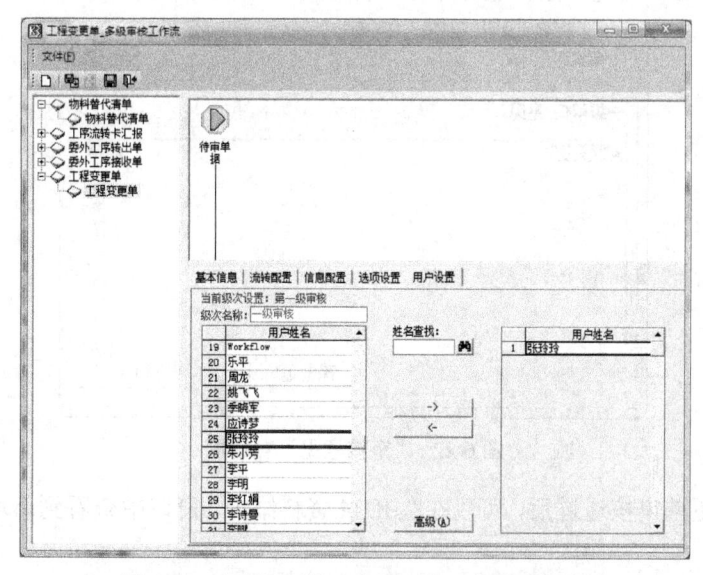

图 6-20 "多级审核工作流"窗口审批流管理

（2）更换操作员，以"张玲玲"身份登录系统，并对工程变更单进行审核。执行"计划管理"→"生产数据管理"→"工程变更"菜单命令，双击"工程变更单-维护"选项，系统弹出工程变更单"过滤"窗口。在"过滤"窗口中单击"确定"按钮，进入"工程变更单序时簿"窗口，如图 6-21 所示。

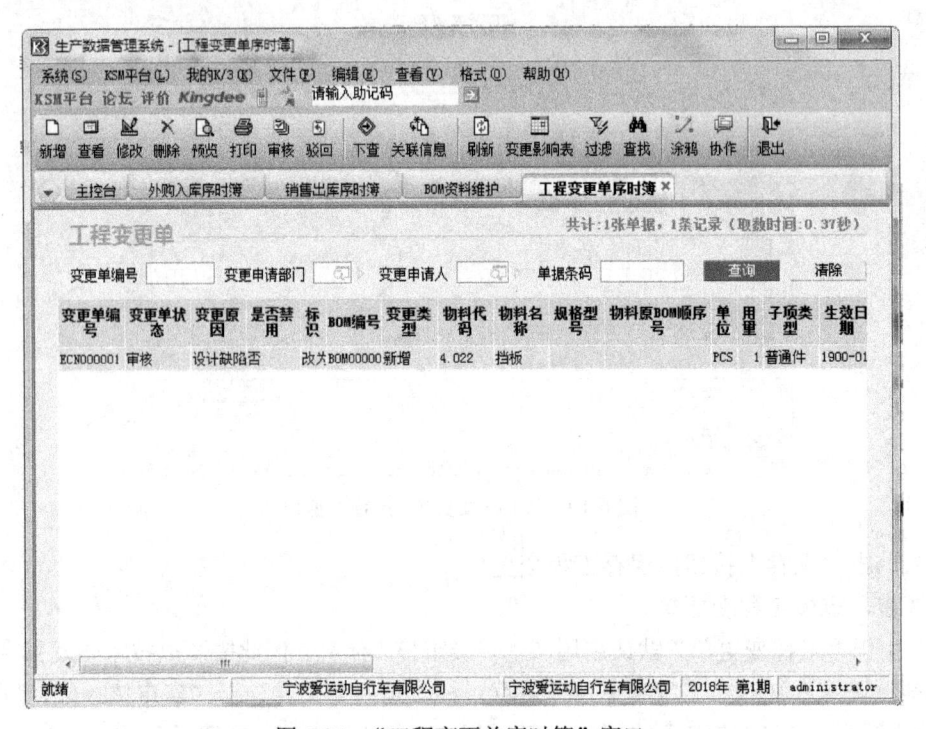

图 6-21 "工程变更单序时簿"窗口

（3）单击工具栏中的"审核"按钮，系统弹出"审核意见"对话框。输入审核意见为"同意变更"，然后单击"确定"按钮通过审核，如图 6-22 所示。

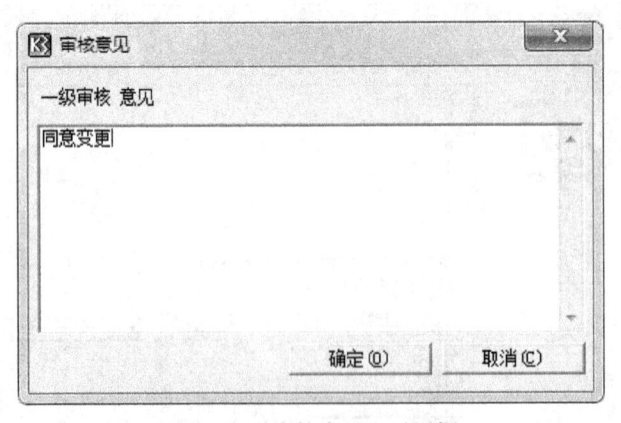

图 6-22 "审核意见"对话框

（4）工程变更单审核通过后，可以在"BOM 资料维护"窗口中查看到新增加的物料信息，如图 6-23 所示。

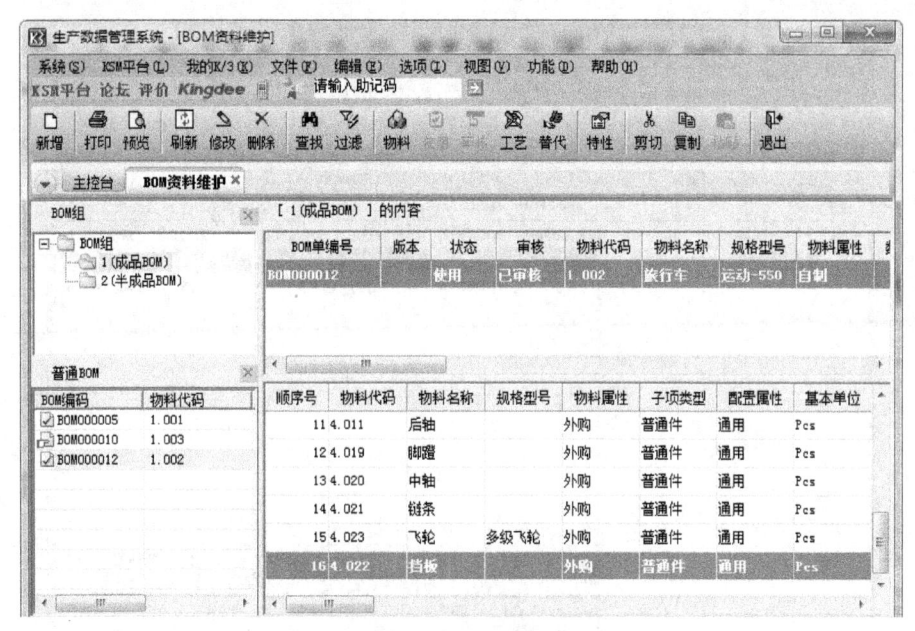

图 6-23　工程变更单审核通过后的 BOM 单

6.3.5　客户 BOM

客户 BOM 维护针对该产品是"配置类物料"时使用。

【业务场景】

003 公路车为配置类 BOM，根据客户需求，新增一个安装有车铃但不安装车灯的客户 BOM。

【业务分析】

客户 BOM 维护的功能有两种实现方式：一种是使用"生产数据管理"下的"客户 BOM 维护"功能，提前维护好 BOM，以供后面选择；另一种是当用户录入产品预测单、销售订单或生产任务单时，录入配置类物料代码后，在"客户 BOM 维护"窗口中就需要对该物料对应的配置类 BOM 进行客户化配置。

【操作步骤】

(1) 执行"计划管理"→"生产数据管理"→"BOM 维护"菜单命令，双击"客户 BOM 维护"选项，系统弹出"过滤"窗口。在"过滤"窗口中单击"确定"按钮，进入"客户 BOM 维护"窗口，如图 6-24 所示。

【要点说明】

"客户 BOM 维护"窗口包括三个部分，左边显示的是需要配置的标准 BOM 及其下面已经配置过的客户 BOM，右上部为所选 BOM 编号及父项物料信息，右下部显示对应的子项物料的信息。

(2) 选择左边的"BOM000011（公路车）"，然后单击工具栏中的"配置"按钮，系统弹出"客户 BOM 单-新增"窗口，如图 6-25 所示。

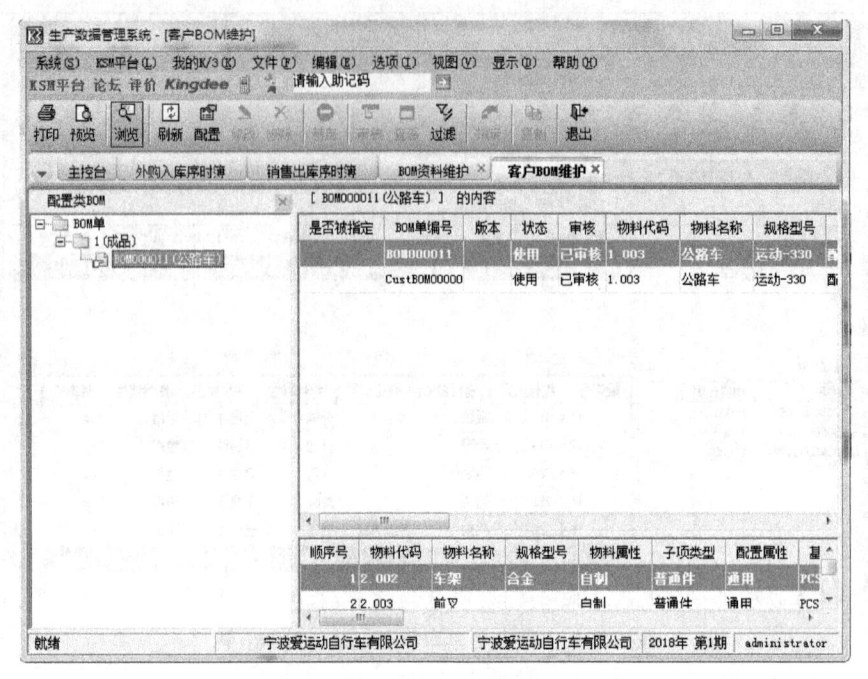

图 6-24 "客户 BOM 维护"窗口（1）

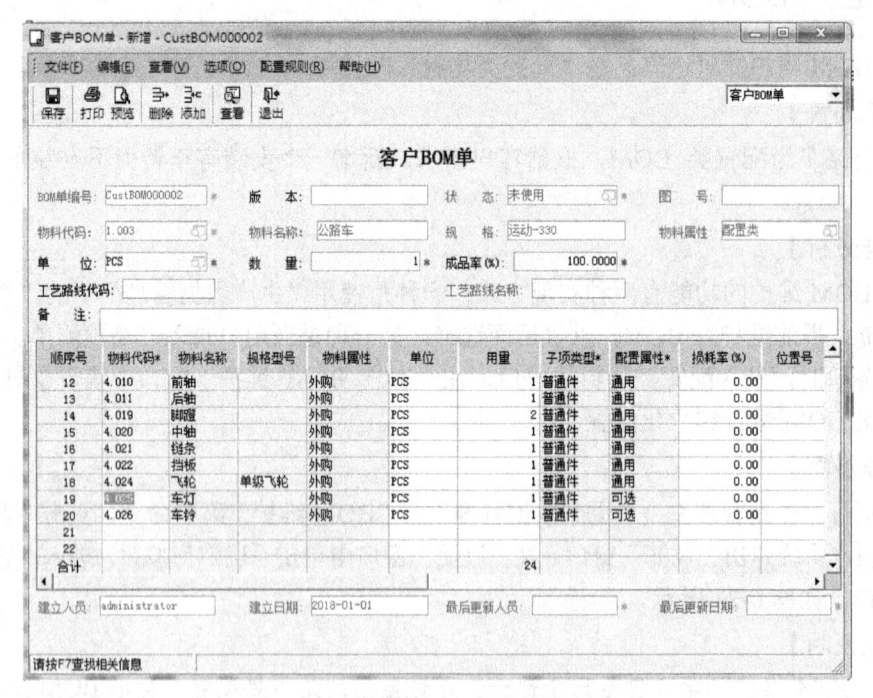

图 6-25 "客户 BOM 单-新增"窗口

（3）在表体中选中第 19 行，再单击工具栏中的"删除"按钮，然后单击"保存"按钮，保存客户 BOM。保存完成后，在"客户 BOM 维护"窗口中可以查看新增的客户 BOM 信息，如图 6-26 所示。

（4）客户 BOM 新增完成后，需单击工具栏中的"审核"按钮审核 BOM。

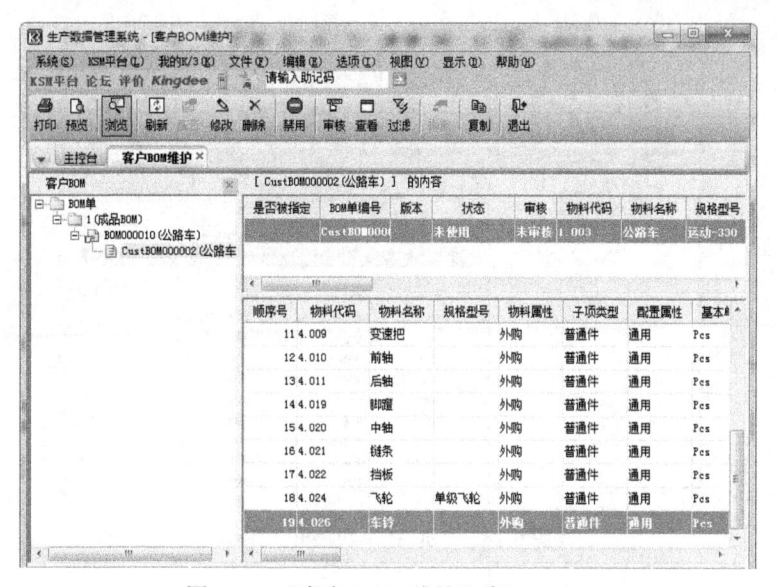

图 6-26 "客户 BOM 维护"窗口（2）

6.4 BOM 查询

金蝶 K/3 提供了丰富的 BOM 单查询方式，可以单级、多级查询，还可以正向、反向查询 BOM 的成本。

6.4.1 BOM 单级展开

BOM 单级展开指只查询 BOM 单直接的下级子件物料明细，即使下面的某子项还有下级物料，也不能展开，与 BOM 单的录入相似。

（1）执行"计划管理"→"生产数据管理"→"BOM 查询"菜单命令，双击"BOM 单级展开"选项，系统弹出"过滤"窗口，如图 6-27 所示。

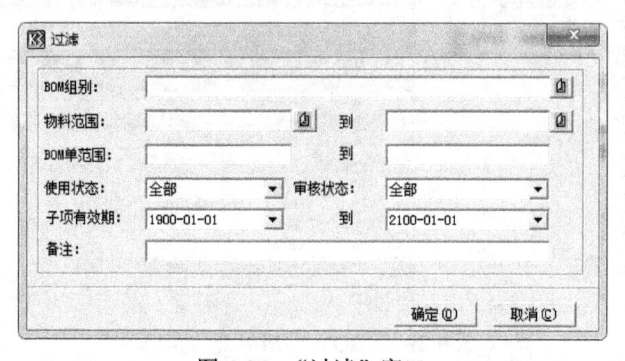

图 6-27 "过滤"窗口

（2）当当前账套中的 BOM 单档案过多时，可以在"过滤"窗口设置过滤条件，这样能方便、快捷地查询所需要的 BOM 单。在此保持默认值，单击"确定"按钮，系统弹出"BOM 单级展开"窗口，如图 6-28 所示。

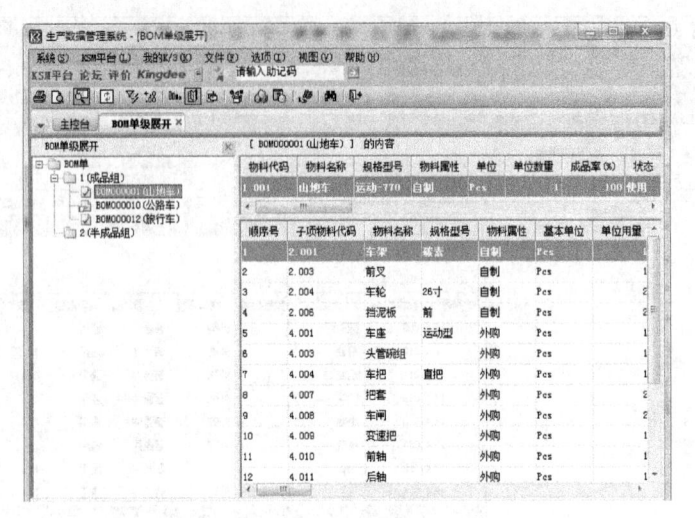

图 6-28 "BOM 单级展开"窗口

6.4.2 BOM 多级展开

多级 BOM 可看做是一串单级 BOM 连接在一起，表明直接或间接用于制造各级父项所有的自制件或外购件及数量关系。按装配层次，无论是直接还是间接地用于制造父项的外购件或自制件（及数量）均在多级 BOM 中反映出来。

执行"计划管理"→"生产数据管理"→"BOM 查询"菜单命令，双击"BOM 多级展开"选项，系统弹出"过滤"窗口，保持默认值，单击"确定"按钮，系统进入"BOM 多级展开"窗口，如图 6-29 所示。

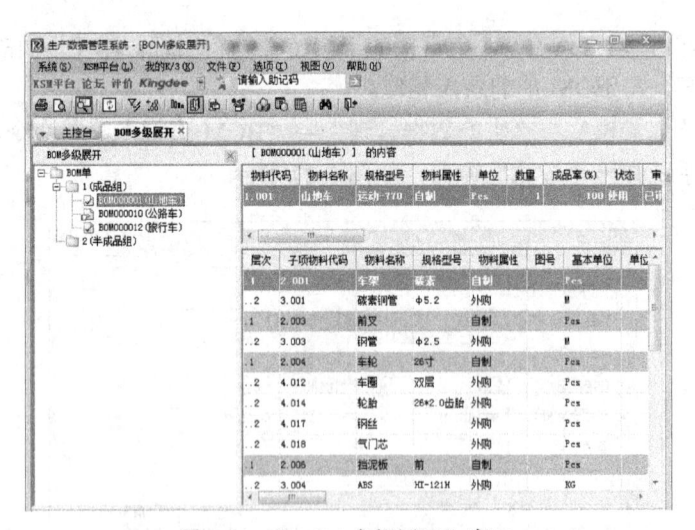

图 6-29 "BOM 多级展开"窗口

6.4.3 BOM 综合展开

BOM 综合展开是指根据零件号的次序，一次性地列出用于最高层装配件的每个组件，同时也列出了组件的数量。同一组件多次出现时，将其数量累加，它不关心产品结构的层次关系。常用于快速估算完成一定数量装配的总需求，或者用于估计一个组件用于几个装配件时它的变化对成本的影响。

执行"计划管理"→"生产数据管理"→"BOM 查询"菜单命令，双击"BOM 综合展开"选项，系统弹出"过滤"窗口，保持默认值，单击"确定"按钮，系统进入"BOM 综合展开"窗口，如图 6-30 所示。

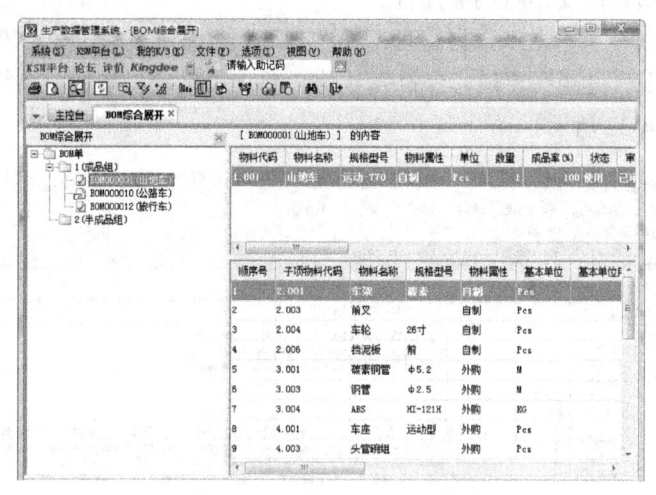

图 6-30　"BOM 综合展开"窗口

6.4.4　BOM 单级反查

BOM 单级反查指从 BOM 的底层物料向上查看产品结构，查看一个物料都用到哪些产品上，把产品结构的底层与最终产品连接起来。

单级反查是指自底向上扫描一级产品结构，列出使用一个零件的每个父项，常用于确定一个组件的变化时，哪些物料单受到影响。计划人员可以用单级反查来识别由于组件推迟交货或损坏而受影响的装配件。

执行"计划管理"→"生产数据管理"→"BOM 查询"菜单命令，双击"BOM 单级反查"选项，系统弹出"过滤"窗口，保持默认值，单击"确定"按钮，系统进入"BOM 单级反查"窗口，如图 6-31 所示。

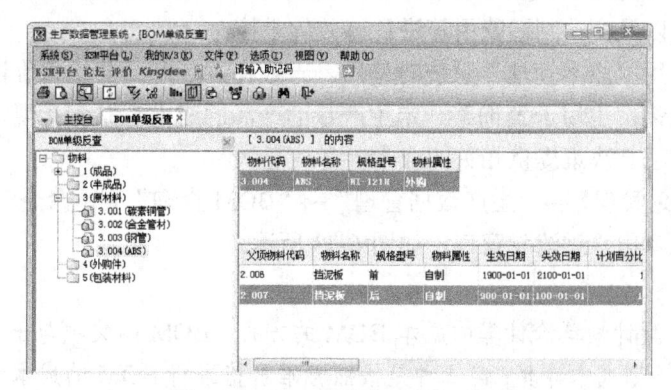

图 6-31　"BOM 单级反查"窗口

6.4.5　BOM 多级反查

多级反查是指自底向上扫描所有级次的产品结构，提供了解父项及其所需组件这种复杂网络关系的一种简单方法，列出使用一个零件的每个父项以及父项的父项直至最终产品，常用于确定一个组件的变化时，哪些物料或产品受到影响。计划人员可以用多级反查来识别由于组件推迟交货或损坏而受影响的装配件。

执行"计划管理"→"生产数据管理"→"BOM 查询"菜单命令，双击"BOM 多级反查"选项，系统弹出"过滤"窗口，保持默认值，单击"确定"按钮，系统进入"BOM 多级反查"窗口，如图 6-32 所示。

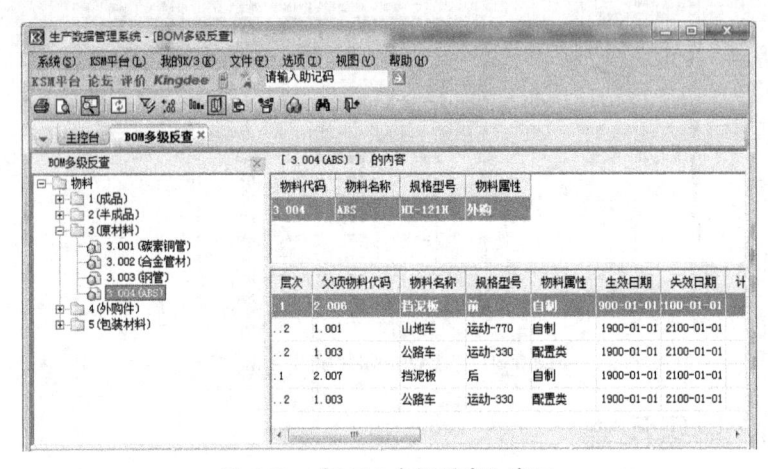

图 6-32　"BOM 多级反查"窗口

通过对"3.004ABS"的反查，从图 6-32 中可以看出"3.004ABS"的上级是"挡泥板"，再上一级是"山地车""公路车"。

6.4.6　成本 BOM 查询

成本 BOM 是指组成某产品的下级物料的未增值的材料价格按计划价格与标准价格进行BOM 的成本计算，而按照标准价格计算的 BOM 成本又分为逐步综合结转和逐步分项结转两种方式。成本 BOM 的计算是为了便于产品计划价与其未增值材料价格的比较，并对委外费用、固定制造费用以及变动制造费用等进行有效的掌控。

该功能在未启用"成本管理"系统时使用。一般在确定产品的销售价格或计划价格前可使用此功能进行查询，也用于查询某一定生产量的产品的成本汇总和实现计划成本与实际成本的比较，为企业经营决策提供相关的成本参考信息。

(1) 执行"计划管理"→"生产数据管理"→"BOM 查询"菜单命令，双击"成本 BOM 查询"选项，系统弹出"过滤"窗口，如图 6-33 所示。

【要点说明】
- 第一种是按照计划单价计算的成本 BOM 的方式，BOM 的父项与子项的成本（计划单价）均按照计划成本计算；第二种是按照标准价格进行 BOM 的成本计算的方式，BOM

图 6-33 "过滤"窗口

的父项材料费用是其子项物料的标准成本之和，并计算制造费用与委外加工费。按照标准价格进行 BOM 的成本计算的方式又分为两种：一种是逐步综合结转，另一种是逐步分项结转。

- 当"即时计算"选项未选中，进入第一种产品成本 BOM 查询状态。在 BOM 分组里找到并选择相应的 BOM，系统按计划单价计算成本 BOM 的方式自动显示出该 BOM 父项的计划成本及 BOM 中所有采购件的用量及计划单价，并提供上月的平均单价与最新单价。
- 当选中"即时计算"选项，进入到按照标准价格进行 BOM 成本计算的方式。根据需要，选择"逐步综合结转"与"逐步分项结转"互斥性选项中的一种，在 BOM 分组里找到并选择相应的物料，此时系统按标准价格进行 BOM 成本计算，自动显示出该 BOM 对应产品所有子项物料标准成本（包括材料费、加工费及制造费用），并进行加总。

（2）保持默认过滤条件，单击"确定"按钮，系统进入"成本 BOM 查询"窗口，如图 6-34 所示。

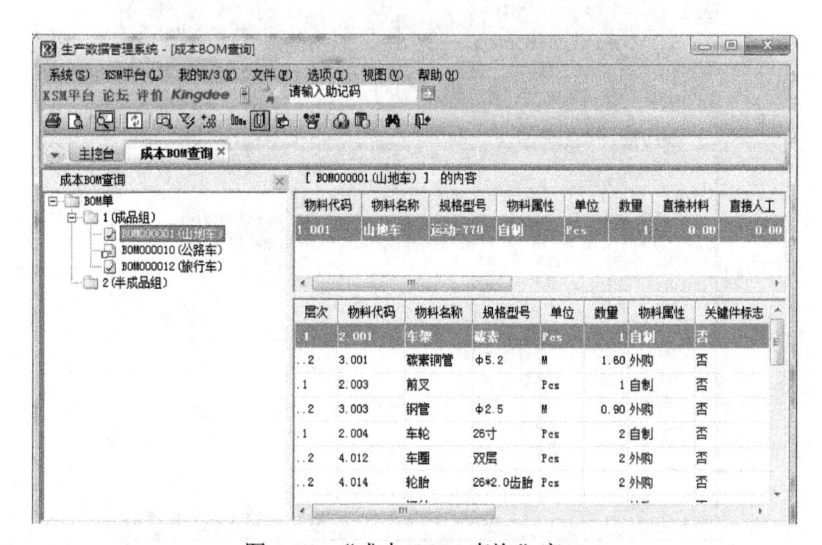

图 6-34 "成本 BOM 查询"窗口

6.4.7 BOM 差异分析

BOM 差异分析主要是对产品结构比较相似的 BOM 进行比较，找到用料、用量的不同，方便用户对 BOM 进行管理和分析。

（1）执行"计划管理"→"生产数据管理"→"BOM 查询"菜单命令，双击"BOM 差异分析"选项，系统弹出"过滤"窗口，如图 6-35 所示。

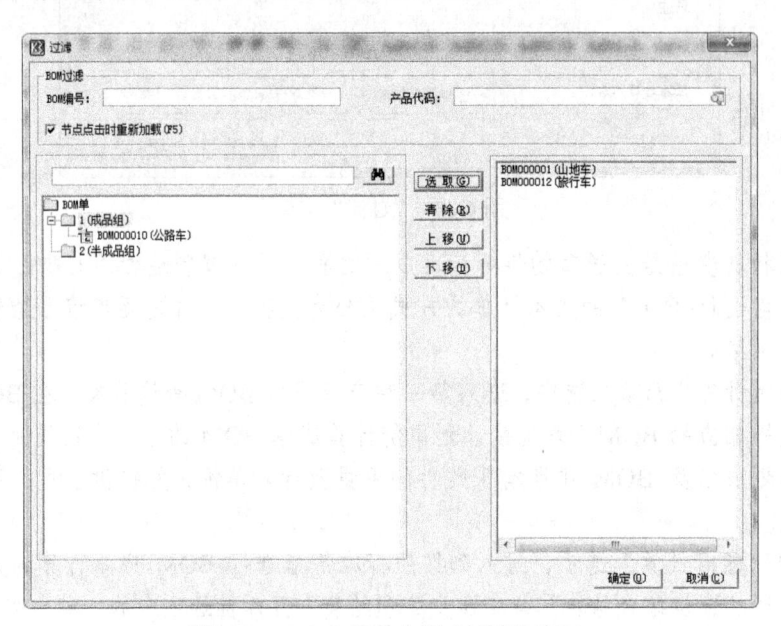

图 6-35 BOM 差异分析"过滤"窗口

（2）在窗口左侧将需要进行对比的 BOM 单选取到右侧窗口，例如将山地车和旅行车同时选取到右侧窗口，单击"确定"按钮，系统进入"BOM 差异分析"窗口，如图 6-36 所示。

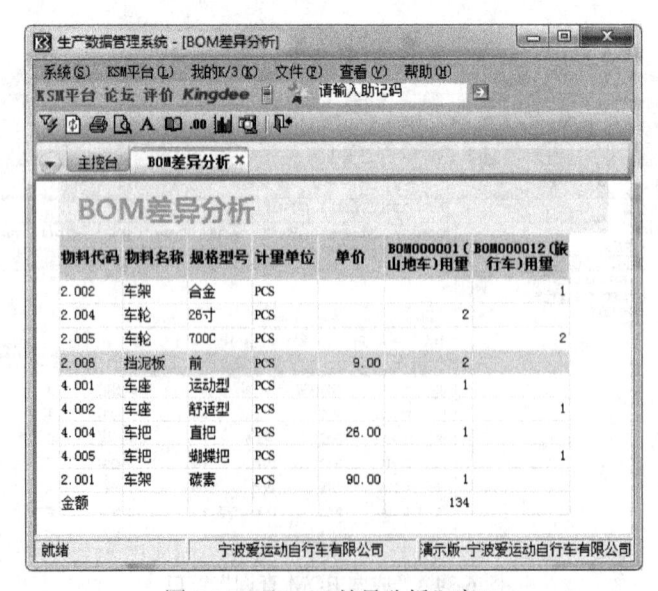

图 6-36 "BOM 差异分析"窗口

6.4.8 BOM 树形查看

BOM 树形查看主要是通过按照物料逐级展开的，很形象地显示物料的 BOM 结构。该界面会将所有非外购类物料显示出来，单击任何物料将会显示其下级子项物料。

执行"计划管理"→"生产数据管理"→"BOM 查询"菜单命令，双击"BOM 树形查看"选项，系统弹出"过滤"窗口，保持默认值，单击"确定"按钮，系统进入"BOM 树形查看"窗口，如图 6-37 所示。

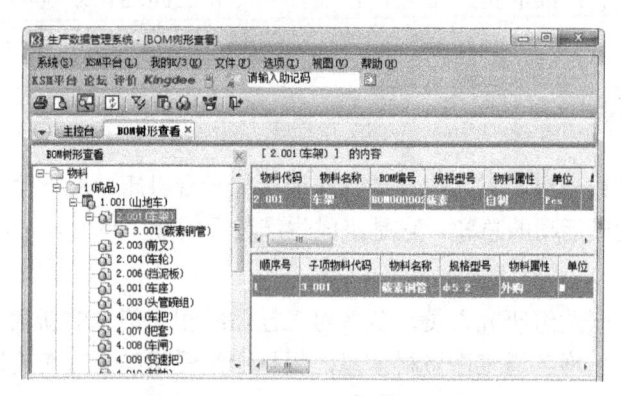

图 6-37 "BOM 树形查看"窗口

在窗口左侧可以将物料的 BOM 结构层层展开。

6.4.9 BOM 预期呆滞料分析表

BOM 中已经实现了有效期管理，企业在应用有效期管理的同时，为保证生产的稳定性，物料负责人通常需要判断在未来某一段时期内有效的 BOM 结构，分析哪些物料可能失效。BOM 预期呆滞料分析表是用在 BOM 变更或发生 ECN 时，由系统提供此报表显示可能造成的呆滞料，供生产管理人员或物料管理人员使用。

（1）执行"计划管理"→"生产数据管理"→"BOM 查询"菜单命令，双击"BOM 预期呆滞料分析表"选项，系统弹出"过滤"窗口，如图 6-38 所示。

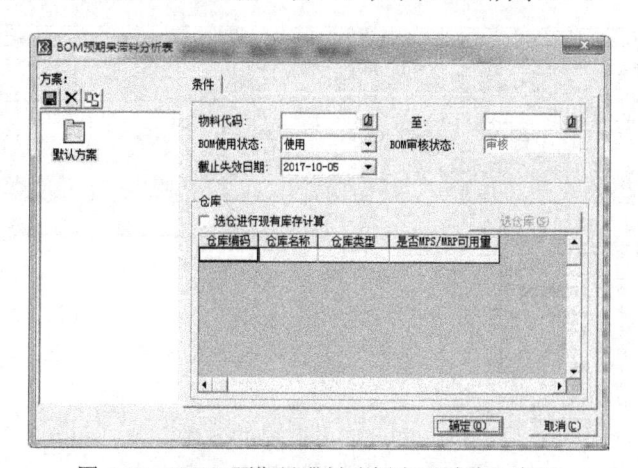

图 6-38 BOM 预期呆滞料分析表"过滤"窗口

（2）在"过滤"窗口中设置好"物料代码""BOM使用状态""截止失效日期"和要过滤的仓库范围后，单击"确定"按钮，系统会将满足条件的物料列出。

6.5 工艺路线设置

企业的一切生产设备，生产人力资源，生产布局情况，需要以资源清单的形式在系统中进行详尽的定义。所有产品的生产工艺，也需要详尽和全面地在系统的工艺路线资料中进行定义。

6.5.1 工序资料

工序是指一个（或一组）工人在一个工作地（如一台机床）对一个（或若干个）劳动对象连续完成的各项生产活动的总和。它是组成生产过程的最小单元。

【业务场景】

李诗曼作为技术研发组研究人员，负责对工艺路线相关信息的新增和维护工作，在维护工艺路线前，需要先新增各道工序资料信息，根据宁波爱运动自行车有限公司的加工工艺要求，公司车间加工的工序资料如表6-4所示。

表6-4 工序资料

代码	名称	代码	名称
1	制管	5	焊接
2	压缩管料	6	热处理
3	钻孔	7	表面处理
4	压模		

【操作步骤】

（1）执行"系统设置"→"基础资料"→"公共资料"菜单命令，双击"辅助资料管理"选项，打开"辅助资料维护"窗口，如图6-39所示。

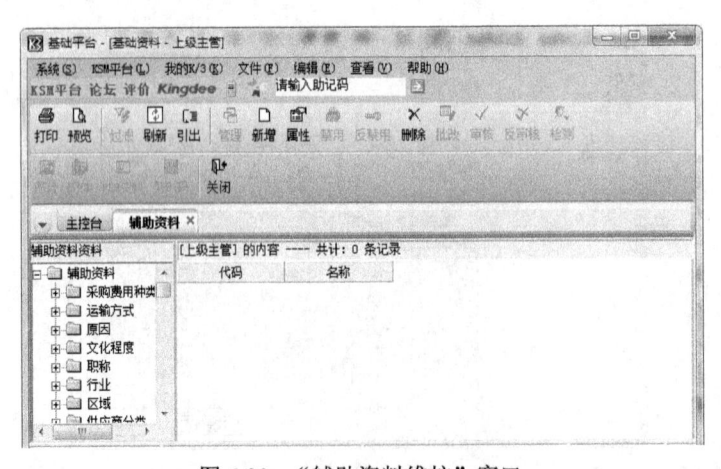

图6-39 "辅助资料维护"窗口

（2）在左边窗格中选中"工序资料"，然后单击工具栏中的"新增"按钮，系统弹出"工序资料-修改"对话框。按表 6-4 要求输入工序"代码"和"名称"，如图 6-40 所示。

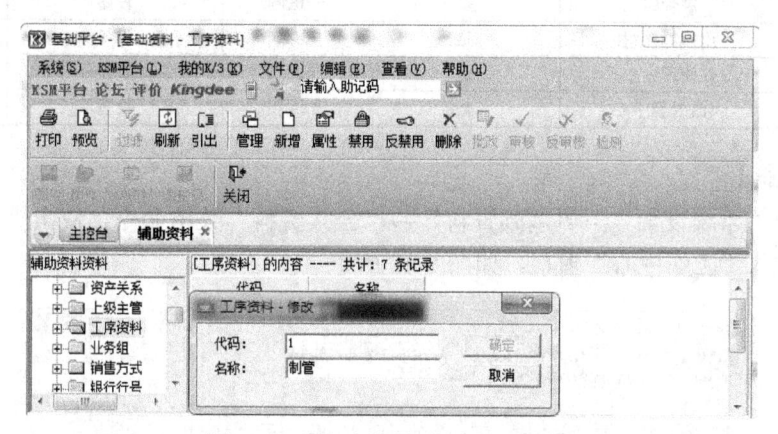

图 6-40 "工序资料-修改"对话框

（3）单击"确定"按钮保存工序，然后新增其他工序。完成所有新增工序后，效果如图 6-41 所示。

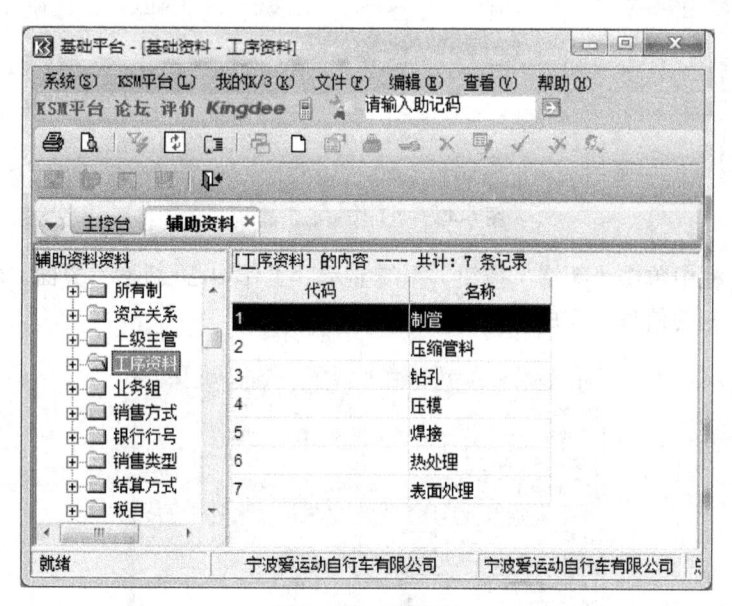

图 6-41 工序资料

6.5.2 工作中心

工作中心主要应用于车间管理系统，用于制订工艺路线、能力需求计划、工序计划、工序排程与工序汇报以及成本归集等。系统使用的工作中心既不等同于传统上的车间或部门，也不等同于机器设备、生产线或班组，定义工作中心的关键是确保工作中心的划分和管理与用户所需的管理力度相适应。

宁波爱运动自行车有限公司有如表 6-5 所示的工作中心。

表 6-5 工作中心

代码	名称	是否关键工作中心	班制代号	能力计算类型	所属部门
1	制管组	是	一班制	设备	加工车间
2	压模焊接组	是	一班制	设备	加工车间
3	热处理中心	是	一班制	设备	加工车间
4	表面处理中心	是	一班制	设备	加工车间

【操作步骤】

(1) 执行"系统设置"→"基础资料"→"公共资料"菜单命令，双击"工作中心"选项，就可以进入"工作中心"窗口，如图 6-42 所示。

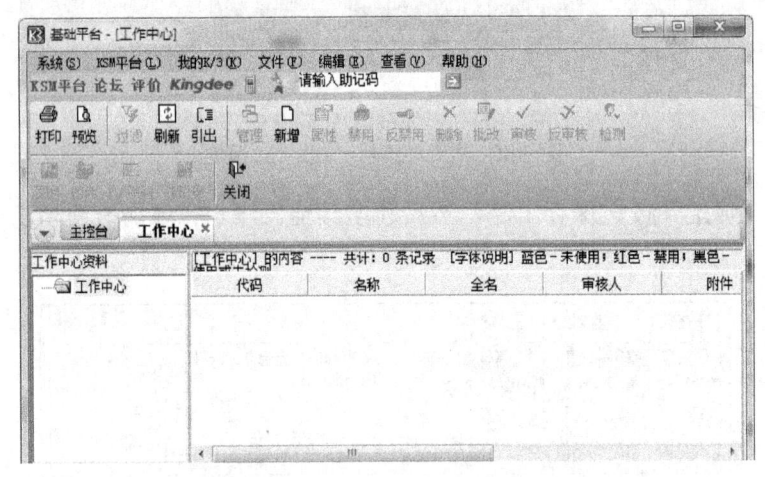

图 6-42 "工作中心"窗口

(2) 在任务栏中单击"新增"按钮，系统显示"工作中心-新增"界面。然后按表 6-5 要求录入工作中心相关信息，完成后的界面如图 6-43 所示。

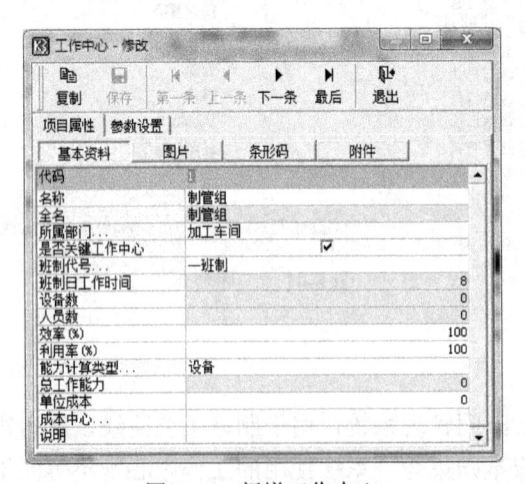

图 6-43 新增工作中心

(3) 单击"保存"按钮保存工作中心，然后按相同的方法新增其他几个工作中心，新增完成后的工作中心列表信息如图 6-44 所示。

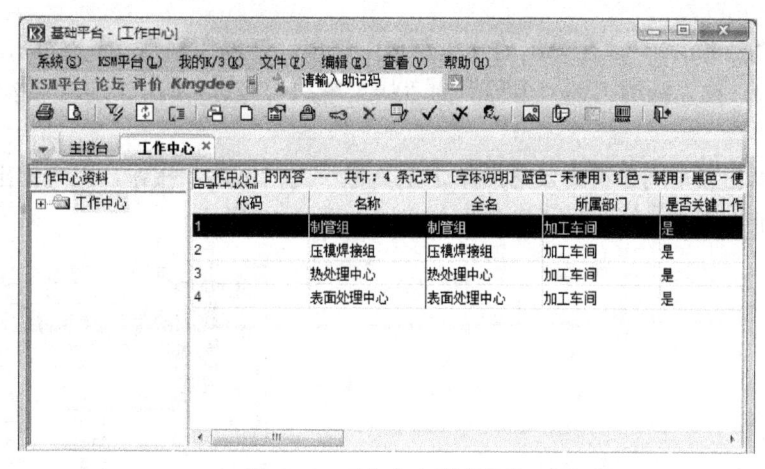

图 6-44　工作中心列表信息

6.5.3　资源清单

企业资源清单包括生产线、设备、人员等，非常多，通常在实施 ERP 系统前用表格整理出来，待实施 ERP 系统时统一导入到系统中。宁波爱运动自行车有限公司资源清单如表 6-6 所示。

表 6-6　资源清单

代码	名称	类型	所属工作中心
1	制管机	设备	制管组
2	焊接机器手臂	设备	压模焊接组
3	热处理设备	设备	热处理中心
4	喷漆线	设备	表面处理中心

【操作步骤】

（1）执行"计划管理"→"生产数据管理"→"基础资料"菜单命令，双击"资源清单"选项，系统显示"资源清单"窗口，如图 6-45 所示。

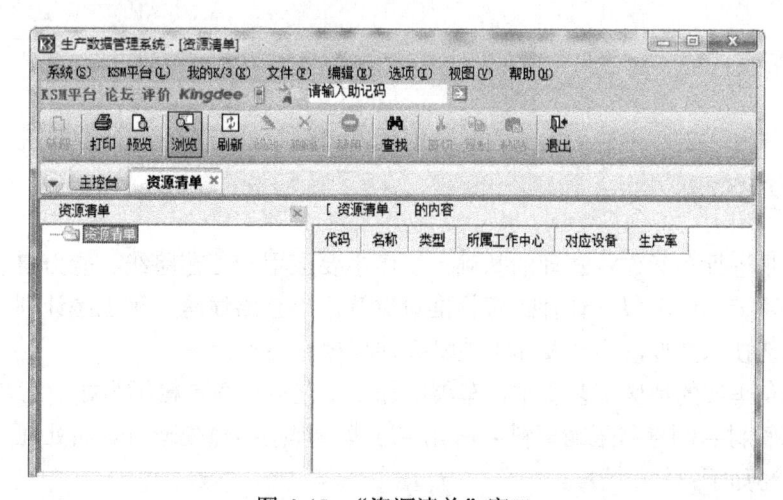

图 6-45　"资源清单"窗口

（2）右击"资源清单"，在弹出的快捷菜单中选择"新增组别"，弹出"新增组"对话框，如图 6-46 所示。设置新增组别"名称"为"加工车间"，然后单击"确定"按钮完成组别新增工作。

（3）选中"加工车间"组别，然后单击工具栏中的"新增"按钮，系统弹出"新增资源"对话框。然后依据表 6-6 的要求录入资源信息，如图 6-47 所示。

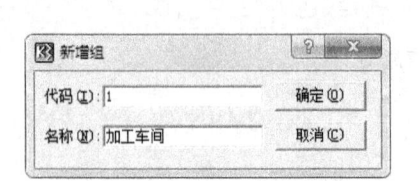

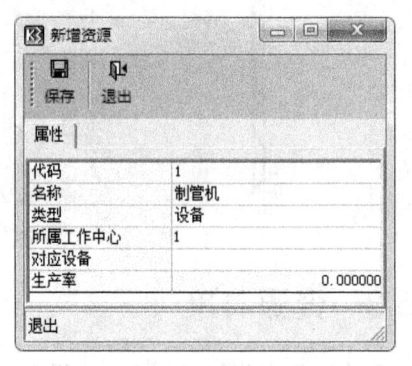

图 6-46　"新增组"对话框　　　　　　　图 6-47　"新增资源"对话框

（4）保存资源清单，然后用相同方法新增其他资源清单，完成后的资源清单列表如图 6-48 所示。

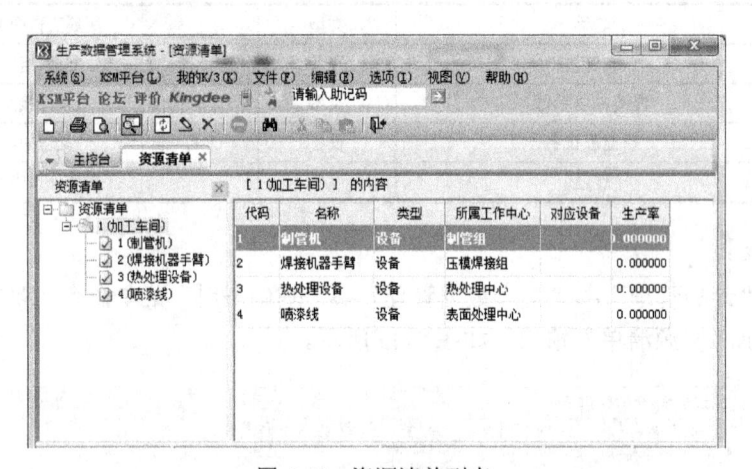

图 6-48　资源清单列表

6.5.4　工艺路线

工艺路线是进行车间作业管理的基础，工序主要应用于工艺路线、能力需求计划、工序计划、工序排程、工序汇报、计件工资标准设置等。工艺路线是一种工序计划文件而不是传统意义上的工艺技术文件，不涉及加工技术条件与操作要求。

由于自行车车架的特殊工艺要求，车架的加工工艺可以简单概括为如下工艺：

　　　　　管材→制管→压缩管料→钻孔→压模→焊接→热处理→表面处理

各工艺描述如下：

第一道工序是制管，把铝管从中间部分切成两半，变成两根管子，再按照所需长度和厚度,在车床上加工完成。

第二道工序是压缩管料,将细小的管料压缩,为了自行车的美观,把管料卡出弧度,可以获得更高的强度,也可以让车架获得弹性。

第三道工序是钻孔,将需要接管的部分钻出合适大小的孔,还有一些是为了便于焊接而钻的孔。

第四道工序是压模,通过观察,自行车上的车架不全是圆管,也有椭圆管,而买管子的时候又不可能会正好遇到所需的椭圆型号,所以就需要自己来制作,而最好的方法就是将管子进行压模。这样既能增加自行车的美观,又能增强车架的强度。

第五道工序是焊接。我们将采用半自动氩弧焊。因为自行车车架需要批量生产,所以氩弧焊能满足生产率的要求,而且氩弧焊影响范围也比较小,焊缝美观实用。

第六道工序是热处理。车架由于焊接、挤压管料、切削等动作,造成铝管中的许多地方都产生了金属的内部应力,而产生这些应力区域会极容易发生金属疲劳,在较低强度下就可能发生断裂,所以车架必须进行热处理,这个热处理其实是一个退火和稳定金属的过程。将车架加热到420~460℃之间,进行快速水冷,即等温退火。

第七道工序是表面处理,即刷油漆,使车架在投入使用的时候能美观,不伤手。

车架(碳素)工艺路线、车架(合金)工艺路线分别如表6-7和表6-8所示。

表6-7 车架(碳素)工艺路线

组别名称	名称	物料代码	工序号	工序名称	工作中心	自动派工	自动移转	是否外协	加工单价	外协单位
车架工艺	车架(碳素)	2.001	10	制管	制管组	Y	Y	N	0.2	
			20	压缩管料	制管组	Y	Y	N	1.2	
			30	钻孔	制管组	N	N	Y	0.6	宁波坚固加工有限公司
			40	压模	压模焊接组	Y	Y	N	0.8	
			50	焊接	压模焊接组	Y	Y	N	1.1	
			60	表面处理	表面处理中心	N	N	Y	2.1	宁波达克罗表面处理有限公司

表6-8 车架(合金)工艺路线

组别名称	名称	物料代码	工序号	工序名称	工作中心	自动派工	自动移转	是否外协	加工单价	外协单位
车架工艺	车架(合金)	2.002	10	制管	制管组	Y	Y	N	0.2	
			20	压缩管料	制管组	Y	Y	N	1.2	
			30	钻孔	制管组	N	N	Y	0.6	宁波坚固加工有限公司
			40	压模	压模焊接组	Y	Y	N	0.75	
			50	焊接	压模焊接组	Y	Y	N	1.1	
			60	热处理	热处理中心	Y	Y	N	0.35	
			70	表面处理	表面处理中心	N	N	Y	2.1	宁波达克罗表面处理有限公司

【要点说明】
- 要求每种车架都需要建立各自的工艺路线。
- "钻孔"工序的"外协单位"为"宁波坚固加工有限公司"。
- "表面处理"工序的"外协单位"为"宁波达克罗表面处理有限公司"。

【操作步骤】

（1）执行"计划管理"→"生产数据管理"→"工艺路线"菜单命令，双击"工艺路线-新增"选项，弹出"工艺路线-新增"窗口，如图 6-49 所示。

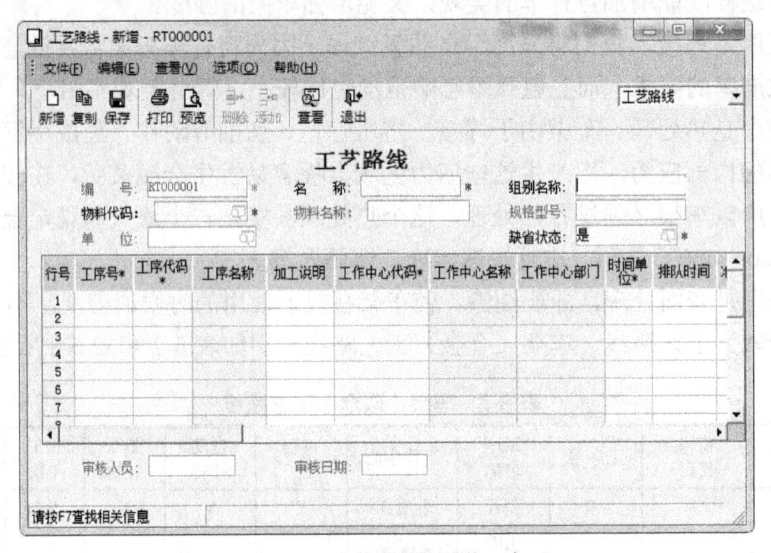

图 6-49 "工艺路线-新增"窗口

（2）单击"组别名称"，按 F7 键弹出"工艺路线组别选择"窗口，如图 6-50 所示。

图 6-50 "工艺路线组别选择"窗口

（3）单击"新增组"按钮，在打开的"新增组"对话框中输入"代码""名称"，并单击"确定"按钮，如图 6-51 所示。

- 154 -

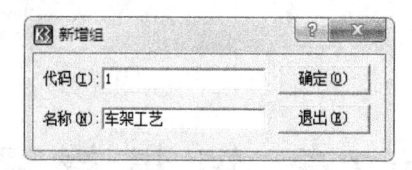

图 6-51 "新增组"对话框

（4）双击组别名称，返回"工艺路线-新增"窗口，然后根据表 6-7 要求输入物料代码、名称、工序号等信息，录入完成后的界面如图 6-52 所示。

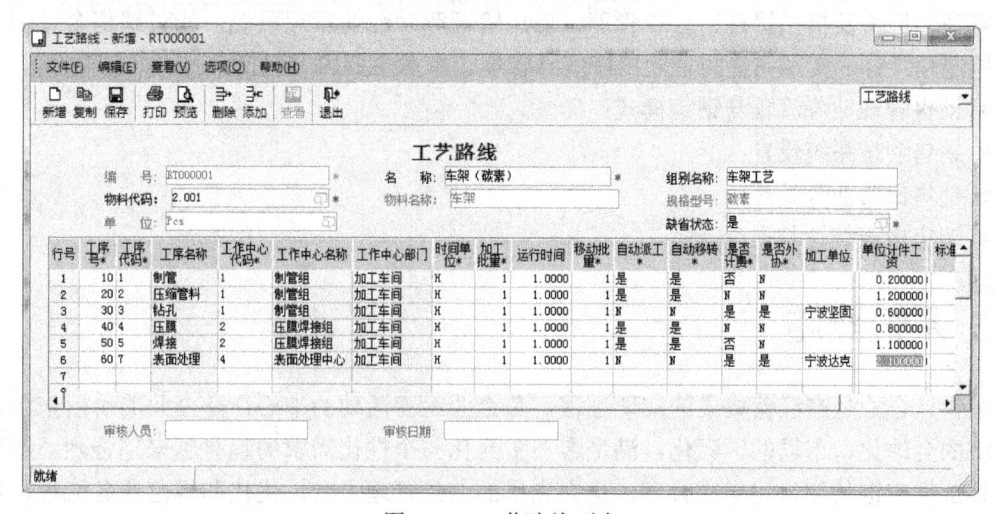

图 6-52 工艺路线列表

（5）可采用相同方法新增车架（合金）工艺路线。

复习思考题

1. 一个产成品允许建多个 BOM 吗？
2. 什么是低位码？在哪里记录？是否需要手工计算输入？
3. BOM 要表达哪 3 种关系？
4. 工厂日历的含义是什么？
5. 如果 BOM 建错了，造成循环，应如何找出错误？
6. 如果场内的系列产品工艺路线基本一致，是否需要每个物料都建立工艺路线资料？
7. BOM 提供了几种查询方式？BOM 展开与反查有什么用途？
8. 新增 BOM 时，设置跳层有什么用途？
9. 将山地自行车的 BOM 通过工程变更将多级飞轮换成单级飞轮，取消前挡泥板。（注：为了不影响现有账套，请先备份后恢复新账套操作）。
10. 通过课外查询资料，详细了解工艺路线的意思和作用，并根据自己掌握的知识，绘制一份螺栓的加工工艺路线。

第 7 章 销售管理

销售管理系统是综合运用销售报价、销售订货、仓库发货、销售退货、销售发票处理、客户管理、价格及折扣管理、订单管理、信用管理等功能的管理系统，能对销售全过程进行有效控制和跟踪，实现完善的企业销售信息管理。本章主要内容包括：

- 销售管理业务流程与销售模式；
- 销售管理系统设置；
- 销售日常业务处理；
- 销售报表统计与报表分析。

7.1 系统概述

销售是企业生产经营成果的实现过程，是企业经营活动的中心，是企业的价值来源。随着经济的全球化，市场的国际化，满足客户多元化与个性化需求的趋势越来越强烈。实现企业内外部供应链的信息化集成管理，建立先进的信息管理平台，优化和规范业务流程，加快信息流和物流速度，快速响应客户需求，全面提升企业运营效率，提高客户满意度，增强盈利能力，是打造企业核心竞争力的有力武器。

7.1.1 销售管理业务流程

K/3 ERP 销售系统提供通畅、完善的业务管理与控制流程；各业务前后环节互相衔接，形成了一个完整的运营体系，确保客户的需求能够及时满足。系统提供订单成本预测、订单交货期查询、订单 ATP 分析等，可以进行在线订单预评估、信用管控、价格管理、缺货预警，既快速响应客户的需求，提高客户满意度，又充分考虑企业控制机制，降低营运风险。销售系统业务流程如图 7-1 所示。

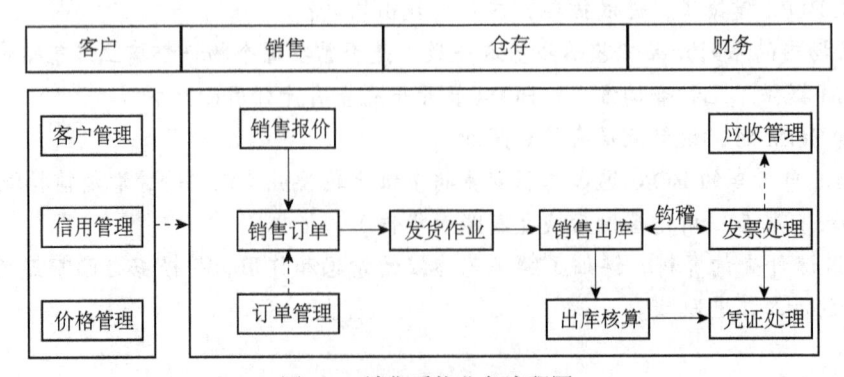

图 7-1 销售系统业务流程图

7.1.2 与其他子系统的关系

销售管理系统可以单独使用,但这样只能管理基本的销售业务。销售管理系统也可以与物流需求计划、采购管理系统、仓存管理系统、应收款管理系统等结合运用,这样能提供更完整、更全面的企业物流业务流程管理和财务管理信息。销售管理系统与其他系统的关系如图 7-2 所示。

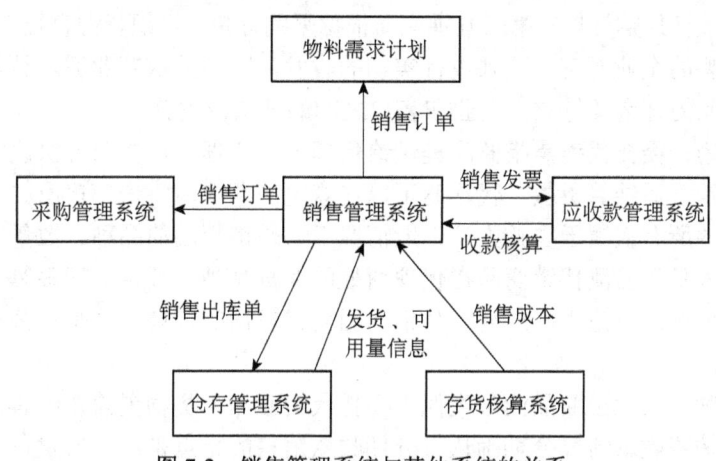

图 7-2 销售管理系统与其他系统的关系

物料需求计划:销售订单是计划系统的主要需求来源之一,可以作为 MPS 和 MRP 计算的输入。

采购管理系统:可以参照销售订单生产采购申请单或采购订单,或者由销售系统下推直接生成采购申请单或订单后,传递到采购管理系统,从而处理以销定购的业务。

仓存管理系统:销售管理系统填制发货通知单,传递到仓存管理系统,由仓管员审核发货单数据后,发货单审核信息同时返回销售管理系统,以供销售员查看产品发货情况。仓存管理系统也可为销售管理提供存货可用量查看。

应收款管理系统:由销售管理系统填制销售发票、费用发票,传递到应收款管理系统审核登记应收明细账,并进行制单生成凭证传至总账系统。销售发票可以直接传递到应收系统作为确认应收的依据,应收类型的销售费用发票在保存时传递到应收系统转换为其他应收单;应付类型的销售费用发票在保存时传递到应收款管理系统转换为其他应付单;现销的销售费用发票不传递到应收系统。

存货核算系统:销售出库单是进行产成品出库核算的原始依据之一,出库核算之后的出库成本将反填到销售出库单的成本字段中,核算完成的销售出库单将根据凭证模板生成相应的凭证;销售管理系统的销售发票也将作为确认收入的原始依据之一,可以按照凭证模板生成相应的销售收入凭证。

7.1.3 销售业务模式

销售管理按销售业务类型区分,可分为 6 种业务类型,包括现销、赊销、直运销售、委托代销、分期收款、受托代销,不同业务类型的处理过程以及财务收支核算的过程各有差异。

（1）现销：现销是指客户一手交钱，一手交货的销售业务。在这种业务的处理中，现销销售发票即作为一种收款依据。现销适用于面向企业的现款交易业务，而对于面向个人消费者的现金交易业务则宜通过零售前台系统来处理。

（2）赊销：赊销是一种最常见的销售业务，它是购销双方利用商业信用进行购销交易的一种业务，赊销的销售发票需要传递到应收系统中作为确认应收和收款的依据。

（3）直运销售：直运销售是直运业务的一部分，直运业务是指企业接到客户的订单后，向第三方供应商签订采购订单，第三方供应商根据采购订单，组织货源直接向客户发出货物。对于进行直运销售的企业而言，无须进行实物的收发，即完成购销业务。结算包括两部分：企业和供应商之间的开票及付款；企业和客户之间的开票及收款。

（4）委托代销：委托代销是指商品提供给代理商，代理商可在双方协议规定的期限内销售此商品，并在销售后结算货款。代理商可以在规定的期限内将未销售出去的商品退回，在结算货款前商品的所有权属于委托方。一般情况下，代销商品的品种、数量、期限由双方协商确定，并由专人负责监测代销商品在代理商处的存货品种、数量、期限等。委托代销一般适用于以下两种情况：一是生产厂商、分销商面向代理商的销售；二是总公司面向独立核算的分公司的销售。

（5）分期收款：其发出商品业务类似于委托代销业务，货物提前发给客户，分期收回货款，收入与成本按照收款情况分期确认。分期收款销售的特点是：一次发货，当时不确认收入，分次确认收入，在确认收入的同时配比性地结转成本。分期收款适用于大型器械或者金额比较大并且货款需要分期收回的销售业务。

（6）受托代销：受托代销是指代理商按照代理协议销售上游企业委托的商品。受托代销一般适用于以下两种情况：一是代理商销售上游分销商或生产厂商委托的商品；二是独立核算的分公司销售。

7.2 销售管理系统设置

7.2.1 收款条件设置

收款条件是进行销售业务时对客户应收款事项的约定，如发货后 20 天收款，月结次月 10 日收款等。当收款条件设置后，在客户档案中的"应收应付"标签页中关联收款条件，这样在录入销售出库和销售发票时，可以根据预先设置的收款条件计算该笔业务的应收款日期，从而方便应收款提醒或财务人员进行账龄分析。

【业务场景】

钱旭波作为销售部经理，负责对销售管理系统基础资料的维护工作。宁波爱运动自行车有限公司 4 家主要客户的收款条件如表 7-1 所示。

表 7-1 收款条件

代码	客户名称	收款条件
01.01	宁波进出口有限公司	信用天数 20 天
01.02	杭州自行车销售公司	信用天数 20 天

（续表）

代码	客户名称	收款条件
02.01	南京商贸有限公司	次月 10 日结算
02.02	苏州运动产品配套公司	次月 10 日结算

【业务分析】

收款条件是销售业务人员与客户进行销售业务时对收款事项的约定，在企业中往往由于客户不同，收款条件也不同，企业可以根据实际的需要在本系统进行设置。系统提供信用天数计算方式和月结计算方式两种结算方式。

收款条件设置完毕后，需要在客户资料中关联收款条件，这样才能在后续的销售业务中应用到。

【操作步骤】

第 1 步，新增收款条件。

（1）执行"系统设置"→"基础资料"→"销售管理"菜单命令，双击"收款条件"选项，系统弹出"收款条件"窗口，如图 7-3 所示。

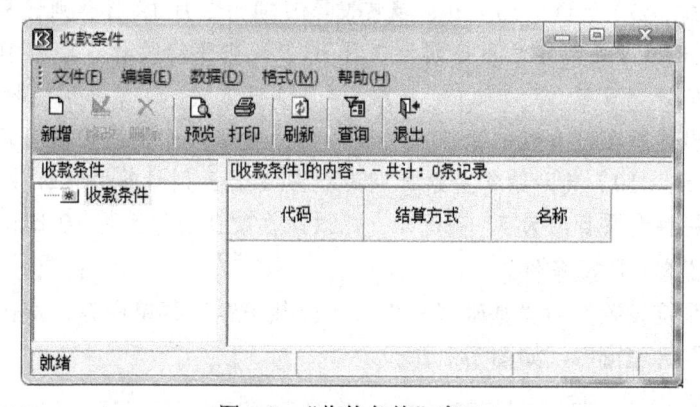

图 7-3 "收款条件"窗口

（2）单击"新增"按钮，系统弹出"收款条件-新增"窗口。将"代码"设为"1"，"名称"设为"信用天数 20 天"，"结算方式"设为"信用天数结算"，"信用天数计算"设为"单据日期后 20"天，然后单击"保存"按钮保存相关设置，如图 7-4 所示。

（3）再单击"新增"按钮，将"代码"设为"2"，"名称"设为"下月 10 日结算"，"结算方式"设为"月结方式结算"，"月结计算天数"设为"单据日期加 1 月逢 10 日"，然后单击"保存"按钮保存相关设置。

【要点说明】

（1）信用天数计算方式，收款日期＝起算日＋后（　　）天。

（2）月结计算方式，这种方式相对比较复杂，有以下两种情况：

- 如果选择的是起算日（　　）加（　　）天逢（　　）日方式，计算的预计收款日期在逢（　　）日或之前，则预计收款日期为此设置的逢（　　）日；如果计算的预计收款日期在逢（　　）日之后，则预计收款日期为下个月的逢（　　）日。例：选择预计收款日按起算日（单

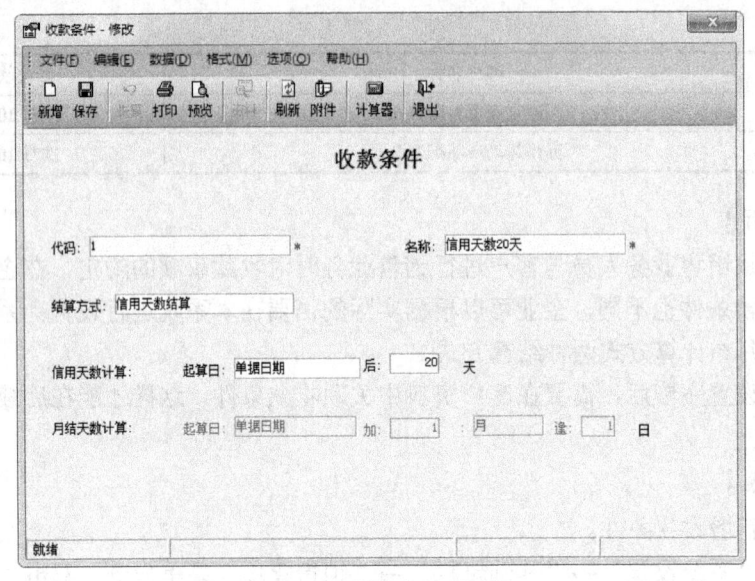

图 7-4 收款条件设置

据日期)加(45)天逢(10)日,销售发票日期为 7 月 18 日,则计算的预计收款日期为 9 月 10 日;如果销售发票日期为 7 月 30 日,则预计收款日期为 10 月 10 日。
- 如果选择的是起算日( )加( )月逢( )日方式,计算的预计收款日期在加( )月后计算出的所在月设置的逢( )日。例:选择预计收款日按起算日(单据日期)加(1)月逢(10)日,销售发票日期为 7 月 1 日,则计算的预计收款日期为 8 月 10 日;如果销售发票日期为 7 月 30 日,则预计收款日期为 8 月 10 日。

第 2 步,设置客户收款条件。

(1)执行"系统设置"→"基础资料"→"公共资料"菜单命令,双击"客户"选项,系统弹出"客户"管理窗口,如图 7-5 所示。

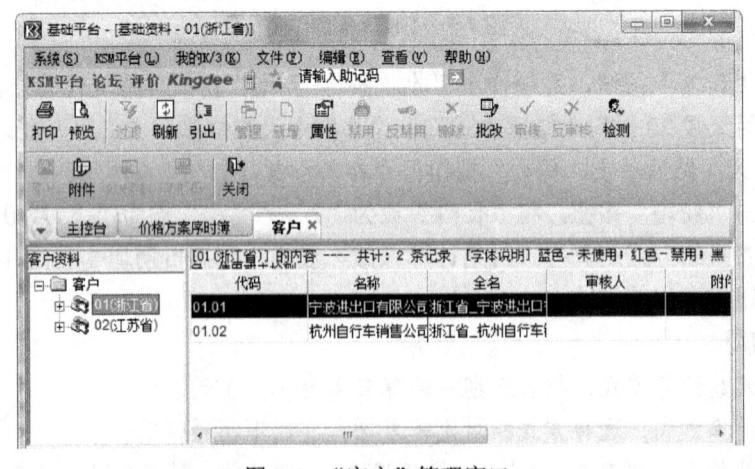

图 7-5 "客户"管理窗口

(2)双击"宁波进出口有限公司"条目,系统打开"客户-修改"窗口。在"应收应付资料"选项卡中,设置"收款条件"为"01",如图 7-6 所示。

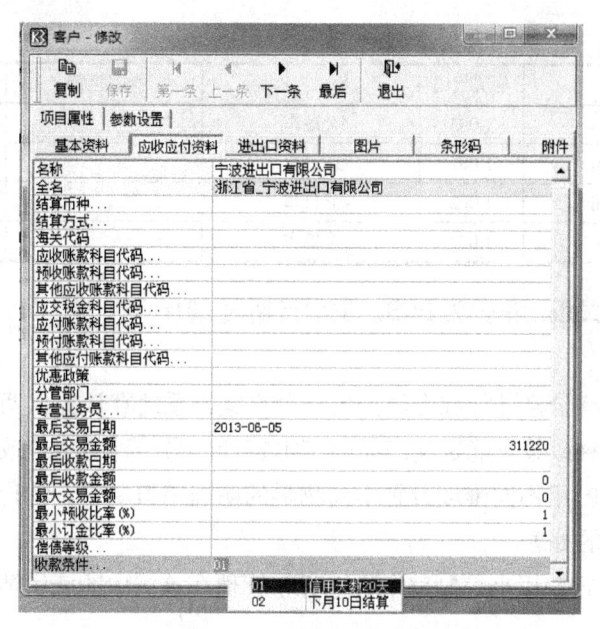

图 7-6　收款条件设置

（3）按同样的方法设置其他客户的收款条件。

7.2.2　价格政策维护

销售价格管理是企业的重要的销售政策之一，灵活的价格调整体系可以满足快速多变的市场需求，严密的价格控制手段可以保证企业销售政策的有效执行。

【业务场景】
- 价格管理设置为密码控制，价格修改控制密码为"123456"，最低限价密码为"654321"。
- 价格资料中为含税价格，销售订单自动更新价格管理资料设置为"不更新"，其他设置为默认状态。
- 价格参数设置中的应用场景全部勾选。
- 价格方案"001 客户价格管理"优先级：1，具体的价格设置如表 7-2 所示。

表 7-2　价格资料表

客户	物料代码	物料名称	数量区间	报价	最低限价金额
宁波进出口有限公司	1.001	山地车	100 以下	950	850
宁波进出口有限公司	1.001	山地车	100（含）以上	920	850
宁波进出口有限公司	1.002	旅行车		550	500
宁波进出口有限公司	1.003	公路车		660	600
杭州自行车销售公司	1.001	山地车		960	850
杭州自行车销售公司	1.002	旅行车		550	500
杭州自行车销售公司	1.003	公路车		660	600
南京商贸有限公司	1.001	山地车		980	850
南京商贸有限公司	1.002	旅行车		570	500

（续表）

客户	物料代码	物料名称	数量区间	报价	最低限价金额
南京商贸有限公司	1.003	公路车		675	600
苏州运动产品配套公司	1.001	山地车		990	850
苏州运动产品配套公司	1.002	旅行车		600	500
苏州运动产品配套公司	1.003	公路车		690	600

以上报价均为人民币，单位为 PCS，生效日期为 2018 年 1 月 1 日，无失效日期。

【业务分析】

价格政策是对销售价格进行综合维护的一种方案。系统默认提供两种类型的价格政策：一种是基本价格，这种政策只能定义产品的基本售价；另一种是特价政策，这种政策可以按照客户、业务员、VIP 组不同维度设置不同物料的明细销售单价。特价政策侧重于对不同条件下折扣率和折扣额的处理。

"价格管理选项"窗口用来控制整个价格折扣管理在单据中的应用情形以及取数逻辑的组合优先设置。

【操作步骤】

第 1 步，价格参数设置。

（1）执行"供应链"→"销售管理"→"价格管理"菜单命令，双击"价格参数设置"选项，系统打开"价格管理选项"窗口，如图 7-7 所示。

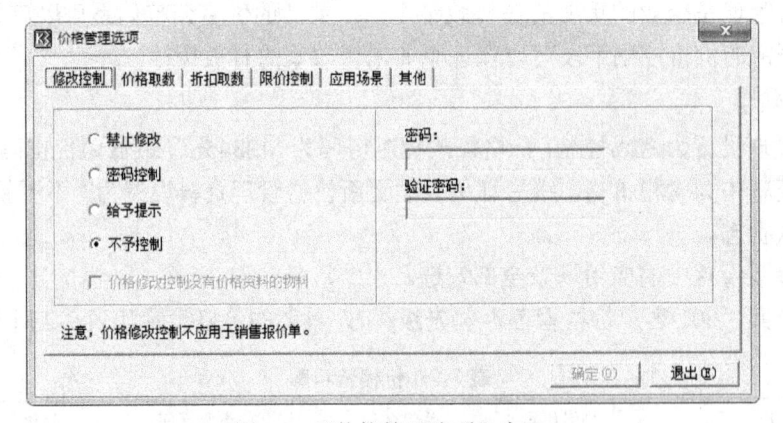

图 7-7　"价格管理选项"窗口

【要点说明】

"价格管理选项"窗口提供了"修改控制"、"价格取数"、"折扣取数"、"限价控制"、"应用场景"以及"其他"6 个选项卡。

- "修改控制"选项卡：是指对单据中所取到的价格政策信息是否允许修改以及控制强度等参数的设置。价格的修改包括修改价格字段和折扣字段信息，系统会根据设定的控制强度进行控制。价格修改控制不应用于销售报价单；价格修改控制可控制销售出库单、销售发票的价格和折扣字段信息，但是只控制销售订单的价格字段信息，用户可通过功能权限中的"单价修改"来控制销售订单的价格和折扣字段信息。
- "价格取数"选项卡：系统共提供了5种价格组合形式，即（客户+物料）、（客户类别+物料）、（VIP组+物料）、（业务员+物料）、（业务员类别+物料）。用户可以根据自己的业务情形来选择自己可能应用的价格规则的组合形式，同时系统默认以上组合的优先级次依次对应的行序号为1、2、3、4、5，数字越小表示取数的优先级越高。
- "折扣取数"选项卡：系统共提供了10种折扣组合形式，即（客户+物料）、（客户+物料类别）、（客户类别+物料）、（客户类别+物料类别）、（VIP组+物料）、（VIP组+物料类别）、（业务员+物料）、（业务员+物料类别）、（业务员类别+物料）、（业务员类别+物料）。用户可以根据自己的业务情形来选择自己可能应用的价格规则的组合形式，同时系统默认以上组合的优先级次依次对应的行序号为1、2、3、4、5、6、7、8、9、10，数字越小表示取数的优先级越高。
- "限价控制"选项卡：该选项卡专门处理限价控制选项和控制方式，从销售最低限价控制强度、销售最低限价控制时点两个方面进行限价控制。
- "应用场景"选项卡：用来设置价格政策管理取数要应用的单据类型以及是否执行价格控制、关联单据是否重新取价格政策等的灵活组合应用，可以完全根据用户的灵活需求进行灵活设置应用。其设置应用的单据种类有销售报价单、销售订单、发货通知单、退货通知单、销售出库单、销售发票等。

（2）在"修改控制"选项卡下，选中"密码控制"选项，然后将"密码"设为"123456"，单击"确定"按钮保存设置。

（3）选择"限价控制"选项卡，设置"最低限价控制强度"为"密码控制"，再单击![]按钮，在弹出的"密码设置"对话框中输入密码"654321"，确认后单击"确定"按钮保存设置，如图7-8所示。

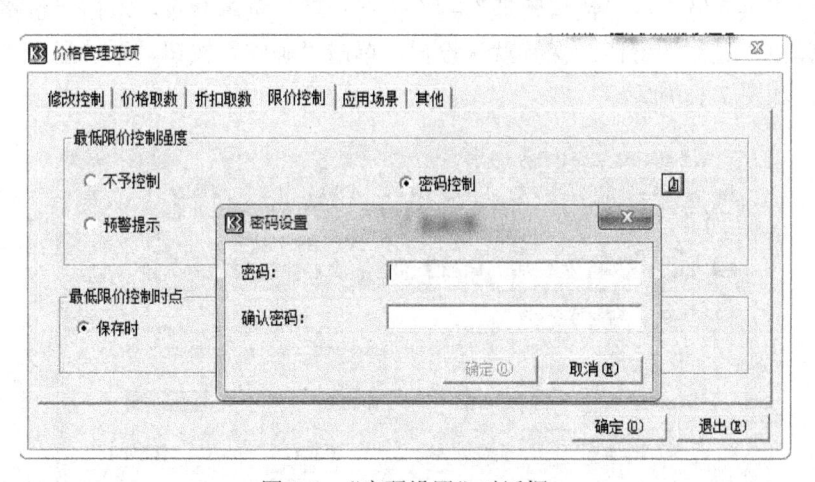

图7-8 "密码设置"对话框

（4）选择"其他"选项卡，勾选"价格管理资料是否含税"选项，再设置"5 销售订单自动更新价格管理资料"为"不更新"，如图7-9所示。

（5）选择"应用场景"选项卡，勾选全部选项，如图7-10所示。

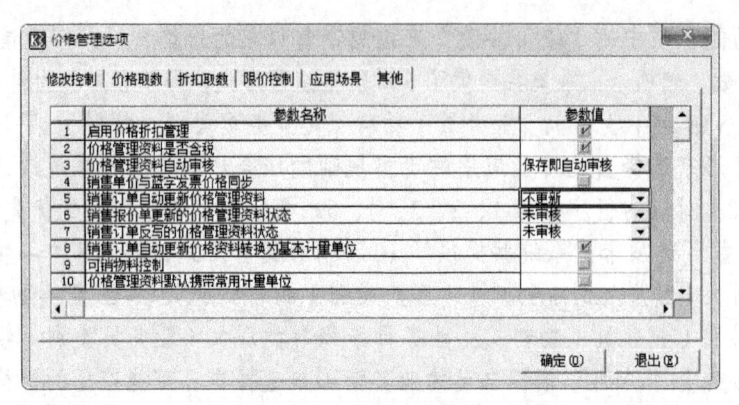

图 7-9 "其他"选项卡

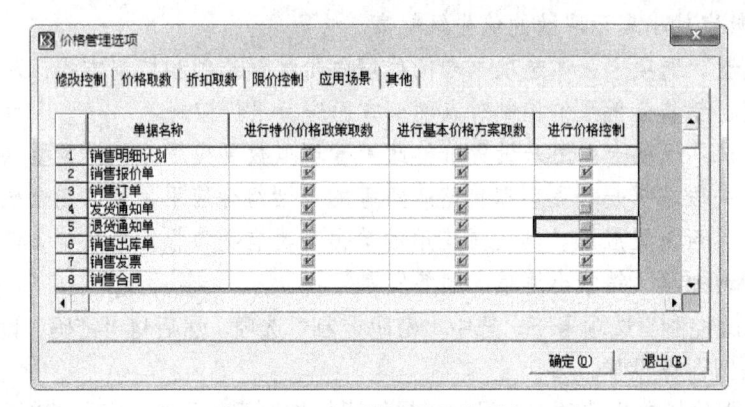

图 7-10 "应用场景"选项卡

第 2 步,价格政策维护。

(1)执行"供应链"→"销售管理"→"价格管理"菜单命令,双击"价格政策维护"选项,系统弹出"过滤"窗口。保持默认设置,单击"确定"按钮,系统显示"价格方案序时簿"窗口,如图 7-11 所示。

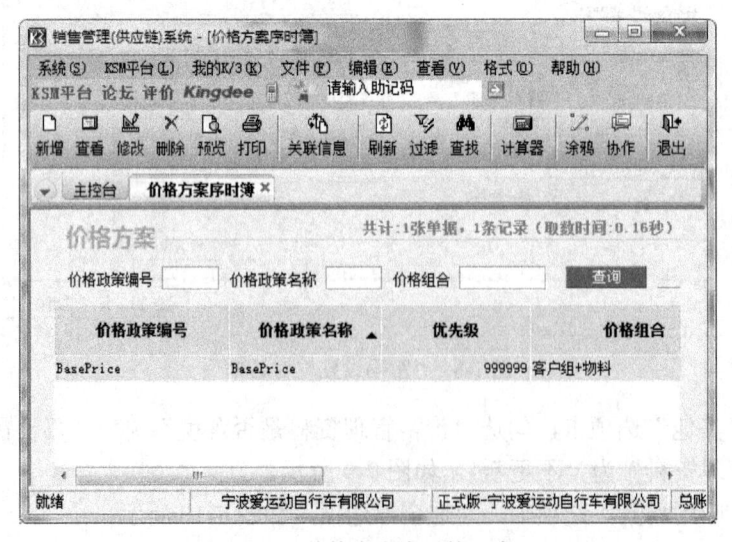

图 7-11 "价格方案序时簿"窗口

（2）在工具栏中单击"新增"按钮，系统弹出"价格方案维护"窗口，如图7-12所示。

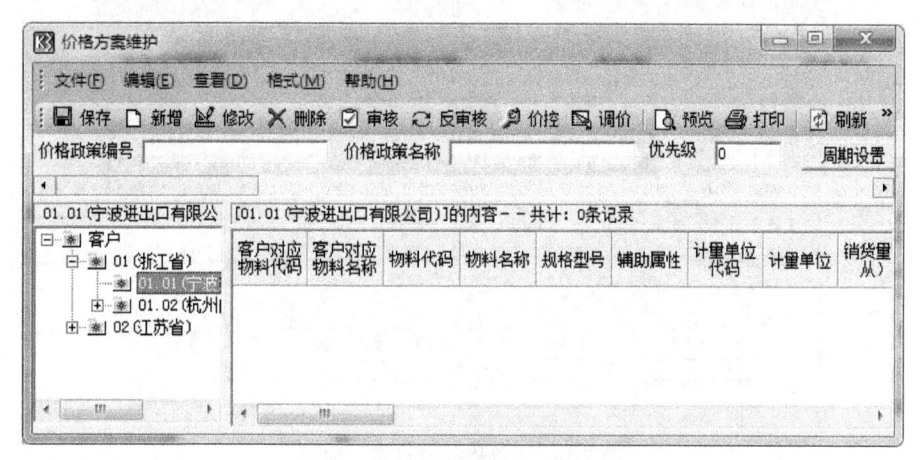

图7-12 "价格方案维护"窗口

（3）在"价格政策编号"栏中输入"001"，"价格政策名称"栏中输入"客户价格管理"，将"优先级"设为"1"，然后在工具栏中单击"保存"按钮。

（4）在左边窗格中选择"01.01 宁波进出口有限公司"，单击工具栏中的"新增"按钮，系统弹出"价格明细维护-新增"窗口。按照表7-2要求输入客户"宁波进出口有限公司"的价格资料信息，如图7-13所示。单击"保存"按钮保存设置，然后单击"退出"按钮退出窗口返回"价格方案维护"窗口。

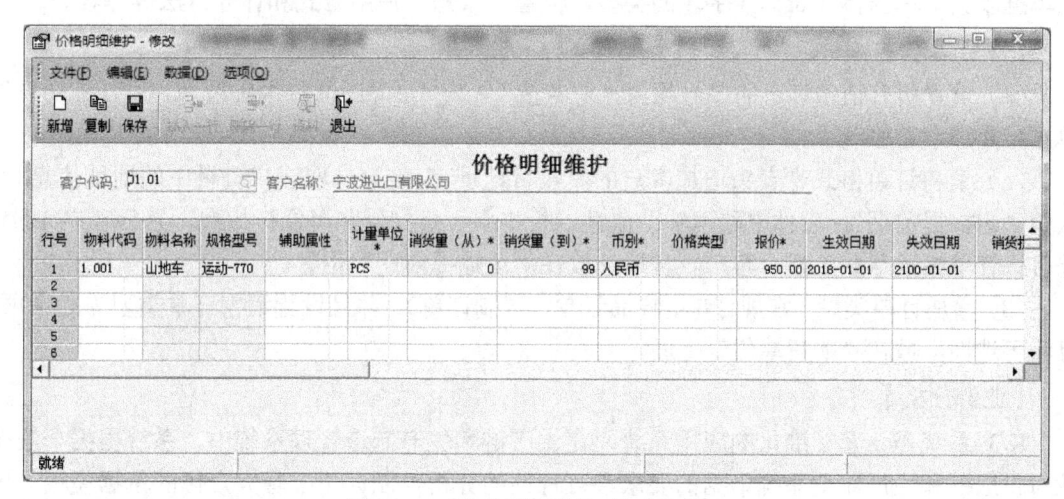

图7-13 "价格明细维护-修改"窗口

（5）在"价格方案维护"窗口中，单击工具栏中的"价控"按钮，系统弹出"价格控制设置"窗口。在"最低限价"栏中输入"850"，勾选"最低价格控制"选项，然后单击"保存"按钮，如图7-14所示。

（6）按步骤（4）和（5）的方法新增其他公司的价格资料。

（7）完成价格资料设置后，单击工具栏中的"审核"按钮，审核通过价格资料。

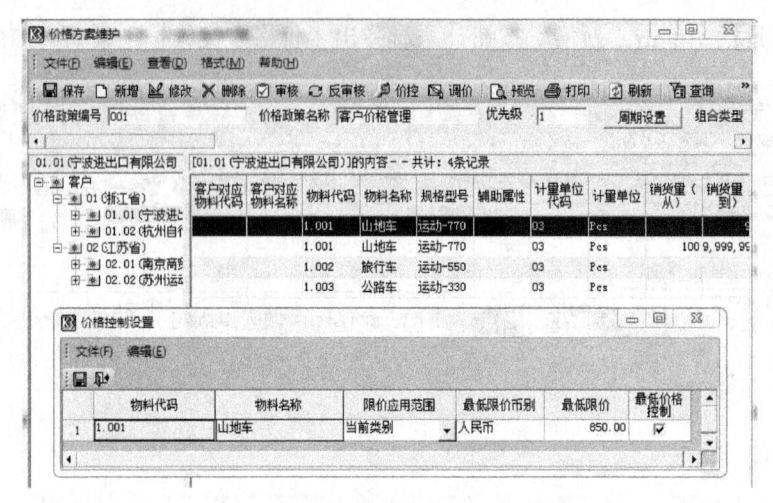

图7-14 "价格控制设置"窗口

7.2.3 单据自定义

在企业往来中，业务单据是各种业务实现的重要信息载体。不同行业中的不同企业会根据业务的需要印制各种各样的购销存单据，来记录业务的发生，据此形成重要的财务资料。在金蝶 K/3 中系统预设了常用的进销存等单据的格式，同时用户也可以根据业务需要进行单据自定义，满足自身的业务范围和处理惯例。在系统给定的单据模板上，用户可以自定义设置单据表头、单据体（表体）字段的类型、位置、来源、使用方式和计算方法等内容。

【业务场景】

（1）设置所有销售订单的单号均为"业务员"+"-"+"三位流水码"，如："张三-001"，单据号允许手工修改。

（2）销售订单格式中表头增加客户的"收货地址："信息（取客户资料中的地址信息），取消"运输提前期"；表体中取消辅助属性、折扣率、折扣额和单位折扣额，显示客户 BOM 项目；订单格式尽量工整。客户收货地址放在"运输提前期"位置。

（3）增加订单类型（常规订单、样品订单、试制订单），并且设置销售订单类型为必录项，且为可选性，放在"购货单位"上面。

【业务分析】

K/3 系统是一套标准化的应用系统，在供应链和生产制造管理系统中，系统根据一般企业对供应链和生产制造系统单据的要求和可行性的分析，制订了一套大众化的单据模板，用户可以直接引用。但是对于特殊的企业或业务需要制订专门的符合该企业或业务的单据形式，这时候就可以利用单据自定义工具在已有单据上来定义"个性化"的单据。

单据设置包括单据的编码规则以及单据选项设置。单据选项是指对单据进行业务控制的选项。单据设置包括单据类型、编码格式、允许手工录入、单据保存后是否自动审核属性，用户可根据企业习惯和业务要求自行设置。

【操作步骤】

第1步，单据设置。

第 7 章　销售管理

(1) 执行"系统设置"→"系统设置"→"销售管理"菜单命令，双击"单据设置"选项，系统弹出"系统参数维护"窗口，如图 7-15 所示。

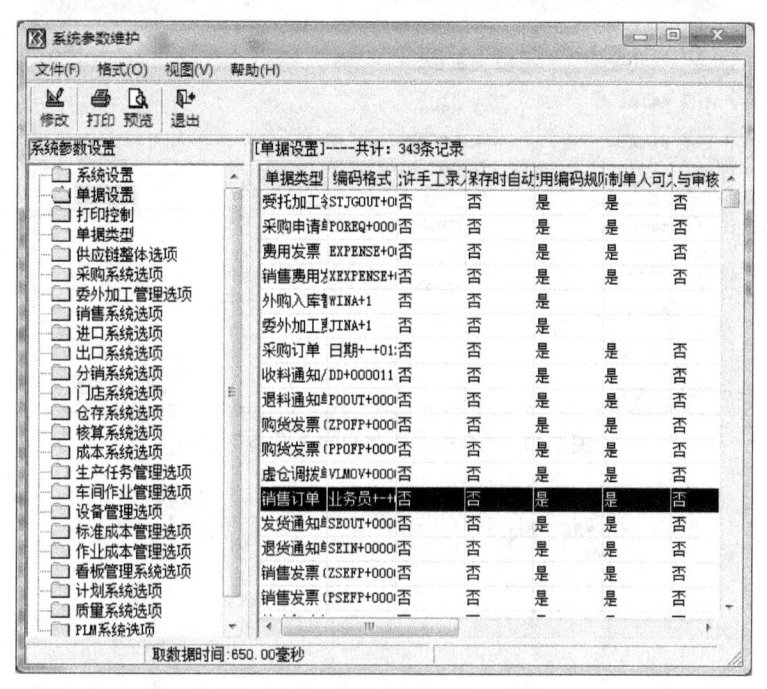

图 7-15　"系统参数维护"窗口

(2) 选择左侧的"单据设置"项目，然后选中"销售订单"，单击"修改"按钮，系统弹出"修改单据参数设置"窗口。然后根据"业务场景"中（1）的要求设置相关信息，如图 7-16 所示。

图 7-16　"修改单据参数设置"窗口

第 2 步，单据自定义。

(1) 执行"系统"→"K/3 客户端工具包"→"辅助工具"菜单命令，双击"单据自定义"选项，打开如图 7-17 所示的窗口。

(2) 单击"打开"按钮，在弹出的"金蝶 K/3 系统登录"窗口中选择本账套后登录，系统弹出"自定义"窗口，如图 7-18 所示。

(3) 单击"打开"按钮，在弹出的"选择自定义单据类型"中选择"销售订单"选项，然后单击"确定"按钮，系统弹出如图 7-19 所示的销售订单"自定义"窗口。

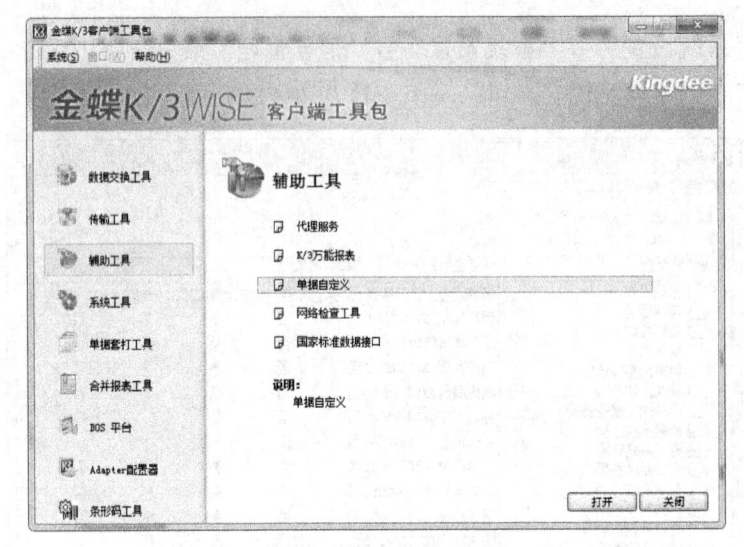

图 7-17 "金蝶 K/3 客户端工具包"窗口

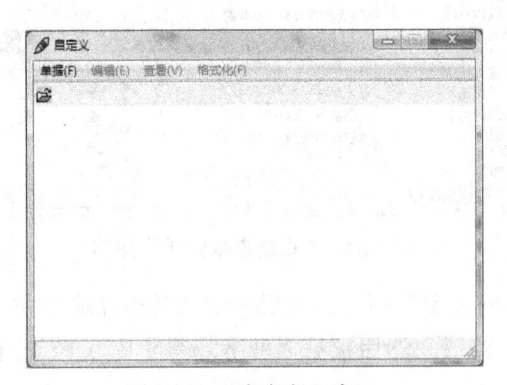

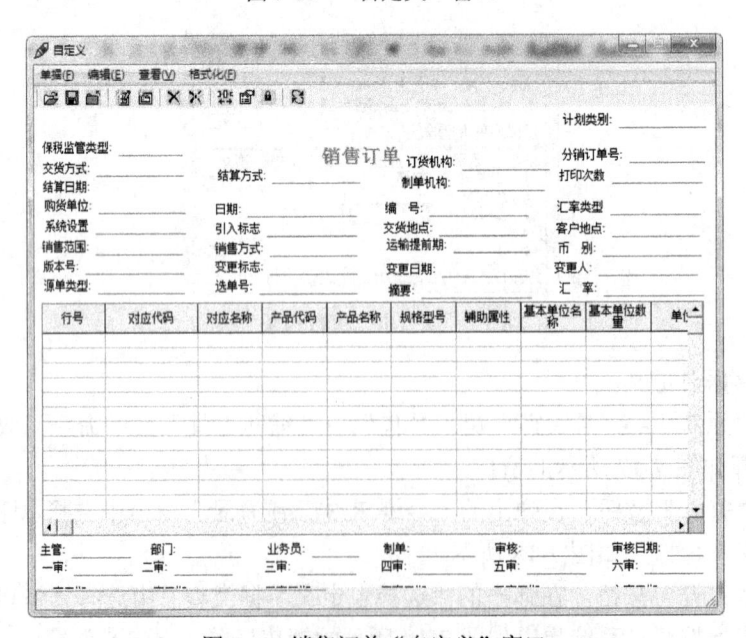

图 7-18 "自定义"窗口

图 7-19 销售订单"自定义"窗口

第 3 步，取消"运输提前期"单据头字段。

（1）选中"运输提前期"单据头字段，然后右击，在弹出的快捷菜单中选择"属性"菜单，系统弹出"自定义单据-属性设置"窗口，如图 7-20 所示。

"自定义单据-属性设置"窗口有 3 个选项卡。

- 属性：用于设置对象的名称、位置、大小等属性。
- 高级：用于设置对象数据来源。
- 设置可见性：用于设置对象在何种情况下可见，有 6 种可见状态。

（2）选择"设置可见性"选项卡，去掉所有的√，如图 7-21 所示，并将该文本框移到其他位置。

图 7-20 "自定义单据-属性设置"窗口

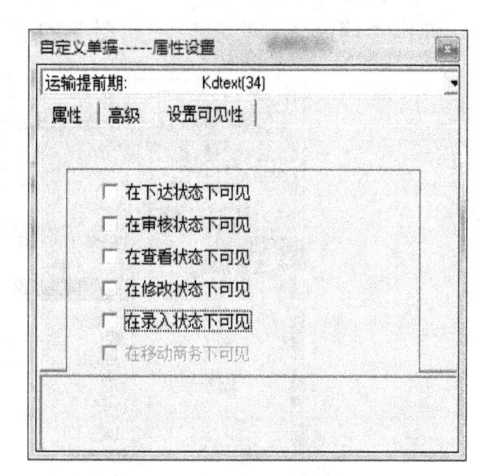

图 7-21 自定义单据属性设置

第 4 步，增加单据头"收货地址"。

（1）执行"编辑"→"增加单据头字段"菜单命令，系统自动新增一个名为"自定义项**"的单据头字段，选中新增的单据头字段，再右击，在弹出的快捷菜单中选择"属性"选项，系统弹出如图 7-20 所示的"自定义单据-属性设置"窗口。

（2）在"属性"选项卡中将名称改为"收货地址"，其他设置不变。

（3）在"高级"选项卡中，设置的数据来源信息如图 7-22 所示。

（4）在"设置可见性"选项卡中，保持默认设置。设置完成后，单击"关闭"按钮关闭窗口。

（5）将"收货地址"单据头字段移到原先"运输提前期"字段所在位置。设置完成后，单击工具栏中的"保存"按钮。

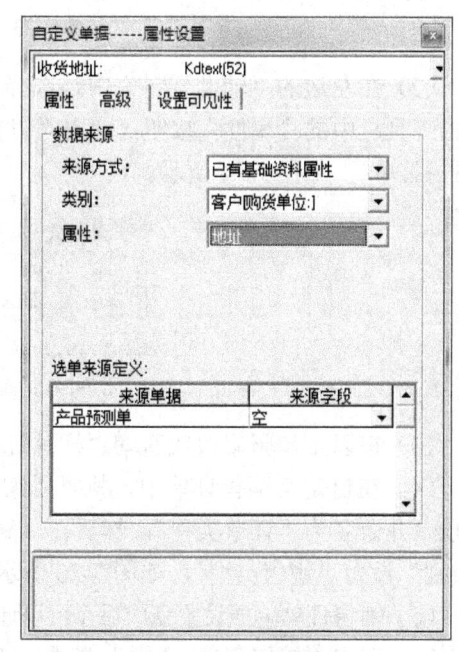

图 7-22 属性设置

第5步，表体设置。

（1）在"自定义单据-属性设置"窗口中，选择表字段"辅助属性"，在"设置可见性"选项卡中，去掉所有的√。

（2）采用与（1）相同的方法，设置辅助单位、折扣率、折扣额和单位折扣额等表字段的可见性，去掉所有的√。设置完成后，单击工具栏中的"保存"按钮。

（3）执行"供应链"→"销售管理"→"销售订单"菜单命令，双击"销售订单-新增"选项，验证"收货地址"和"运输提前期"单据头字段和其他表字段设置的有效性。

第6步，增加销售订单类型（常规订单、样品订单、试制订单）。

（1）执行"系统设置"→"基础资料"→"公共资料"菜单命令，双击"辅助资料"选项，弹出"辅助资料"窗口，如图7-23所示。

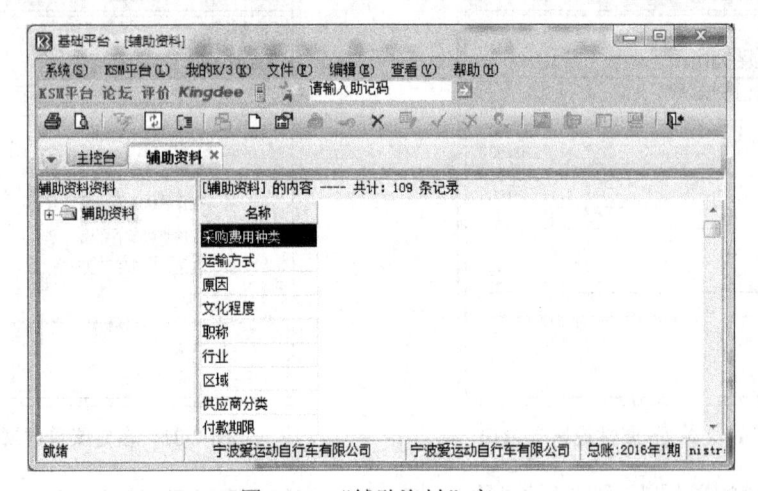

图7-23　"辅助资料"窗口

（2）在左边的"辅助资料"中，选择"销售类型"，然后选择右边窗格的"内销"记录，单击工具栏中的"属性"按钮，弹出"销售类型-修改"对话框。将销售类型"名称"修改为"常规订单"，如图7-24所示。

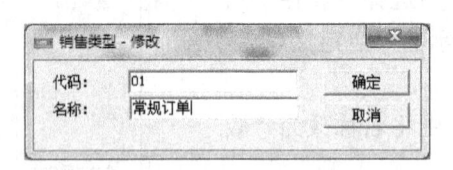

图7-24　"销售类型-修改"对话框

（3）按以上步骤修改或新增"样品订单"和"试制订单"类型，如图7-25所示。

（4）在自定义销售订单中，执行"编辑"→"增加单据头字段"菜单命令，新增单据头字段，并命名为"订单类型"，然后在"高级"选项卡中，设置"来源方式"为"基础资料"，"类别"设为"销售类型"，如图7-26所示。

（5）销售订单单据设置完成后，可以通过执行"供应链"→"销售管理"→"销售订单"菜单命令，双击"销售订单-新增"选项，打开"销售订单-新增"窗口查看销售订单录入界面，如图7-27所示。

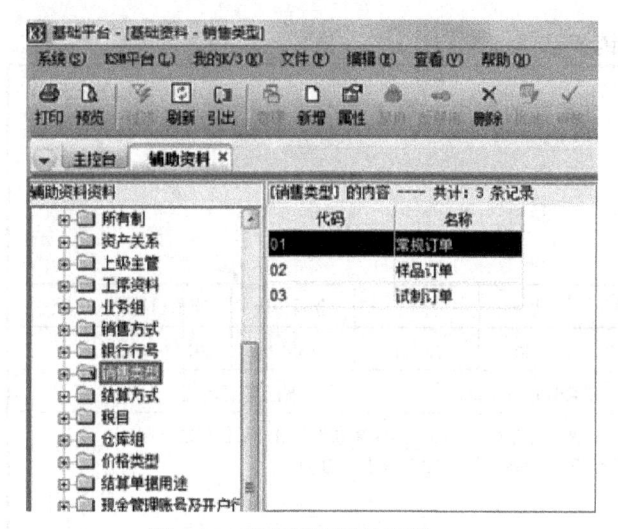

图 7-25　销售类型辅助资料

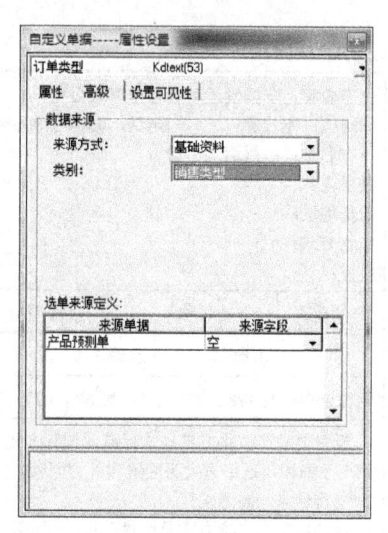

图 7-26　属性设置

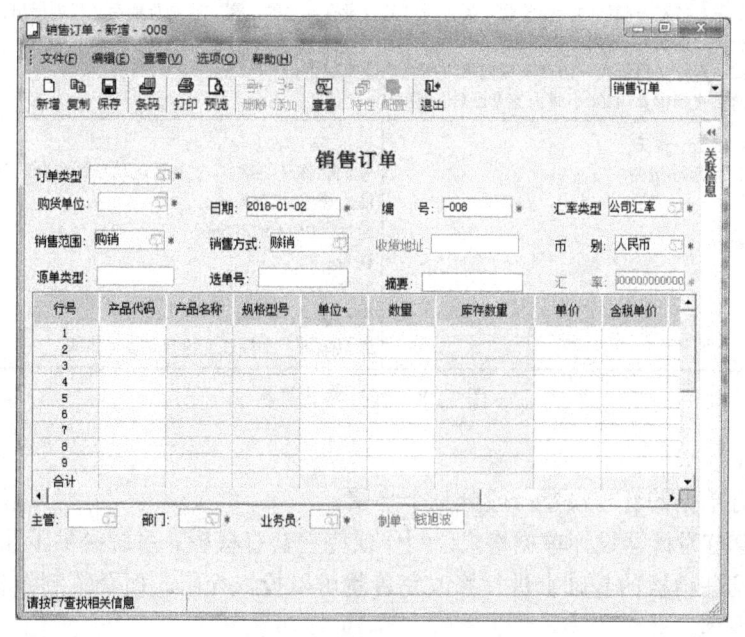

图 7-27　"销售订单-新增"窗口

7.2.4　套打格式设置

供应链系统的全部业务单据都能够执行打印功能，但是，很多企业对业务单据，特别是重要的传递给往来业务单位的单据，由于其固有的业务格式和双方的特殊业务约定等因素的影响，需要规定不同于单据屏幕显示的打印输出格式和数据。因此，K/3 供应链系统为了满足用户对业务单据输出格式的特定需要，特别推出了套打设计器，能由用户自由定义打印格式和输出内容，满足用户生产经营管理的需要。

【业务场景】

请设置如图 7-28 所示的宁波爱运动自行车有限公司的"销售订单"格式。

LS/QR-06-04　　　　　　　　　　销售订单

供方名称：宁波爱运动自行车有限公司							订单日期：2016-01-05		
联系人：赵管娜　　电话：0574-8780666							合同编号：赵管娜-007		
需方名称：广州运动协会									
联系人：　　　　　　电话：　　　　　　传真：									
送货地址：									
结款方式：									
备注：									
产品代码	产品名称	规格型号	单位	数量	单价	金额合计	交货日期	备注	
1.001	山地车	运动-770	PCS	30	980.00	29 400.00	2016-01-10		
无税金额：28 128.21		税额：4 271.79		价税合计：29 400.00			大写：贰万玖仟肆佰		
1. 质量要求：按供方的技术标准或按双方确认的图纸设计要求，乙方对甲方的产品保修壹年，自产品出售之日起。如产品损坏，是甲方人为因素和外力因素乙方不承担保修责任，其余情况下由乙方承担保修责任； 2. 交货地点：需方工厂； 3. 包装标准、交货方式及运费：按供方标准、快运； 4. 付款方式及期限：□款到发货　□协议结算 5. 验收标准方法及期限：按双方确认的标准验收，需方对产品数量有疑义的，需在收到货物后7日内提出； 6. 违约责任：按《经济合同法》、违约方承担违约金； 7. 解决合同纠纷方式：双方协商解决，协商不成向需方所在地法院起诉； 8. 其他约定事项：请在收到传真后24小时内签章回传，谢谢！									
需方				供方					
单位名称（签章）：广州运动协会 法定/委托代表人： 联系地址： 电话： 传真： 银行账号： 税号：				单位名称（签章）：宁波爱运动自行车有限公司 法定/委托代表人： 电话：0574-8780666 税号： 开户银行： 银行账号： 联系地址：宁波江北区风华路666号					

图 7-28　套打格式样板

【业务分析】

供应链业务单据的套打设置一般分三个步骤：

（1）利用套打设计器设计单据格式，制作或完善套打模板。系统提供了几十种套打模板，用户只需要在这些模板的基础上进行修改完善就可以投入使用。而介绍制作和完善套打模板是本节的主要内容。

（2）在客户端平台注册已设定好的套打模板。用户将制作或完善的套打模板通过单据上的套打注册功能进行注册，为正确使用模板打下基础。

（3）套用已注册的套打模板进行打印。即使用正常的打印方式，进行套打打印，这种处理方式与普通打印一致。

【操作步骤】

（1）执行"系统"→"K3 客户端工具包"→"单据套打工具"菜单命令，双击"供应链单据套打"选项，弹出"金蝶 K/3 客户端工具包"窗口，如图 7-29 所示。

（2）单击"打开"按钮，系统显示"金蝶 K/3 系统登录"窗口。以"administrator"身份登录当前账套，单击"确定"按钮，系统打开"K/3 套打设计器"窗口，如图 7-30 所示。

（3）单击工具栏中的"打开"按钮，系统显示"打开"窗口，如图 7-31 所示。

第 7 章 销售管理

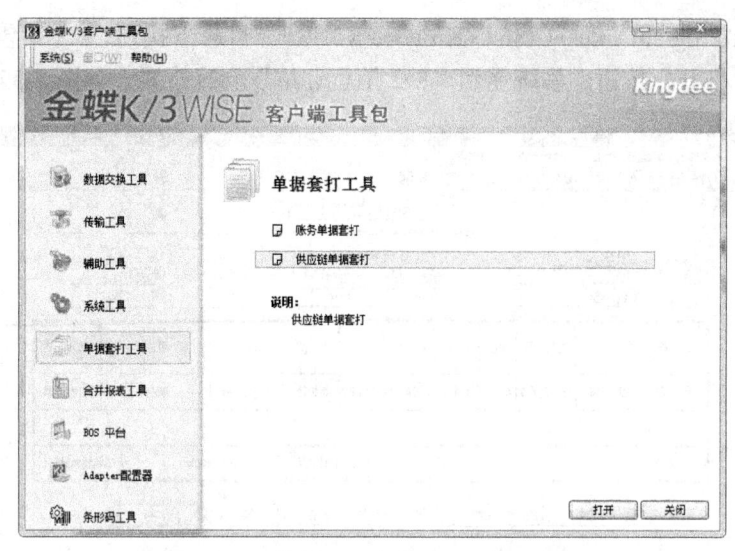

图 7-29 "金蝶 K/3 客户端工具包"窗口

图 7-30 "K/3 套打设计器"窗口

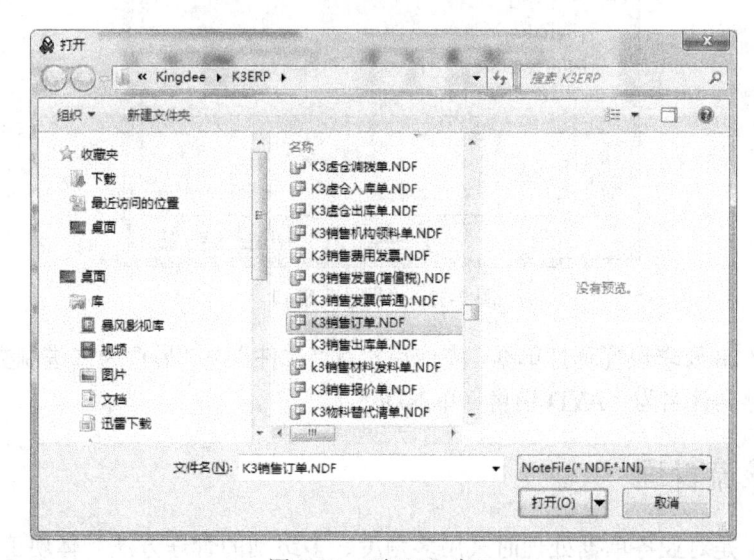

图 7-31 "打开"窗口

（4）在"C:\Program Files（x86）\Kingdee\K3ERP"目录下找到"K3 销售订单.NDF"文件，然后单击"打开"按钮，系统显示"K/3 销售订单"套打格式，如图 7-32 所示。

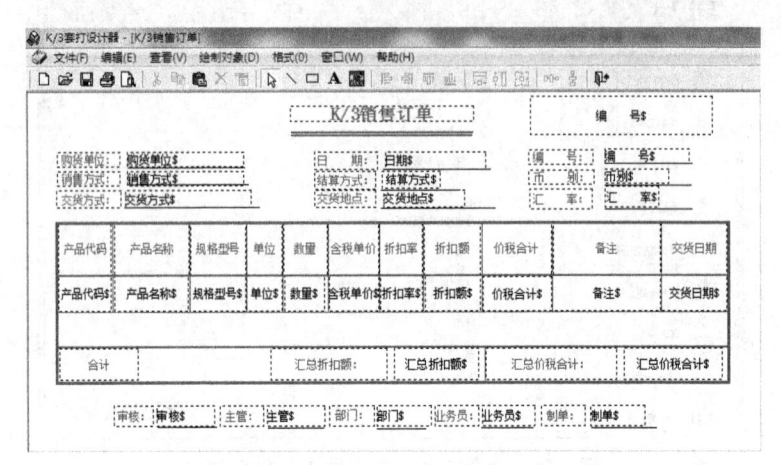

图 7-32 "K/3 销售订单"套打格式

（5）图 7-32 中包含两部分文本，红色字体为固定文本，黑色字体为活动文本，其值可动态改变，取值范围可通过"属性"进行设置。如"购货单位$"属性值设置可单击"对象属性"快捷菜单，系统显示如图 7-33 所示的"属性"窗口，在"文本内容"选项卡中勾选"活动文本"选项，再设置"活动文本"关键字为"购货单位$"。

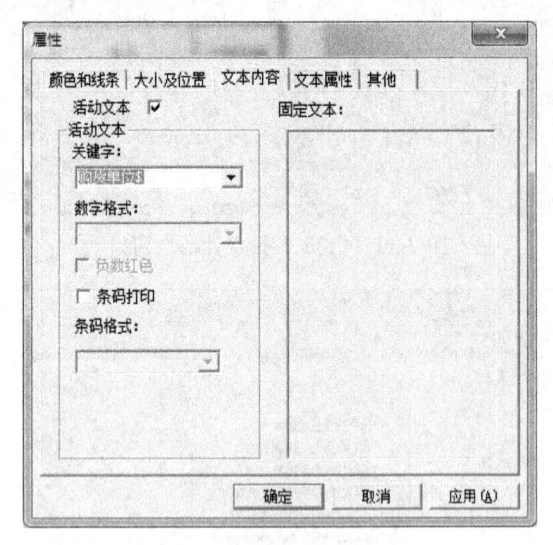

图 7-33 "属性"窗口

（6）按图 7-28 要求设置套打单据，完成后执行"文件"→"另存为二进制类型（*.NDF）"菜单命令，保存文件名为"AYD 销售订单.NDF"。

7.2.5 审核流管理

多级审核，是对业务单据处理时采用多角度、多级别的管理方法，体现工作流管理的思路。多级审核的需求在实际业务中是非常普遍的,针对同一个业务,除了对单据的业务数据、业务描述的正确性做出审核之外,还必须对该项业务的可行性进行评价,确认其合法性并对合理性进行审核和批准。特别是一些涉及大型项目管理、重要业务合同的处理更是要慎重。同时,多级审核也是岗位负责制的体现,对企业人员职责管理起到重要作用。多级审核相对单级业务审核而言,业务规范必须严密,操作处理比较烦琐,对企业管理水平的要求较高。

【业务场景】

"常规订单"由销售部经理"钱旭波"负责审核,"样品订单"和"试制订单"采用两级审核机制,先由销售部经理"钱旭波"审核,然后再由总经理"王军"审核。

【业务分析】

审批流审核流程设置思路为:

(1)制单人制单完成后,自动启动多级审核,根据单据的"订单类型"判断该单据是否要进行多级审核,这里要注意流转设置。

(2)审核人在审核单据时,需指定审核人具有审核权限和驳回权限。

(3)以 administrator 身份登录,进行多级审核流设置。

【操作步骤】

(1)执行"系统设置"→"系统设置"→"销售管理"菜单命令,双击"审批流管理"选项,系统弹出"多级审核工作流"窗口,如图 7-34 所示。

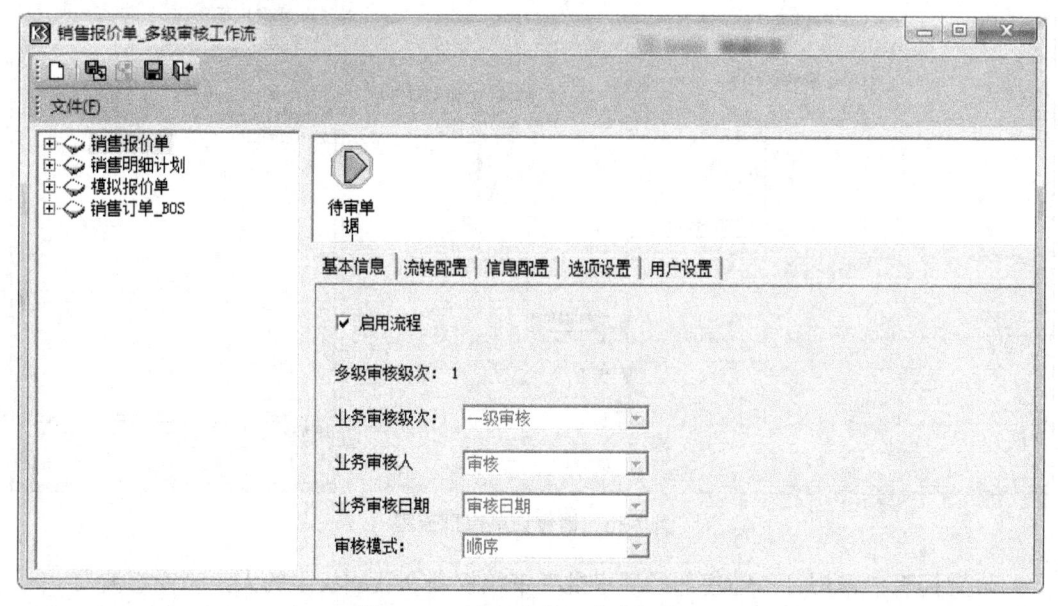

图 7-34 "多级审核工作流"窗口

(2)单击工具栏中的"新增"按钮,系统弹出"流程初始化向导"窗口,如图 7-35 所示。

(3)选择"单据类型"为"销售订单_BOS",再单击"确定"按钮,在新出现的窗口中,按图 7-36 所示样式添加审核流程。

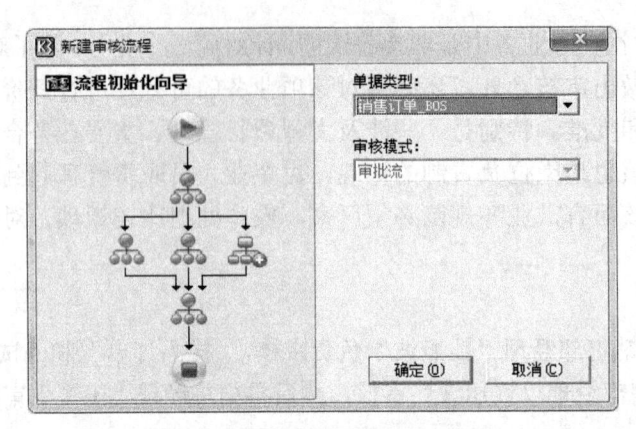

图 7-35 "流程初始化向导"窗口

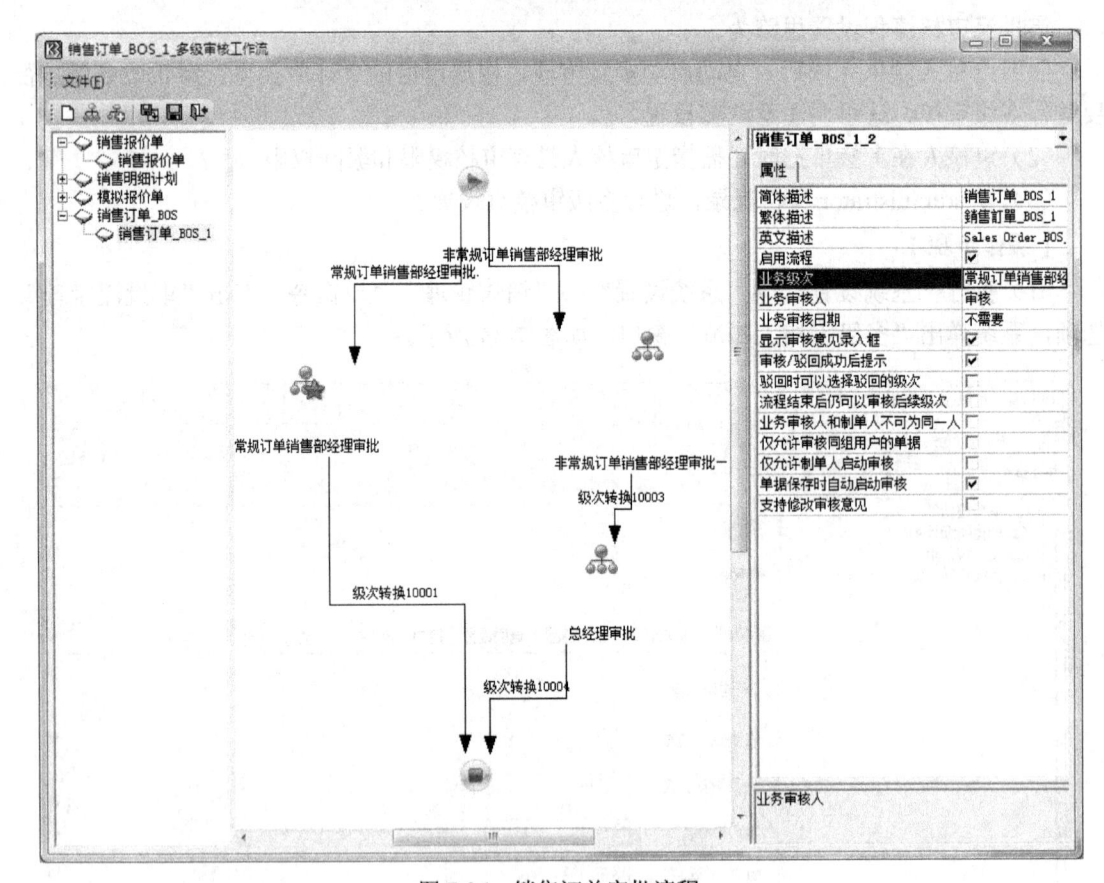

图 7-36 销售订单审批流程

- 设置拥有"常规订单销售部经理审批"审核权限和驳回权限的人为"钱旭波"。
- 设置拥有"总经理审批"审核权限和驳回权限的人为"王军"。

（4）单击选中"常规订单"，然后在右边的"属性"窗口中，单击"流转设置"框所对应的 ... 按钮，系统弹出"过滤"窗口。然后按图 7-37 所示设置过滤条件，完成后单击"保存"按钮返回主界面。

（5）采用同样的方法，设置"非常规订单"的流转设置过滤条件，如图 7-38 所示。

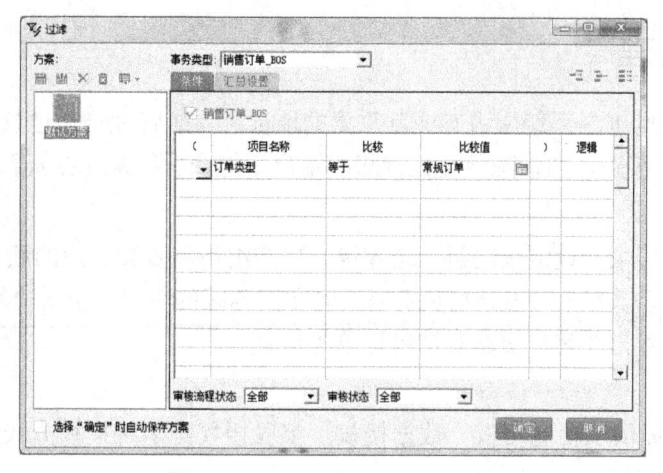

图 7-37　常规订单过滤条件设置

图 7-38　非常规订单过滤条件设置

（6）选中"销售订单_BOS_1_2"，然后在右边的属性窗口中，选中"启用流程"，将"业务级次"设为"常规订单销售部经理审批_2000"，如图 7-39 所示。完成后单击工具栏中的"保存"按钮保存设置。

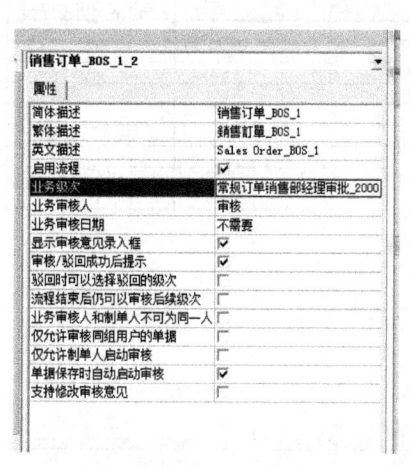

图 7-39　业务级次设置

7.2.6 权限管理

权限设置在金蝶 K/3 系统中占有非常重要的地位,系统管理员通过权限控制可以有效控制 ERP 资料的保密级别,如管理现金银行账的用户不能查看往来业务资料。

【业务场景】

(1) 根据公司要求,设定采购组、仓库组、生产组不能查看客户的联系人及电话信息。

(2) 销售部赵管娜和王玉飞分别负责浙江区和江苏区的客户,为保护各销售人员的利益,要求相互不能查看对方的客户信息及销售订单等信息。

【业务分析】

K/3 权限管理提供了功能授权、数据授权、字段授权等多种授权方式,以满足不同组织机构对用户的不同要求。

功能权限指对子系统的每一个具体功能进行授权,允许用户可以进入哪些子系统使用哪些功能。在第 4 章账套管理中,对功能权限设置进行了说明,本章不再赘述。

字段权限是指对各子系统中某数据类别的字段操作权限,默认系统不进行字段权限检查。当授权用户对指定字段设置了字段权限控制后,用户对该数据类别的指定字段进行操作时需要检查权限。只有当用户拥有了该字段的字段权限时,才能对该字段进行对应的操作。

数据权限是指对系统中具体数据的操作权限,分为数据查询权、数据修改权和数据删除权。

【操作步骤】

第 1 步,设置字段权限。

(1) 打开"账套管理"系统,系统登录成功后,选择"宁波爱运动自行车有限公司"账套,然后单击工具栏中的"用户"按钮,在打开的"用户管理"窗口中,执行"字段权限"→"设置字段权限控制"菜单命令,系统弹出"设置字段权限控制"窗口,如图 7-40 所示。

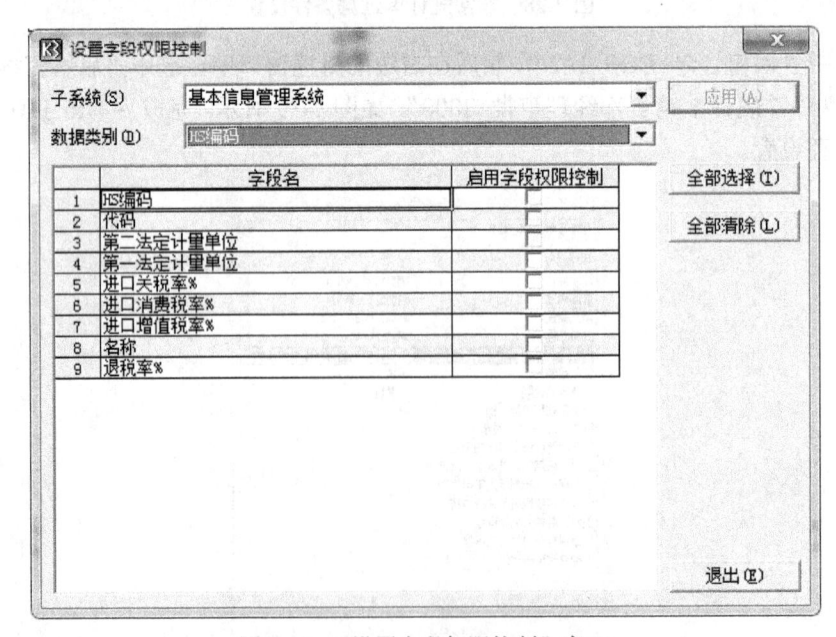

图 7-40 "设置字段权限控制"窗口

（2）选择"数据类型"下的"客户"选项，在"启用字段权限控制"的"电话"和"联系人"框中打√，然后单击"应用"按钮，如图7-41所示。

图7-41 启动字段权限控制

（3）选择"采购组"选项，单击"字段权限管理"按钮，系统弹出"字段授权-采购组"窗口，如图7-42所示。

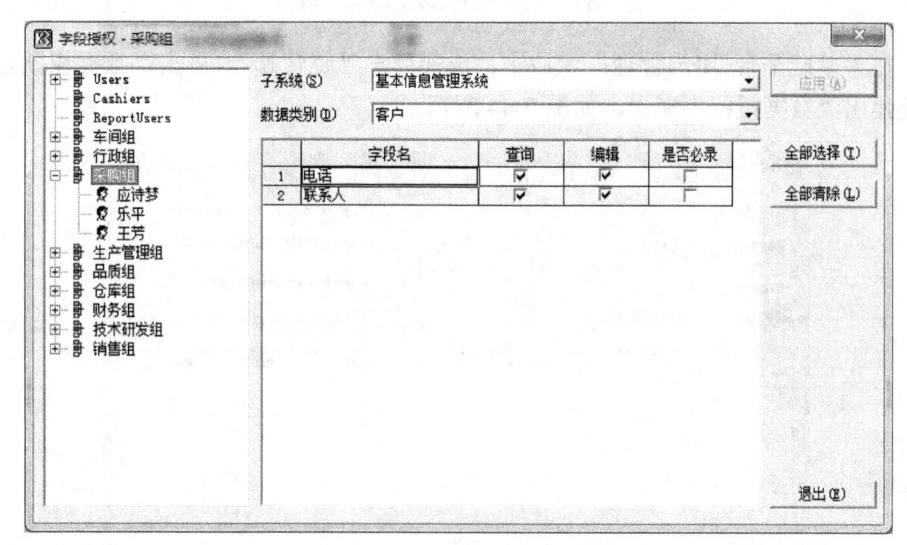

图7-42 "字段授权-采购组"窗口

（4）将"查询""编辑"权限都去掉√，单击"应用"按钮。然后再选择"采购组"下的各个职员，将"查询""编辑"权限都去掉√，每设置一个职员的字段权限都需要单击"应用"按钮。

（5）采用相同的方法，设置仓库组、生产组的字段权限。设置完成后，可以以采购组、仓库组、生产组中的任意一个职员身份登录系统，然后执行"系统设置"→"基础资料"→

- 179 -

"公共资料"菜单命令，双击"客户"选项，在弹出的"客户"窗口中查看是否显示"电话""联系人"两项内容。

第2步，数据权限设置。

（1）执行"数据权限"→"设置数据权限控制"菜单命令，系统弹出"设置数据权限控制"窗口，如图7-43所示。将"客户"所对应的"启用数据权限控制"打√，单击"应用"按钮。

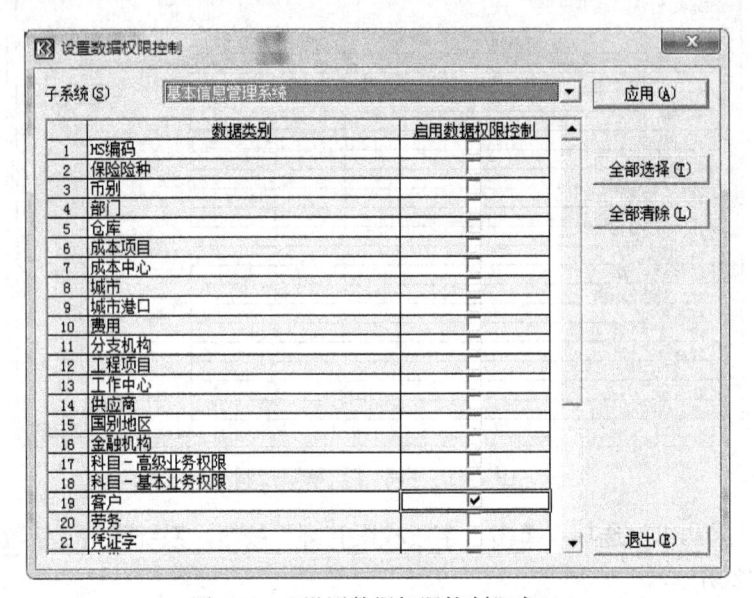

图7-43 "设置数据权限控制"窗口

（2）在"基础平台-用户管理"窗口中，选择用户"赵管娜"，单击"数据权限管理"按钮，系统弹出"数据授权"窗口，如图7-44所示。

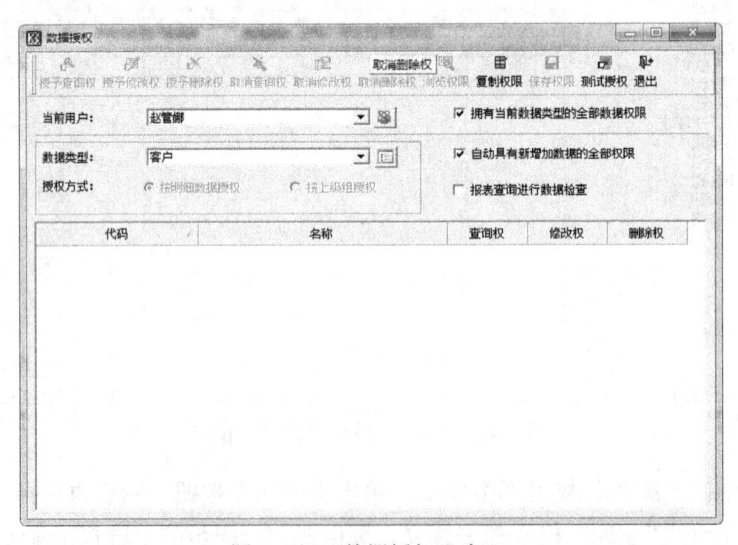

图7-44 "数据授权"窗口

（3）将"拥有当前数据类型的全部数据权限"的√去掉，系统弹出询问提示对话框，如图7-45所示。

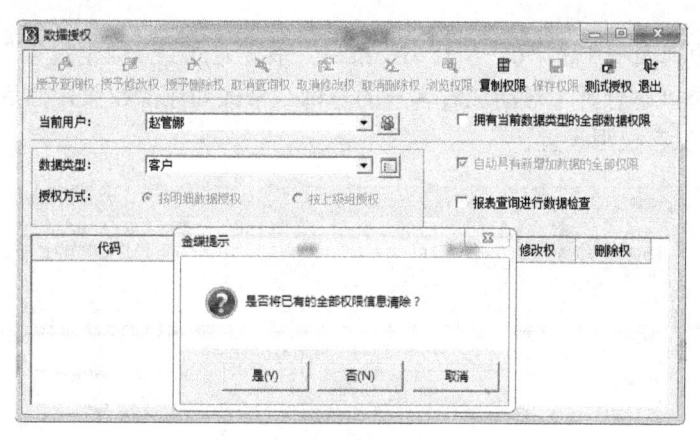

图 7-45 提示对话框（1）

（4）单击"是"按钮，在打开的"数据授权"窗口中，设置"授权方式"为"按上级组授权"，系统弹出"转上级组必须将已有的全部权限清空，是否继续？"对话框，如图 7-46 所示。

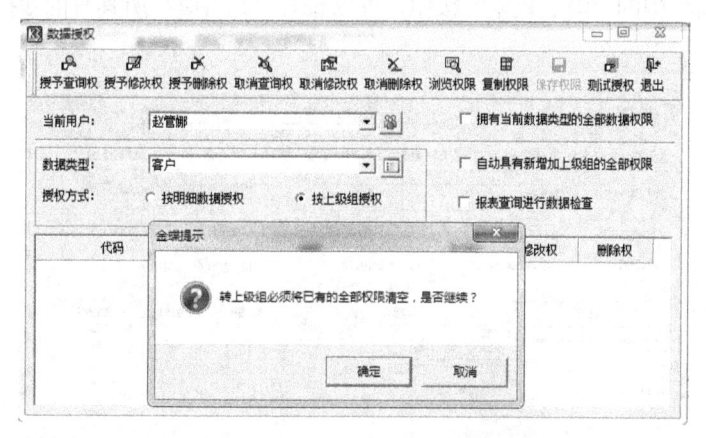

图 7-46 提示对话框（2）

（5）单击"确定"按钮，然后单击工具栏中的"授予删除权"按钮，系统弹出"核算项目-客户"窗口，如图 7-47 所示。

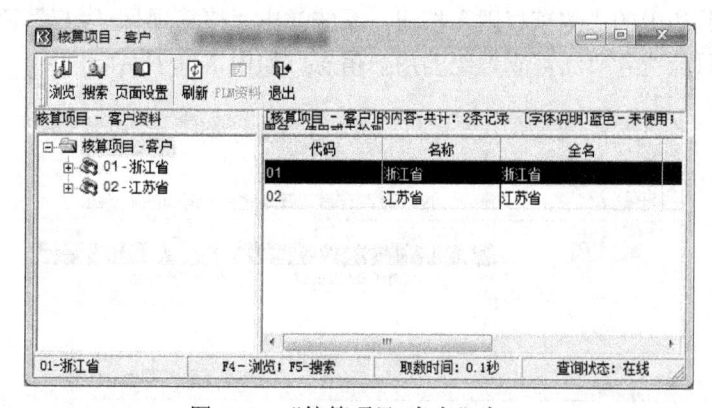

图 7-47 "核算项目-客户"窗口

（6）双击右边列表框中的"01-浙江省"条目，系统返回到"数据授权"窗口，如图7-48所示。授予业务员"赵管娜"对浙江省客户的查询、修改和删除权限，然后单击工具栏中的"保存权限"按钮保存权限设置。

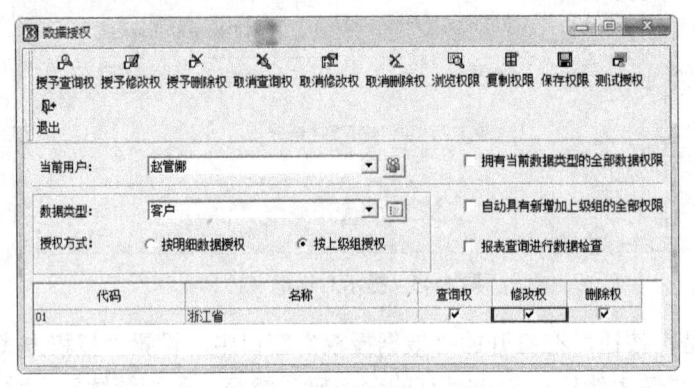

图7-48 "数据授权"窗口

（7）单击工具栏中的"浏览权限"按钮，可以查看"赵管娜"所具有的数据权限，如图7-49所示。

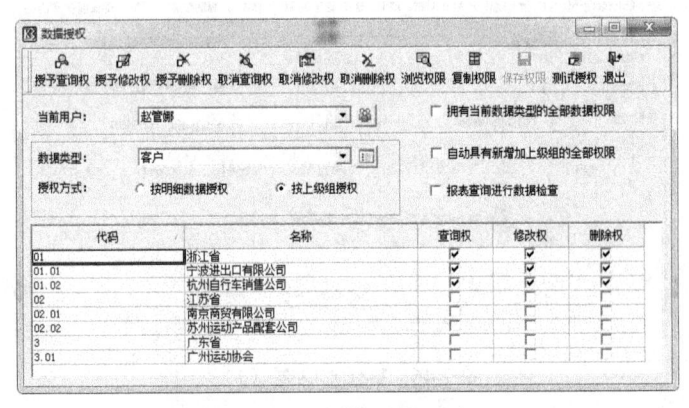

图7-49 授权浏览界面

（8）采用同样的方法，设置"王玉飞"对江苏省客户的数据权限。

（9）单击工具栏中的"测试权限"按钮，系统弹出"核算项目-客户"窗口，可以发现，用户"王玉飞"只能查看"江苏省"组的用户信息，如图7-50所示。

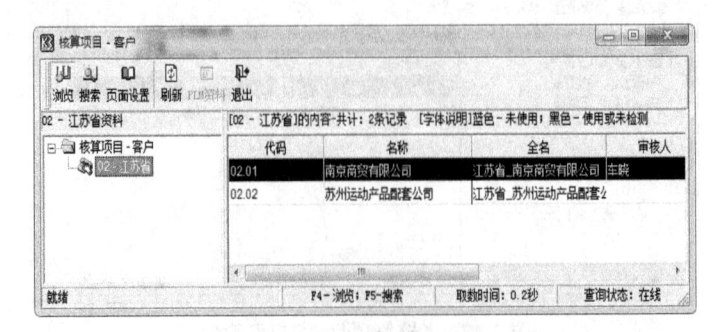

图7-50 权限设置测试

【要点说明】

若"测试权限"中能看到其他客户信息,说明权限设置没有生效,一般是由于用户所在的"销售组"拥有相关的数据权限,因此需要取消"销售组"具有的删除、查询等权限。

7.3 日常业务处理

7.3.1 销售报价单

销售报价单是销售部门根据企业销售政策、产品成本、目标利润率、以往价格资料等,向客户提出的产品报价。销售报价单上包含了很多销售业务要素和价格信息。

【业务场景】

2018年1月3日,新客户"广州运动协会"向业务员"赵管娜"咨询"1.001 山地自行车"的报价,预计购买10辆。当日,业务员"赵管娜"向客户进行了报价单处理,报价为980元(含税),有效期30天。

【业务分析】

由于"广州运动协会"是新增客户,系统中不存在该客户信息,因此需要将"广州运动协会"的相关信息录入ERP系统。

由于新客户是业务员"赵管娜"接待的,用户管理利用管理员账户"administraotr"把新客户"广州运动协会"的数据权限给了业务员"赵管娜"。

销售报价单启用了多级审核流程管理,必须由销售部经理"钱旭波"审核。

部门及业务员等信息均根据实际情况填写,客户资料由钱旭波维护。

【操作步骤】

第1步,新增客户。

执行"系统设置"→"基础资料"→"公共资料"菜单命令,双击"客户"选项,系统弹出"客户"窗口。单击"新增"按钮,选择"上级组"选项,输入代码、名称信息并保存后退出,再单击"新增"按钮,输入代码、名称信息,单击"保存"按钮并退出,如图7-51所示。

第2步,增加数据权限。

按"7.2.6 权限管理"章节的要求设置数据权限。

第3步,新增销售报价单。

(1)执行"供应链"→"销售管理"→"销售报价"菜单命令,双击"销售报价单-新增"选项,系统弹出"销售报价单-新增"窗口,如图7-52所示。

(2)将光标定位到"购货单位"处,单击工具栏中的"资料"按钮,系统弹出"核算项目-客户"窗口,如图7-53所示。

(3)由于"广州运动协会"是新客户,所以需要先新增客户组别"广东省"和客户信息,完成后的效果如图7-54所示。

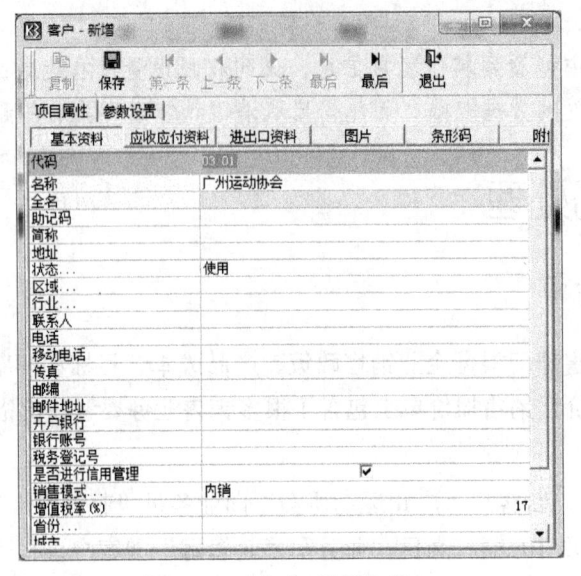

图 7-51 "客户-新增"窗口

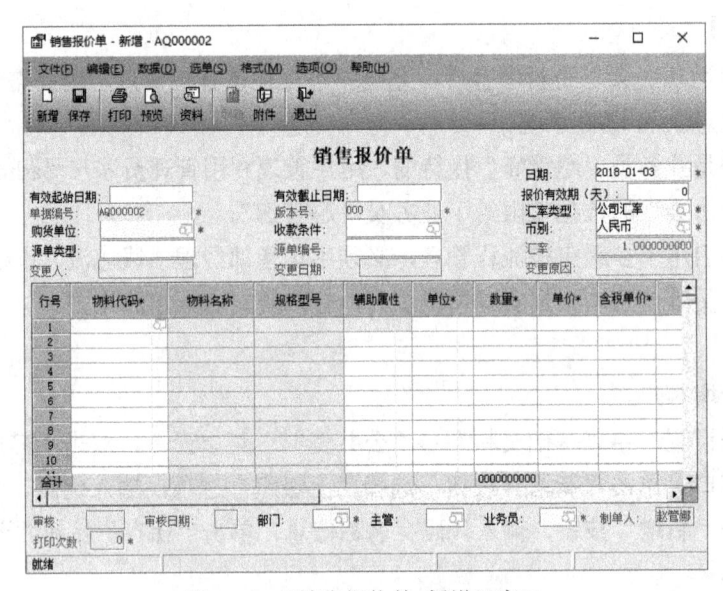

图 7-52 "销售报价单-新增"窗口

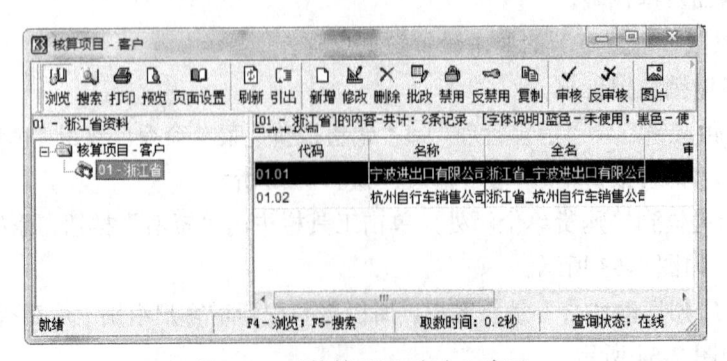

图 7-53 "核算项目-客户"窗口

第 7 章　销售管理

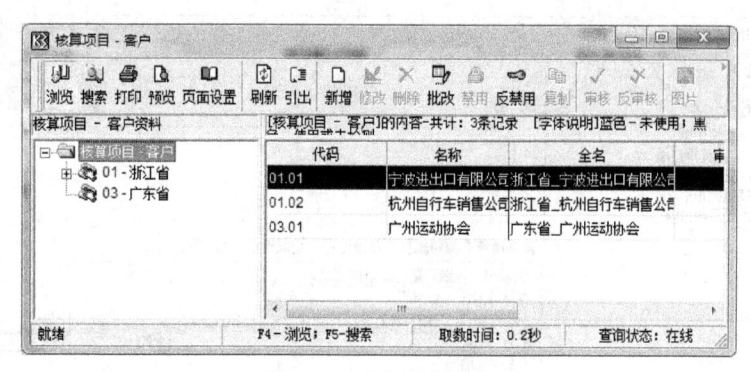

图 7-54　新增核算项目

（4）选择客户"广州运动协会"后，返回到"销售报价单-新增"窗口，然后将光标定位到表体第一行的"物料代码"处，输入物料代码"1.001"后按回车键，系统自动带出物料的相关信息，然后再输入含税单价"980"，有效（天）"30"天。

（5）输入业务员和部门后，单击工具栏中的"保存"按钮保存。

第 4 步，审核销售报价单。

退出系统，然后以"钱旭波"身份登录，对销售报价单进行审核，审核后的单据如图 7-55 所示。

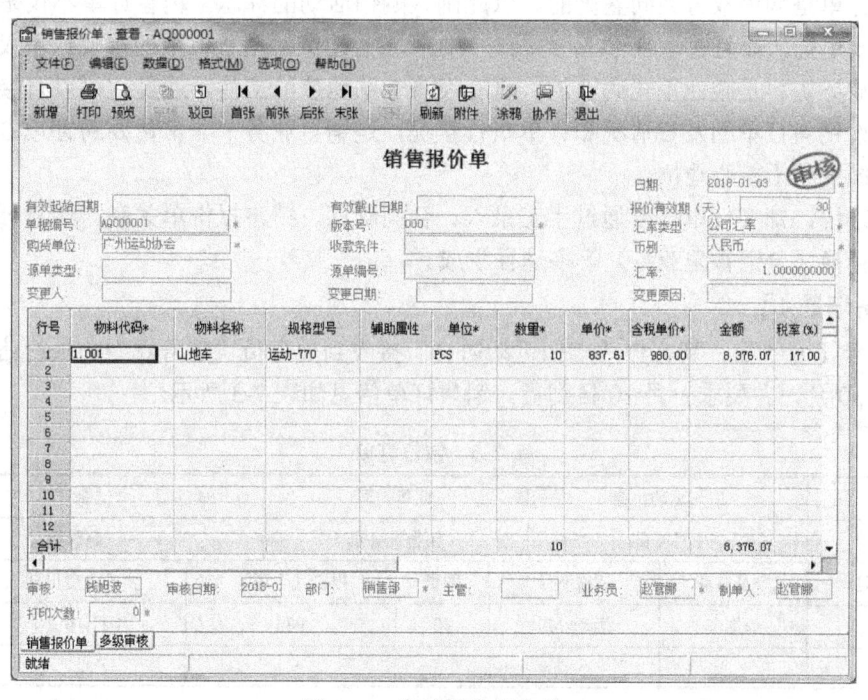

图 7-55　审核销售报价单

【要点说明】

若审核时提示"没有该级审核权限"，则执行"系统设置"→"系统设置"→"销售管理"→"审批流管理"菜单命令，在打开的窗口中设置"销售报价单"的"用户姓名"为"钱旭波"，如图 7-56 所示。

- 185 -

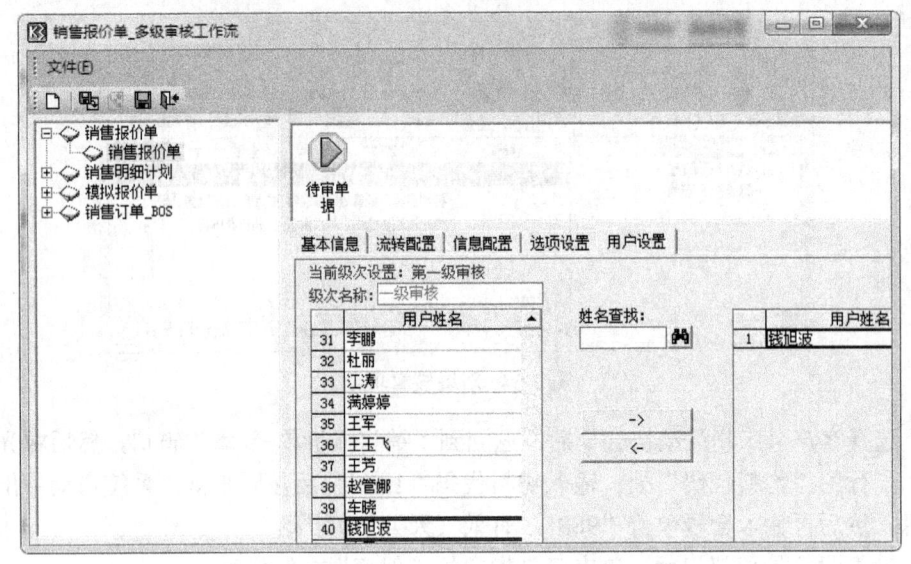

图 7-56　销售报价单-多级审核权限设置

7.3.2　销售订单

销售订单是购销双方共同签署的、以此确认购销活动的标志。销售订单不仅是销售管理系统的重要单据，而且在 K/3 供应链系统中处于核心地位。销售订单的重要性不仅表现在其所反映的业务资料是企业正式确认的、具有经济合法地位的文件，通过它可以直接向客户销货并可查询销售订单的发货情况和订单执行状况，是销售业务中非常重要的管理方式，从而在销售系统中处于核心地位。

一般来说，销售订单可以通过手工录入、合同确认、销售报价单关联、购货分支机构的采购订单转换（分销管理业务）等多途径生成。

【业务场景 1】

2018 年 1 月 5 日，新客户"广州运动协会"接收到业务员"赵管娜"的报价信息，先小批量订购 30 台，并要求 1 月 10 日到货。销售订单信息如表 7-3 所示。

表 7-3　销售订单 1

客户	广州运动协会	订单类型		试制订单	
接单日期	1 月 5 日	销售业务员		赵管娜	
产品代码	产品名称	规格型号	数量	报价（含税）	要求交货日期	备注
1.001	山地车	运动-770	30	980	1 月 10 日	

【业务场景 2】

2018 年 1 月 5 日，宁波进出口有限公司向销售部销售业务员赵管娜订购山地车和公路车，数量分别为 1 200 和 200，价格与价格资料中保持一致，要求交货日期为 1 月 26 日，销售订单信息如表 7-4 所示。

表 7-4　销售订单 2

客户	宁波进出口有限公司		订单类型		常规订单	
接单日期	1月5日		销售业务员		赵管娜	
产品代码	产品名称	规格型号	数量	报价（含税）	要求发货日期	备注
1.001	山地车	运动-770	1 200	920	1月26日	
1.003	公路车	运动-330	200	660	1月26日	装车铃

【业务场景 3】

2018 年 1 月 6 日，杭州自行车销售公司向销售部销售业务员赵管娜订购山地车和公路车，数量分别为 3000 和 2200，价格分别为 960 和 670，要求交货日期为 1 月 28 日和 2 月 7 日，销售订单信息如表 7-5 所示。

表 7-5　销售订单 3

客户	杭州自行车销售公司		订单类型		常规订单	
接单日期	1月6日		销售业务员		赵管娜	
产品代码	产品名称	规格型号	数量	报价（含税）	要求发货日期	备注
1.001	山地车	运动-770	3 000	960	1月28日	
1.003	公路车	运动-330	2 200	670	2月7日	装车铃

【业务分析】

销售订单 1：由于该订单之前有报价单，所以此次销售订单必须关联报价单生成。

企业关联"销售报表单"下推生成"销售订单"主要针对新客户，并且进行了正式报价的客户。另外通过"销售报表单"生成"销售订单"一般有两种模式：一种是根据"销售报价单"下推，另外一种是进入"销售订单-新增"界面进行选单。

销售订单 2：根据销售价格资料选择产品，并测试山地车不同数量带出来的销售价格，要注意配置类产品订单的配置。根据企业的实际需求变动，通过"单据自定义"增加销售订单的客户 BOM 显示。

销售订单 3：该张销售订单也是常规订单，但是由于公路车的单价与系统价格不一致，而且价格没有低于最低报价，所以只需要输入价格不一致的管控密码即可通过审核。

【操作步骤】

第 1 步，新增销售订单。

（1）执行"供应链"→"销售管理"→"销售订单"菜单命令，双击"销售订单-新增"选项，弹出"销售订单-新增"窗口，如图 7-57 所示。

（2）将光标定位到表头的"选单号"处，再单击工具栏中的"查看"按钮，在弹出的"销售报价单序时簿"窗口中，选中新增的报价单，然后单击"返回"按钮，在表体中显示物料信息。

（3）在表头中设置"订单类型"为"试制订单"，然后在表体中修改"数量"为"30"，交货"日期"为"2018-01-10"，完成后的效果如图 7-58 所示，然后单击"保存"按钮。

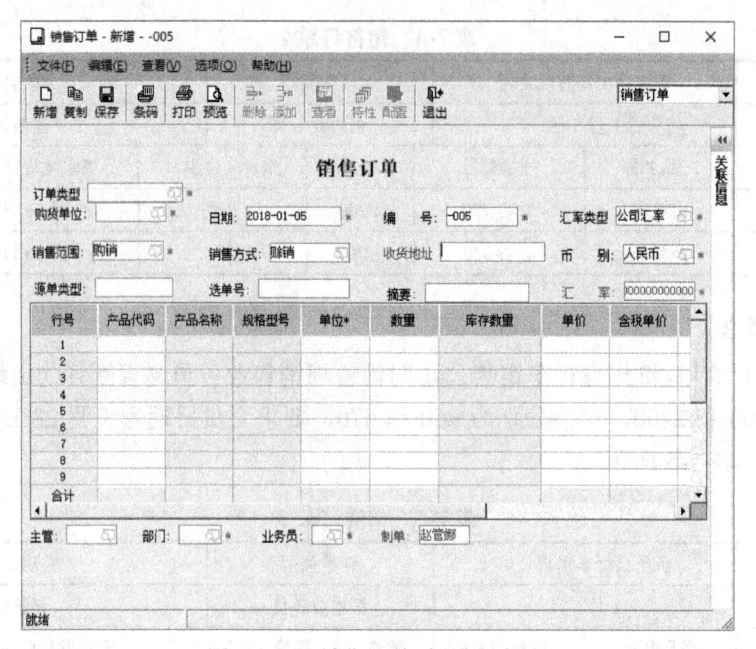

图 7-57 "销售订单-新增"窗口

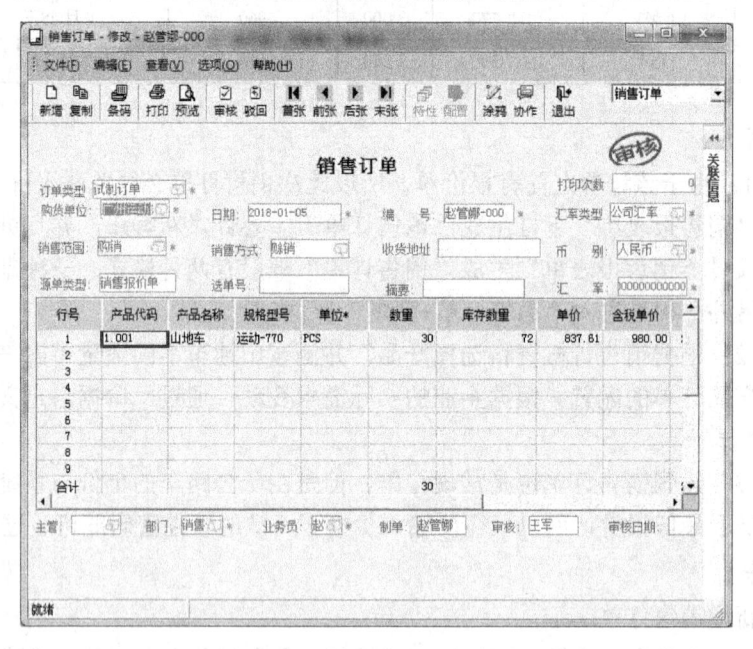

图 7-58 "销售订单-修改"窗口

（4）按相同的方法新增其他两个订单。由于 1.003 公路车为配置类 BOM，需要指定客户 BOM 信息。

第 2 步，审核销售订单。

订单新增完成后，以销售部主管"钱旭波"身份登录，对销售订单进行审核。

（1）执行"供应链"→"销售管理"→"销售订单"菜单命令，双击"销售订单-维护"选项，打开"销售订单序时簿"窗口，如图 7-59 所示。

- 188 -

第 7 章　销售管理

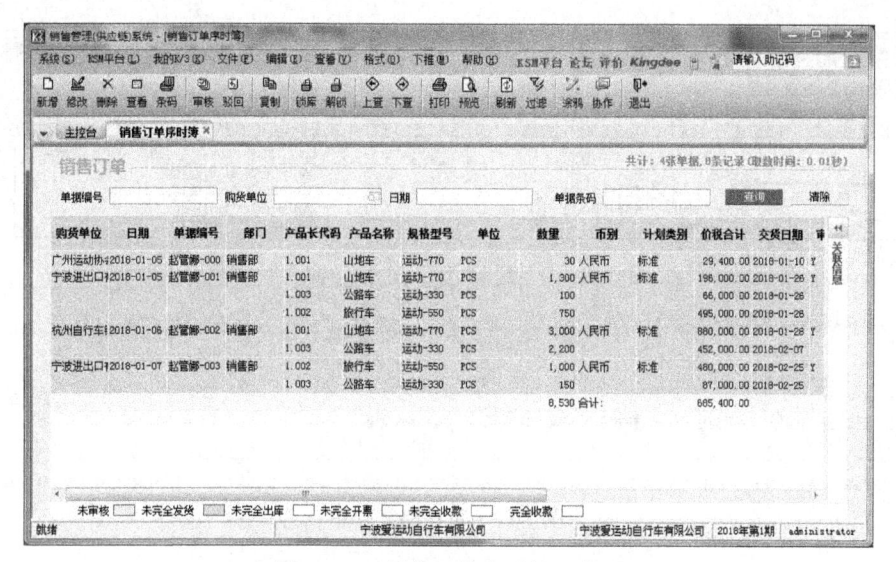

图 7-59　"销售订单序时簿"窗口

（2）选中新增的 3 条销售订单记录，然后执行"编辑"→"启动多级审核"菜单命令，系统提示"启动审核成功！"的信息，如图 7-60 所示。

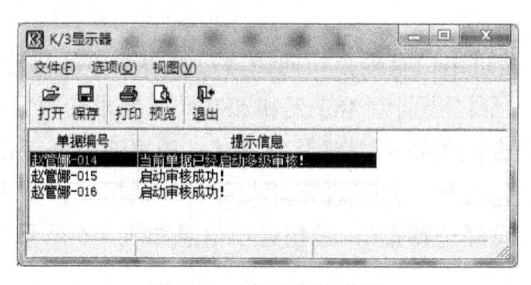

图 7-60　启动多级审核

（3）再次选中新增的 3 条销售订单记录，单击工具栏中的"审核"按钮，系统提示"单据审核成功！"的信息，如图 7-61 所示。

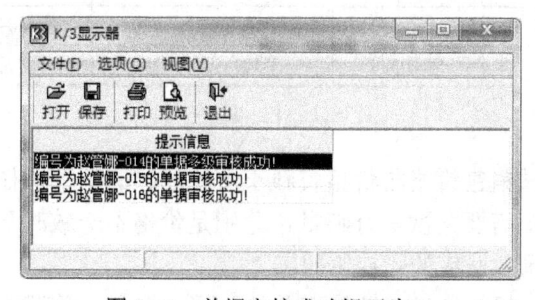

图 7-61　单据审核成功提示窗口

（4）审核成功后，可以执行"编辑"→"查看审核路线"菜单命令查看审核信息。由于第一条销售"订单类型"为"试制订单"，需要由总经理审核，所以审核路线的"目的级次"未显示"结束"级次，如图 7-62 所示。而第二、第三条销售订单类型为"常规订单"，因此审核路线的"目的级次"显示为"结束"。

- 189 -

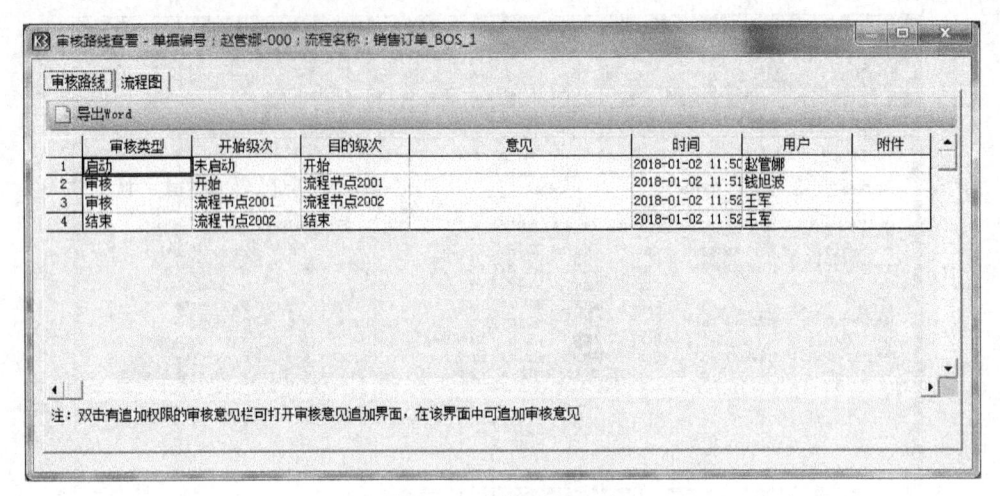

图 7-62 审核路线查看

（5）以总经理"王军"身份登录，对"试制订单"进行审核。

7.3.3 客户价格管理

【业务场景】

2018年1月7日，宁波进出口有限公司向销售部销售业务员赵管娜订购旅行车和公路车，数量分别为1000和150，价格分别为480元和580元，要求交货日期为2月25日，由于销售价格低于价格资料，该合同需要销售部经理特批，钱旭波驳回审批，业务员赵管娜进行作废处理，第二天客户找到总经理，总经理告知业务员和钱旭波，要求不计利润接单，钱旭波审批时填写了审批意见"总经理特批"，销售订单信息如表7-6所示。

表7-6 销售订单4

客户	宁波进出口有限公司		销售订单类型		常规订单
接单日期	1月7日		销售业务员		赵管娜
产品代码	产品名称	规格型号	数量	报价	要求发货日期	备注
1.002	旅行车	运动-550	1 000	480	2月25日	
1.003	公路车	运动-330	150	580	2月25日	装车铃

【业务分析】

此作业的目的是测试销售价格与价格资料不一致导致的审批操作，并且价格低于公司规定的最低价格，所以该单需要两次进行特批，分别是价格不一致时和低于最低销售价格时。在录入密码时系统提示录入对应的管控密码。

由于该单先驳回后又提交审批，涉及订单的驳回、作废、重新提交等业务操作。

【操作步骤】

（1）执行"供应链"→"销售管理"→"销售订单"菜单命令，双击"销售订单-新增"选项，打开"销售订单-新增"窗口，按表7-6要求录入销售订单。

（2）单击工具栏中的"保存"按钮，系统弹出"价格检查对话框"对话框，如图7-63所示。

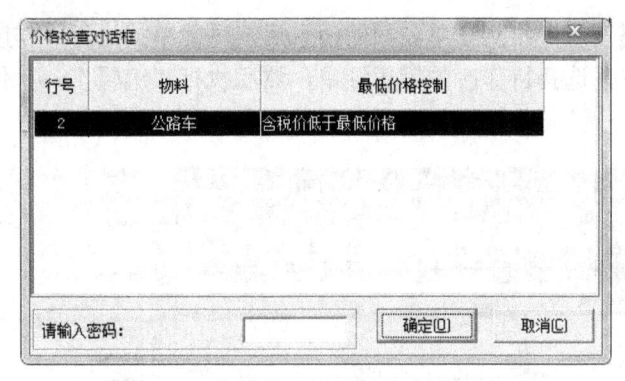

图 7-63 "价格检查对话框"对话框（1）

（3）在"请输入密码"处输入"654321"（一般业务员不知道最低价格控制密码，需要由销售经理输入），单击"确定"按钮，系统弹出"价格检查对话框"对话框，提示"含税价不等于价格政策的价格"信息，如图 7-64 所示。输入密码为"123456"，然后单击"确定"按钮，完成销售单据的保存工作。

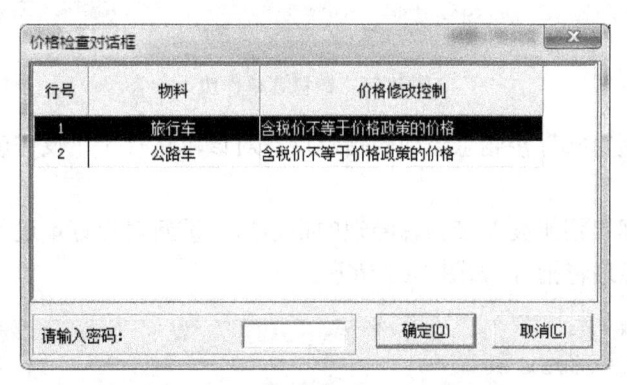

图 7-64 "价格检查对话框"对话框（2）

（4）退出系统，以销售经理"钱旭波"的身份登录，再对销售订单进行审核，由于该销售订单价格严重低于最低价格控制，因此驳回该销售订单。

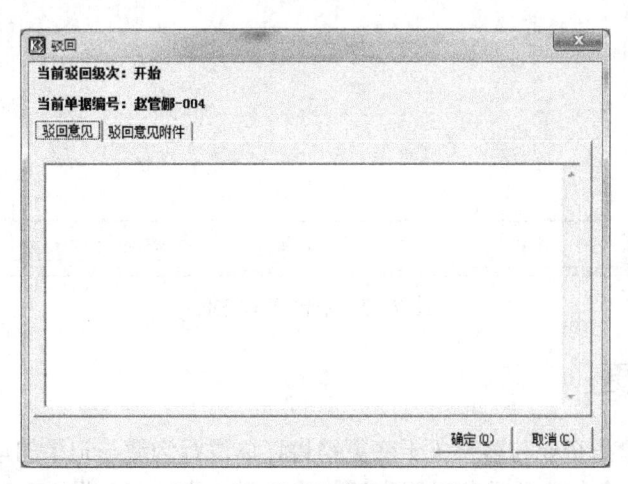

图 7-65 销售订单审批驳回

(5)业务员"赵管娜"收到订单驳回的消息后,对此单据进行"作废"处理。在"销售订单序时簿"窗口中,选择待作废的销售订单,然后执行"编辑"→"作废"菜单命令,如图 7-66 所示。

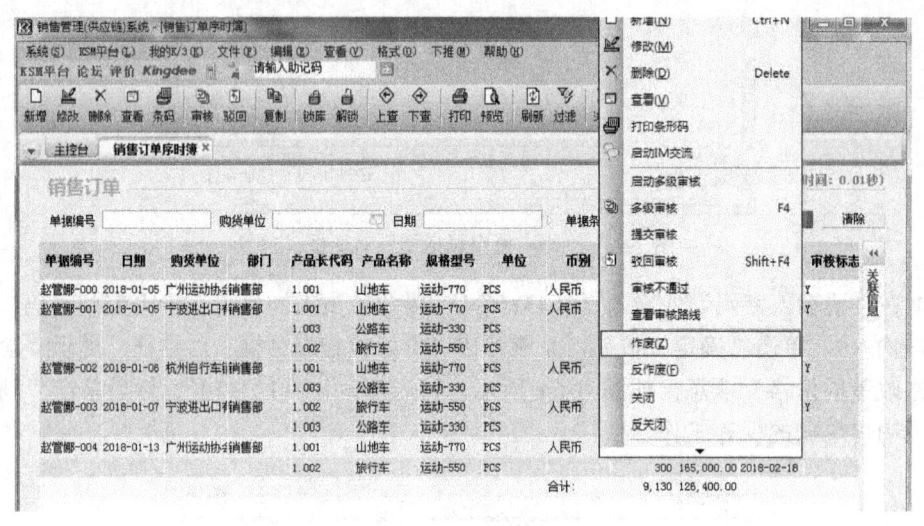

图 7-66 销售订单作废

(6)业务员"赵管娜"接到总经理的指示后,对该单进行了"反作废"处理,并重新启动多级审核。

(7)销售部经理"钱旭波"接到总经理的指示后,重新对该订单进行了审批,并在审批意见中填写了"总经理特批",如图 7-67 所示。

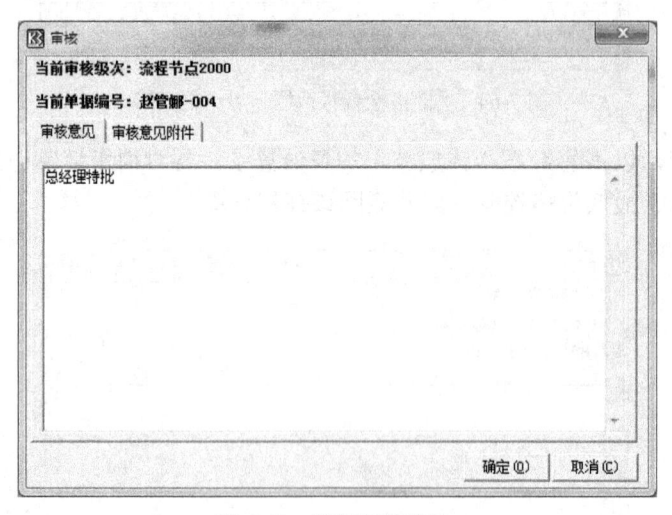

图 7-67 销售订单特批

7.3.4 订单变更

订单变更申请单是企业与客户关于变更销售订单进行沟通与记录的单据。企业本身和客户都可以根据实际业务的变化发起对销售订单的变更,然后由企业使变更正式生效。

订单变更存在较大的风险，在设置权限时需要特别注意，因为企业根据销售订单展开了采购和生产业务，销售订单变更将会导致企业物料的滞压，甚至会产生不必要的浪费。

【业务场景】

2018年1月8日，宁波进出口有限公司提出对1月5日的销售订单内容进行变更，山地车增加100辆，旅行车增加750辆，而公路车减少100辆的订单数，价格都按合同价，交期不变，变更后的销售订单如表7-7所示。

表7-7 销售订单变更

客户	宁波进出口有限公司		销售订单类型		常规订单	
接单日期	1月8日		销售业务员		赵管娜	
产品代码	产品名称	规格型号	数量	报价	要求发货日期	备注
1.001	山地车	运动-770	1 300	920	1月26日	
1.002	旅行车	运动-550	750	550	1月26日	
1.003	公路车	运动-330	100	660	1月26日	装车铃

【业务分析】

销售订单变更的一般步骤为：销售业务员根据客户要求和原销售订单新增变更申请单，然后由销售部门主管审核同意，最后需对变更申请单的分录行执行"生效"操作使销售订单变更申请单生效。

销售订单变更为不可逆单据，如果变更错误，需要重新变更修正。

【操作步骤】

（1）执行"供应链"→"销售管理"→"销售订单"菜单命令，双击"销售订单变更申请-新增"选项，系统打开"销售订单变更申请-新增"窗口，如图7-68所示。

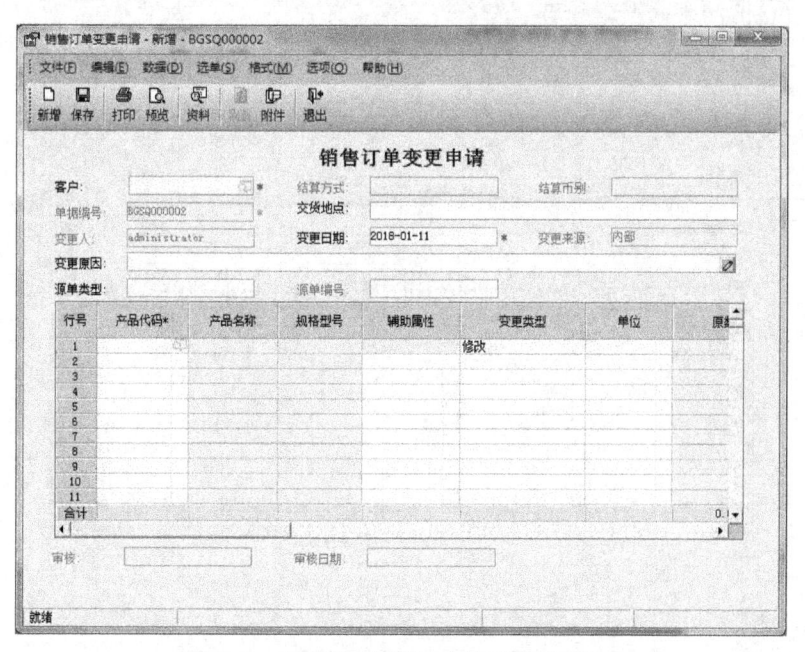

图7-68 "销售订单变更申请-新增"窗口

（2）将光标定位到"源单类型"处，设置单据类型为"销售订单"，然后将光标定位到"源单编号"处，单击工具栏中的"资料"按钮，系统显示"销售订单"列表窗口。

（3）选中"宁波进出口有限公司"的销售订单，单击工具栏中的"返回"按钮，在"销售订单变更申请–新增"窗口的表体中自动显示销售订单信息，如图 7-69 所示。

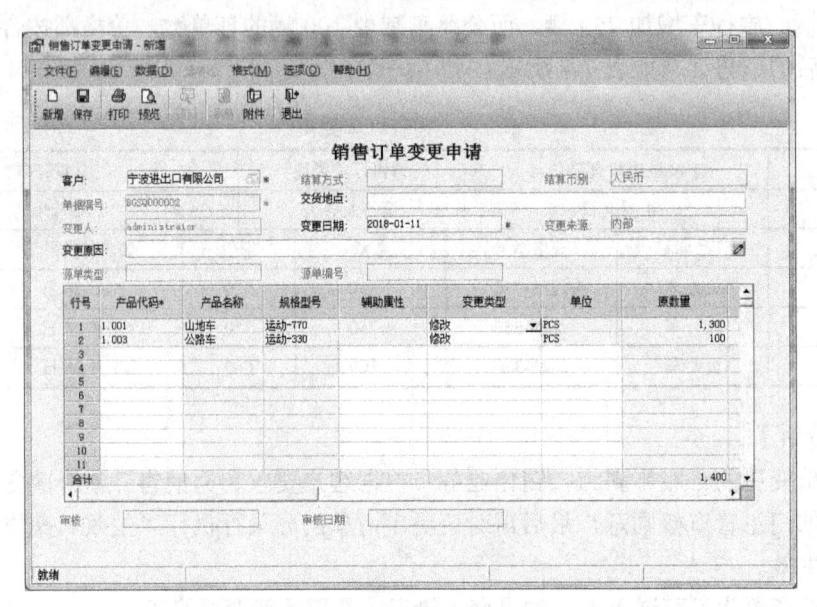

图 7-69 变更前的销售订单

（4）按表 7-7 要求对表体中的信息进行变更，如图 7-70 所示。

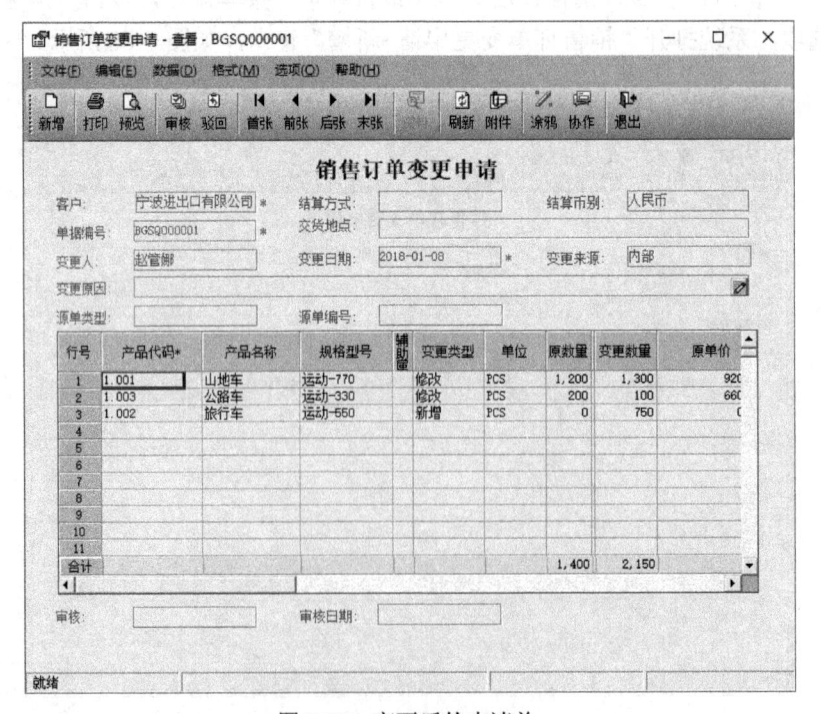

图 7-70 变更后的申请单

（5）以销售经理"钱旭波"身份登录系统，执行"供应链"→"销售管理"→"销售订单"菜单命令，双击"销售订单变更申请-维护"选项，弹出"销售订单变更申请序时簿"窗口，如图 7-71 所示。

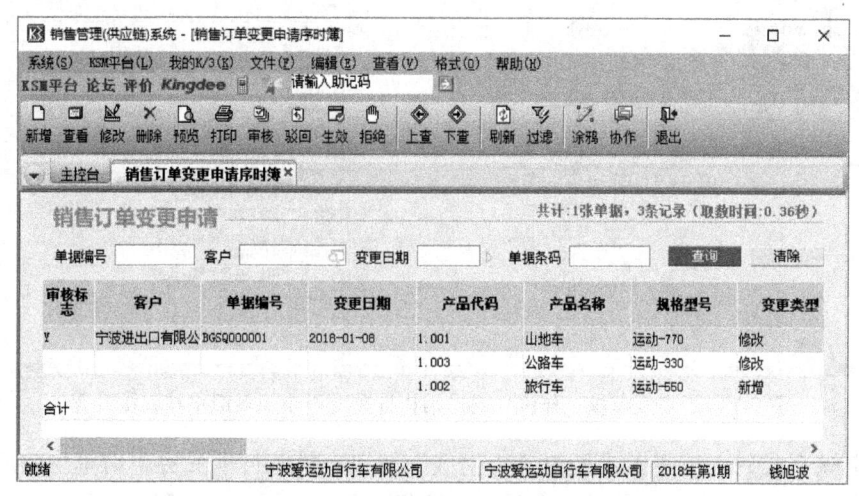

图 7-71 "销售订单变更申请序时簿"窗口

（6）选中所有记录，然后单击工具栏中的"审核"按钮，系统弹出"审核"窗口，如图 7-72 所示。输入"同意修改"，然后单击"确定"按钮完成审核操作。

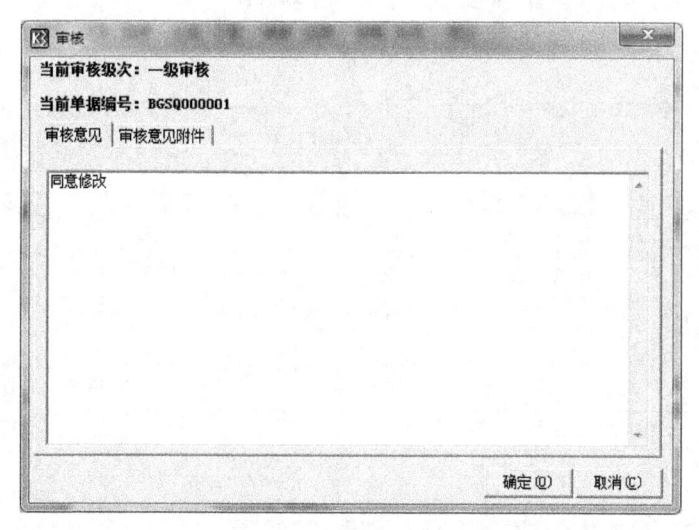

图 7-72 "审核"窗口

【要点说明】

以管理员的身份进入，设置销售部经理"钱旭波"拥有"销售订单变更申请单"的审核权限。

若"钱旭波"没有销售订单变更审核权限，则需要执行"系统设置"→"系统设置"→"经销商门户"菜单命令，双击"审批流管理"选项，在打开的"多级审核工作流"窗口中，设置"销售订单变更申请"的审核权限和驳回权限，如图 7-73 所示。

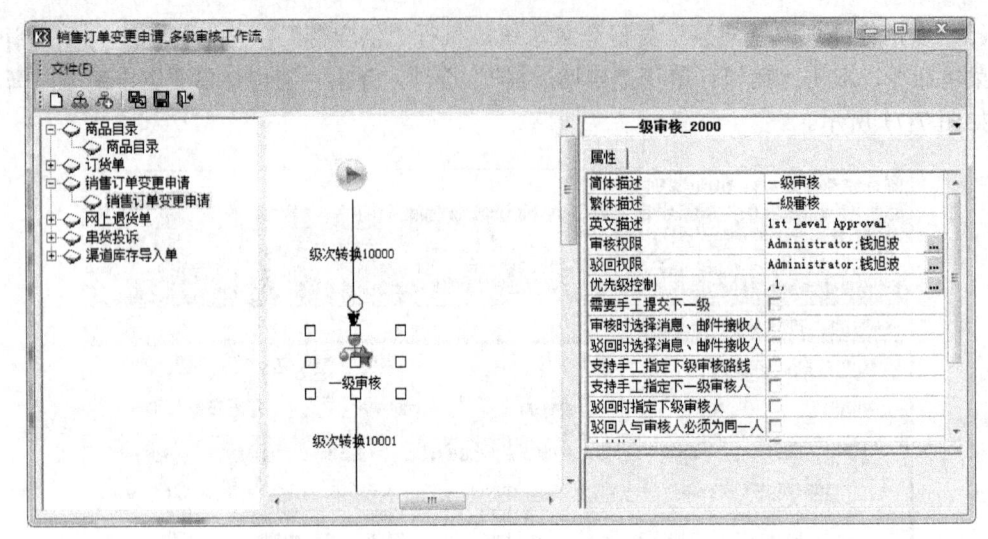

图 7-73 "多级审核工作流"窗口销售订单变更申请多级审核权限设置

（7）审核完成后，单击工具栏中的"生效"按钮。销售订单变更申请单生效后，可以在"销售订单序时簿"窗口中，查看到变更后的销售订单，如图 7-74 所示。

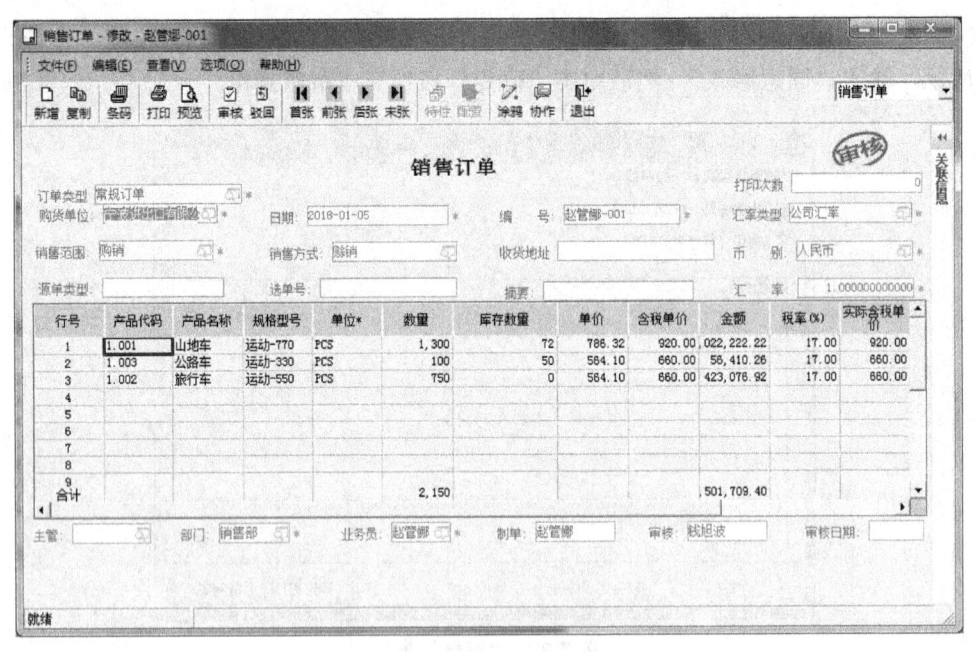

图 7-74 销售订单变更生效

7.3.5 客户信用管理

目前，赊销已经成为各行业市场中主要的交易方式。作为一种有效的竞争手段和促销手段，赊销能够为企业带来巨大利润。同时，伴随着赊销产生的商业信用风险以及对这种风险的管理就变得越来越重要。

大部分企业只针对经常往来的客户单位设置信用管理，一般会考虑客户的规模等资质设置信用管理，信用管理存在多种管理控制，常用的有根据应收款额度、应收款账期进行设置管理，本案就是根据应收款额度进行设置管理。

【业务场景1】

设置客户"广州运动协会"启用信用管理模式，其他客户暂不启用信用管理模式，目前暂时只针对销售订单进行控制，控制时点为"审核"。信用管控方式如表7-8所示。

表7-8 信用管控方式

客户	信用方式	信用级别	金额
广州运动协会	信用额度	A	150 000元

【业务场景2】

2018年1月13日，广州运动协会向销售部销售业务员赵管娜订购山地车和旅行车，数量均为300，要求交货日期为2月18日，销售订单信息如表7-9所示。

销售部经理"钱旭波"审核该单据时发现该客户的销售订单金额超出了信用管理的金额，随即通知了业务员"赵管娜"，业务员得到通知后对该单进行了"作废"处理。

表7-9 销售订单

客户	广州运动协会		销售订单类型		常规订单	
接单日期	1月13日		销售业务员		赵管娜	
产品代码	产品名称	规格型号	数量	报价	要求发货日期	备注
1.001	山地车	运动-770	300	920	2月18日	
1.002	旅行车	运动-550	300	550	2月18日	

【业务分析】

信用管理主要是进行应收账款的管理，信用管理主要的对象包括客户（客户类别）、职员（职员类别）和部门，要对这些对象进行信用管理，首先要对这些对象启用信用管理。

以客户为例，执行"基础资料"→"公共资料"→"客户"菜单命令，在打开的窗口中对要采用信用管理的客户，选择"是否进行信用管理"属性，然后该客户才能在信用管理维护界面中显示并可设置信用信息。

启用信用管理：用户在主界面通过执行"系统设置"→"基础资料"→"销售管理"→"信用管理维护"菜单命令，打开"信用管理维护"窗口，然后通过执行"工具"→"启用"菜单命令，启用信用管理。启用信用管理会将系统中客户和职员的信用余额进行重算，所以启用过程需要一段时间。启用成功之后，"启用"菜单自动变为"禁用"，如果要停止使用信用管理功能，可以单击"禁用"命令。当应收系统进行初始化时，系统会自动禁用信用管理。结束初始化后用户须手工重新启用信用管理。

信用信息设置：在进行了相关设置之后，用户在系统主界面上执行"系统设置"→"基础资料"→"销售管理"→"信用管理维护"菜单命令，在打开的窗口中对客户、客户类别、职员、职员类别、部门的信用信息进行设置、维护和查询工作。

【操作步骤】

第1步，启用应收款管理系统。

"李鹏"作为财务总监,具有应收款管理系统参数设置的权限,以"李鹏"账号登录系统进行应收款系统参数设置。

(1)执行"系统设置"→"系统设置"→"应收款管理"→"系统参数"菜单命令,按表 7-10 要求设置应收系统参数。设置完成后的效果如图 7-75 和图 7-76 所示。

表 7-10 应收系统参数

基本信息	启用年份:本年,启用期间:1 月
坏账计提方法	坏账损失:6602.21;坏账准备:1231;计提坏账科目:1122 应收账款;计提比例:0.5%
科目设置	单据类型科目都为 1122;应收票据:1121;应交税金:2221.01.05
期末处理	启用期末调汇(不勾选)

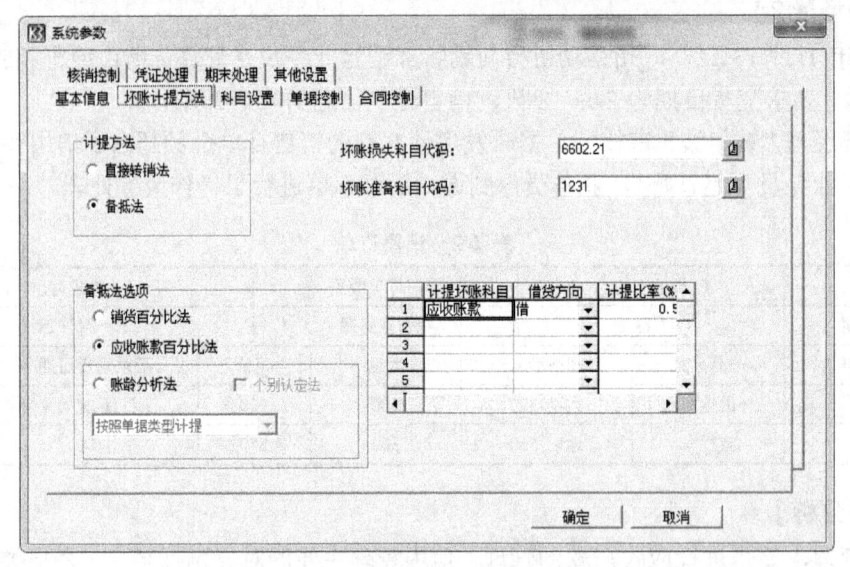

图 7-75 系统参数-坏账计提方法

图 7-76 系统参数-科目设置

第 7 章 销售管理

【要点说明】

执行"系统设置"→"基础资料"→"公共资料"→"科目"菜单命令,设置"1121应收票据"和"1122应收账款"的科目受控系统为"应收应付"。

(2)执行"财务会计"→"应收款管理"→"初始化"→"结束初始化"菜单命令,弹出"初始化检查"对话框,如图7-77所示。

(3)单击"是"按钮,系统最后提示"系统成功启用"。

第2步,启用并设置客户信用。

(1)执行"系统设置"→"基础资料"→"公共资料"→"客户"菜单命令,打开需要启用信用管理的"客户-修改"窗口,勾选"是否进行信用管理"选项,如图7-78所示。

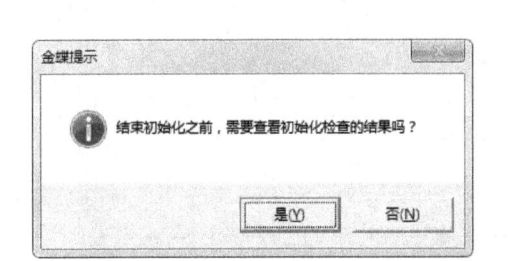

图 7-77 "初始化检查"对话框 　　　　图 7-78 "客户-修改"窗口

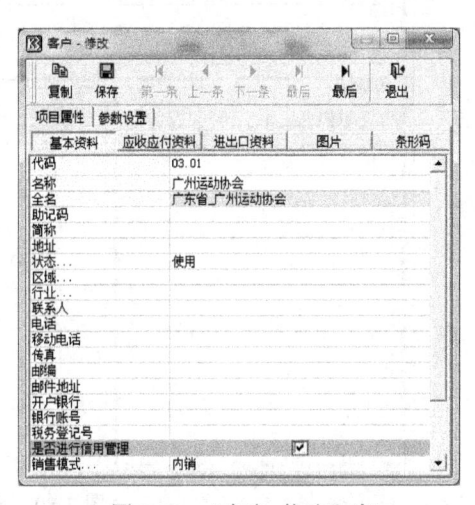

(2)执行"系统设置"→"基础资料"→"销售管理"→"信用管理维护"菜单命令,打开"信用管理"窗口,然后单击工具栏中的"启用"按钮,弹出如图7-79所示的提示框。

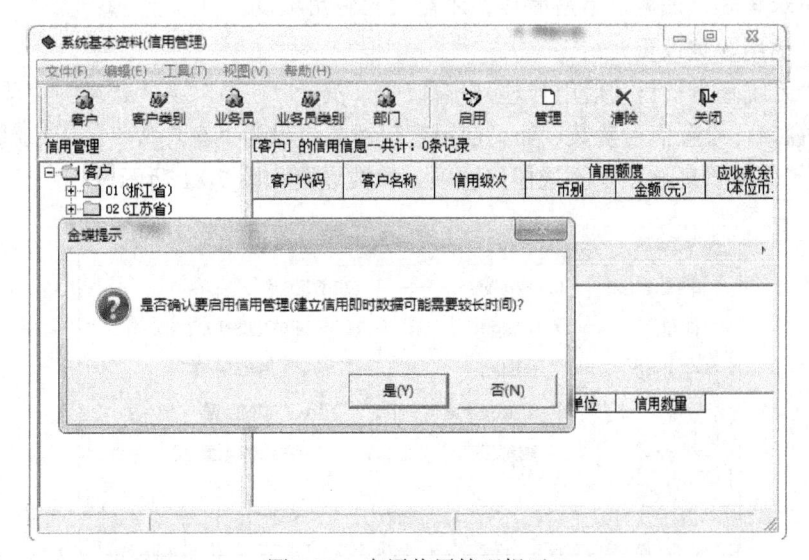

图 7-79 启用信用管理提示

ERP 应用与实践项目化教程

【要点说明】

由于"李鹏"作为财务部经理，原财务组没有信用管理权限，管理员发现后，单独给"李鹏"增加了信用管理权限。

（3）在左边的客户列表中，选择"广州运动协会"，然后单击工具栏中的"管理"按钮，按表 7-8 要求设置客户信用额度，如图 7-80 所示。

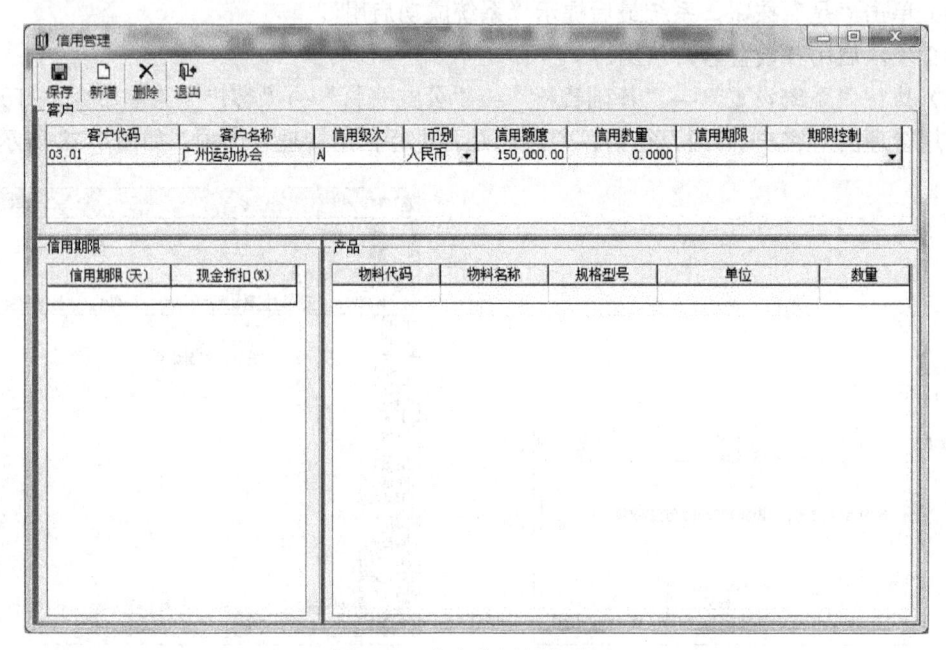

图 7-80 客户信用额度设置

【要点说明】

由于后来增加的客户"广州运动协会"并没有启用"客户信用管理"，所以必须先在客户基础资料中勾选该客户的客户信用管理，才能设置信用额度。

第 3 步，信用参数设置。

（1）在"系统基本资料（信用管理）"窗口中，执行"工具"→"选项"菜单命令，打开"选项设置"窗口，设置信用参数。如"信用管理对象"设为"客户"，"信用控制强度"设为"取消交易"，"信用管理选项"不选任何选项。参数设置如图 7-81 所示。

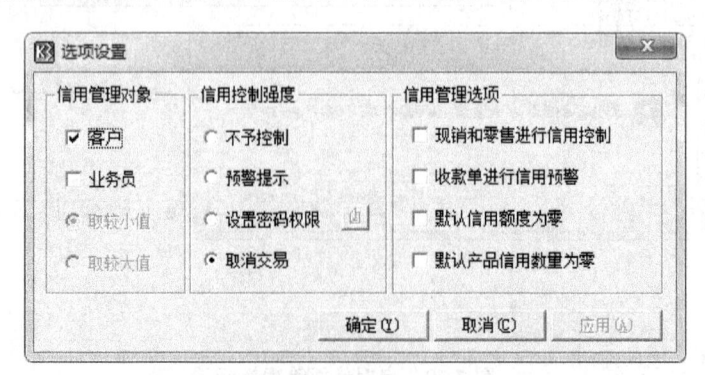

图 7-81 "选项设置"窗口——信用参数设置

（2）执行"工具"→"公式"菜单命令，打开"信用公式设置"对话框，如图 7-82 所示。在其中设置信用的计算公式。在左侧窗口中依次选中"信用控制单据"、"销售订单"和"信用额度"。在右侧窗口中"控制时点"选项卡选中"审核"时控制，"信用额度"选项卡中设置"信用额度"="当前单据金额"+所有选项。

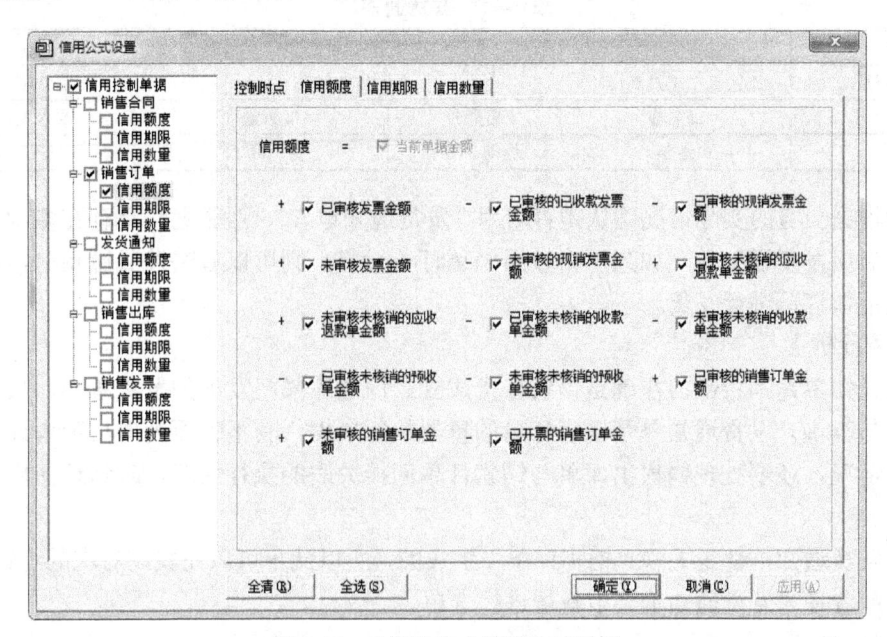

图 7-82 "信用公式设置"对话框

（3）按表 7-9 要求新增销售订单，由于该客户的销售订单数量超出了客户信用管控额度，如图 7-83 所示，所以提示订单不能保存。

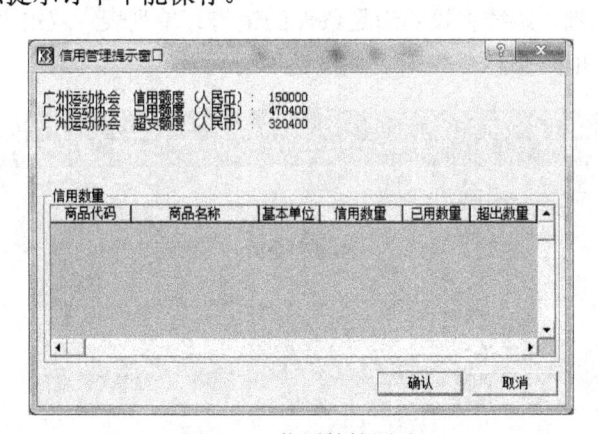

图 7-83 信用管控测试

7.3.6 发货通知单

发货通知单是销售部与仓库之间的信息传递纽带，当销售部根据销售订单上的交货日期确认需要给客户发货时，填写一张发货通知单传递到"仓存管理"模块，当仓库管理员接收到发货通知信息后，再根据发货通知单填写销售出库单据。

【业务场景】

2018年1月9日,业务员"赵管娜"接到新客户的试制订单后,发现仓库有库存,当日,就制作了发货通知单,通知成品库于1月10日发货,发货通知单如表7-11所示。

表7-11 发货通知单

客户	广州运动协会			
制单日期	1月9日		销售业务员	赵管娜
产品代码	产品名称	规格型号	数量	要求发货日期
1.001	山地车	运动-770	30	1月10日

企业根据自身的实际情况确认是否启用"发货通知单",一般销售订单存在多次发货的情况,才会启用发货通知单,如果严格按照销售订单发货,则可以省略发货通知单,而由仓库直接关联销售订单进行发货。

【业务分析】

发货通知单是销售部门在确定销售订货成立、向仓库部门发出的发货通知,从而方便物料的跟踪与查询。发货通知单是销售订单的重要执行单据,其不仅要处理与销售订单直接关联的执行情况,还要处理销售出库单与销售订单间接关联的执行情况,起到承上启下的业务管理作用。

由于发货通知单都是关联"销售订单"生成的,所以此步可以先找到对应的"销售订单"再下推,或者在"发货通知单"中新增进行选单。

【操作步骤】

(1)执行"供应链"→"销售管理"→"发货通知"菜单命令,双击"发货通知-新增"选项,系统打开"发货通知单-新增"窗口。"源单类型"选择"销售订单",将光标移到"选单号"处,按F7功能键,系统将显示满足条件的销售订单列表,双击"广州运动协会"的订单,并返回"发货通知单-修改"窗口,如图7-84所示。

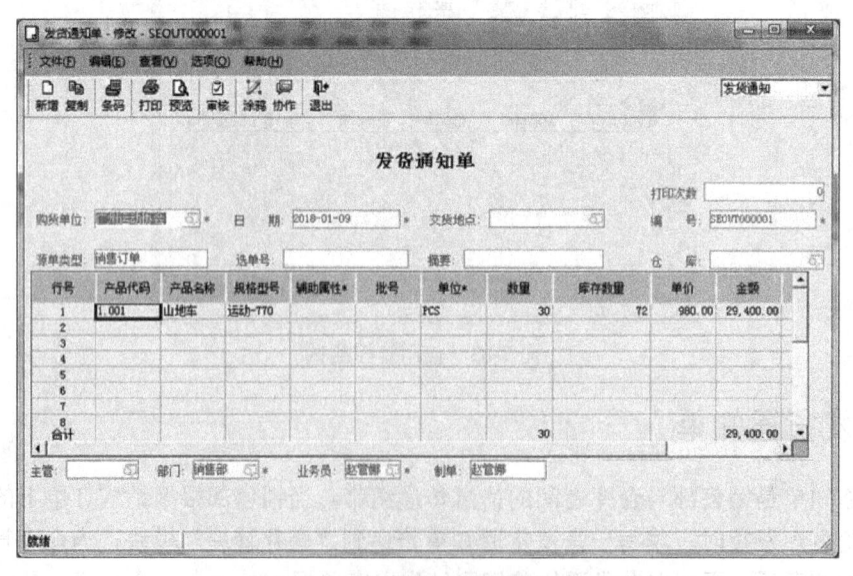

图7-84 "发货通知单-修改"窗口

（2）在"摘要"处注明"1月10日发货"，然后单击"保存"按钮保存发货通知单并审核。

7.3.7 销售出库单

销售出库单，又称发货单，是确认产品出库的书面证明，是处理包括日常销售、委托代销、分期收款等各种形式的销售出库业务的单据。

销售出库单是库存单据，记录的信息与销售订单和发货通知单的内容大同小异，主要记录发货对应的客户、产品、数量等信息，而对于价格等敏感信息，部分企业会选择不在销售出库单中显示单价金额信息。

【业务场景】

仓管员"江涛"收到发货通知单后，于1月10日备货并发货给客户。

表7-12 销售出库单

客户	广州运动协会			
制单日期	1月10日		仓库保管员	江涛
产品代码	产品名称	规格型号	数量	备注
1.001	山地车	运动-770	30	

【业务分析】

销售出库单是关联"发货通知单"生成的，所以此步可以先找到对应的"发货通知单"再下推，或者在"销售出库单"中新增选单。

销售出库单有两种：一种是蓝字出库单，另一种是红字出库单，红字出库单是蓝字出库单的反向单据，代表物料的退回，该单是正向单据，默认为蓝字单据。

【操作步骤】

（1）执行"供应链"→"销售管理"→"销售出库"菜单命令，双击"销售出库单-新增"选项，系统弹出"销售出库单-新增"窗口。选择"源单类型"为"发货通知"，将光标定位到"选单号"处，单击工具栏中的"查看"按钮，系统弹出"发货通知"窗口。双击选中"广州运动协会"发货通知单，并返回"销售出库单-新增"窗口。

（2）将光标定位到"发货"和"保管"处再单击工具栏中的"查看"按钮，系统弹出"职员"窗口，双击"江涛"记录，并返回"销售出库单-新增"窗口。

（3）单击"保存"按钮保存销售出库单，并审核销售出库单，审核成功后效果如图7-85所示。

7.3.8 销售退货单

退货通知单是处理由于质量不合格、价格不正确等因素，或与销售订单或合同的相关条款不相符等原因，购货单位将销售货物退回的业务单据，是发货通知单的反向操作单据。退货通知单的反向作用主要表现在：作为发货通知单的反向执行单据，可以作为红字销售出库单的源单据，执行退货操作。

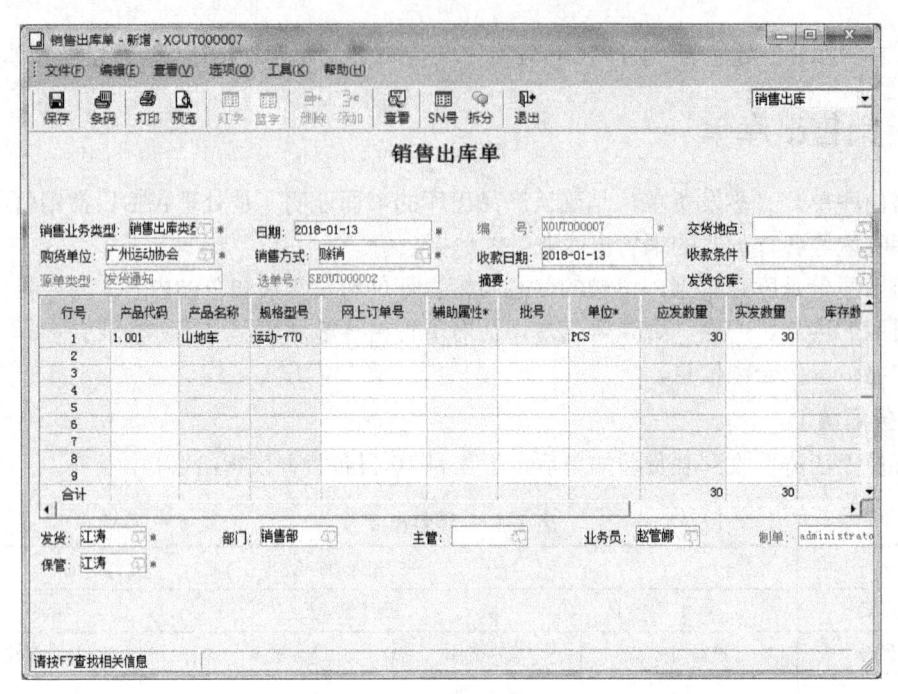

图 7-85 审核成功后的销售出库单

【业务场景】

1月13日，广州运动协会收到宁波爱运动自行车有限公司发来的 30 辆自行车，经质检发现有 2 辆自行车存在质量问题，要求作退货处理，并告知业务员"赵管娜"退货的两台不用补货。

1月13日，销售业务员"赵管娜"接到客户退货要求，当日关联"发货通知单"制作了"退货通知单"（见表7-13），作好了处理。

表 7-13 退货通知单

客户	广州运动协会		
制单日期	1月13日	销售业务员	赵管娜
产品代码	产品名称	规格型号	数量	退货日期
1.001	山地车	运动-770	2	1月13日

1月13日，仓管员"江涛"收到广州运动协会退回的 2 辆自行车，当日关联"退货通知单"制作了"红字销售出库单"，之后对原"蓝字销售出库单"进行拆分数量，拆分出 2 辆，并对已拆分完的销售出库单与红字销售出库单进行核销（见表7-14），同时手工修改"销售订单"的状态为"关闭"。

表 7-14 销售出库单（红字）

客户	广州运动协会		
制单日期	1月13日	销售业务员	赵管娜
产品代码	产品名称	规格型号	数量	退货日期
1.001	山地车	运动-770	2	1月13日

【业务分析】

作为发货通知单的反向执行单据,退货通知单可以作为红字销售出库单的源单据,执行退货操作。

由于本案例中退货的 2 辆自行车不需要补货,因此需通过"红字销售出库单"来核减原销售出库单,并通过对原销售出库单的拆分来核销相关数量。

【操作步骤】

第 1 步,新增退货通知单

(1)执行"供应链"→"销售管理"→"退货通知"菜单命令,双击"退货通知-新增"选项,系统弹出"退货通知单-新增"窗口。"源单类型"选择"发货通知",将光标移到"选单号"处,按 F7 功能键,系统将显示满足条件的销售订单列表,双击"广州运动协会"的发货通知单,并返回"发货通知单-新增"窗口。

(2)在表头中设置"收料仓库"为"不良品仓",再设置表单中的"数量"为"2"。

(3)单击"保存"按钮保存退货通知单,并审核退货通知单,审核成功后的退货通知单如图 7-86 所示。

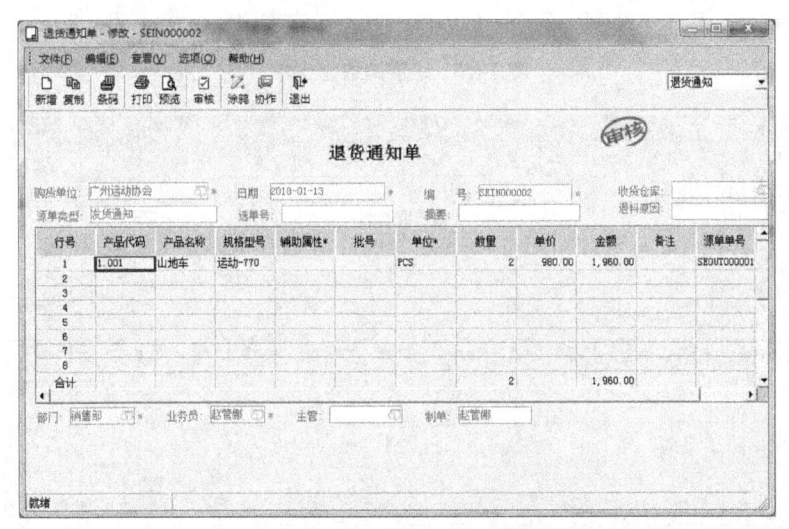

图 7-86 审核成功后的退货通知单

第 2 步,生成红字销售出库单。

执行"供应链"→"销售管理"→"退货通知"菜单命令,双击"退货通知-维护"选项,选中单据,再执行"下推"→"销售出库单"菜单命令,生成"红字销售出库单",如图 7-87 所示。

第 3 步,拆分销售出库单并核销。

(1)执行"供应链"→"销售管理"→"销售出库"菜单命令,双击"销售出库-维护"选项,打开"销售出库单-修改"窗口。选中单据,右击,在弹出的快捷菜单中选择"拆分单据"命令,生成"销售出库单",如图 7-88 所示。

(2)执行"供应链"→"销售管理"→"销售出库"菜单命令,双击"销售出库-维护"选项,选中要核销的单据,右击,在弹出的快捷菜单中选择"核销"命令,系统弹出如图 7-89

所示的提示信息。

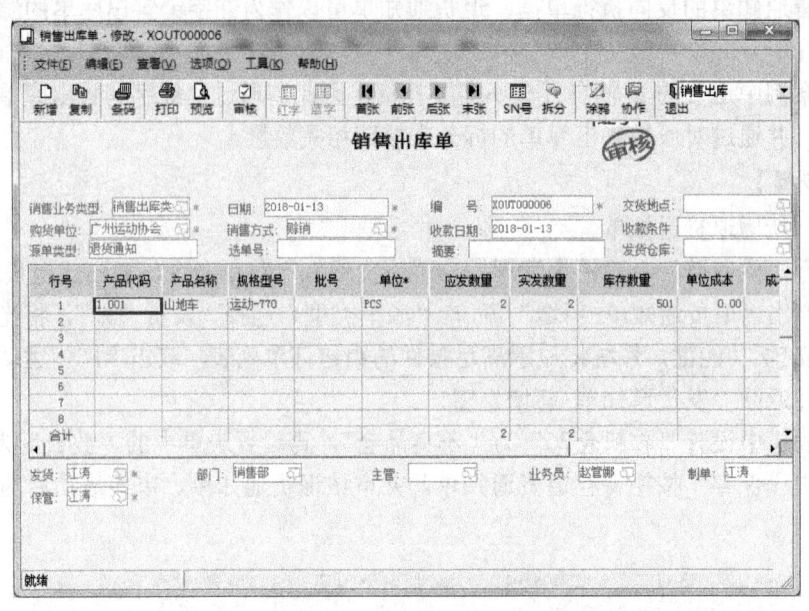

图 7-87 红字销售出库单

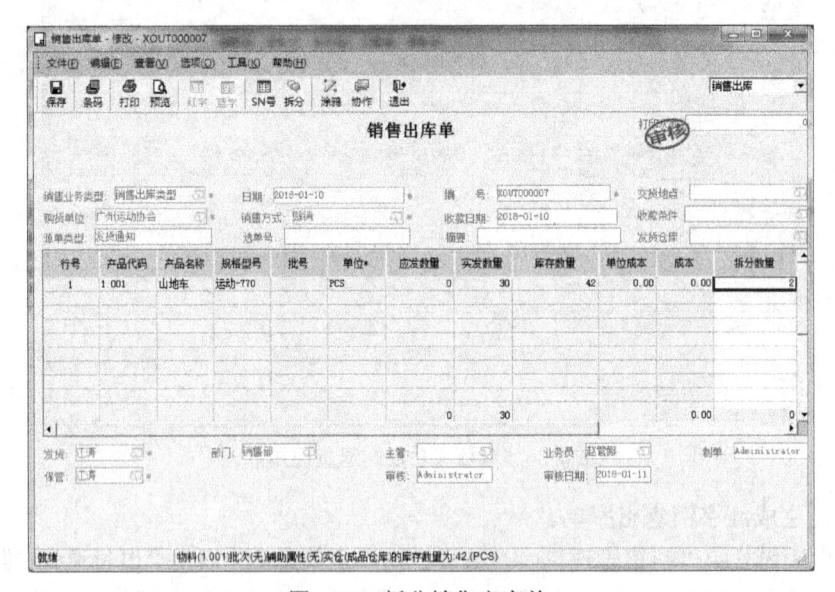

图 7-88 拆分销售出库单

图 7-89 对等核销提示信息

（3）由于该销售订单发生了退货事件，原销售订单的状态反写成了"未关闭状态"，销售部业务员与客户协商后，确认剩余的 2 辆自行车不用补货，即按照实际出库的 28 辆进行结算，销售部业务员赵管娜进行了手工行业务关闭。执行"供应链"→"销售管理"→"销售订单"菜单命令，双击"销售订单-维护"选项，选中要关闭的单据，右击，在弹出的快捷菜单中选择"行业务关闭"命令，结果如图 7-90 所示。

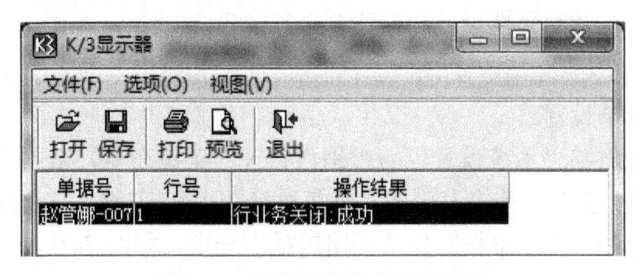

图 7-90　销售订单状态改变结果

7.3.9　财务结算

ERP 系统通过"销售出库单"与客户进行对账，并通过开具销售发票进行销售收入确认。销售发票是购货单位开给供货单位，据以付款、记账、纳税的依据。

销售发票包括销售专用发票和销售普通发票。其中销售专用发票是指增值税专用发票，是一般纳税人销售货物或者提供应税劳务所开具的发票，发票上记载了销售货物的售价、税率以及税额等，在销售专用发票上记载所收取的销项税额抵扣采购增值税专用发票上记载的购入货物已支付的税额，作为报告增值税的依据。销售普通发票是指除了销售专用发票之外的发票或其他收购价凭证。所有销售发票上记载的销货收入都是所得税的应纳税所得额的组成部分。

【业务场景】

1 月 20 日，业务员"赵管娜"依据财务部开出的"广州运动协会"的实际发票，关联"销售出库单"生成对应的"销售发票（专用）"，并通知财务部开具。销售发票信息如表 7-15 所示。

表 7-15　销售发票信息

客户	广州运动协会			
制单日期	1 月 20 日		销售业务员	赵管娜
产品代码	产品名称	规格型号	数量	含税金额
1.001	山地车	运动-770	28	27440

【业务分析】

销售发票的钩稽主要是指发票与销售出库单的钩稽。对于分期收款和委托代销销售方式的销售发票只有钩稽后才允许生成凭证，且无论是本期或以前期间的发票，钩稽后都作为钩稽当期发票来计算收入；对于现销和赊销发票，钩稽的主要作用就是进行收入和成本的匹配确认，对于记账没有什么影响。

在供应链系统中，一张销售发票可以与多张销售出库单钩稽，多张发票也可以与一张销售出库单钩稽，同样，多张销售发票可以与多张销售出库单钩稽。两者钩稽的判断条件包括：

（1）客户必须一致。

（2）销售方式的判断：分期收款销售、委托代销、受托代销、零售的发票必须和相同销售方式的出库单钩稽，现销和赊销两种方式之间可以混合钩稽。

（3）单据状态必须是已审核且未完全钩稽（即钩稽状态是未钩稽或者是部分钩稽）。

（4）两者单据日期必须为以前期间或当期。

（5）两者的物料、辅助属性以及钩稽数量必须一致。

【操作步骤】

第1步，自动钩稽设置。

执行"系统设置"→"系统设置"→"销售管理"菜单命令，双击"系统设置"选项，打开"系统参数维护"窗口。单击左侧的"销售系统选项"，勾选"与出库单相关联的销售发票钩稽时自动钩稽"和"发票审核时自动调用钩稽"选项，如图7-91所示。

图7-91 自动钩稽参数设置

【要点说明】

通过管理员进入系统设置，对销售系统选项，设置关联"销售出库单"生产发票后，自动启用发票与出库单钩稽。

勾选："与出库单相关联的销售发票钩稽时自动钩稽"和"发票审核时自动调用钩稽"选项。

第2步，新增销售发票。

（1）执行"供应链"→"销售管理"→"销售发票"菜单命令，双击"销售发票-新增"选项，系统进入"销售发票-新增"窗口。选择"源单类型"为"销售出库"，将光标定位到"选单号"处，再单击工具栏中的"查看"按钮，系统弹出"销售出库单"窗口。双击选中的"广州运动协会"发货通知单，再返回"销售发票-新增"窗口。

（2）单击"保存"按钮保存销售发票，并审核销售发票，审核成功后销售发票如图7-92所示。

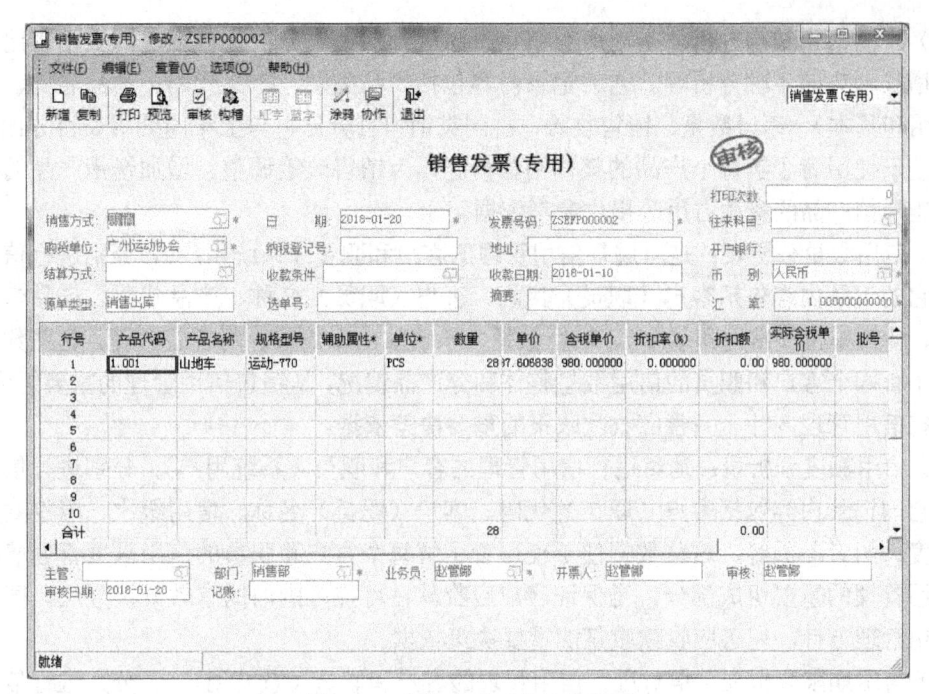

图 7-92 审核成功后的销售发票

7.4 报表统计分析

K/3 供应链提供了丰富的统计报表，包括销售订单执行情况明细表、销售订单执行情况汇总表、销售订单统计表、虚拟物料订单统计表、订单批次跟踪表、订单预评估表、销售出库明细表、销售出库汇总表、客户单位销售情况明细表、销售收入统计表、销售退货统计表、费用发票明细表、费用发票汇总表、委托代销清单、受托代销清单、分期收款清单等。

报表查询模块提供各种业务报表、分析报表的查询，系统根据每一种报表的特点提供了不同的过滤和汇总条件，比如汇总表可联查到明细表，明细表可查询到业务单据，业务单据还可上查、下查到关联单据、钩稽单据和凭证等。一般来说，销售业务报表主要按单据日期查询，而分析报表主要按分析关键内容查询。

（1）销售毛利润表：是综合反映一定时间销售收入、销售成本以及销售利润的情况，是针对销售毛利的汇总查询。

（2）产品销售增长分析：是分析产品销售数量和金额与上年同期的增减幅度。它的记录内容包括产品代码、产品名称、规格型号、计量单位（常用和基本）、销售数量本期数、上年同期数和增减百分比数、销售金额本期数、上年同期数和增减百分比数等，这些数据便于使用者了解销售的整体增减情况，为业务调整提供参考依据。

（3）产品销售流向分析：是按购买产品的客户所在区域分析产品销售数量和收入的流向。它的记录内容包括所属地区、产品类别、产品代码、产品名称、客户、计量单位（常用和基本）、销售数量、销售收入等，这些数据便于使用者了解销售的区域分布情况，为销售政策调整、人员配比等提供参考依据。

（4）产品销售结构分析：是对所有销售产品进行的销售分析，包括占同类销售比率、自身销售增长趋势的各种分析等。它的记录内容包括产品类别、产品代码、产品名称、计量单位（常用和基本）、销售数量、销售收入、占同类销售百分比、与上年同期增长百分比等，这些数据便于使用者了解每个产品的整体销售情况，为销售政策调整、增加畅销产品的销售推广、停止滞销产品的资源占用等提供参考依据。

（5）信用数量分析表：是对进行信用管理的客户和职员（系统用户），分别进行信用数量分析。它的记录内容包括客户（职员）代码、客户（职员）名称、产品代码、产品名称、规格型号、计量单位（常用和基本）、信用数量、未收款出库数量、两者差额等，这些数据便于使用者了解每个客户和职员的信用数量整体和分产品情况，是销售信用管理的重要组成部分，也是调整信用管理方针、完善应收款政策的重要决策依据。

（6）信用额度分析表：是对进行信用管理的客户和职员（系统用户），分别进行信用额度分析。它的记录内容包括客户（职员）代码、客户（职员）名称、信用级次、应收款余额、信用额度、两者差额等，这些数据便于使用者了解每个客户和职员的信用额度管理情况，是销售信用管理的重要组成部分，是保证客户应收款在可控范围内的有效分析方法，同时也是调整信用管理方针、完善应收款政策的重要决策依据。

（7）信用期限分析表：是对进行信用管理的客户和职员（系统用户），分别进行信用期限分析。它的记录内容包括客户（职员）代码、客户（职员）名称、信用期限、信用级次、客户欠款和账户余额等，这些数据便于使用者了解每个客户和职员的信用期限和折扣政策的管理情况，是销售信用管理的重要组成部分，是保证客户应收款在可控范围内的有效分析方法，同时也是调整信用管理方针、完善应收款政策的重要决策依据。

（8）委托代销清单：是按照客户、物料、部门、业务员对一段时间内委托代销商品的发出、结算以及余额情况进行统计。

（9）分期收款清单：是按照客户、物料、部门、业务员对一段时间内分期收款商品的发出、结算以及余额情况进行统计。

（10）客户销售增长分析：是分析销售客户，产品销售数量和金额与上年同期的增减幅度。它的记录内容包括客户代码、客户名称、产品代码、产品名称、规格型号、计量单位（常用和基本）、销售数量本期数、上年同期数和增减百分比数、销售金额本期数、上年同期数和增减百分比数等，这些数据便于使用者了解销售的整体增减情况，为业务调整提供参考依据。

（11）业务员销售增长分析：是分析业务员，产品销售数量和金额与上年同期的增减幅度。它的记录内容包括业务员代码、业务员名称、产品代码、产品名称、规格型号、计量单位（常用和基本）、销售数量本期数、上年同期数和增减百分比数、销售金额本期数、上年同期数和增减百分比数等，这些数据便于使用者了解销售的整体增减情况，为业务调整提供参考依据。

（12）部门销售增长分析：是分析部门，产品销售数量和金额与上年同期的增减幅度。它的记录内容包括部门代码、部门名称、产品代码、产品名称、规格型号、计量单位（常用和基本）、销售数量本期数、上年同期数和增减百分比数、销售金额本期数、上年同期数和增减百分比数等，这些数据便于使用者了解销售的整体增减情况，为业务调整提供参考依据。

复习思考题

1. 画出销售管理系统与其他模块之间的数据关系图。
2. 销售管理系统生成发票的前提是什么？
3. 信用管理控制的方式有哪几种？
4. 信用管理控制的单据有哪些？
5. 销售的价格控制场景有哪些？
6. 金蝶 K/3 的退货业务能处理哪些业务类型？
7. 阐述销售钩稽的作用。
8. 销售出库单的"查看"下面的"历史价格查询"，查的是什么单据上的价格？
9. 根据企业的实际需要，在 ERP 中设置销售出库单的套打格式如下：

宁波爱运动自行车有限公司销售出库单

购货单位：购货单位$　　　　　日期：日期$　　　　　编　号：编　号$
　　　　　　　　　　　　　　　　　　　　　　　　　源单类型：源单类型$

产品代码	产品名称	规格型号	单位	数量	批号	发货仓库	源单单号	备注
产品代码$	产品名称$	规格型号$	单位$	实发数量$	批号$	发货仓库$	源单单号$	备注$

业务员：　　　　　发货：　　　　　制单：　　　　　收货人：

10. 结合销售环节的日常业务处理单据了解销售业务流程，根据自己的理解绘制销售业务流程图。

第 8 章　物料需求计划

物料需求问题是最令制造企业困扰的问题之一，对于物料补充，如果补充太多或太快将造成闲置积压的现象，如果补充太少或太慢则又将发生停工待料的现象，影响生产或出货的进度。物料需求计划（Material Requirement Planning，MRP）就是围绕所要生产的产成品，将已审核的销售订单或预测单作为需求，考虑各物料现存量、已分配量、预计入库等因素，通过 BOM 单展开 MRP 计算，得到主要产品的计划量，从而解决在正确的时间、正确的地点、按照规定的数量得到真正需要的物料，然后按照各种物料真正需要的时间来确定订货与生产日期的问题。本章主要内容包括：
- MRP 运算；
- 物料需求计划系统参数设置和计划方案维护；
- MRP 计算与维护。

8.1　系统概述

物料需求计划系统是 ERP 管理软件的核心，也是 ERP 系统发展的基础。通过 MRP 系统将企业外部销售市场对企业的销售需求转化为企业内部的生产需求和采购需求，将销售计划转化为生产计划和采购计划。MRP 管理方式可以解决"需要什么？什么时候需要？需要多少？"三大难题。相对于手工管理来说，MRP 计划可以大大提高计划下达的效率，并大大增加计划的准确性、及时性，从根源及计划层面杜绝不必要的库存，减少浪费。

8.1.1　物料需求计划制订过程

物料需求计划的目标是控制库存水平，确定最终产品的生产优先顺序，满足交货期的要求，计划生产承载能力并使其达到均衡等。

物料需求计划是由最终产品的主生产计划和其他独立需求导出相关需求物料需求量与需求时间，同时根据物料的提前期确定投产或订货时间。物料需求计划的制订过程如图 8-1 所示。

制订物料需求计划前必须具备以下的基本数据：

第一项数据是主生产计划，它指明在某一计划时间段内应生产出的各种产品和备件，它是物料需求计划制订的一个最重要的数据来源。

第二项数据是物料清单（BOM），它指明了物料之间的结构关系，以及每种物料需求的数量，它是物料需求计划系统中最为基础的数据。

第三项数据是库存记录，它把每个物料品目的现有库存量和计划接收量的实际状态反映出来。

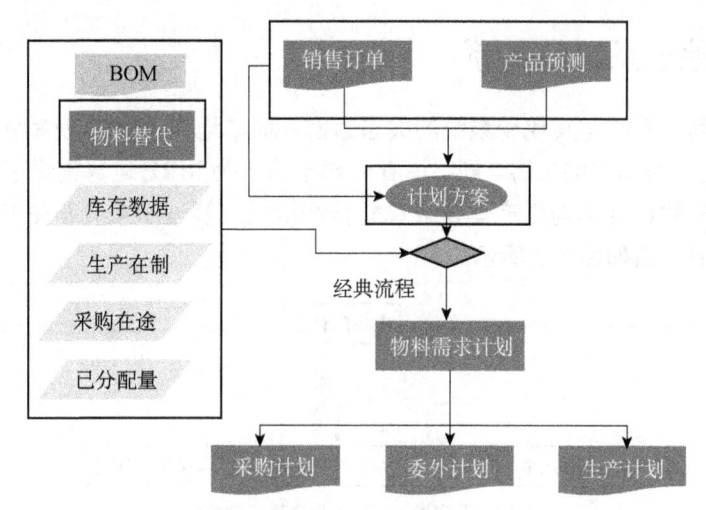

图 8-1 物料需求计划的制订过程

第四项数据是提前期,决定着每种物料何时开工、何时完工。

应该说,这四项数据都是至关重要、缺一不可的。缺少其中任何一项或任何一项中的数据不完整,物料需求计划的制订都将是不准确的。因此,在制订物料需求计划之前,这四项数据都必须先完整地建立好,而且保证是绝对可靠的、可执行的数据。

8.1.2 物料需求计划运行流程

运行物料需求计划(MRP)的流程如下。

(1)设定计划展望期。计划展望期为计划的周期,视实际情况进行设定。

(2)设定计划运行方案。方案中包括了计算过程中的控制参数,根据不同的业务背景进行不同的设置。

(3)进行物料需求计划计算。通过 MRP 向导进行 MRP 计算,产生"计划订单"。如果在计划运行方案中选择参数"运算完成直接投放计划订单"时,可以直接产生目标的"生产任务单""委外加工任务单""重复生产计划单""采购申请单",则以下两个步骤可以省略处理。

(4)进行 MRP 结果查询。完成 MRP 计算后,计划员通过"MRP 查询-需求反查"确认计划产生的过程数据,确认计划的准确性,或通过"按销售订单查看计划订单"确认计划产生的过程数据,或通过"按物料查看计划订单"来确认计划产生的过程数据。

(5)进行物料需求计划 MRP 维护。对计算完成后不直接投放计划订单的企业,在完成物料需求计划的计算,并通过 MRP 查询-需求反查、按销售订单查看计划订单、按物料查看计划订单进行计划确认后,可通过"物料需求计划-MRP 维护"调整计划订单,进行计划订单的审核、投放工作。

(6)进行 MRP 日志-日志查询。在 MRP 计算完成后,系统会根据设置的日志参数,自动记录 MRP 计算的日志。如果对计划有疑问,企业计划人员可以通过日志文件查找或分析问题,实施服务人员也可以对日志的分析查找原因。

8.1.3 与其他子系统的关系

物料需求计划子系统与其他子系统的关系紧密，简单地说，MPS 及销售管理的销售订单都是 MRP 计算的物料需求的来源，同时库存管理子系统为 MRP 运算提供了可用量。MRP 子系统分别生成采购建议订单与生产建议订单并传送给采购管理子系统与生产作业计划管理子系统。它们具体的关系如图 8-2 所示。

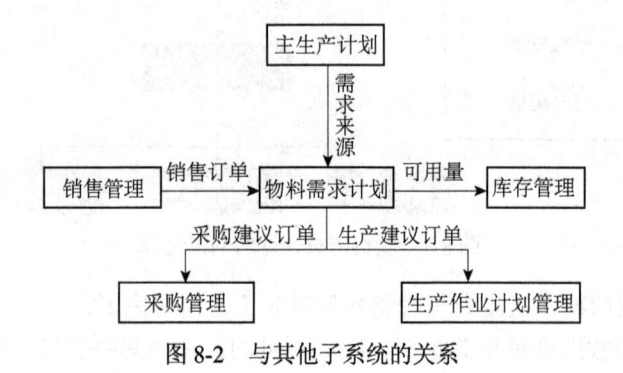

图 8-2 与其他子系统的关系

8.2 系统参数设置

8.2.1 计划展望期维护

计划展望期是一个时间段，决定参与计算的需求单据的时间范围和产生计划订单的时间范围，并可用于实现对 MPS/MRP 运算结果直观灵活的汇总显示及销售订单与产品预测间的关系界定。

李民作为生产管理人员，负责生产系统各项相关的系统设置。

【业务场景】

设置宁波爱运动自行车有限公司的计划展望期为：

时区序列：1；

时区个数：1；

各时区天数：360。

【业务分析】

在计划展望期的维护中，用户定义每个时段序列所表示的时区数及每一时区所表示的长度（天数），其中各项意义如下：

- 时段序列。由系统自动显示，由 1 开始依次递增。
- 时区个数。代表每一时间序列中包含的时区个数，由用户手工录入，为大于 0 的整数。
- 各时区天数。表示每一时区内所包含的天数，由用户手工录入，为大于 0 的整数。

每次进行 MPS 及 MRP 运算时，用户只需设定计划开始日期，系统即依据用户在展望期中设定的时间框架，以一张独立的表计算并保存相应的计划展望期，用户可以在 MPS/MRP 运算界面进行计划展望期查询，查看每一时段的起止日期。

【操作步骤】

执行"计划管理"→"物料需求计划"→"系统设置"→"计划展望期维护"菜单命令,系统打开"计划展望期维护"窗口,如图 8-3 所示。

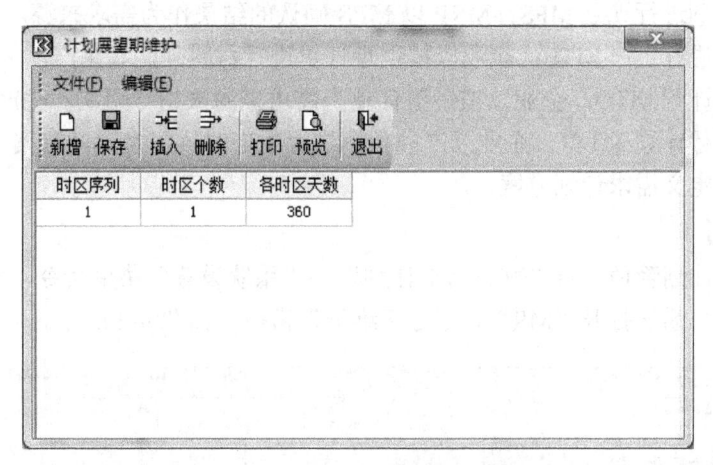

图 8-3 "计划展望期维护"窗口

【要点说明】

本章节所有参数设置均由计划部"李明"进行设置。

8.2.2 MRP 计划方案维护

在进行 MRP 计算时,可以定义不同的计划方案。计划方案的参数不同,计算的结果也完全不一样。

【业务场景】

设置宁波爱运动自行车有限公司的 MRP 计划方案如表 8-1 所示。

表 8-1 MRP 计划方案

方案编码	AYDMRP
计算范围	全部计划对象
需求来源	销售订单+产品预测
计算参数	全部考虑,预计量有效日期为 3 个月 考虑物料替代关系 预计量调整不考虑
合并参数	销售订单和预测订单均采用"整单合并" 勾选"MRP 需求合并类物料允许对不同需求来源的单据合并" POQ 净需求合并规格选用"合并至周期内第一笔净需求日期"
采购申请人	应诗梦
采购部门	采购部
自制件默认生产类型	普通订单
自制件默认生产部门	装配车间
其他参数	勾选"计算前自动运算低位码维护"
其他选项	默认

【业务分析】

在系统中根据不同企业的情况预设了 5 个物料需求计划方案，帮助不同企业在进行计划的初期进行物料需求计划方案的设置。

按主生产计划进行计划 MPS：MRP 以 MPS 确认的结果作为需求来源。

严格按订单进行生产 MTE：企业以按销售订单进行材料采购和生产。

按订单进行计划 MTO：企业以按销售订单为需求来源来指导采购和生产。

面向库存进行计划 MTS1：企业以产品预测进行生产时，可参考此方案。

本例要求自定义需求计划方案。

【操作步骤】

（1）执行"计划管理"→"物料需求计划"→"系统设置"菜单命令，双击"MRP 计划方案维护"选项，系统打开"MRP 计划方案维护"窗口，如图 8-4 所示。

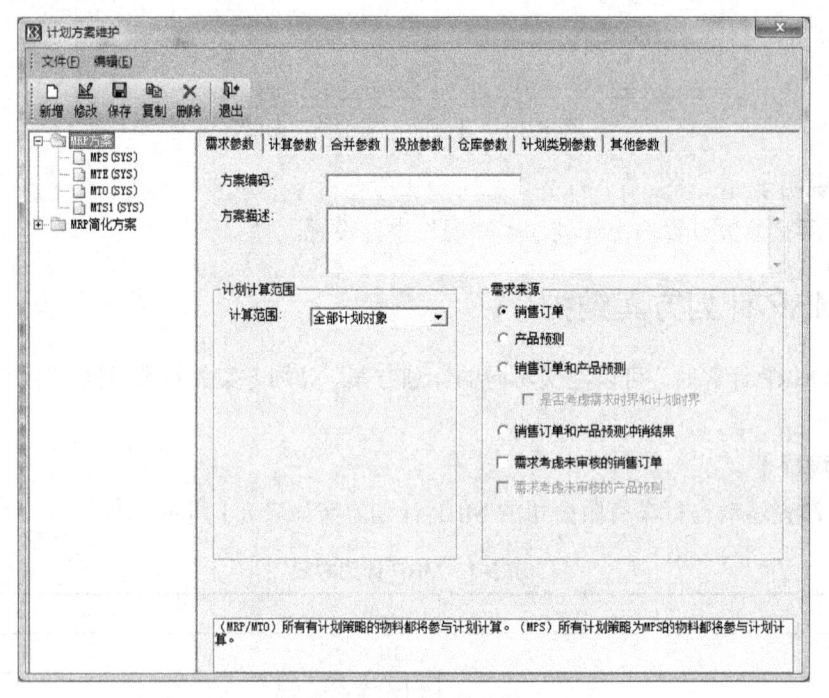

图 8-4 "MRP 计划方案维护"窗口

（2）单击"新增"按钮，输入"方案编码"为"AYDMRP"，"计划计算范围"选项组的"计算范围"选择"全部计划对象"，"需求来源"选择"销售订单和产品预测"，如图 8-5 所示。

【要点说明】

"计算范围"下拉列表中有 5 个选项，分别为

- 全部计划对象：所有计划策略非"无"的未禁用的物料、所有有效的销售订单或产品预测均参加计算。它是所有物料的一个全重排计算，相对以下几种计算范围而言，避免了计划员漏考虑需求、物料范围等因素，计划的结果会比较全面、完整、准确；但相对时间较长，耗用系统资源较大，不利于日常接单频繁、需求变化较大、计划变更较多的企业应用。

第 8 章 物料需求计划

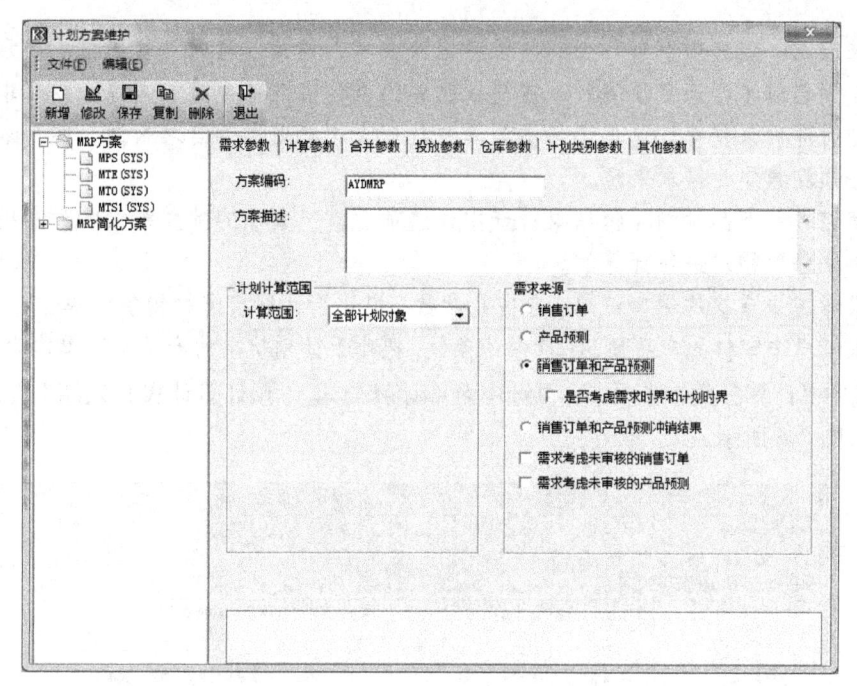

图 8-5 需求参数设置

- 指定需求单据：选中此参数，可以选择指定符合条件的销售订单（未脱期、未关闭）或者指定预测单（未脱期、未关闭）进行计算。计算时只将指定范围内的销售订单或者预测单作为需求来源，以这些物料进行多层展开的物料为计划计算范围。相比较全部计划对象而言，该计划更具有针对性，计划的应变周期更短，计算效率更高，更加符合接单频繁、按单排产的企业的应用。
- 指定物料：选中此参数，对指定范围内的物料进行全重排计算，提高 MRP 计算效率。
- 指定计划员：选中此参数，只对指定的计划员所负责的物料进行全重排计算，计算说明可参考指定物料（本级计算）。
- 主生产计划：MRP 计算时，以 MPS 计算结果作为需求来源。如果 MRP 有自己的独立需求，这些独立需求也将参与计算。如果 MPS 为指定销售订单，则本次 MRP 计算的物料范围为参与最近一次 MPS 的物料中的 MRP 策略的物料。因此要求 MPS 选单计划后，应该立即执行 MRP 计算，否则，前次 MPS 的专用件（策略为 MRP）的需求，将无法得到计划。

"需求来源"选项组有以下 6 个选项。

- 销售订单：某些企业或者某些业务需求需要根据销售订单来排计划，系统允许计划员以销售订单作为需求来源进行排产。
- 产品预测：某些企业或者某些业务需求下，产品或者材料是备库存计划的，只要在预测单录入产品的预测量，再根据预测单执行计划即可得到产品或者相应材料的计划。
- 销售订单和产品预测：某些企业或者某些业务需求下，产品的预计目标库存是在考虑了已有接单的情况下作出的，这些订单一般为若干战略客户提前下单，而计划员预测的目标库存主要为满足日后的零散客户的需求。此时计划员以销售订单＋预测单作为需求来源。该选项下有一个"是否考虑需求时界和计划时界"复选框,表示当需求来源为销售订单和产品预测时,在需求时界内以销售订单为需求来源,在需求时界外到计划时界内以销售订单与产品预测单中数据大的单据作为需求来源,在计划时界外以产品预测量作为需求来源。

- 销售订单和产品预测冲销结果:选中该选项后,产成品的独立需求和预测需求之间的差值来作为需求进行计算的。
- 需求考虑未审核的销售订单:选中此参数,把处于计划状态的销售订单作为需求来源。
- 需求考虑未审核的产品预测:选中此参数,把处于计划状态的产品预测单作为需求来源。

(3) 选中"计算参数"选项卡,再选中全部计算公式,"预计量计算有效期"设为 3 个月,具体设置如图 8-6 所示。

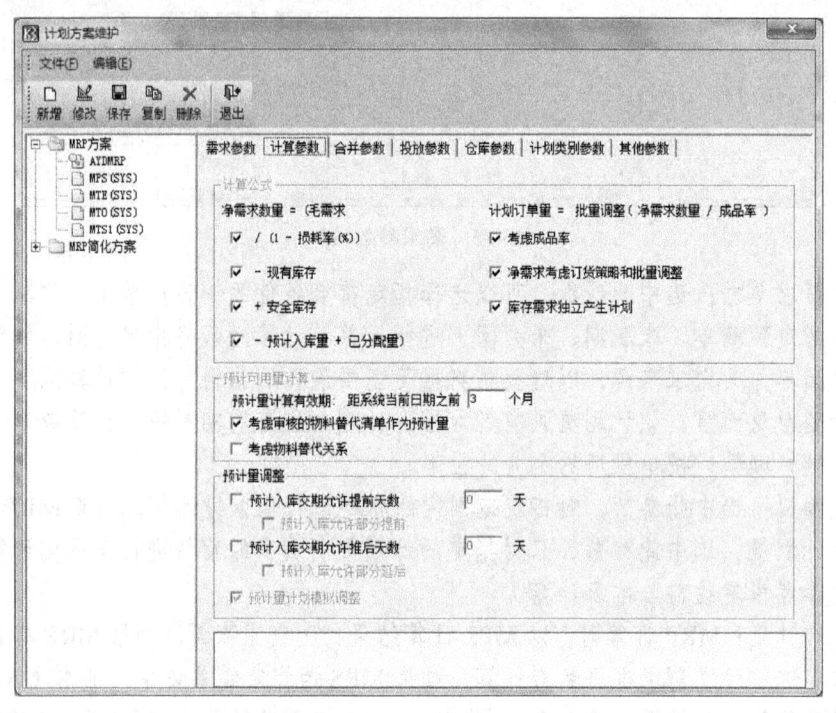

图 8-6 计算参数设置

【要点说明】

- 考虑损耗率:物料的 BOM 中会定义材料的标准损耗率,而这种损耗在实际生产中是难以避免的,因此材料的生产或者采购需求一定会大于标准用量的需求。为了避免日后生产时材料库存的不足而导致交期的延误,在 BOM 定义准确之后,一般应该考虑这个参数。选中此参数,净需求考虑损耗率因素。损耗率计算公式可通过执行"系统设置"→"系统设置"→"生产管理"→"系统设置"→"计划系统选项"菜单命令,在打开窗口的"〈损耗率计算公式〉"中获取。单选此参数的计算公式为:

$$净需求数量=毛需求/(1-损耗率(\%))$$ 或者
$$净需求数量=毛需求*(1+损耗率(\%))$$

- 考虑现有库存:系统在某次计划执行时对所有物料进行批量处理,产品、半成品、原材料要么都考虑库存，要么都不考虑库存，这个参数的选取由计划员本次计划的目标决定。某些企业运行期初库存数据的准确性出入较大，可以先不考虑该参数，以得到一个总的需求量。某些情况下，产品、半成品的库存已有分配目标，又只希望得到所选单据的产品、半成品毛需求计划，此时可以不用考虑现有库存。在全重排的情况下，或者要得到通用件的计划的目标前提下，则要考虑现有库存。选中此参数，指定仓库的即时库存作为库存可用量参与 MRP 计算，同时选中该参数后，后面的库存明细即可再次选择。单选此参数的计算公式为：净需求数量=毛需求-现有库存。

- 考虑成品率：物料的 BOM 中会定义材料的标准成品率，成品率是由于实际生产中由于工艺的问题，不能保证100%产出合格产品而定义的一个统计性参数。为了确保按量交货，计划员需要考虑该因素，放大相应的需求量。选中此参数，MRP 计算时要考虑物料使用状态 BOM 上的成品率。如果再考虑批量法则，则建议订单量是先通过净需求除以成品率，之后再进行批量调整得到，可能会将计划订单量放大，企业要仔细考虑。单选此参数的计算公式为：计划订单量=净需求数量/成品率。

- 考虑安全库存：安全库存的设置主要为了应变那些不时之需，满足超出了计划员可预见的需求。安全库存的高低一则确实是由于市场变化太大，同时又反映了计划员的应变能力。选中此参数，安全库存将参与需求量的计算。单选此参数的计算公式为：净需求数量=（毛需求+安全库存）。

- 考虑预计入库数量+已分配量：选中此参数，预计量和已分配量参与需求计算。单选此参数的计算公式为：净需求数量=毛需求-预计入库数量+已分配数量。

- 库存需求独立产生计划：选中该参数，MPS/MRP 计算时考虑安全库存，并且当现有库存低于安全库存时，此类由安全库存产生的净需求，可以在计划当天独立产生计划订单，并且计划订单上记录补充库存标记（该计划订单的开工/采购日期和到货/完工都在当天，计划员可手工修改到货/完工日期）。下次 MPS/MRP 计算时，首先将记录有补充安全库存的计划订单去和安全库存进行冲减，避免重复产生计划订单。不选该参数，由于安全库存产生的净需求将和计划当天的其他净需求进行合并，一起产生计划订单，并且不记录补充库存标记。

- 净需求考虑订货策略和批量调整：不选中此参数，建议订单量等于净需求；同时不管物料是何种订货策略，都将采用批对批（LFL）的逻辑进行计算。选中此参数，系统将根据物料主数据中的订货策略，对净需求进行批量调整，得到建议订单量。单选此参数的计算公式为：计划订单量=净需求数量。

- 预计量计算有效期，距系统当前日期之前（ ）个月：计算开始日期之前，应该存在该完工但未完工，该到货但未到货的业务存在，这些业务是否仍然有效，以及多长时间范围内的才算有效？如果计算公式考虑预计量，且选中该参数，则需求日期在 MRP 计算当天日期之前多少个月内的预计量单据全部参与计算。

- 考虑审核的物料替代清单作为预计量：选中此参数，MRP 计算时，首先考虑被替代料本身的库存、预计量，如果在这个基础上，被替代料不足，需要发生替代。将会产生替代料的计划。

- 考虑物料替代关系：选中此参数，MRP 计算时，首先考虑被替代料本身的库存、预计量。如果在这个基础上，被替代料不足，需要发生替代关系。系统将会根据审核状态的物料替代关系，判断替代料的预计可用库存是否可满足被替代料，如果替代料在被替代料的需求当天存在预计可用库存，系统将根据替代料的预计可用库存进行替代。如果替代料的预计库存全部发生替代后，仍然无法满足被替代料的需求，则将产生被替代料的计划。

- 预计入库交期允许提前天数：选中此参数后，MRP 计算时，系统会自动建议将交货期在后面的预计量单据提前，用以满足前面的需求。允许的天数范围在后面的参数框进行输入。计算结束后，在"交货调整建议信息表"中可以查询到相关的建议调整信息。
- 预计入库允许部分调整：选中此参数后，MRP 计算时，将根据实际的需求量，判断后面的预计量单据应该调整多少数量给前面的需求。
- 预计入库交期允许推后天数：选中此参数后，MRP 计算时，系统会自动建议将交货期在前面的预计量单据延后，用以满足后面的需求。允许的天数范围在后面的参数框进行输入。计算结束后，在"交货调整建议信息表"中可以查询到相关的建议调整信息。

（4）选中"合并参数"选项卡，其参数按如图 8-7 所示设置。

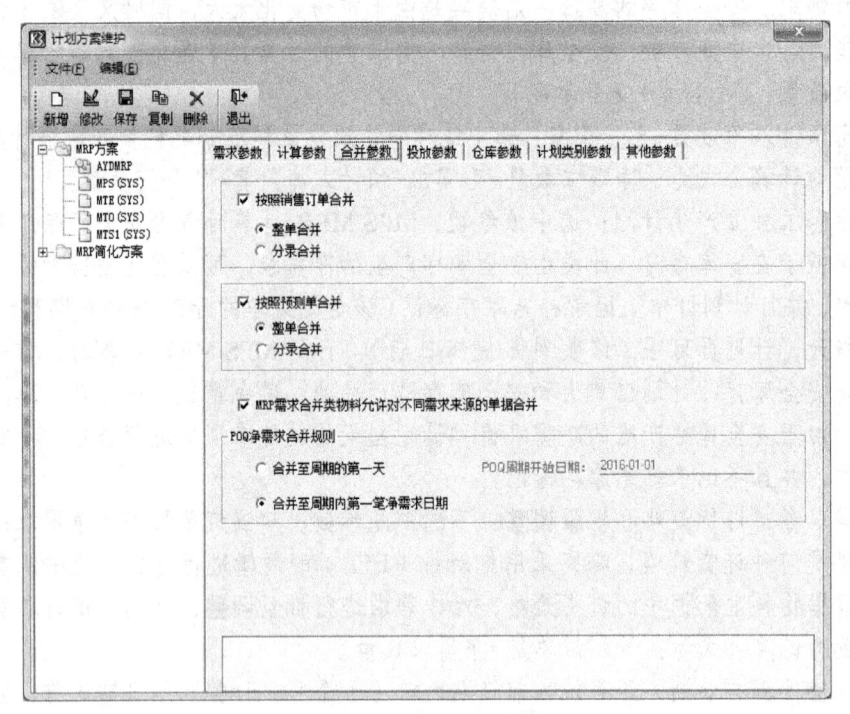

图 8-7　合并参数设置

【要点说明】

- 按照销售订单合并。选中此参数后，计划订单按销售订单合并，具体的方式有以下两种：一是整单合并，如果来自相同销售订单的同一个物料，存在多个计划订单，将计划订单进行数量合并，时间取最早的日期；二是分录合并，如果来自相同销售订单上同一分录的同一个物料，存在多个计划订单，将计划订单进行数量的合并，时间取最早的日期。

第 8 章　物料需求计划

- 按照预测单合并。选中此参数后，计划订单按产品预测单合并，具体的方式有以下两种：一是整单合并，如果来自相同产品预测单的同一个物料，存在多个计划订单，将计划订单进行数量合并，时间取最早的日期；二是分录合并，如果来自相同产品预测单上同一分录的同一个物料物料，存在多个计划订单，将计划订单进行数量的合并，时间取最早的日期。
- 按照物料合并（MRP 需求合并类物料允许对不同需求来源的单据合并）。选中此参数，对同一物料的计划订单，需求日期相同的进行合并，即按天进行合并。此参数只针对物料主数据中"MRP 计算是否合并需求"选为"是"的物料有效。

（5）选中"投放参数"选项卡，"采购申请人默认值"选择采购人员，这里选择"应诗梦"，"采购部门默认值"选择"采购部"，"自制件默认生产类型"选择"普通订单"，"自制件默认生产部门"选择"装配车间"，如图 8-8 所示。

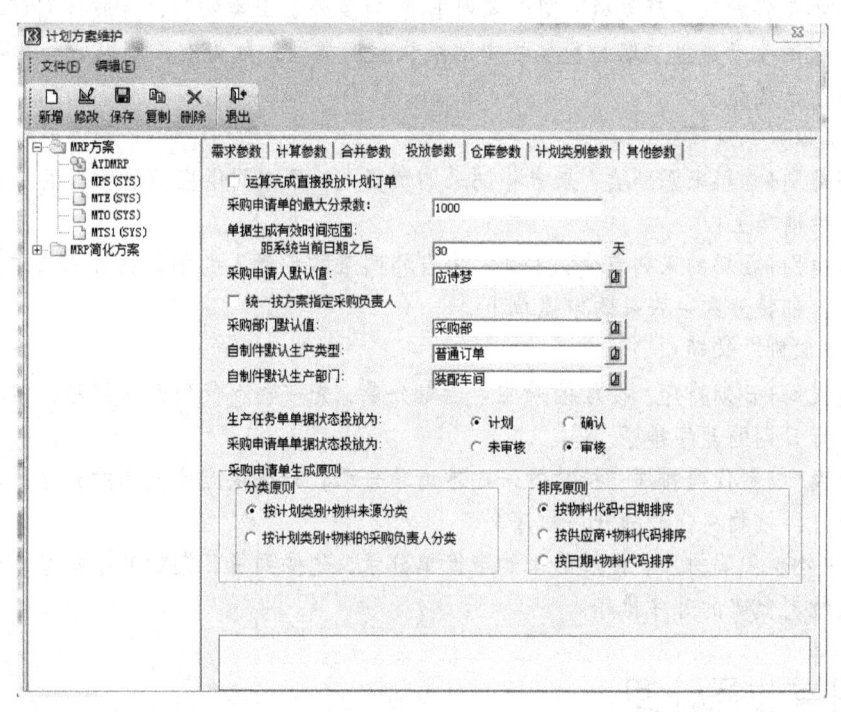

图 8-8　投放参数设置

【要点说明】

- 运算完成直接投放计划订单：如果希望提高生产计划的效率或不希望人工干预计算结果，选中此参数，MRP 计算完成后，系统自动确认结果，并将计划订单投放为目标单据。
- 采购申请单的最大分录数：此参数控制一张采购申请单允许的最大分录条数。如果超过最大分录条数，系统会自动拆分成多个采购申请单。
- 距系统当前日期之后（　）天：在进行自动投放时，系统将对建议开工/采购日期在此参数范围内的计划订单进行投放。
- 采购申请人默认值：对外购类物料，计划订单投放成采购申请单时，采购申请单上的

"申请人"字段先取物料属性中的采购负责人，如为空，则取此处指定的采购申请人默认值。

- 统一按方案指定采购负责人：选中此参数，计划订单投放成采购申请单时，不先取物料中的采购负责人，而直接统一取此处的采购申请人默认值。
- 采购部门默认值：对于采购申请类的计划订单，计划订单上的采购申请/生产部门取此处的值。
- 自制件默认生产类型：对自制类物料，生成计划订单时，计划订单上的生产类型先取物料属性中的默认生产类型，如为空，则取此处的自制件默认生产类型，K/3建议该订单设为普通订单。
- 自制件默认生产部门：对自制类物料，生成计划订单时，计划订单上的采购申请/生产部门先取物料属性中的来源，如为空，则取此处的自制件默认生产部门。
- 委外加工件默认生产类型（图中未列出）：对委外加工类物料，生成计划订单时，计划订单上的生产类型先取物料属性中的默认生产类型，如为空，则取此处的委外加工件默认生产类型。
- "分类原则"选项组。

按计划类别+物料来源分类：来自相同采购负责人，且相同供应商的物料的计划订单投放到一张采购申请单上；

按计划类别+物料的采购负责人分类：来自相同采购负责人的物料的计划订单，不管供应商是否相同，都投放到一张采购申请单上。

- "排序原则"选项组。

按物料代码+日期排序：投放的采购申请单分录，先按物料代码升序排序，相同物料代码下，再按到货日期的升序排序。

按供应商+物料代码排序：投放的采购申请单分录，先按供应商代码的升序排序，相同供应商代码下，再按物料代码的升序排序。

按日期+物料代码排序：投放的采购申请单分录，先按到货日期的升序排序，相同到货日期下，再按物料代码的升序排序。

8.3 日常业务处理

8.3.1 产品预测

产品预测，是指企业为了满足市场和销售需要，根据企业的历史生产数据和市场、销售预测等资料，制订在未来一段时间内需要安排生产什么、生产多少、什么时候生产等的一种生产计划。它的主要作用在于指导生产部门进行生产准备、生产，或采购部门进行采购，相当于企业的周、月或季生产计划。

【业务场景】

根据以往经验，2018年1月10日，销售部经理提出了山地车和旅行车分别备货500、600辆，当日销售部经理制作了"产品预测单"，如表8-2所示。

表 8-2 产品预测单

接单日期	1月10日		销售部经理		钱旭波	
物料代码	物料名称	规格型号	数量	开始日期	完成日期	备注
1.001	山地车	运动-770	500	2月1日	2月28日	
1.002	旅行车	运动-550	600	2月1日	2月28日	

【业务分析】

MRP 计算的需求来源有三个：一个是产品预测，一个是销售订单，另外一个是主生产计划。对于企业而言，必须在指定时间交货，否则要承担违约责任。所以，在进行 MRP 运算时，产品预测和销售订单是重要的计算毛需求的依据。

由于销售预测为销售部职能之一，且销售预测关系到公司存货备货的多少，所以一般都由销售部经理制订，销售预测由于不能准确预测到交货日期，所有交货日期为一个时间段。

【操作步骤】

（1）执行"计划管理"→"物料需求计划"→"产品预测"菜单命令，双击"产品预测-新增"选项，系统弹出"产品预测单-新增"窗口。

（2）按表 8-2 要求输入产品预测信息，录入完成后的界面如图 8-9 所示。

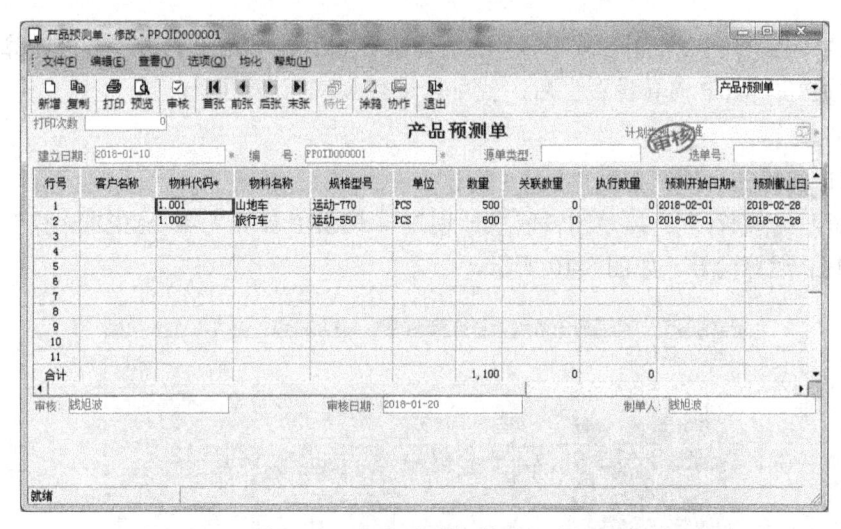

图 8-9 "产品预测单-修改"窗口

【要点说明】

产品预测单主要是企业备货生产模式的体现，对于计划，产品预测单与销售订单作用等同，但产品预测单无具体的交货日期，系统提供了预测开始日期和预测截止日期，以及结合是否均化反应产品的需求日期。

8.3.2 MRP 计算

物料需求计划是 ERP 系统的核心内容，也是 ERP 中涉及模块内容最多的一个环节，一般 MRP 由生产部的计划员运行，通过 MRP 的计算把需求转化为计划。

【业务场景】

1月11日,生产部计划员"李明"根据公司计划制度,于当天利用 MRP 计划方案对所有的"产品预测单"和"销售订单"进行 MRP 计算,并对 MRP 计划方案进行分析。

【业务分析】

为了方便企业计划人员使用 MPS/MRP 功能代替手工下达计划,系统提供了 MPS/MRP 向导功能。同时,计划人员在熟悉 MPS/MRP 方式后,对有些步骤可能不需要再进行操作以提高工作效率。系统提供对 MRP 向导进行设置的功能,具体解释内容如下:

(1) 显示欢迎页。选中此项,MPS/MRP 计算时显示欢迎页,默认为选中。

(2) 全部计划对象。如果方案为"全部计划对象",则不显示需求获取页,默认为不选。

(3) 显示预计量展示页。如果选中此项,则 MPS/MRP 计算时显示预计量展示页,默认为选中。

(4) 显示完成页。如果选中此项,则 MPS/MRP 计算时显示完成页,默认为选中。

(5) 运算前进行数据预检查。如果选中此项,则 MPS/MRP 计算前进行数据预检查,默认为选中。

(6) 计算完成自动显示运算报告。如果选中此项,则 MPS/MRP 计算时显示运算报告,默认为选中。

计算向导配置可在"计划管理"→"物料需求计划"→"MRP 计算"→"计算向导配置"中配置,设置好"MRP 向导设置"后,就可以进行 MRP 计算了。

【操作步骤】

(1) 把计算机的日期调整到"1月11日"。

(2) 执行"计划管理"→"物料需求计划"→"MRP 计算"→"MRP 计算"菜单命令,系统打开 MRP 运算向导,如图 8-10 所示。

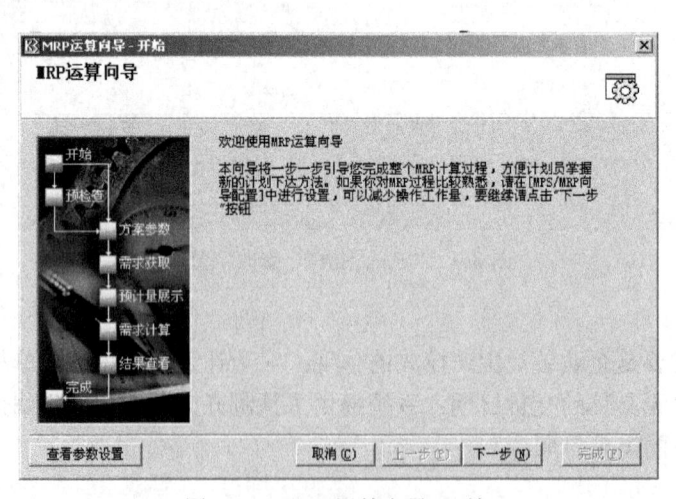

图 8-10　MRP 运算向导-开始

(3) 单击"下一步"按钮,进入"预检查辅助工具"页面,如图 8-11 所示。该步骤实现运算前对 BOM 的合法性、完整性及物料的低位码进行检查及维护,从而保证 MRP 运算结果的正确性。

第 8 章 物料需求计划

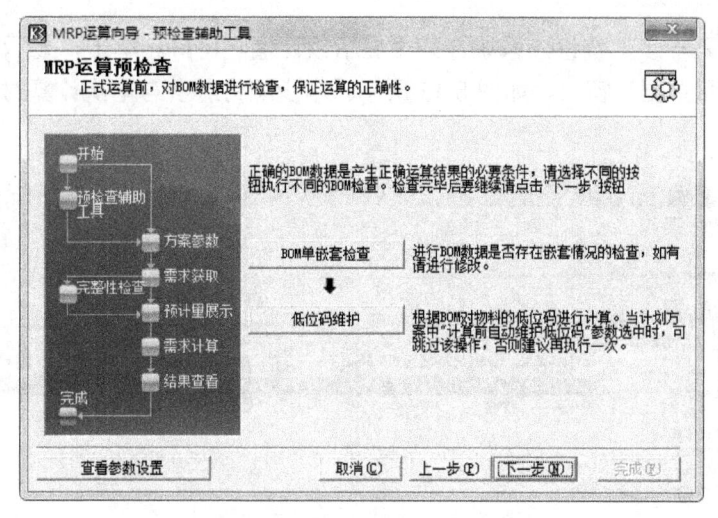

图 8-11 "预检查辅助工具"页面

【要点说明】
- BOM 单嵌套检查：功能等同于执行"生产数据管理"→"BOM 维护"→"BOM 合法性检查"中的"BOM 单嵌套检查"，对 BOM 数据中是否存在嵌套关系的物料进行检查。
- 单完整性检查：能等同于执行"生产数据管理"→"BOM 维护"→"BOM 合法性检查功能"中的"BOM 单完整性检查"，对物料属性为自制、委外、配置的物料是否存在使用状态 BOM 进行检查。
- 低阶码维护：功能等同于执行"生产数据管理"→"BOM 录入"→"低阶码维护"，产生物料的低位码，为进行 MPS/MRP 计算时进行需求传递做好准备。

（4）单击"下一步"按钮，系统进入"方案参数"页面，如图 8-12 所示。该步骤用以选择"运算编号"、"运算方案"和设置运算"开始日期"、"截止日期"。"运算方案"选择我们设置好的"AYDMRP"。

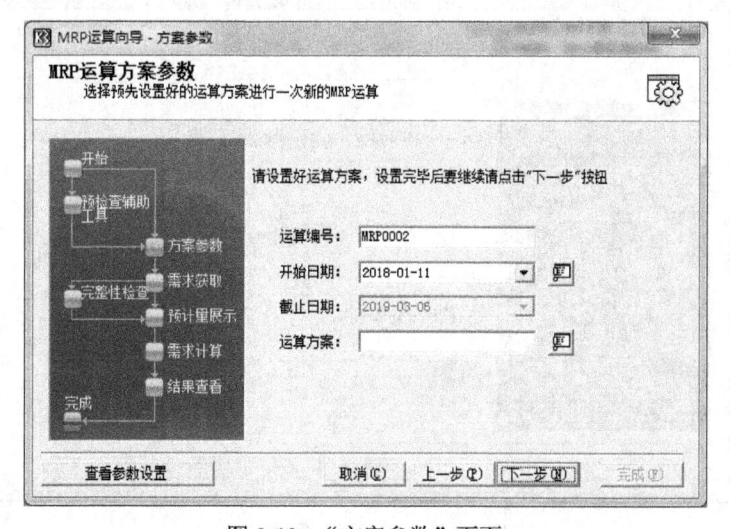

图 8-12 "方案参数"页面

- 225 -

（5）单击"下一步"按钮，系统打开"显示预计量"窗口。单击"显示预计量单据"按钮，打开"预计量单据"窗口，如图8-13所示。本步骤将对参与本次计算的所有预计量信息进行展示。

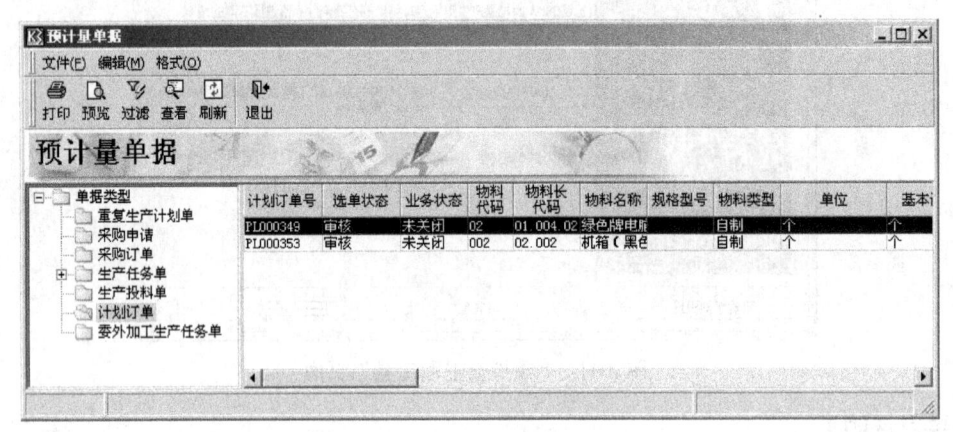

图8-13 "预计量单据"窗口

【要点说明】

根据第（4）步需求的获取，已经确定了要参与运算的需求单据和物料的范围，这一界面要做的工作是去查找参与运算的这些物料存在哪些预计量单据。预计量单据分两大类：预计入单据和已分配单据。

预计量单据类型包括：拖期的销售订单、计划订单、生产任务单、重复计划订单、委外加工任务单、采购申请单、采购订单、投料单。

（6）单击"下一步"按钮，系统将进行MRP需求计算，本步骤由K/3系统根据前面步骤产生的信息进行需求分解，产生计划订单及下达生产任务单、重复生产任务单、委外加工任务单、采购申请单的过程，如图8-14所示。

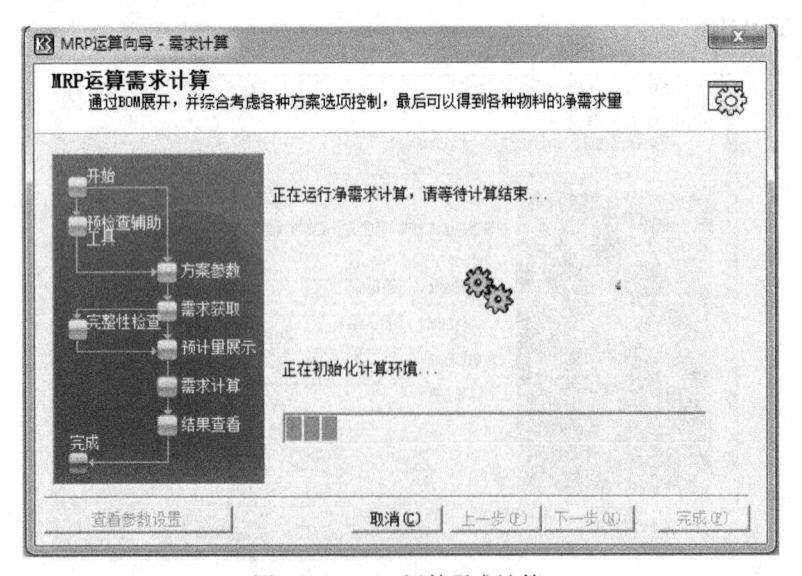

图8-14 MRP运算需求计算

第 8 章 物料需求计划

（7）MRP 计算完成后，系统自动打开"结果查看"页面，如图 8-15 所示。本步骤可以进行本次计算的详细报告和计算结果的查询。

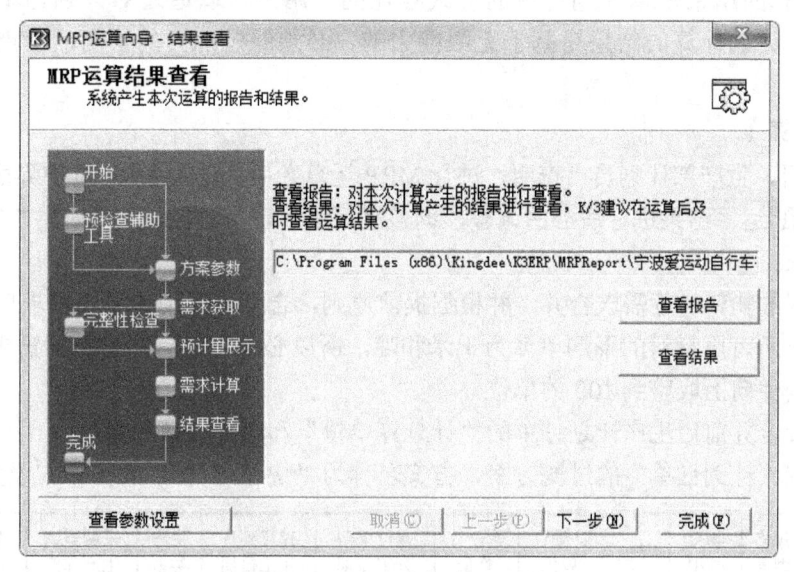

图 8-15 "结果查看"页面

【要点说明】
- 查看结果：单击该按钮进入"MPS/MRP 需求反查"界面。
- 查看报告：单击该按钮可调出运算报告，具体格式及内容如图 8-16 所示。

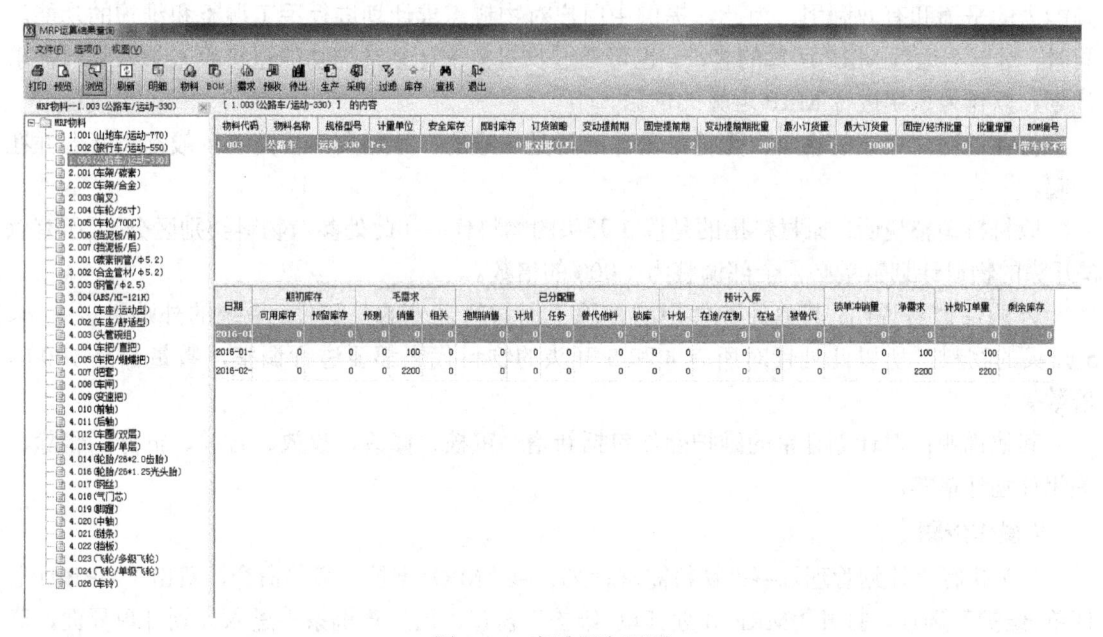

图 8-16 查看报告页面

（8）单击"下一步"按钮，打开"完成页"页面。此步骤表示到此为止，MPS/MRP 运算过程结束，单击"完成"按钮将结束 MPS/MRP 计算。

8.3.3 MRP 维护及投放

MRP 计算的结果是以计划订单的形式存在的。用户可以通过对计划订单进行相应的维护、调整，计划计算的结果是基于无限能力的，必须经过能力的平衡后才能确定最终的计划。

【业务场景】

1 月 11 日，生产部计划员 "李明" 进行 MRP 运算之后，进入 MRP 维护界面查看运算结果，并对 MRP 运算结果进行适当的调整，调整之后进行审核和投放。

调整要求：

（1）相同的物料进行需求合并，并根据提前原则，合并后采用最早的需求日期。

（2）由于所有原材料的采购单量为千米和吨，所以必须将所有原材料的需求数量往上取整，其他外购件向上取整到 100 的单位。

（3）查看合并前后生产计划订单的"计划订单量"和"建议订单量"。

（4）设置"计划订单"的过滤方案，方案名称为"快速查询"，表头格式设置如下所示。

物料长代码	物料名称	规格型号	物料类型	单位	计划订单量	建议订单量	建议采购开工日期	建议到货完工日期	生产类型	采购申请生产部门	源销售订单号	源预测单号

【业务分析】

对于系统经 MRP 运算生成的物料需求计划，其结果不一定符合用户的实际需求，同时，在进行了粗能力计算后，可能需要根据企业的实际产能状况对物料需求计划进行调整，以达到能力的平衡和有效利用，为此，提供由用户对物料需求计划进行手工调整和维护的功能。同时，对于不运行 MRP 运算的客户，也可通过物料需求计划维护功能直接手工录入物料需求计划，以作为系统进行 MRP 运算的依据。

合并说明：相同的物料，无论是采购的还是生成的，计划员为了简单一般都将其合并在一起。

原材料调整说明：原材料指的是以 3 开头的物料代码（此处参考物料类别区分），所有以 3 开头的物料计划数量必须全部调整为 1 000 的倍数。

外购件调整说明：其他外购件指的是除了原材料之外的外购件，系统的外购件以 3、4、5 开头的物料，所以此处针对所有 4 和 5 开头的物料代码都要进行调整，数量都是 100 的倍数。

其他说明：对计划订单的维护操作包括新增、审核、修改、投放、合并、拆分、删除、关闭计划订单等。

【操作步骤】

（1）执行 "计划管理" → "物料需求计划" → "MRP 维护" 菜单命令，双击 "MRP 计划订单-维护" 选项，打开 "MRP 计划订单-维护" 窗口。通过查询条件进入计划订单界面，查询编号为 "MRP001" 的 MRP 运算计划，如图 8-17 所示。按表 8-3 所示核对 MRP 运算出来的计划订单。

第8章 物料需求计划

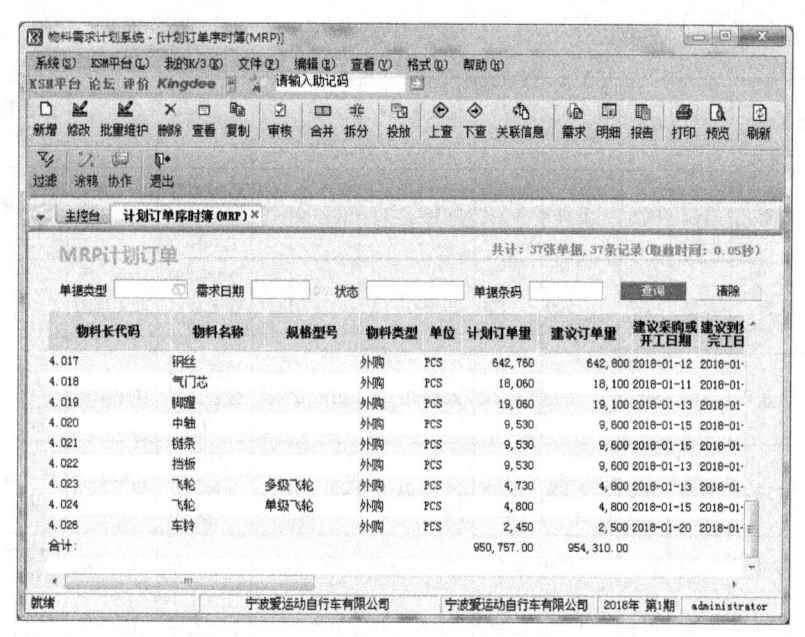

图 8-17 "MRP 计划订单-维护"窗口

【要点说明】

计划订单有以下 3 种状态。
- 计划状态：表示该计划订单正处于计划状态，可以修改和删除操作。
- 审核状态：表示该计划订单数据无误，进行审核确认操作。
- 关闭状态：表示该计划订单已经"投放"成果，或是人为关闭订单状态。

表 8-3 调整前计划订单

物料长代码	物料名称	规格型号	物料类型	单位	计划订单量	建议订单量	建议采购或开工日期	建议到货或完工日期	生产类型	采购申请/生产部门	源销售订单号	源预测单号
1.001	山地车	运动-770	自制	PCS	1 230	1 230	2018-01-19	2018-01-26	普通订单	装配车间	赵管娜-001	
1.001	山地车	运动-770	自制	PCS	3 000	3 000	2018-01-17	2018-01-27	普通订单	装配车间	赵管娜-002	
1.001	山地车	运动-770	自制	PCS	500	500	2018-01-27	2018-02-01	普通订单	装配车间		PPOID000001
1.002	旅行车	运动-550	自制	PCS	750	750	2018-01-18	2018-01-26	普通订单	装配车间	赵管娜-001	
1.002	旅行车	运动-550	自制	PCS	600	600	2018-01-25	2018-02-01	普通订单	装配车间		PPOID000001
1.002	旅行车	运动-550	自制	PCS	1 000	1 000	2018-02-15	2018-02-24	普通订单	装配车间	赵管娜-003	
1.003	公路车	运动-330	配置类	PCS	100	100	2018-01-23	2018-01-26	普通订单	装配车间	赵管娜-001	
1.003	公路车	运动-330	配置类	PCS	2 200	2 200	2018-01-26	2018-02-07	普通订单	装配车间	赵管娜-002	
1.003	公路车	运动-330	配置类	PCS	150	150	2018-02-21	2018-02-24	普通订单	装配车间	赵管娜-003	
2.001	车架	碳素	自制	PCS	2 880	2 880	2018-01-11	2018-01-17	流转卡跟踪普通订单	加工车间	赵管娜-002	

(续表)

物料长代码	物料名称	规格型号	物料类型	单位	计划订单量	建议订单量	建议采购或开工日期	建议到货或完工日期	生产类型	采购申请/生产部门	源销售订单号	源预测单号
2.001	车架	碳素	自制	PCS	1 230	1 230	2018-01-11	2018-01-19	流转卡跟踪普通订单	加工车间	赵管娜-001	
2.001	车架	碳素	自制	PCS	500	500	2018-01-18	2018-01-27	流转卡跟踪普通订单	加工车间		PPOID000001
2.002	车架	合金	自制	PCS	600	600	2018-01-16	2018-01-25	流转卡跟踪普通订单	加工车间		PPOID000001
2.002	车架	合金	自制	PCS	2 200	2 200	2018-01-17	2018-01-26	流转卡跟踪普通订单	加工车间	赵管娜-002	
2.004	车轮	26寸	自制	PCS	6 000	6 000	2018-01-13	2018-01-17	普通订单	装配车间	赵管娜-002	
2.004	车轮	26寸	自制	PCS	2 460	2 460	2018-01-16	2018-01-19	普通订单	装配车间	赵管娜-001	
2.004	车轮	26寸	自制	PCS	1 000	1 000	2018-01-24	2018-01-27	普通订单	装配车间		PPOID000001
2.005	车轮	700C	自制	PCS	1 200	1 200	2018-01-22	2018-01-25	普通订单	装配车间		PPOID000001
2.005	车轮	700C	自制	PCS	4 400	4 400	2018-01-23	2018-01-26	普通订单	装配车间	赵管娜-002	
2.006	挡泥板	前	自制	PCS	500	500	2018-01-25	2018-01-27	普通订单	注塑车间		PPOID000001
2.006	挡泥板	前	自制	PCS	150	150	2018-02-19	2018-02-21	普通订单	注塑车间	赵管娜-003	
2.007	挡泥板	后	自制	PCS	500	500	2018-01-25	2018-01-27	普通订单	注塑车间		PPOID000001
2.007	挡泥板	后	自制	PCS	150	150	2018-02-19	2018-02-21	普通订单	注塑车间	赵管娜-003	
4.001	车座	运动型	外购	PCS	3 000	3 000	2018-01-15	2018-01-17		采购部	赵管娜-002	
4.001	车座	运动型	外购	PCS	1 230	1 230	2018-01-17	2018-01-19		采购部	赵管娜-001	
4.001	车座	运动型	外购	PCS	500	500	2018-01-25	2018-01-27		采购部		PPOID000001
4.002	车座	舒适型	外购	PCS	600	600	2018-01-23	2018-01-25		采购部		PPOID000001
4.002	车座	舒适型	外购	PCS	2 200	2 200	2018-01-24	2018-01-26		采购部	赵管娜-002	
4.004	车把	直把	外购	PCS	500	500	2018-01-23	2018-01-27		采购部		PPOID000001
4.004	车把	直把	外购	PCS	150	150	2018-02-17	2018-02-21		采购部	赵管娜-003	
4.005	车把	蝴蝶把	外购	PCS	750	750	2018-01-13	2018-01-18		采购部	赵管娜-001	
4.005	车把	蝴蝶把	外购	PCS	600	600	2018-01-20	2018-01-25		采购部		PPOID000001
4.005	车把	蝴蝶把	外购	PCS	1 000	1 000	2018-02-10	2018-02-15		采购部	赵管娜-003	
4.023	飞轮	多级飞轮	外购	PCS	3 000	3 000	2018-01-13	2018-01-17		采购部	赵管娜-002	
4.023	飞轮	多级飞轮	外购	PCS	1 230	1 230	2018-01-16	2018-01-19		采购部	赵管娜-001	

第 8 章　物料需求计划

（续表）

物料长代码	物料名称	规格型号	物料类型	单位	计划订单量	建议订单量	建议采购或开工日期	建议到货或完工日期	生产类型	采购申请/生产部门	源销售订单号	源预测单号
4.023	飞轮	多级飞轮	外购	PCS	500	500	2018-01-24	2018-01-27		采购部		PPOID000001
4.024	飞轮	单级飞轮	外购	PCS	600	600	2018-01-22	2018-01-25		采购部		PPOID000001
4.024	飞轮	单级飞轮	外购	PCS	2 200	2 200	2018-01-23	2018-01-26		采购部	赵管娜-002	
4.026	车铃		外购	PCS	100	100	2018-01-20	2018-01-23		采购部	赵管娜-001	
4.026	车铃		外购	PCS	2 200	2 200	2018-01-24	2018-01-26		采购部	赵管娜-002	
4.026	车铃		外购	PCS	150	150	2018-02-19	2018-02-21		采购部	赵管娜-003	
3.001	碳素铜管	φ5.2	外购	m	800	800	2018-01-16	2018-01-18		采购部		PPOID000001
3.002	合金管材	φ5.2	外购	m	960	960	2018-01-13	2018-01-16		采购部		PPOID000001
3.002	合金管材	φ5.2	外购	m	3 520	3 520	2018-01-15	2018-01-17		采购部	赵管娜-002	
3.004	ABS	HI-121H	外购	KG	500	500	2018-01-11	2018-01-11		采购部		
4.012	车圈	双层	外购	PCS	6 000	6 000	2018-01-11	2018-01-13		采购部	赵管娜-002	
4.012	车圈	双层	外购	PCS	2 460	2 460	2018-01-13	2018-01-16		采购部	赵管娜-001	
4.012	车圈	双层	外购	PCS	1 000	1 000	2018-01-22	2018-01-24		采购部		PPOID000001
4.013	车圈	单层	外购	PCS	1 200	1 200	2018-01-20	2018-01-22		采购部		PPOID000001
4.013	车圈	单层	外购	PCS	4 400	4 400	2018-01-20	2018-01-23		采购部	赵管娜-002	
4.014	轮胎	26*2.0 齿胎	外购	PCS	6 000	6 000	2018-01-11	2018-01-13		采购部	赵管娜-002	
4.014	轮胎	26*2.0 齿胎	外购	PCS	2 460	2 460	2018-01-13	2018-01-16		采购部	赵管娜-001	
4.014	轮胎	26*2.0 齿胎	外购	PCS	1 000	1 000	2018-01-22	2018-01-24		采购部		PPOID000001
4.016	轮胎	26*1.25 光头胎	外购	PCS	1 200	1 200	2018-01-20	2018-01-22		采购部		PPOID000001
4.016	轮胎	26*1.25 光头胎	外购	PCS	4 400	4 400	2018-01-20	2018-01-23		采购部	赵管娜-002	
2.002	车架	合金	自制	PCS	850	850	2018-01-11	2018-01-18	流转卡跟踪普通订单	加工车间	赵管娜-001	
2.003	前叉		自制	PCS	2 080	2 080	2018-01-17	2018-01-18	普通订单	加工车间	赵管娜-001	
2.005	车轮	700C	自制	PCS	1 700	1 700	2018-01-15	2018-01-18	普通订单	装配车间	赵管娜-001	
2.006	挡泥板	前	自制	PCS	1 330	1 330	2018-01-17	2018-01-19	普通订单	注塑车间	赵管娜-001	
2.007	挡泥板	后	自制	PCS	1 330	1 330	2018-01-17	2018-01-19	普通订单	注塑车间	赵管娜-001	

(续表)

物料长代码	物料名称	规格型号	物料类型	单位	计划订单量	建议订单量	建议采购或开工日期	建议到货或完工日期	生产类型	采购申请/生产部门	源销售订单号	源预测单号
3.003	钢管	φ2.5	外购	m	1 872	1 872	2018-01-13	2018-01-17		采购部	赵管娜-001	
3.004	ABS	HI-121H	外购	kg	2 128	2 128	2018-01-15	2018-01-17		采购部	赵管娜-001	
4.002	车座	舒适型	外购	PCS	850	850	2018-01-16	2018-01-18		采购部	赵管娜-001	
4.003	头管碗组		外购	PCS	2 080	2 080	2018-01-15	2018-01-18		采购部	赵管娜-001	
4.004	车把	直把	外购	PCS	1 330	1 330	2018-01-15	2018-01-19		采购部	赵管娜-001	
4.007	把套		外购	PCS	4 160	4 160	2018-01-15	2018-01-18		采购部	赵管娜-001	
4.008	车闸		外购	PCS	4 160	4 160	2018-01-16	2018-01-18		采购部	赵管娜-001	
4.009	变速把		外购	PCS	2 080	2 080	2018-01-16	2018-01-18		采购部	赵管娜-001	
4.010	前轴		外购	PCS	2 080	2 080	2018-01-15	2018-01-18		采购部	赵管娜-001	
4.011	后轴		外购	PCS	2 080	2 080	2018-01-15	2018-01-18		采购部	赵管娜-001	
4.013	车圈	单层	外购	PCS	1 700	1 700	2018-01-13	2018-01-15		采购部	赵管娜-001	
4.016	轮胎	26*1.25光头胎	外购	PCS	1 700	1 700	2018-01-13	2018-01-15		采购部	赵管娜-001	
4.017	钢丝		外购	PCS	142 960	142 960	2018-01-13	2018-01-15		采购部	赵管娜-001	
4.018	气门芯		外购	PCS	4 160	4 160	2018-01-12	2018-01-15		采购部	赵管娜-001	
4.019	脚蹬		外购	PCS	4 160	4 160	2018-01-15	2018-01-18		采购部	赵管娜-001	
4.020	中轴		外购	PCS	2 080	2 080	2018-01-16	2018-01-18		采购部	赵管娜-001	
4.021	链条		外购	PCS	2 080	2 080	2018-01-16	2018-01-18		采购部	赵管娜-001	
4.022	挡板		外购	PCS	2 080	2 080	2018-01-15	2018-01-18		采购部	赵管娜-001	
4.024	飞轮	单级飞轮	外购	PCS	850	850	2018-01-15	2018-01-18		采购部	赵管娜-001	
2.003	前叉		自制	PCS	5 200	5 200	2018-01-16	2018-01-17	普通订单	加工车间	赵管娜-002	
2.006	挡泥板	前	自制	PCS	4 900	4 900	2018-01-15	2018-01-17	普通订单	注塑车间	赵管娜-002	
2.007	挡泥板	后	自制	PCS	5 020	5 020	2018-01-15	2018-01-17	普通订单	注塑车间	赵管娜-002	
3.003	钢管	φ2.5	外购	m	4 680	4 680	2018-01-13	2018-01-16		采购部	赵管娜-002	
3.004	ABS	HI-121H	外购	kg	7 936	7 936	2018-01-13	2018-01-15		采购部	赵管娜-002	

(续表)

物料长代码	物料名称	规格型号	物料类型	单位	计划订单量	建议订单量	建议采购或开工日期	建议到货或完工日期	生产类型	采购申请/生产部门	源销售订单号	源预测单号
4.003	头管碗组		外购	PCS	5 200	5 200	2018-01-13	2018-01-17		采购部		赵管娜-002
4.004	车把	直把	外购	PCS	5 140	5 140	2018-01-13	2018-01-17		采购部		赵管娜-002
4.007	把套		外购	PCS	10 400	10 400	2018-01-13	2018-01-17		采购部		赵管娜-002
4.008	车闸		外购	PCS	10 400	10 400	2018-01-15	2018-01-17		采购部		赵管娜-002
4.009	变速把		外购	PCS	5 200	5 200	2018-01-15	2018-01-17		采购部		赵管娜-002
4.010	前轴		外购	PCS	5 200	5 200	2018-01-13	2018-01-17		采购部		赵管娜-002
4.011	后轴		外购	PCS	5 200	5 200	2018-01-13	2018-01-17		采购部		赵管娜-002
4.017	钢丝		外购	PCS	351 800	351 800	2018-01-12	2018-01-13		采购部		赵管娜-002
4.018	气门芯		外购	PCS	9 400	9 400	2018-01-11	2018-01-13		采购部		赵管娜-002
4.019	脚蹬		外购	PCS	10 400	10 400	2018-01-13	2018-01-17		采购部		赵管娜-002
4.020	中轴		外购	PCS	5 200	5 200	2018-01-15	2018-01-17		采购部		赵管娜-002
4.021	链条		外购	PCS	5 200	5 200	2018-01-15	2018-01-17		采购部		赵管娜-002
4.022	挡板		外购	PCS	5 200	5 200	2018-01-13	2018-01-17		采购部		赵管娜-002
2.002	车架	合金	自制	PCS	1 150	1 150	2018-02-06	2018-02-15	流转卡跟踪普通订单	加工车间		赵管娜-003
2.003	前叉		自制	PCS	1 150	1 150	2018-02-14	2018-02-15	普通订单	加工车间		赵管娜-003
2.005	车轮	700C	自制	PCS	2 300	2 300	2018-02-12	2018-02-15	普通订单	装配车间		赵管娜-003
3.002	合金管材	φ5.2	外购	m	1 840	1 840	2018-02-03	2018-02-06		采购部		赵管娜-003
3.003	钢管	φ2.5	外购	m	1 035	1 035	2018-02-10	2018-02-14		采购部		赵管娜-003
3.004	ABS	HI-121H	外购	kg	240	240	2018-02-17	2018-02-19		采购部		赵管娜-003
4.002	车座	舒适型	外购	PCS	1 150	1 150	2018-02-13	2018-02-15		采购部		赵管娜-003
4.003	头管碗组		外购	PCS	1 150	1 150	2018-02-12	2018-02-15		采购部		赵管娜-003
4.007	把套		外购	PCS	2 300	2 300	2018-02-12	2018-02-15		采购部		赵管娜-003
4.008	车闸		外购	PCS	2 300	2 300	2018-02-13	2018-02-15		采购部		赵管娜-003

(续表)

物料长代码	物料名称	规格型号	物料类型	单位	计划订单量	建议订单量	建议采购或开工日期	建议到货或完工日期	生产类型	采购申请/生产部门	源销售订单号	源预测单号
4.009	变速把		外购	PCS	1 150	1 150	2018-02-13	2018-02-15		采购部	赵管娜-003	
4.010	前轴		外购	PCS	1 150	1 150	2018-02-12	2018-02-15		采购部	赵管娜-003	
4.011	后轴		外购	PCS	1 150	1 150	2018-02-12	2018-02-15		采购部	赵管娜-003	
4.013	车圈	单层	外购	PCS	2 300	2 300	2018-02-10	2018-02-12		采购部	赵管娜-003	
4.016	轮胎	26*1.25光头胎	外购	PCS	2 300	2 300	2018-02-10	2018-02-12		采购部	赵管娜-003	
4.017	钢丝		外购	PCS	73 600	73 600	2018-02-10	2018-02-12		采购部	赵管娜-003	
4.018	气门芯		外购	PCS	2 300	2 300	2018-02-09	2018-02-12		采购部	赵管娜-003	
4.019	脚蹬		外购	PCS	2 300	2 300	2018-02-12	2018-02-15		采购部	赵管娜-003	
4.020	中轴		外购	PCS	1 150	1 150	2018-02-13	2018-02-15		采购部	赵管娜-003	
4.021	链条		外购	PCS	1 150	1 150	2018-02-13	2018-02-15		采购部	赵管娜-003	
4.022	挡板		外购	PCS	1 150	1 150	2018-02-12	2018-02-15		采购部	赵管娜-003	
4.024	飞轮	单级飞轮	外购	PCS	1 150	1 150	2018-02-12	2018-02-15		采购部	赵管娜-003	
2.003	前叉		自制	PCS	1 100	1 100	2018-01-24	2018-01-25	普通订单	加工车间		PPOID000001
3.003	钢管	$\phi 2.5$	外购	m	990	990	2018-01-20	2018-01-24		采购部		PPOID000001
3.004	ABS	HI-121H	外购	kg	800	800	2018-01-23	2018-01-25		采购部		PPOID000001
4.003	头管碗组		外购	PCS	1 100	1 100	2018-01-22	2018-01-25		采购部		PPOID000001
4.007	把套		外购	PCS	2 200	2 200	2018-01-22	2018-01-25		采购部		PPOID000001
4.008	车闸		外购	PCS	2 200	2 200	2018-01-23	2018-01-25		采购部		PPOID000001
4.009	变速把		外购	PCS	1 100	1 100	2018-01-23	2018-01-25		采购部		PPOID000001
4.010	前轴		外购	PCS	1 100	1 100	2018-01-22	2018-01-25		采购部		PPOID000001
4.011	后轴		外购	PCS	1 100	1 100	2018-01-22	2018-01-25		采购部		PPOID000001
4.017	钢丝		外购	PCS	74 400	74 400	2018-01-20	2018-01-22		采购部		PPOID000001
4.018	气门芯		外购	PCS	2 200	2 200	2018-01-19	2018-01-22		采购部		PPOID000001
4.019	脚蹬		外购	PCS	2 200	2 200	2018-01-22	2018-01-25		采购部		PPOID000001
4.020	中轴		外购	PCS	1 100	1 100	2018-01-23	2018-01-25		采购部		PPOID000001
4.021	链条		外购	PCS	1 100	1 100	2018-01-23	2018-01-25		采购部		PPOID000001
4.022	挡板		外购	PCS	1 100	1 100	2018-01-22	2018-01-25		采购部		PPOID000001
3.001	碳素铜管	$\phi 5.2$	外购	m	6 476	6 476	2018-01-11	2018-01-11		采购部		
3.002	合金管材	$\phi 5.2$	外购	m	1 760	1 760	2018-01-11	2018-01-11		采购部		

（2）打开"计划订单维护"窗口，选中相同的物料代码，右击，在弹出的快捷菜单上选择"合并"菜单命令。合并之后，再选中需要调整数量的计划订单，右击，在弹出的快捷菜单中选择"批量维护"菜单命令，将需求数量按照要求调整，调整后的计划订单如表8-4所示。

表8-4 调整后计划订单

物料长代码	物料名称	规格型号	物料类型	单位	计划订单量	建议订单量	建议采购或开工日期	建议到货或完工日期	生产类型	采购申请/生产部门
1.001	山地车	运动-770	自制	PCS	4 730	4 730	2018-01-17	2018-01-26	普通订单	装配车间
1.002	旅行车	运动-550	自制	PCS	2 350	2 350	2018-01-18	2018-01-26	普通订单	装配车间
1.003	公路车	运动-330	配置类	PCS	2 450	2 450	2018-01-23	2018-01-26	普通订单	装配车间
2.001	车架	碳素	自制	PCS	4 610	4 610	2018-01-11	2018-01-17	流转卡跟踪普通订单	加工车间
2.002	车架	合金	自制	PCS	4 800	4 800	2018-01-11	2018-01-18	流转卡跟踪普通订单	加工车间
2.003	前叉		自制	PCS	9 530	9 530	2018-01-16	2018-01-17	普通订单	加工车间
2.004	车轮	26寸	自制	PCS	9 460	9 460	2018-01-13	2018-01-17	普通订单	装配车间
2.005	车轮	700C	自制	PCS	9 600	9 600	2018-01-15	2018-01-18	普通订单	装配车间
2.006	挡泥板	前	自制	PCS	6 880	6 880	2018-01-15	2018-01-17	普通订单	注塑车间
2.007	挡泥板	后	自制	PCS	7 000	7 000	2018-01-15	2018-01-17	普通订单	注塑车间
3.001	碳素铜管	φ5.2	外购	m	7 276	8 000	2018-01-11	2018-01-13		采购部
3.002	合金管材	φ5.2	外购	m	8 080	9 000	2018-01-11	2018-01-13		采购部
3.003	钢管	φ2.5	外购	m	8 577	9 000	2018-01-13	2018-01-16		采购部
3.004	ABS	HI-121H	外购	kg	11 604	12 000	2018-01-11	2018-01-13		采购部
4.001	车座	运动型	外购	PCS	4 730	4 800	2018-01-15	2018-01-17		采购部
4.002	车座	舒适型	外购	PCS	4 800	4 800	2018-01-16	2018-01-18		采购部
4.003	头管碗组		外购	PCS	9 530	9 600	2018-01-13	2018-01-16		采购部
4.004	车把	直把	外购	PCS	7 120	7 200	2018-01-13	2018-01-17		采购部
4.005	车把	蝴蝶把	外购	PCS	2 350	2 400	2018-01-13	2018-01-17		采购部
4.007	把套		外购	PCS	19 060	19 100	2018-01-13	2018-01-16		采购部
4.008	车闸		外购	PCS	19 060	19 100	2018-01-15	2018-01-17		采购部
4.009	变速把		外购	PCS	9 530	9 600	2018-01-15	2018-01-17		采购部
4.010	前轴		外购	PCS	9 530	9 600	2018-01-13	2018-01-16		采购部
4.011	后轴		外购	PCS	9 530	9 600	2018-01-13	2018-01-16		采购部
4.012	车圈	双层	外购	PCS	9 460	9 500	2018-01-11	2018-01-13		采购部
4.013	车圈	单层	外购	PCS	9 600	9 600	2018-01-13	2018-01-15		采购部
4.014	轮胎	26*2.0齿胎	外购	PCS	9 460	9 500	2018-01-11	2018-01-13		采购部

(续表)

物料长代码	物料名称	规格型号	物料类型	单位	计划订单量	建议订单量	建议采购或开工日期	建议到货或完工日期	生产类型	采购申请/生产部门
4.016	轮胎	26*1.25光头胎	外购	PCS	9 600	9 600	2018-01-13	2018-01-15		采购部
4.017	钢丝		外购	PCS	642 760	642 800	2018-01-12	2018-01-13		采购部
4.018	气门芯		外购	PCS	18 060	18 100	2018-01-11	2018-01-15		采购部
4.019	脚蹬		外购	PCS	19 060	19 100	2018-01-13	2018-01-16		采购部
4.020	中轴		外购	PCS	9 530	9 600	2018-01-15	2018-01-17		采购部
4.021	链条		外购	PCS	9 530	9 600	2018-01-15	2018-01-17		采购部
4.022	挡板		外购	PCS	9 530	9 600	2018-01-13	2018-01-16		采购部
4.023	飞轮	多级飞轮	外购	PCS	4 730	4 800	2018-01-13	2018-01-16		采购部
4.024	飞轮	单级飞轮	外购	PCS	4 800	4 800	2018-01-15	2018-01-18		采购部
4.026	车铃		外购	PCS	2 450	2 500	2018-01-20	2018-01-22		采购部

（3）进入计划订单审核/反审核计划订单：审核的计划订单表示该计划订单已经经过审核确认，可以投放成相应的目标单据和作为下级物料的需求来源。选中要审核的计划订单行，再单击工具栏中的"审核"按钮，系统显示审核单据是否成功的对话框，如图8-18所示。

图8-18 计划订单审核

（4）投放计划订单：投放分为直接投放和交互投放，如果计划订单已经审核，就可以执行投放功能生成相应的目标单据。单击工具栏中的"直接投放"按钮，系统显示计划订单是否投放成功的对话框，如图8-19所示。

- 236 -

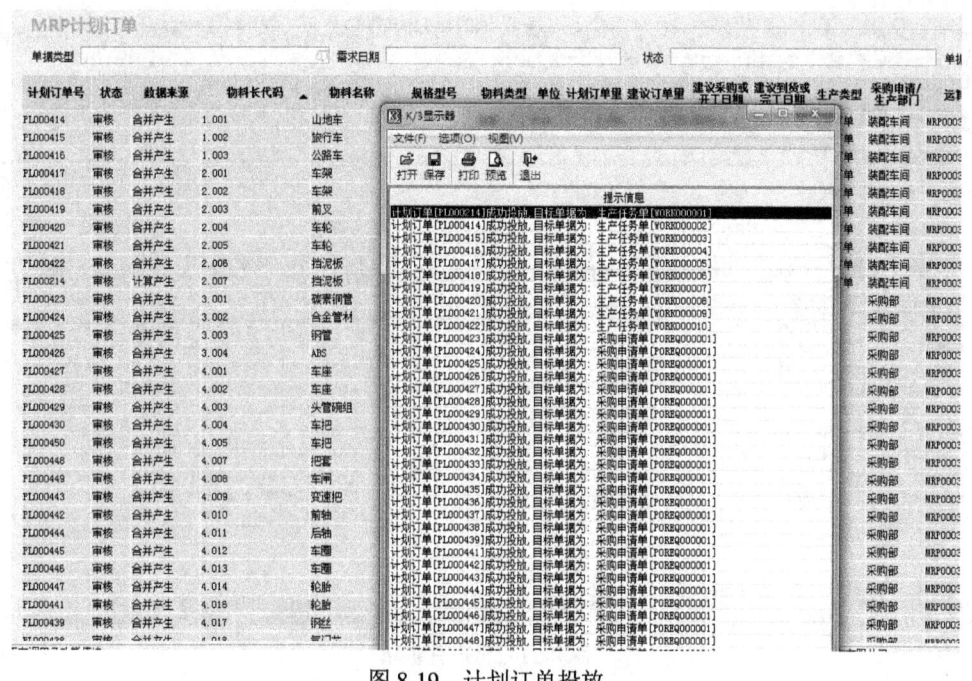

图 8-19 计划订单投放

（5）查看投放生成的单据：本次投放物料包含外购件、自制件和配置类，外购件投放生成了"采购申请单"，自制件和配置类物料投放生成了"生产任务单"，两种单据数据如图 8-20 和图 8-21 所示。

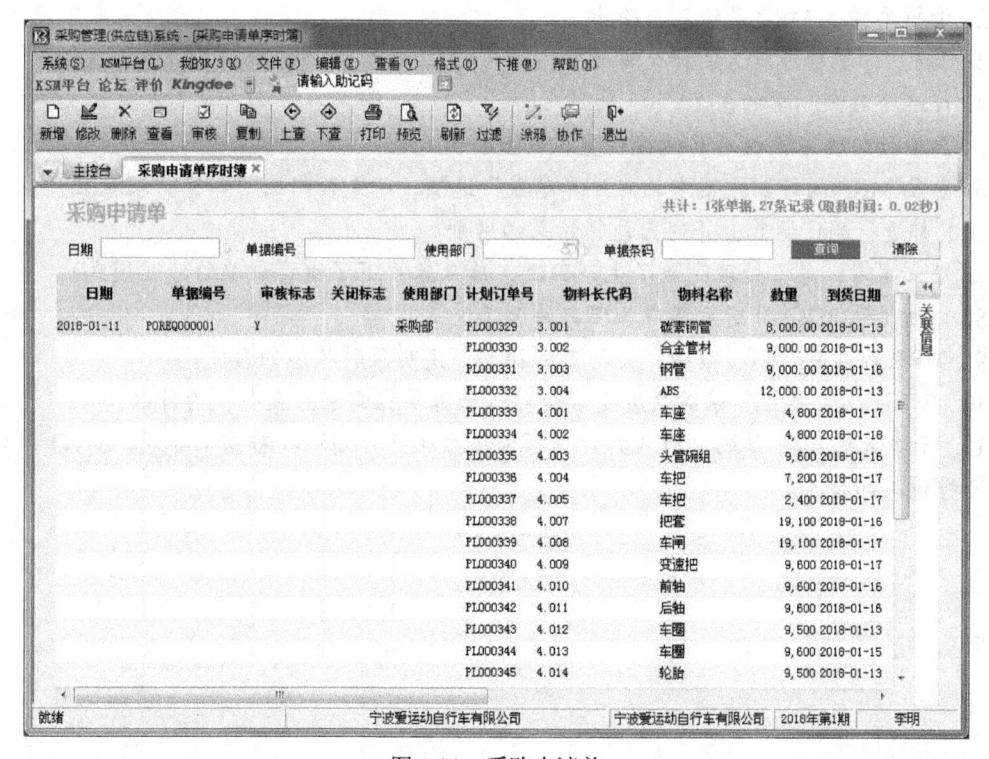

图 8-20 采购申请单

- 237 -

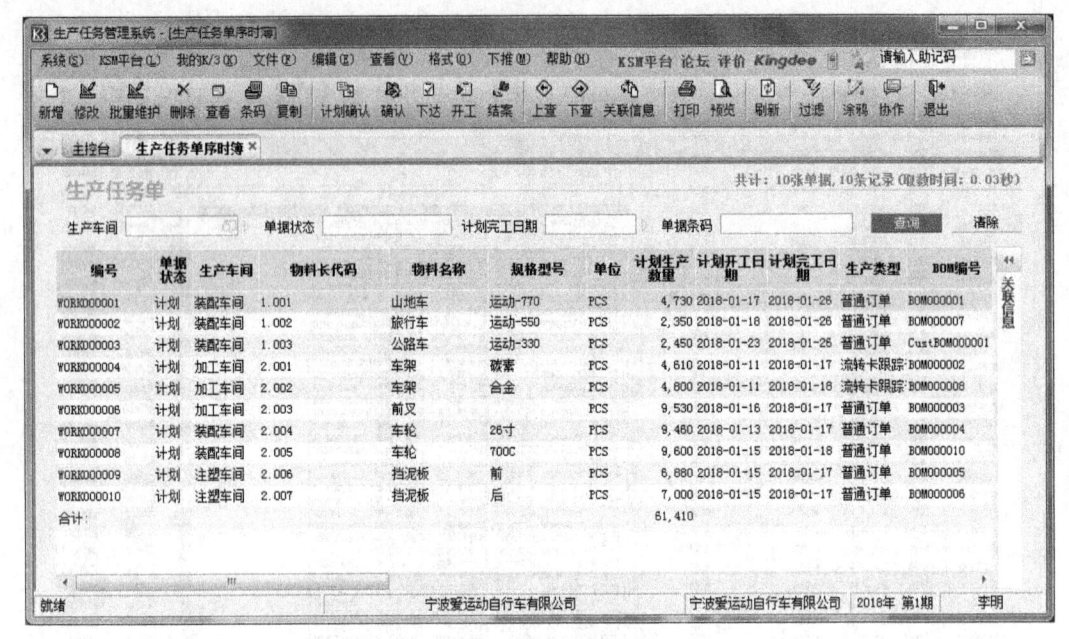

图 8-21 生产任务单

复习思考题

1. 什么是物料需求计划，主要解决哪些问题？
2. 请简要描述 MRP 的输入与输出。
3. MRP 计算后可以达到什么目的？
4. 详述产品预测单的含义。
5. 画出物料需求系统与其他模块直接的数据流向图。
6. 熟悉 MRP 的计划方案中的"计算参数"选项，对是否勾选"库存需求独立产生计划"两种情况都进行测试运算，并列出计算结果的区别。
7. 独立思考，怎么处理先做了生产预测，后来客户下了销售订单的计划模式。
8. 详细说明 MRP 计划方案中各项目的含义。
9. MRP 计划有计划、审核、关闭三种状态，说明每种状态的含义。
10. MRP 产生的生产/采购数量是否会超过来源单据需求最大量，为什么？
11. 仔细研究 ERP 系统中的 3 种计划模式（主生产计划、物料需求计划、MTO 计划），说出 3 种模式的特点。

第9章 采购管理

采购就是根据企业销售、生产的需要购买所需要的各种物资。有效的采购管理能降低原材料采购占用的资金、缩短采购周期、提高产品质量、显著提高企业利润等。本章主要内容包括：
- 采购管理业务流程与采购模式；
- 采购管理系统设置；
- 采购日常业务处理；
- 采购报表统计与报表分析。

9.1 系统概述

采购管理是供应链管理的重要环节，供应链管理系统与生产制造管理系统、财务管理系统、客户关系管理系统一起，构成了企业信息化管理系统的有机体，是提高企业服务水平、降低企业经营成本的必要工具。

采购即是从其他组织或个人处获得组织发展所需要的物料或服务的活动。采购管理（Purchasing Management）是指为保障企业能可靠地、经济地获取这些物料和服务的一系列管理行为。采购成本是企业成本控制中的主体和核心部分。据统计，产品直接材料成本占产品总成本近 80%，降低采购成本，将直接增加企业的利润和价值，有利于企业在市场竞争中赢得优势。同时，合理的采购对提高企业竞争能力、降低经营风险也具有极其重要的作用。一方面，科学的采购不仅能降低产品生产成本，而且也是产品质量的保证；另一方面，合理采购能保证经营资金的合理使用和控制，从而以有限的资金有效开展企业的经营活动。随着经济全球化和信息网络技术的高速发展，全球经济运行方式和流通方式产生了巨大变化，企业采购模式也随之不断发展。供应链中各制造商通过外购、外包等采购方式从众多供应商中获取生产原料和生产信息，采购已经从单个企业的采购发展到了供应链上的采购。

9.1.1 采购管理业务流程

在 ERP 管理信息系统中，采购管理系统是通过采购申请、采购订货、进料检验、仓库收料、采购退货、购货发票处理、供应商管理、价格及供货信息管理、订单管理、质量检验管理等功能综合运用的管理系统，对采购物流和资金流的全过程进行有效的双向控制和跟踪，实现完善的企业物资供应信息管理。采购总体业务流程如图 9-1 所示。

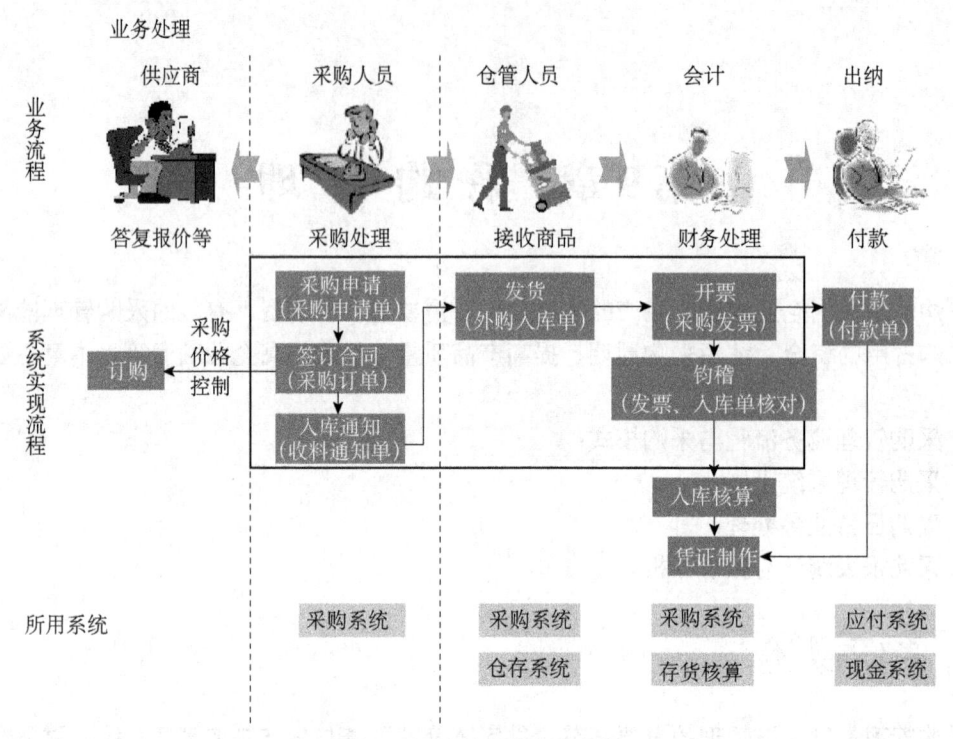

图 9-1 采购总体业务流程图

9.1.2 与其他子系统的关系

采购管理系统既可以单独使用，又能与物料需求计划、库存管理、销售管理、存货核算和应付款管理系统集成使用，提供完整、全面的业务和财务流程处理。采购管理系统与其他子系统之间的关系如图 9-2 所示。

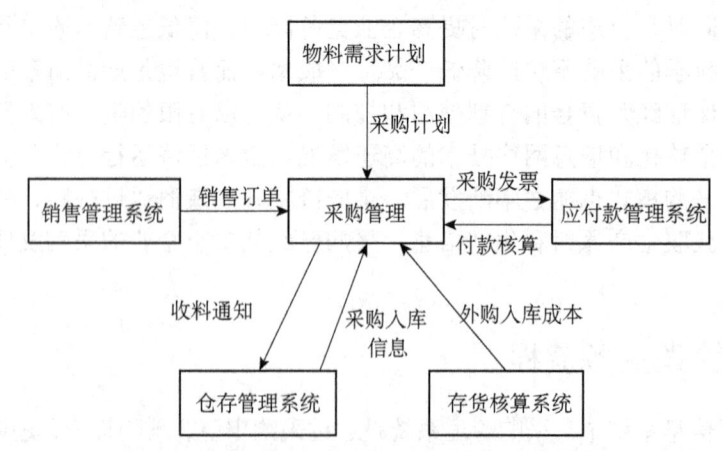

图 9-2 采购管理系统与其他子系统之间的关系

物料需求计划：采购管理接收从物料需求计划投放生成的"采购申请单"。

销售管理系统：采购系统的采购订单可以根据销售订单生成从而处理以销定购的业务，采购发票可以根据销售发票生成从而处理直运销售（采购）的业务。

仓存管理系统：采购管理系统填制"收料通知单"，传递到仓存管理系统，仓管员接收到收料通知，根据供应商送货实物核查、生成外购入库单数据后，外购入库单信息同时反馈到采购管理系统，以供采购员查看采购订单执行情况。仓存管理系统还为采购管理提供存货现存量查看。

应付款管理系统：由采购管理系统填制采购发票和费用发票，传递到"应付款管理"系统审核登记应付明细账，并进行制单生成凭证传至总账系统。

存货核算系统：采购系统中的采购发票与外购入库单钩稽后核算原材料入库成本，该入库成本传递到"存货核算系统"，是核算材料出库成本的重要依据。

9.1.3 采购业务模式

采购管理按采购业务类型区分，可分 4 类，包括现购、赊购、直运采购、受托入库采购。不同业务类型其业务的处理过程以及财务收支核算的过程有差异。

（1）现购：是指直接现金交易的采购业务。在这种业务的处理中，现购采购发票默认作为一种付款依据，现购适用于面向企业的现金交易采购业务。

（2）赊购：赊购是一种最常见的采购业务，它是购销双方利用商业信用进行购销交易的一种业务。赊购是工商业企业都最常用的一种采购业务。

（3）直运采购：直运采购是直运业务的一部分，直运业务是指企业接到客户的订单后，向第三方供应商签订采购订单。第三方供应商根据采购订单，组织货源直接向客户发出货物。对于进行直运销售的企业而言，无须进行实物的收发，即完成购销业务。结算包括两部分：企业和供应商之间的开票及付款；企业和客户之间的开票及付款。系统中直运采购和直运销售结合一起使用完成完整的直运业务。一般在工商业企业的批发业务中都适用直运采购。

（4）受托入库采购：受托入库采购是委托代销的一种对称业务，它通常用来处理代理商向已经签订代销协议的上游分销商、生产厂商进行订货的一种业务。

9.2 采购管理系统设置

9.2.1 付款条件设置

付款条件是进行采购业务时对供应商应付款事项的约定，如收货后 20 天付款，月结 10 天付款等。当收款条件设置后，在供应商档案中的"应收应付"标签页中关联付款条件，这样在录入外购入库单和购货发票时，可以根据预先设置的付款条件计算该笔业务的应付款日期，从而方便应付款提醒或财务人员进行款项到期分析。

【业务场景】

宁波爱运动自行车有限公司 6 家主要供应商的付款条件如表 9-1 所示。

表 9-1 付款条件

代码	名称	付款条件
01	浙江省	
01.01	宁波塑料有限公司	下月 5 日结算
01.02	温州钢材有限公司	信用天数 60 天
01.03	宁波坚固加工有限公司	下月 5 日结算
01.04	宁波达克表面处理有限公司	下月 5 日结算
02	江苏省	
02.01	苏州自行车配件有限公司	下月 5 日结算
02.02	南京标准件制造有限公司	下月 5 日结算

【业务分析】

供应商付款条件是供应商的非基本资料，需要先进入供应商资料，再选择"应付资料"选项卡，找到对应的字段维护。

初次进入付款条件页面，里面资料为空，用户可以按 F7 键进入"付款条件设置"窗口，也可以进入"基础资料设置"窗口，先维护好付款条件，再到供应商资料中进行选择和维护。

【操作步骤】

付款条件的设置需要两个步骤：第一步是通过执行"系统设置"→"基础资料"→"采购管理"→"付款条件"菜单命令新增付款条件；第二步是通过执行"系统设置"→"基础资料"→"公共资料"→"供应商"菜单命令设置供应商付款条件。具体设置方法可以参照第 7 章销售管理中"收款条件"的设置方法。

9.2.2 采购价格管理

采购价格管理是企业重要的采购政策之一，灵活的价格调整体系可以满足快速多变的市场需求，严密的价格控制手段可以保证企业采购政策的有效执行。

【业务场景】

采购部经理"应诗梦"按如下要求设置采购价格参数，并录入价格控制资料，完成后财务部经理"李鹏"审核了所有的采购价格，采购价格参数如下：

（1）价格管理修改价格设置为密码控制，价格修改控制密码设为"888888"，最高价格限价管理设置为"取消交易"。

（2）价格资料中的价格为含税价格，采购订单自动更新价格管理资料设置为"不更新"，其他设置为默认状态。

（3）价格参数设置中的应用场景只勾选"采购订单"。

（4）设置 ABS 默认从宁波塑料有限公司购买，其他原材料默认从温州钢材有限公司购买，所有外购件默认从南京标准件制造有限公司购买。

（5）最高限价针对所有供应商。

（6）应用场景针对采购订单都进行控制。

按表 9-2 所示进行采购价格维护（注意采购价和委外加工价的区分）。

表 9-2 采购价格管理

供应商	物料代码	物料名称	规格型号	报价	最高限价金额
温州钢材有限公司	3.001	碳素铜管	φ5.2	3	3
温州钢材有限公司	3.002	合金管材	φ5.2	2.3	2.5
温州钢材有限公司	3.003	钢管	φ2.5	2	2
宁波塑料有限公司	3.004	ABS	HI-121H	22.4	24
南京标准件制造有限公司	4.001	车座	运动型	25	25
南京标准件制造有限公司	4.002	车座	舒适型	15	15
南京标准件制造有限公司	4.003	头管碗组		28	28
南京标准件制造有限公司	4.004	车把	直把	26	26
南京标准件制造有限公司	4.005	车把	蝴蝶把	25	25
南京标准件制造有限公司	4.006	车把	弯把	23	23
南京标准件制造有限公司	4.007	把套		2	2
南京标准件制造有限公司	4.008	车闸		12	12
南京标准件制造有限公司	4.009	变速把		38	38
南京标准件制造有限公司	4.010	前轴		16	16
南京标准件制造有限公司	4.011	后轴		18	18
南京标准件制造有限公司	4.012	车圈	双层	55	55
南京标准件制造有限公司	4.013	车圈	单层	45	45
南京标准件制造有限公司	4.014	轮胎	26*2.0 齿胎	15	15
南京标准件制造有限公司	4.015	轮胎	26*1.5 半光胎	8	8
南京标准件制造有限公司	4.016	轮胎	26*1.25 光头胎	6	6
南京标准件制造有限公司	4.017	钢丝		0.12	0.12
南京标准件制造有限公司	4.018	气门芯		1	1
南京标准件制造有限公司	4.019	脚蹬		16	16
南京标准件制造有限公司	4.020	中轴		27	27
南京标准件制造有限公司	4.021	链条		42	42
南京标准件制造有限公司	4.022	挡板		15	15
南京标准件制造有限公司	4.023	飞轮	多级飞轮	35	35
南京标准件制造有限公司	4.024	飞轮	单级飞轮	30	30
南京标准件制造有限公司	4.025	车灯		3	3
南京标准件制造有限公司	4.026	车铃		4	4
苏州自行车配件有限公司	5.001	吸塑泡沫		0.03	0.05
苏州自行车配件有限公司	5.002	标贴		0.01	0.01
苏州自行车配件有限公司	5.003	纸箱		0.15	0.18
苏州自行车配件有限公司	5.004	泡沫		0.02	0.02

以上报价单位均为人民币，生效日期为 1 月 1 日，无失效日期。

【业务分析】

采购价格管理是录入同一种物料不同供应商供货时的采购价格，这样方便采购员对物料的采购成本进行管理，并且系统提供"最高价格"限价功能，当录入的采购价格高于该价格时，系统弹出预警信息。

采购价格维护好后，在录入采购申请单和采购订单时，系统会自动从价格资料中提取单价，这样省去了手工录入单价容易出错的麻烦。

价格资料设置中涉及的参数较多，每个参数都会直接影响到后期单价的应用，所以此步骤必须一一按照价格参数设置，如价格是否含税、控制方式、应用场景控制哪类单据等。

【操作步骤】

第 1 步，采购价格参数设置。

（1）执行"系统设置"→"基础资料"→"采购管理"→"采购价格参数设置"菜单命令，系统弹出"采购价格参数设置"窗口。

（2）在"修改控制"选项卡中，选中"密码控制"选项，然后输入密码为"888888"，单击"确定"按钮保存设置，如图 9-3 所示。

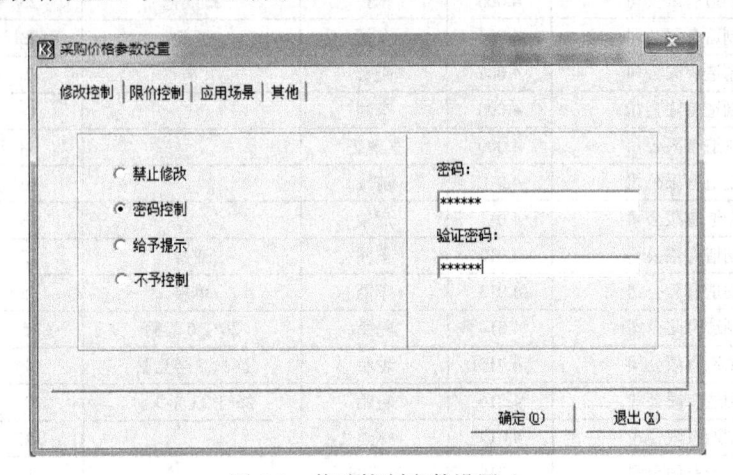

图 9-3　修改控制参数设置

【要点说明】

修改控制是指对采购价格修改的控制强度参数进行设置。该选项卡包括 4 个参数值：禁止修改、密码控制、给予提示、不予控制。

（3）选择"限价控制"选项卡，设置最高限价控制强度为"取消交易"，然后单击"确定"按钮保存设置，如图 9-4 所示。

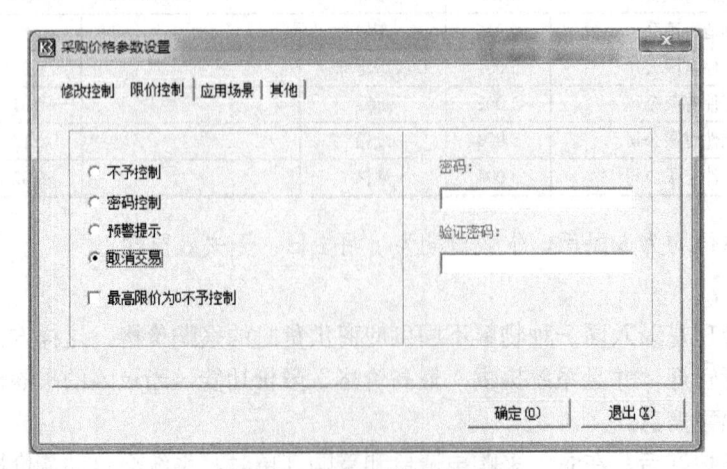

图 9-4　限价控制参数设置

【要点说明】

该选项包括4个参数值：不予控制、密码控制、预警提示、取消交易。

当选择"不予控制"时，在单据（指在"适用单据及控制点"中设定适用价格控制的单据）录入和价格资料中录入保存或审核时都不会判断最高限价。

当选择"预警提示"时，则在单据价格资料中录入高于限价的价格时，会在相应控制时点（保存或审核时）进行预警提示，如果用户选择"是"，则允许继续操作，如选择"否"，则不允许继续操作。

当选择"密码控制"时，用户必须输入密码并确认密码。而在单据价格资料中录入高于限价的价格时，会在相应控制时点先进行预警提示，提示界面中将要求用户输入正确的密码。如果密码输入正确，则该操作可以继续，否则系统给出提示，并要求用户重新输入密码。

如果选择"取消交易"时，则在单据（指在价格参数"应用场景"里面设定了价格控制的单据）价格资料中录入高于限价的价格，保存或审核时提示，并不允许继续操作成功。

最高限价为0不予控制：当选择这个选项后，如果物料在"采购价格管理"中的最高限价为0，则系统对该物料的采购价格不做任何控制。

（4）选择"应用场景"选项卡，只勾选"采购订单"选项，如图9-5所示。

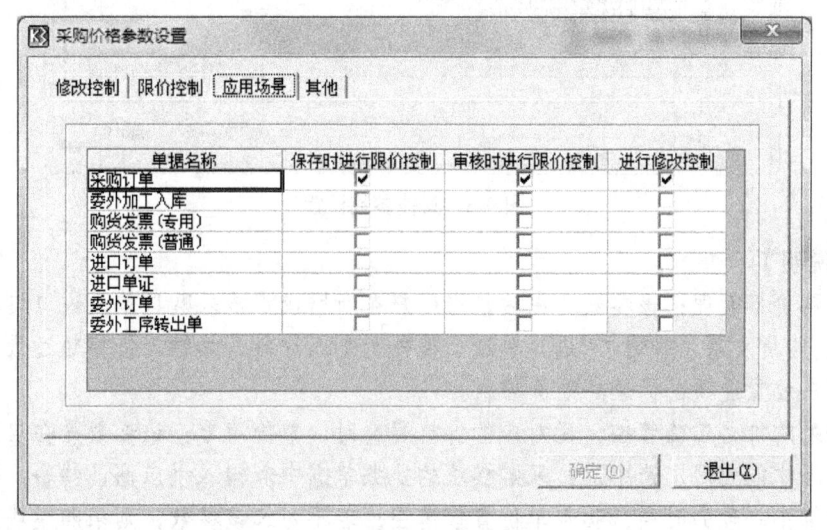

图9-5 应用场景参数设置

【要点说明】

"应用场景"选项卡用于对控制单据、控制时点进行设置。

限价控制：提供8种单据可进行限价控制的选择。单据包括采购订单、委外加工入库单、购货发票（专用）、购货发票（普通）、进口订单、进口单证、委外订单、委外工序转出单。对于以上8种单据的控制时点可选择"保存时进行限价控制"或"审核时进行限价控制"。此选项用于决定限价预警的调用时点。当选择"保存时进行限价控制"，则在相应单据录入高于限价的价格后，在保存时进行最高限价控制；当选择"审核时进行限价控制"，则仅在用户审核相应单据时进行最高限价控制；如果用户选择审核时预警，且启用了多级审核时，则只在业务级次审核时进行限价预警；该选项是和限价控制的控制强度结合起来应用的，即前提是

"控制强度"必须不等于"不予控制"时,才会在保存或审核时去调用限价控制。如果针对某一单据(如采购订单),用户既没有选择"保存时"控制,也没有选择"审核时"控制,则系统在此单据上将不应用最高限价控制。

修改控制:提供7种单据可进行修改控制的选择。单据包括采购订单、委外加工入库单、购货发票(专用)、购货发票(普通)、进口订单、进口单证、委外订单。修改控制时点,系统默认为保存时进行控制。

(5)选择"其他"选项卡,勾选"采购价格管理资料含税"选项,再设置"4 采购订单自动更新价格管理资料"为"不更新",如图9-6所示。

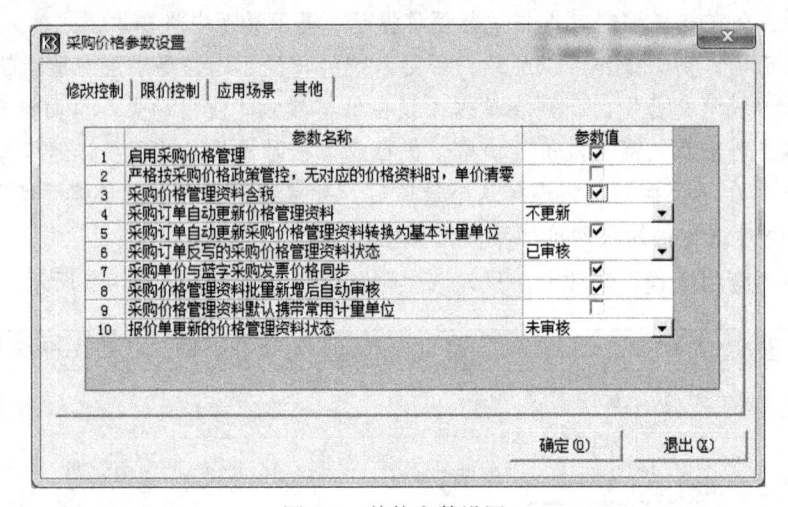

图9-6 其他参数设置

【要点说明】

启用采购价格管理:该参数选中后,当用户在新增或审核采购订单、进口订单、购货发票(专用)、购货发票(普通)、进口单证、委外加工入库时,如输入价格超过最高限价,系统将根据用户设置选项进行最高限价控制。

严格按采购价格正确管控,无对应的价格资料时,单价清零:该参数是在启用采购价格管理的前提下才能使用,选中后,采购模块的业务单据中若输入供应商、物料、数量等和维护的价格政策不一致的时候,物料单价直接清空;若不勾选该参数,则采购模块业务单据取价保持原有逻辑,规则不变。

采购价格管理资料含税:该选项选中时,采购价格管理中的报价和物料资料中的"采购单价"为含税价,直接携带至采购订单、采购(专用)发票的含税价字段;将此含税单价转换为不含税单价后,再携带至收料通知/请检单、外购入库单的采购单价字段。反写时,也是将采购订单或发票中的含税价写回价格管理资料或物料中。该选项不选中时,采购价格管理中的报价和物料资料中的"采购单价"为不含税价,携带时带到订单、收料通知/请检单、入库单、采购(专用)发票的不含税价字段,反写时,也是将这些单据中的不含税价写回价格管理资料或物料中。

采购订单自动更新采购价格管理资料:该选项包括3个参数值,即不更新、保存时、审核时。当选择"不更新"时,采购订单保存、审核均不反写价格管理资料;当选择"保存"时,则采购订单在保存时更新价格资料；如果选择"审核"时，则采购订单在审核时更新价格资料。

采购订单自动更新采购价格管理资料转换为基本计量单位：当用户选中该选项时，采购订单自动更新采购价格管理资料时会转换为基本计量单位进行更新；不选中该选项时，采购订单自动更新供应商供货信息只反写当前单据上的对应计量单位的采购单价类型的价格，不写基本计量单位的价格。

采购订单反写的采购价格管理资料状态：该选项为下拉框的选择形式，提供以下两种选择。

- 已审核：如果用户选择这个选项，当采购订单反写采购价格管理资料时，只会去更新已审核的记录，不更新未审核的记录。如果在已审核的记录中没有相应范围的记录，需要新增记录的话，则新增后对其自动审核。
- 未审核。如果用户选择这个选项，当采购订单反写采购价格管理资料时，只去更新原有的未审核的记录；对于新增的记录，处理和原来一样。

采购单价与蓝字采购发票价格同步：如果选中该选项，则在发票保存时去更新物料中的"采购单价"；如果不选中该选项，则发票保存时，不需要更新物料中的"采购单价"字段；如果系统选项"采购价格管理资料含税"被选中，则发票反写采购单价时，则将含税单价×（1-折扣率）反写过去；如果系统选项"采购价格管理资料含税"未被选中，则反写时，则反写不含税价×（1-折扣率）过去。

采购价格管理资料批量新增后自动审核：该选项主要是方便对于采购价格管理的审核流程要求不是很严格的用户，如果用户选中该选项，则当用户按物料组或供应商进行批量新增后，只要该批量新增用户同时有审核的权限，则系统会对批量新增的记录自动审核；如果不选择该选项，则批量新增后，系统不会自动进行审核，须由用户手工对批量新增的记录进行审核工作。

采购价格管理资料默认携带常用计量单位：该选项主要是方便采购价格管理价格与单位的对应关系，当用户选中该选项，则在维护对应单价时，系统默认计量单位携带采购系统常用计量单位，用户可以根据需要在价格资料界面进行修改。

第2步，价格政策维护。

（1）执行"系统设置"→"基础资料"→"采购管理"→"采购价格管理"菜单命令，系统弹出"采购价格管理"窗口，如图9-7所示。

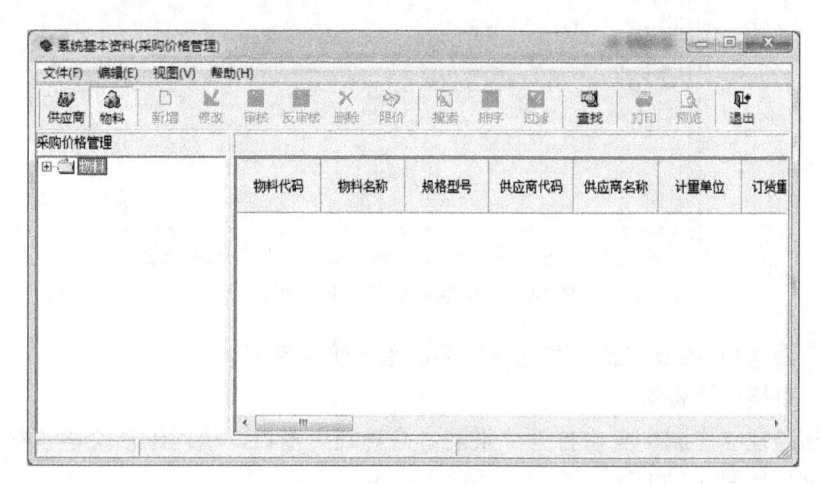

图9-7 "采购价格管理"窗口

（2）单击"供应商"按钮，系统弹出"供应商序时簿"窗口，如图9-8所示。

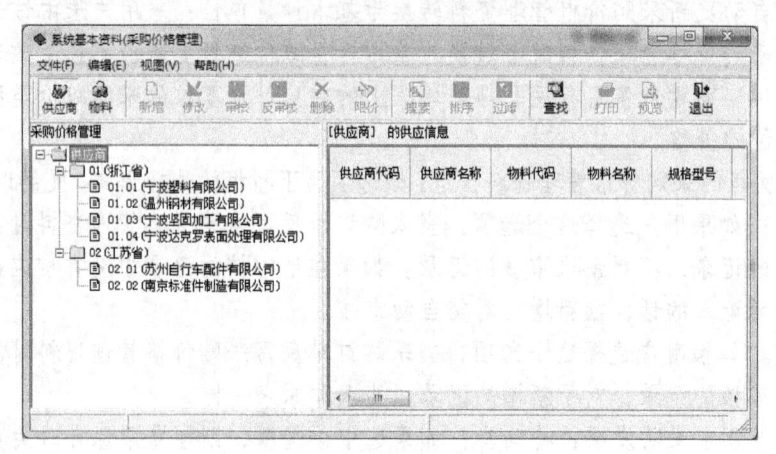

图9-8 "供应商序时簿"窗口

（3）单击需要维护的供应商处，再单击"新增"按钮即可打开"供应商供货信息"窗口，如图9-9所示。将光标定位到"物料代码"处，按F7键即可过滤出物料的信息，选择需要维护的物料和单价类型即可，录入完毕必须进行审核。

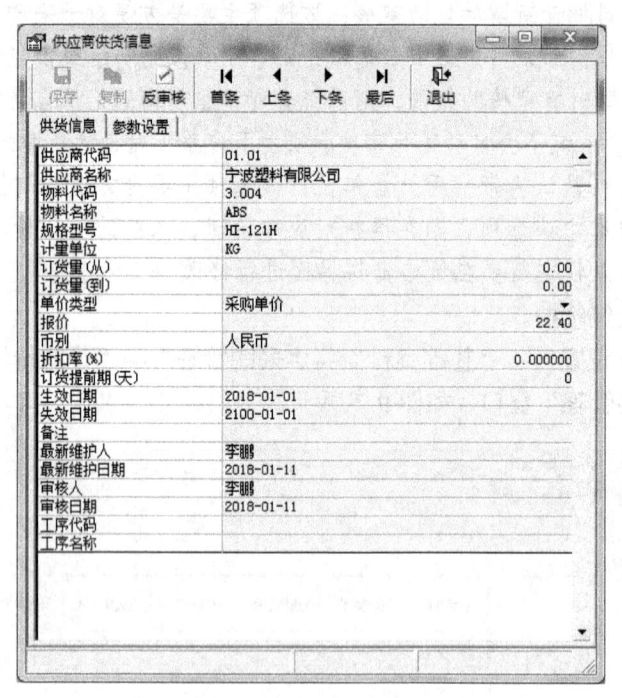

图9-9 "供应商供货信息"窗口

（4）按步骤（3）的方法新增其他供应商的采购价格资料。

第3步，审核价格资料。

以财务部经理"李鹏"身份打开"采购价格管理"窗口，核对纸质价格资料后，审核所有的价格资料，如图9-10所示。

第 9 章　采购管理

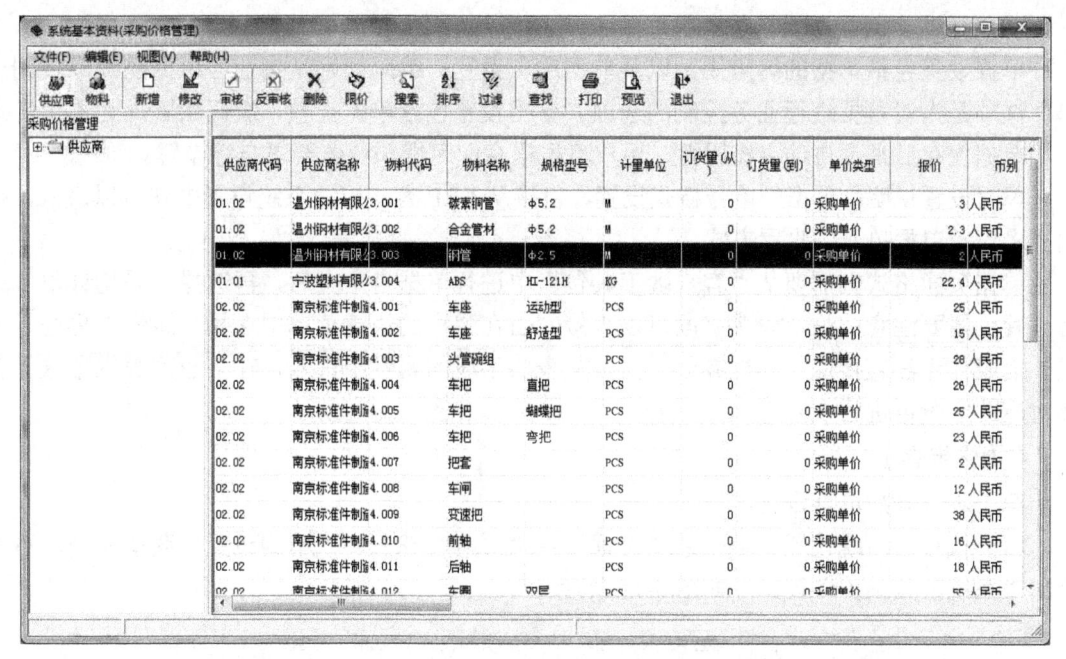

图 9-10　审核价格资料

【要点说明】

由于前期管理员未给财务部经理"李鹏"审核权限，此处需要管理员给"李鹏"账号设置采购价格审核权限。

9.2.3　单据自定义

采购订单作为企业主要单据之一，单据的内容根据企业的要求不同而不同，大部分企业都会根据自身的要求进行格式设置，以达到自身的管理要求。

【业务场景】

根据企业的要求，对采购订单进行格式设置，确保单据字段内容与公司实际需求一致，可以完善记录采购订单信息，管理员对采购订单进行详细的单据自定义，自定义要求参考如下。

（1）设置所有采购订单的单号格式均为"单据日期的年月"+"-"+"三位流水码"，如："1601-001"，单据号不允许手工修改。

（2）在表体中增加一列"图号"，自动取自物料的"图号"内容，图号要求放在规格型号后面。

（3）表体中取消辅助属性、折扣率、折扣额的显示；订单格式填写应尽量工整。

（4）设置采购订单的表头字段部门默认为"采购部"。

【业务分析】

K/3 系统是一套标准化的应用系统，在供应链和生产制造管理系统中系统根据一般企业对供应链和生产制造系统单据的要求和可行性的分析，制订了一套大众化的单据模板，用户可以直接引用，但是对于特殊的企业或业务需要制订专门的符合该企业或业务的单据形式，那么这时候就可以利用单据自定义工具在已有单据上来定义"个性化"的单据。

- 249 -

单据设置包括单据的编码规则以及单据选项设置。编码规则是指业务单据的编码规则。单据选项是指对单据进行业务控制的选项。单据设置包括单据类型、编码格式、允许手工录入、单据保存后是否自动审核属性,用户可根据企业习惯和业务要求自行设置。

单号设置说明:单据的单号格式设置,直接从 ERP 客户端的系统设置中就可以进入,根据要求设置单据单号的设置方式。

单据页面格式则需要从"客户端工具包"中进行单据自定义后,再选择"采购订单"进行设置,需要注意的是,表头字段可以直接右击在弹出的快捷菜单中选择"属性"再进行设置,而表体无法直接进入属性界面,需要从表头字段的属性中进入,在下拉列表框中选择表体对应的字段再进行设置。

【操作步骤】

第1步,采购单据设置。

(1)执行"系统设置"→"系统设置"→"采购管理"→"单据设置"菜单命令,系统弹出"系统参数维护"窗口,如图9-11所示。

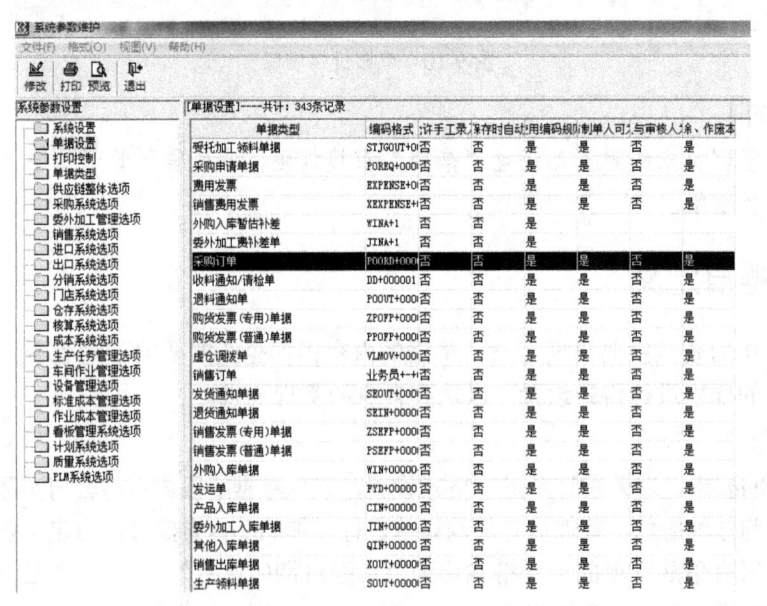

图9-11 "系统参数维护"窗口

(2)选择左侧的"单据设置"项目,然后选中"采购订单"选项,单击"修改"按钮,系统弹出"修改单据参数设置"窗口。然后根据"业务场景"中(1)的要求设置相关信息,如图9-12所示。

第2步,单据自定义。

(1)执行"系统"→"K/3客户端工具包"→"辅助工具"→"单据自定义"菜单命令,再单击"打开"按钮,在弹出的"金蝶 K/3 系统登录"窗口中选择本账套后登录,系统弹出"自定义"窗口。

(2)单击"打开"按钮,在弹出的"选择自定义单据类型"中选择"采购订单"选项,然后单击"确定"按钮,系统弹出如图9-13所示的采购单据"自定义"单据窗口。

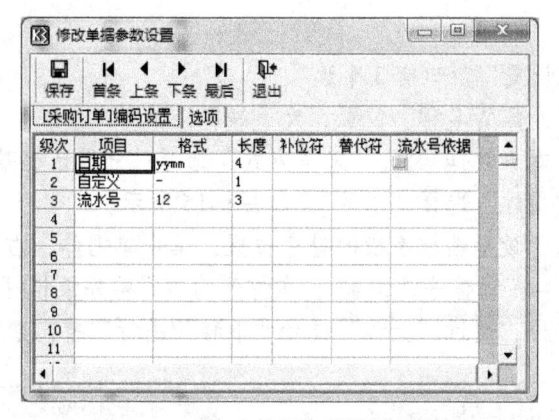

图 9-12 "修改单据参数设置"窗口

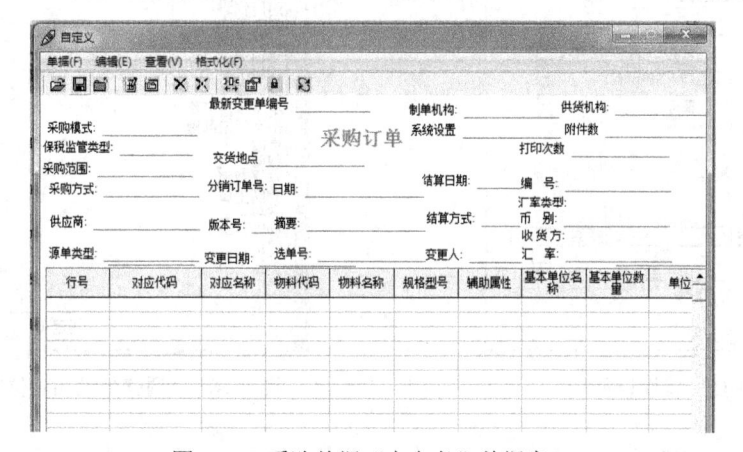

图 9-13 采购单据"自定义"单据窗口

第 3 步，增加"图号"单据体字段。

单击"增加分录列"，再选中单据体，右击，在弹出的快捷菜单中选择"属性"菜单命令，系统弹出"自定义单据-属性设置"窗口，选择最后一个选项，如图 9-14 所示。

图 9-14 "自定义单据-属性设置"窗口

【要点说明】

"自定义单据-属性设置"窗口有 3 个选项卡。
- 属性：用于设置对象的名称、位置、大小等属性。
- 高级：用于设置对象数据来源。"来源方式"选择"分录已有基础资料属性"，"类别"选择"物料"，"属性"选择"图号"，如图 9-15 所示。
- 设置可见性：用于设置新增字段的排序位置，单击单据体，右击，在弹出的快捷菜单中选择"属性"→"调整分录位置"，在打开的"调整分录相对位置"对话框中根据需求选择条则的字段，通过"上移"或者"下移"进行调整，如图 9-16 所示。

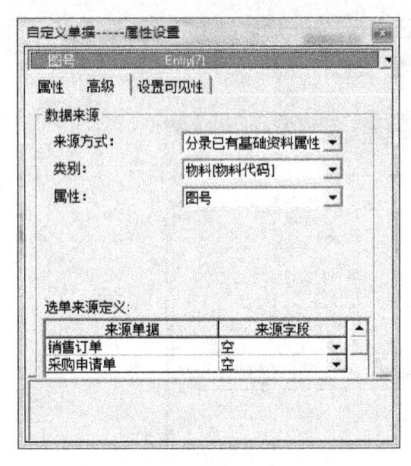

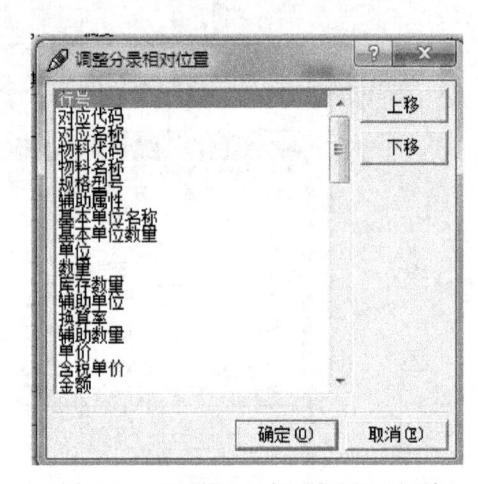

图 9-15 属性设置　　　　图 9-16 "调整分录相对位置"对话框

9.3 日常业务处理

9.3.1 采购申请

采购申请单是各业务部门或计划部门根据主生产计划、物料需求计划、库存管理需要、销售订货或零星需求等实际情况，向采购部门提请购货申请并可批准采购的业务单据。

【业务场景】

1 月 11 日，销售部业务员赵管娜根据客户订单的要求，提出包材的采购申请，销售部部门经理"钱旭波"接收到单据后当日进行了审批。采购申请单如表 9-3 所示。

表 9-3　采购申请单

申请部门	销售部		业务类型		采购申请	
申请日期	1 月 11 日		申请人员		赵管娜	
物料代码	物料名称	规格型号	数量		到货日期	备注
5.001	吸塑泡沫		1 000		1 月 31 日	
5.002	标贴		10 000		1 月 31 日	
5.003	纸箱		400		2 月 10 日	
5.004	泡沫		5 000		2 月 10 日	

第 9 章 采购管理

【业务分析】

由于公司各个部门都可以根据本部门的需求进行采购申请,所以管理员开发了所有人员的采购申请权限,而本部门经理只能对本部门的采购申请进行审核。

此处涉及公司业务流程的变动,所以该处管理员需要进行权限和审批流设置,审批流需要分部门设置审批节点,公司有多少个部门则需要设置多少个节点。

【操作步骤】

(1)执行"供应链"→"采购管理"→"采购申请"菜单命令,双击"采购申请-新增"选项,系统弹出"采购申请单-新增"窗口,如图 9-17 所示。

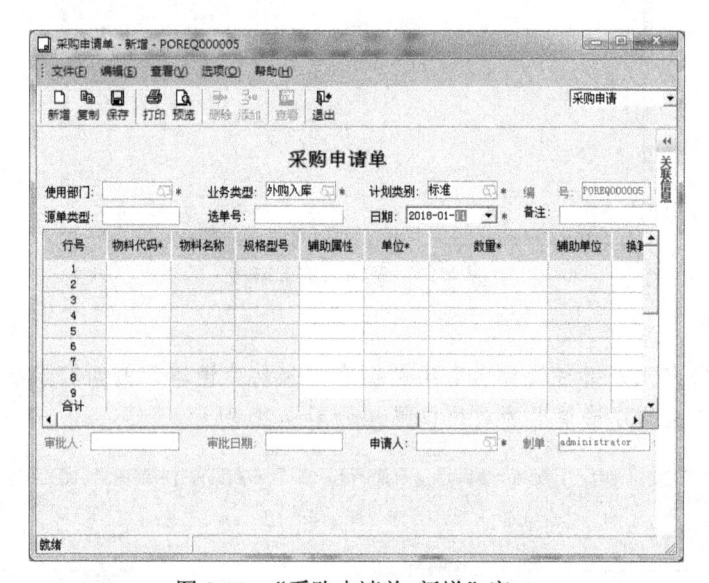

图 9-17 "采购申请单-新增"窗口

(2)按照业务场景依次录入使用部门、物料代码、数量、交期、备注及申请人等信息,完成后的采购申请单如图 9-18 所示。

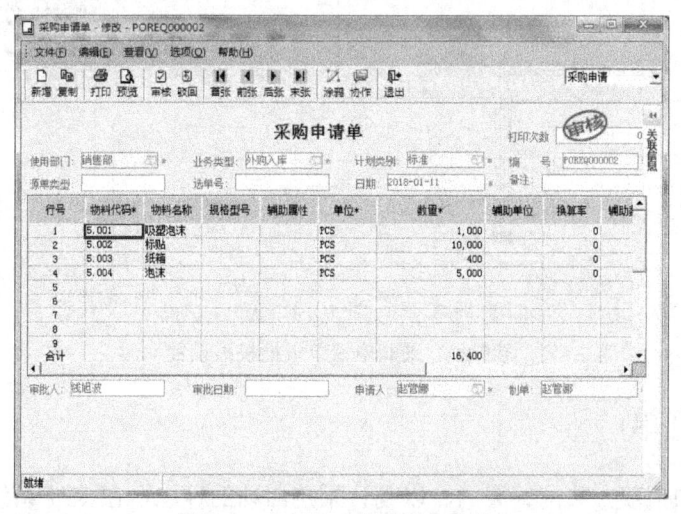

图 9-18 完成后的采购申请单

（3）以销售部经理"钱旭波"身份登录 ERP 系统。接到采购申请审批提示后，对该单进行审批通过，并在审批意见中录入"希望采购部与供应商协商减少最小起订量的数量"，如图 9-19 所示。

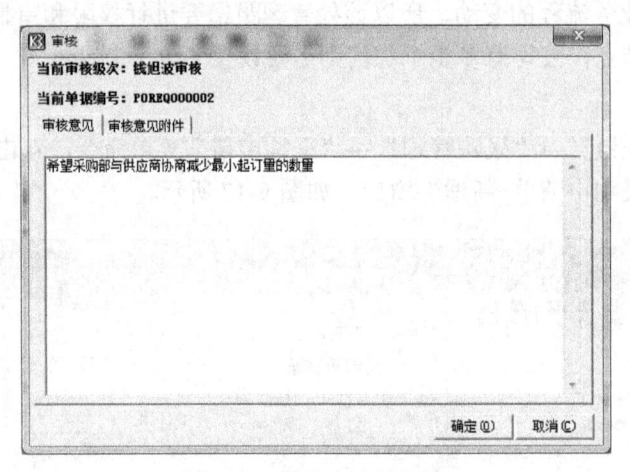

图 9-19 采购申请单审核

【要点说明】

以管理员身份进入系统再设置所有组别拥有"采购申请单"的新增权限，而各个部门经理则拥有本部门"采购申请单"的审核权限，如图 9-20 所示。

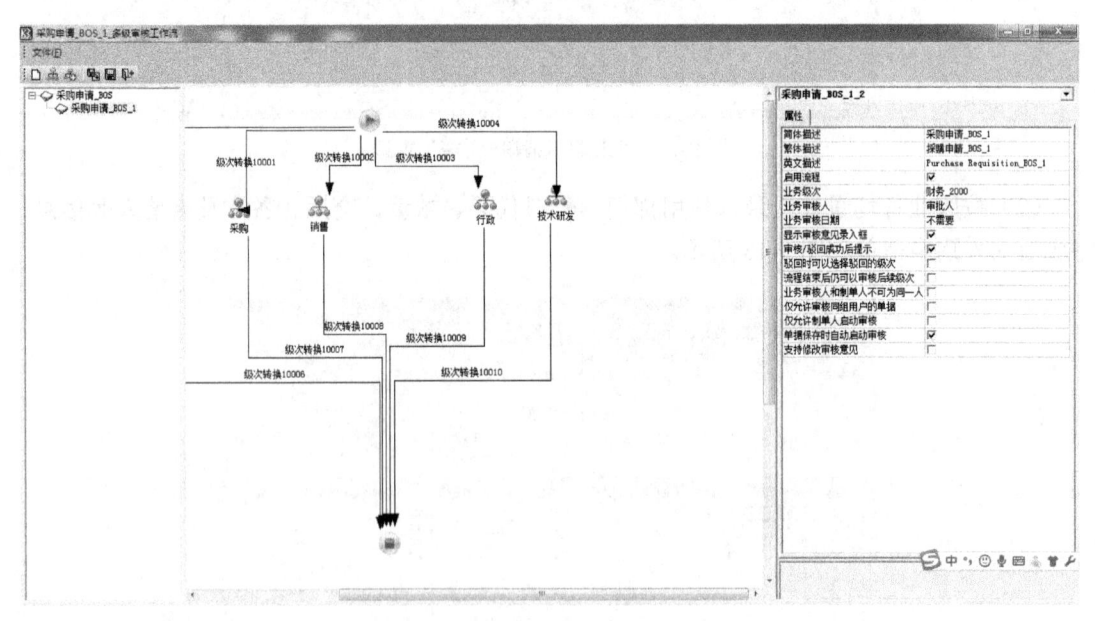

图 9-20 采购申请单审批权限设置

9.3.2 采购订单

采购订单是购销双方共同签署的、以确认采购活动的标志，在 K/3 系统中处于采购管理的核心地位。采购订单的重要性不仅表现在其所反映的业务资料是企业正式确认的、具有经济合法地位的文件，通过它可以直接向供应商订货并可查询采购订单的收料情况和订单执行状况，是订货业务工作中非常重要的管理方式。一般来说，采购订单可以通过手工录入、采购申请单、采购询价单关联等多途径生成。

【业务场景1】

1月11日，采购部业务员"乐平"查看到了需要购买的原材料信息，按照各项原材料的合格供应商，制作了采购订单并打印出来传真给了对应的供应商。采购订单信息如表 9-4 和表 9-5 所示。

表9-4 采购订单信息1

供应商	宁波塑料有限公司		制单		乐平	
下单日期	1月11日		采购业务员		乐平	
物料代码	物料名称	规格型号	数量	单价（含税）	交货日期	备注
3.004	ABS	HI-121H	12 000	22.4	1月14日	

表9-5 采购订单信息2

供应商	温州钢材有限公司		制单		乐平	
下单日期	1月11日		采购业务员		乐平	
物料代码	物料名称	规格型号	数量	单价（含税）	交货日期	备注
3.001	碳素铜管	φ5.2	8 000	3	1月15日	
3.002	合金管材	φ5.2	9 000	2.3	1月14日	
3.003	钢管	φ2.5	9 000	2	1月16日	

【业务场景2】

1月11日，采购业务员"王芳"查看到了需要购买的外购件信息，按照各项外购件的合格供应商，并与供应商协商，按如下要求先将部分采购物料先下发采购订单，制作了采购订单并打印出来传真给了对应的供应商。采购订单信息如表9-6所示。

表9-6 采购订单信息3

供应商	南京标准件制造有限公司		制单		王芳	
下单日期	1月11日		采购业务员		王芳	
物料代码	物料名称	规格型号	数量	报价（含税）	交货日期	备注
4.001	车座	运动型	4 800	25	1月18日	
4.008	车闸		19 100	12	1月18日	
4.009	变速把		9 600	38	1月18日	
4.012	车圈	双层	9 500	55	1月14日	
4.013	车圈	单层	9 600	45	1月14日	
4.014	轮胎	26*2.0 齿胎	9 500	15	1月14日	
4.016	轮胎	26*1.25 光头胎	9 600	6	1月14日	
4.017	钢丝		642 800	0.12	1月14日	
4.020	中轴		9 600	27	1月18日	
4.021	链条		9 600	42	1月18日	

【业务场景3】

1月12日，采购业务员"王芳"查看到了需要购买的外购件和包装材料信息，按照各项外购件和包装材料的合格供应商，制作了采购订单并打印出来传真给了对应的供应商。采购订单信息如表9-7和表9-8所示。

表9-7　采购订单信息4

供应商	南京标准件制造有限公司		制单		王芳	
下单日期	1月12日		采购业务员		王芳	
物料代码	物料名称	规格型号	数量	单价（含税）	交货日期	备注
4.002	车座	舒适型	4 800	15	1月18日	
4.003	头管碗组		9 600	28	1月18日	
4.004	车把	直把	7 200	26	1月18日	
4.005	车把	蝴蝶把	2 400	25	1月18日	
4.007	把套		19 100	2	1月18日	
4.010	前轴		9 600	16	1月18日	
4.011	后轴		9 600	18	1月18日	
4.018	气门芯		18 100	1	1月15日	
4.019	脚蹬		19 100	16	1月18日	
4.022	挡板		9 600	15	1月18日	
4.023	飞轮	多级飞轮	4 800	35	1月18日	
4.024	飞轮	单级飞轮	4 800	30	1月18日	
4.026	车铃		2 500	4	1月22日	

表9-8　采购订单信息5

供应商	苏州自行车配件有限公司		制单		王芳	
下单日期	1月12日		采购业务员		王芳	
物料代码	物料名称	规格型号	数量	报价	要求发货日期	备注
5.001	吸塑泡沫		1 000	0.03	2月1日	
5.002	标贴		10 000	0.01	2月1日	
5.003	纸箱		400	0.15	2月12日	
5.004	泡沫		5 000	0.02	2月12日	

【业务分析】

业务场景未进行关联信息的特别说明，所以采购订单的品种、数量和交期均按照采购申请的要求，不需要更改。

场景业务2采购订单：根据采购订单的交期的区间进行分开制作采购订单。

场景业务3采购订单：需要依据不同的合格供应商信息，下推生成两张采购订单。

特别需要注意的是，采购订单的报价是否与价格资料一致，如果不一致，需要输入管控密码进行特批。

【操作步骤】

（1）执行"供应链"→"采购管理"→"采购订单"菜单命令，双击"采购订单-新增"

选项，系统弹出"采购订单-新增"窗口，如图9-21所示。

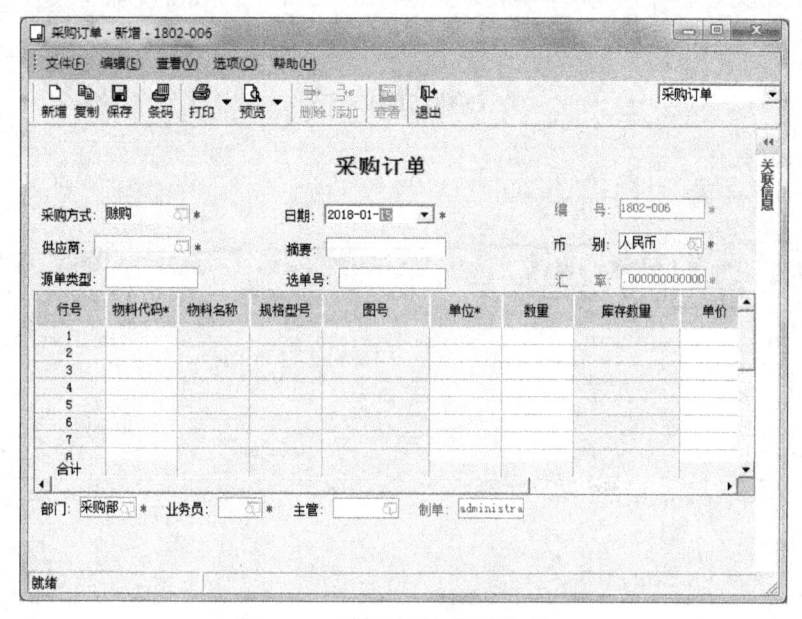

图9-21 "采购订单-新增"窗口

（2）因为采购订单是关联采购申请单生成的，在"源单类型"栏中选择"采购申请单"，将光标定位到"选单号"中再按F7键，系统弹出"采购申请单"窗口，如图9-22所示。

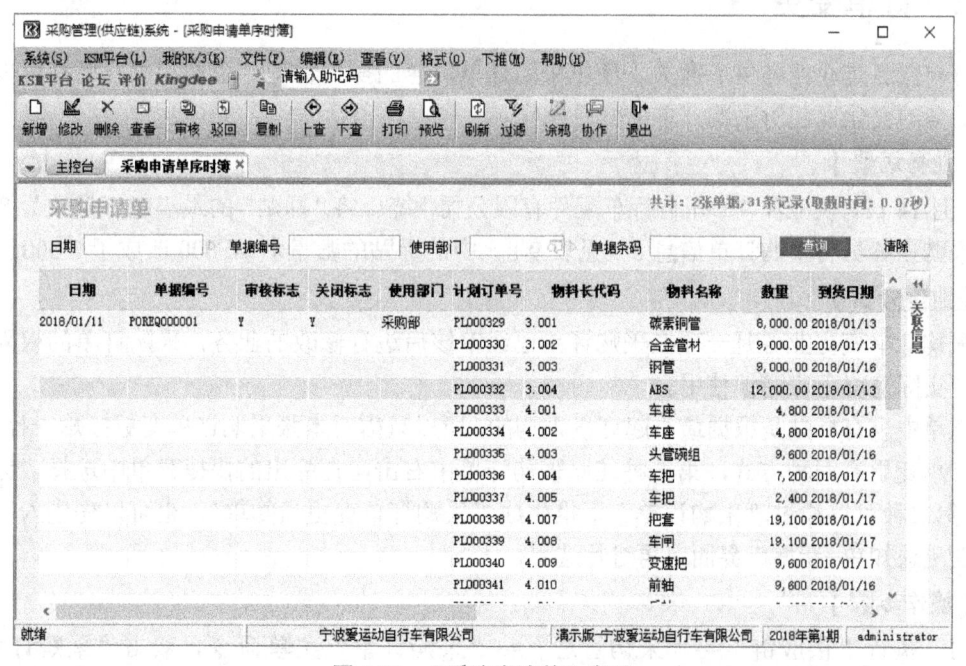

图9-22 "采购申请单"窗口

（3）选择对应的物料后按回车键，系统返回"采购订单-新增"窗口，完成后的采购订单如图9-23所示。

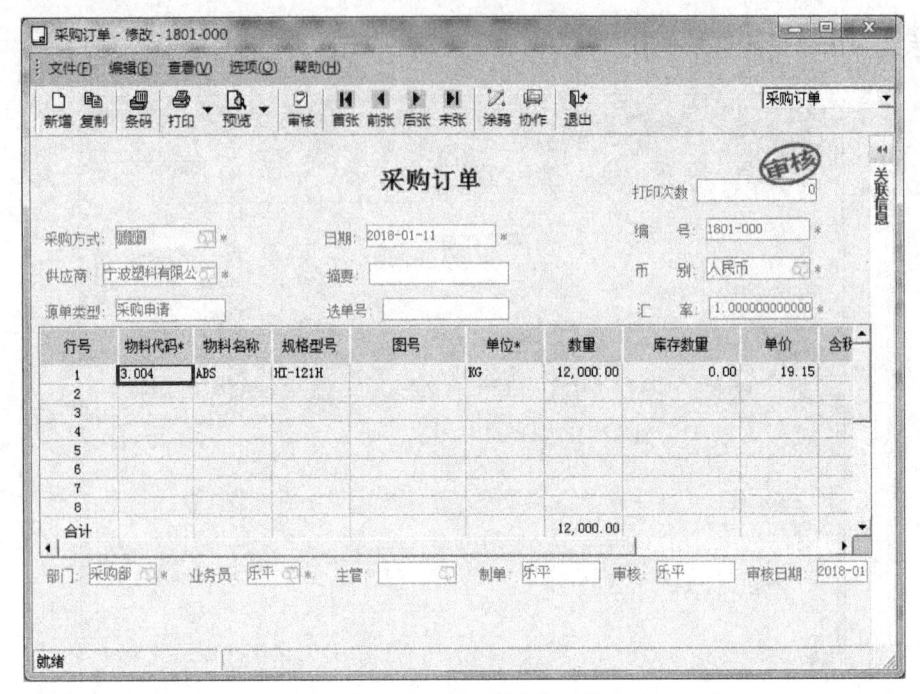

图 9-23 完成后的采购订单

（4）其他采购订单的新增操作也可采用上述方法完成。

9.3.3 订单变更

订单变更是企业与供应商关于变更采购订单内容的操作管理。企业和供应商都可以根据实际业务的变化发起对采购订单的变更操作。

【业务场景】

1月14日，供应商"苏州自行车配件有限公司"统一将"标贴"的最小起订量改为8 000，当日采购业务员将采购订单信息5（见表9-8）中的标贴的数量从10 000改成了8 000。

【业务分析】

采购订单变更业务是一项在采购订单已经审核后进行修改的业务，采购订单的权限设置较大，实际情况下应谨慎使用。

该单中只有标贴是根据最小起订量采购的，所以只需对本张采购订单变更标贴一行即可，采购订单变更有两种方式，第一种在原采购订单中右击，在弹出的快捷菜单中选择"订单变更"，第二种可以通过"采购订单"下推生成"采购订单变更通知单"，也可以先进入"采购订单变更通知单-新增"界面，再进行选单。

【操作步骤】

（1）执行"供应链"→"采购管理"→"采购订单"菜单命令，双击"采购订单-维护"选项，在弹出的"采购订单序时簿"窗口中，选中供应商为"苏州自行车配件有限公司"的采购订单，然后右击，在弹出的快捷菜单中选择"订单变更"菜单命令，系统显示如图9-24所示的"采购订单-修改"窗口。

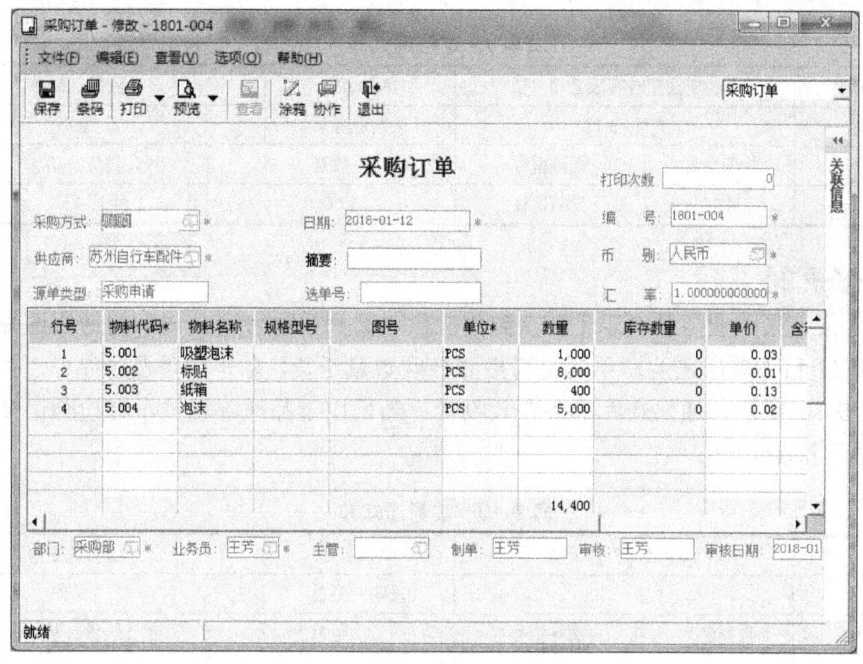

图 9-24 "采购订单-修改"窗口

（2）修改"标贴"的"数量"为 8 000，然后单击"保存"按钮，并审核订单变更单。

【要点说明】

有兴趣的同学，可以通过"采购订单变更通知单"的方式进行变更。

9.3.4 收料通知/请检单

收料通知/请检单是在物料到达企业后，登记由谁验收、由哪个仓库入库等情况的详细单据，以便于物料的跟踪与查询。但它的作用不仅限于此，实际上采购业务的很多工作都要通过收料通知/请检单来完成。

第一，收料通知/请检单是采购订单的重要执行单据，其不仅要处理与采购订单直接关联的执行情况，还要处理外购入库单与采购订单间接关联的执行情况，起到承上启下的业务管理作用。

第二，企业中存在一些受托加工物料，这些物料的暂时处置权虽然在本企业，但所有权还在委托单位。这些物料只计算数量，不需要核算成本，称为代管物料。收料通知/请检单和退料通知单就是企业处理代管物料的业务单据。

一般来说，收料通知/请检单可以通过手工录入、订单确认、采购发票关联、由销售出库单自动生成等多途径生成。

【业务场景 1】

1 月 13 日，采购业务员"乐平"接到供应商"宁波塑料有限公司"的送货通知，告知今天会将 1 月 11 日下单的 ABS 材料按照合同数量送货，乐平于是及时制作了"收料通知单"，如表 9-9 所示，通知仓库准备今天收货。

表9-9 收料通知单1

供应商	宁波塑料有限公司		单据名称		收料通知单	
下单日期		1月13日		采购业务员		乐平
物料代码	物料名称	规格型号	数量	预计送货日期		备注
3.004	ABS	HI-121H	12 000	1月13日		

【业务场景2】

1月13日，采购业务员"乐平"接到供应商"温州钢材有限公司"的送货通知，告知今天会将1月11日下单的采购订单的材料按照合同数量送货，乐平于是及时制作了"收料通知单"，如表9-10所示，通知仓库准备今天收货。当日由于品质部较忙没有检验该批材料，直到第二天早上检验完毕。

表9-10 收料通知单2

供应商	温州钢材有限公司		单据名称		收料通知单	
下单日期		1月13日		采购业务员		乐平
物料代码	物料名称	规格型号	数量	预计送货日期		备注
3.001	碳素铜管	φ5.2	8 000	1月13日		
3.002	合金管材	φ5.2	9 000	1月13日		
3.003	钢管	φ2.5	9 000	1月13日		

【业务场景3】

1月13日，采购业务员"王芳"接到供应商"南京标准件制造有限公司"的送货通知，告知今天会将1月11日下单的采购订单的材料（除"中轴和链条"）按照合同数量送货，王芳于是及时根据送货信息制作了"收料通知单"，如表9-11所示，通知仓库准备今天收货。

表9-11 收料通知单3

供应商	南京标准件制造有限公司		单据名称		收料通知单3	
下单日期		1月13日		采购业务员		王芳
物料代码	物料名称	规格型号	数量	预计送货日期		备注
4.001	车座	运动型	4 800	1月13日		
4.008	车闸		19 100	1月13日		
4.009	变速把		9 600	1月13日		
4.012	车圈	双层	9 500	1月13日		
4.013	车圈	单层	9 600	1月13日		
4.014	轮胎	26*2.0 齿胎	9 500	1月13日		
4.016	轮胎	26*1.25 光头胎	9 600	1月13日		
4.017	钢丝		642 800	1月13日		

【业务场景4】

1月20日，采购业务员"王芳"接到供应商"南京标准件制造有限公司"的送货通知，告知今天会将1月11日下单的采购订单的剩余材料和1月12日的采购订单都按照合同数量送货,"王芳"于是及时根据送货信息制作了"收料通知单",如表 9-12 所示,通知仓库准备今天收货。

表 9-12 收料通知单 4

供应商	南京标准件制造有限公司		单据名称	收料通知单	
下单日期	1 月 20 日		采购业务员	王芳	
物料代码	物料名称	规格型号	数量	预计送货日期	备注
4.020	中轴		9 600	1 月 20 日	
4.021	链条		9 600	1 月 20 日	
4.002	车座	舒适型	4 800	1 月 20 日	
4.003	头管碗组		9 600	1 月 20 日	
4.004	车把	直把	7 200	1 月 20 日	
4.005	车把	蝴蝶把	2 400	1 月 20 日	
4.007	把套		19 100	1 月 20 日	
4.010	前轴		9 600	1 月 20 日	
4.011	后轴		9 600	1 月 20 日	
4.018	气门芯		18 100	1 月 20 日	
4.019	脚蹬		19 100	1 月 20 日	
4.022	挡板		9 600	1 月 20 日	
4.023	飞轮	多级飞轮	4 800	1 月 20 日	
4.024	飞轮	单级飞轮	4 800	1 月 20 日	
4.026	车铃		2 500	1 月 20 日	

【业务场景 5】

1 月 23 日,采购业务员"王芳"接到供应商"苏州自行车配件有限公司"的送货通知,告知第二天会将 1 月 11 日下单的采购订单材料按照合同数量送货,王芳于是及时制作了"收料通知单",如表 9-13 所示,通知仓库准备第二天收货。

表 9-13 收料通知单 5

供应商	苏州自行车配件有限公司		单据名称	收料通知单	
下单日期	1 月 23 日		采购业务员	王芳	
物料代码	物料名称	规格型号	数量	预计送货日期	备注
5.001	吸塑泡沫		1 000	1 月 24 日	
5.002	标贴		8 000	1 月 24 日	
5.003	纸箱		400	1 月 24 日	
5.004	泡沫		5 000	1 月 24 日	

【业务分析】

收料通知单业务场景 1:业务场景 1、2 和 5 都是企业最常规的收料场景,采购业务员收到供应商的送货信息后,关联"采购订单"生成"收料通知单",生成方式可采用下推或选单的模式。

收料通知单业务场景 3：本业务场景是采购订单分批到货的，采购业务员关联采购订单，部分材料先办理了收料通知，所以此步操作需要利用 Ctrl 键进行多选下推。

收料通知单业务场景 4：本业务场景与业务场景 3 的操作正好是相反的，这里多批采购订单同时到货，采购业务员关联多张采购订单的同时办理了收料通知，所以此步操作也需要利用 Ctrl 键进行多选下推。

【操作步骤】

（1）执行"供应链"→"采购管理"→"收料通知"菜单命令，双击"收料通知/请检单-新增"选项，系统打开"收料通知/请检单-新增"栏窗口。"源单类型"栏选择"采购订单"，将光标移到"选单号"处，按 F7 功能键，系统将显示满足条件的采购订单列表，双击"宁波塑料有限公司"的订单，返回"收料通知/请检单"窗口，如图 9-25 所示。

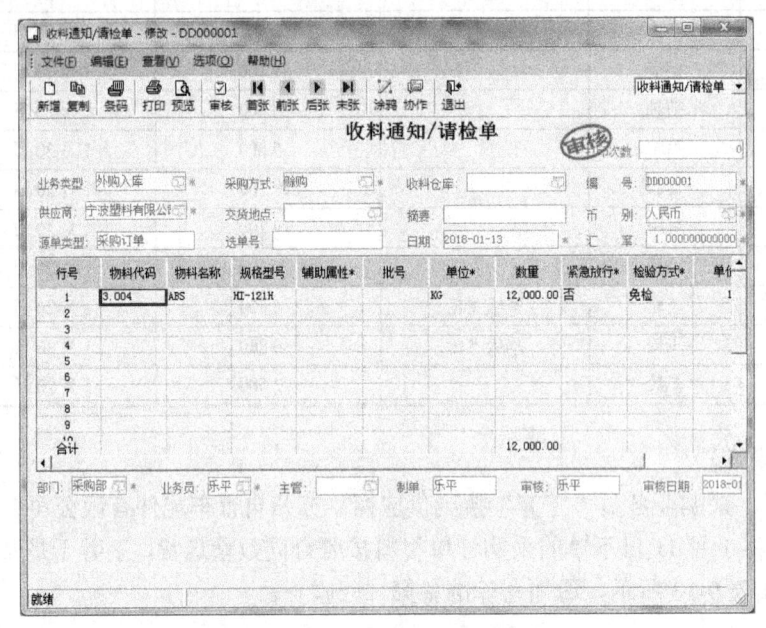

图 9-25 收料通知/请检单

（2）其他收料通知/请检单的录入同上。

9.3.5 外购入库单

外购入库单，又称收货单、验收入库单等，是确认货物入库的书面证明。

外购入库单在 K/3 供应链系统中具有非常重要的意义。

首先，它是体现库存业务的重要单据，供应链系统的最大特色是以独立于企业物流的有形的单据流转代替业务中无形的存货流转轨迹，从而将整个物流业务流程统一为一个有机整体。外购入库单不仅表现了货物转移的同时也是所有权实际转移的重要标志。

其次，外购入库单是货币资金转为储备资金的标志。外购入库单一方面表现了实物的流入，形成储备资金，另一方面预示着货币资金的流出或债务的产生，因此，相关的采购发票处理与其关系非常密切。

最后，外购入库单也是财务人员据以记账、核算成本的重要原始凭证。在 K/3 供应链系统中，外购入库单确认后，需要继续处理采购发票与外购入库单的核销或外购入库单的暂估、自动生成记账凭证、原材料成本的核算，从而为正确进行成本核算和结账打下基础。这一连串的连续业务处理说明外购入库单是重要的核算单据。

外购入库单实际上是库存类单据，但在 K/3 供应链系统中，将外购入库单、销售出库单等库存单据归入采购、销售等相应子系统处理。这是因为采购、销售管理等系统作为一个独立的系统，其订单、采购（或销售）、收货（或发货）等阶段是一个紧密联系不可分割的整体。外购入库单、销售出库单等库存单据与相应的采购、销售管理子系统关系密切，要进行统一处理。另外，不断更新的版本，会根据用户需求自定义流程设计，使操作简单的用户可以弱化收料和发货通知单，同时密切订单、发票、入（出）库单的联系，进一步简化操作；而一些业务流程严格的用户又可以各自完善采购、销售系统的整体管理。

系统将采购、销售的出入库单据，分别归入相应的采购、销售系统处理，以使流程清晰，方便用户处理，用户可以在相应的模块直接操作。库存子系统主要集中处理其他的各种出入库形式，如调拨、盘盈、盘亏等，但仍然保存采购入库、销售出库等单据的处理，以达到业务、库存对极其重要的出入库单据进行双重处理、共同控制的目的。

一般来说，外购入库单可以通过手工录入、订单确认和采购发票关联等多途径生成。

【业务场景1】

1月13日，原材料仓库管理员"满婷婷"收到了供应商宁波塑料有限公司的材料，并核点数量确定无误后，当天办理了"外购入库单"并审核，外购入库单如表9-14所示。

表9-14 外购入库单1

供应商	宁波塑料有限公司		单据名称	外购入库单	
日期	1月13日		仓库管理员	满婷婷	
物料代码	物料名称	规格型号	数量	仓库	备注
3.004	ABS	HI-121H	12 000	原材料仓库	

【业务场景2】

1月14日，原材料仓库管理员"满婷婷"收到检验合格通知后，并核点数量，发现"钢管"数量少了1 000kg，仓库于是根据实际收到数量办理了"外购入库单"并审核，外购入库单如表9-15所示。

1月15日，供应商将少的1 000kg 钢管补送过来，检验当日检验合格，仓库管理员办理了入库手续，外购入库单如表9-16所示。

表9-15 外购入库单2

供应商	温州钢材有限公司		单据名称	外购入库单	
日期	1月14日		仓库管理员	满婷婷	
物料代码	物料名称	规格型号	数量	仓库	备注
3.001	碳素铜管	φ5.2	8 000	原材料仓库	
3.002	合金管材	φ5.2	9 000	原材料仓库	
3.003	钢管	φ2.5	8 000	原材料仓库	

表 9-16 外购入库单 3

供应商	温州钢材有限公司		单据名称	外购入库单	
日期	1月15日		仓库管理员	满婷婷	
物料代码	物料名称	规格型号	数量	仓库	备注
3.003	钢管	φ2.5	1 000	原材料仓库	

【业务场景3】

1月13日,仓库收到品质部对供应商"南京标准件制造有限公司"送料的检验合格单,仓库管理员"满婷婷"核点数量,确定数量无误后办理了"外购入库单"并审核,外购入库单如表9-17所示。

表 9-17 外购入库单 4

供应商	南京标准件制造有限公司		单据名称	外购入库单	
日期	1月13日		仓库管理员	满婷婷	
物料代码	物料名称	规格型号	数量	仓库	备注
4.001	车座	运动型	4 800	原材料仓库	
4.008	车闸		19 100	原材料仓库	
4.009	变速把		9 600	原材料仓库	
4.012	车圈	双层	9 500	原材料仓库	
4.013	车圈	单层	9 600	原材料仓库	
4.014	轮胎	26*2.0 齿胎	9 500	原材料仓库	
4.016	轮胎	26*1.25 光头胎	9 600	原材料仓库	
4.017	钢丝		642 800	原材料仓库	

【业务场景4】

1月20日,仓库收到质量部针对南京标准件制造有限公司的检验合格后,仓库管理员"满婷婷"准确核点了数量,确定数量无误后办理了"外购入库单"并审核,外购入库单如表9-18所示。

表 9-18 外购入库单 5

供应商	南京标准件制造有限公司		单据名称	外购入库单单	
日期	1月20日		仓库管理员	满婷婷	
物料代码	物料名称	规格型号	数量	仓库	备注
4.020	中轴		9 600	原材料仓库	
4.021	链条		9 600	原材料仓库	
4.002	车座	舒适型	4 800	原材料仓库	
4.003	头管碗组		9 600	原材料仓库	
4.004	车把	直把	7 200	原材料仓库	
4.005	车把	蝴蝶把	2 400	原材料仓库	
4.007	把套		19 100	原材料仓库	
4.010	前轴		9 600	原材料仓库	

(续表)

物料代码	物料名称	规格型号	数量	仓库	备注
4.011	后轴		9 600	原材料仓库	
4.018	气门芯		18 100	原材料仓库	
4.019	脚蹬		19 100	原材料仓库	
4.022	挡板		9 600	原材料仓库	
4.023	飞轮	多级飞轮	4 800	原材料仓库	
4.024	飞轮	单级飞轮	4 800	原材料仓库	
4.026	车铃		2 500	原材料仓库	

【业务场景 5】

1月24日，原材料仓库管理员"满婷婷"收到了供应商苏州自行车配件有限公司的包材，由于包材是免检材料，满婷婷直接核点数量确定无误后，办理了"外购入库单"并审核，外购入库单如表9-19所示。

表9-19 外购入库单6

供应商	苏州自行车配件有限公司		单据名称	外购入库单	
日期	1月24		仓库管理员	满婷婷	
物料代码	物料名称	规格型号	数量	仓库	备注
5.001	吸塑泡沫		1 000	原材料仓库	
5.002	标贴		8 000	原材料仓库	
5.003	纸箱		400	原材料仓库	
5.004	泡沫		5 000	原材料仓库	

【业务分析】

外购入库单业务场景 1：本张外购入库单是企业最常规的收料入库单，仓库管理员收到实物和收料通知单后，清点了数量，立即关联"收料通知单"并生成了"外购入库单"，数量和收货日期与计划一致。

外购入库单业务场景 2：本张外购入库单在仓库清点数量的时候发现与供应商送货的数量不一致，本着保护本公司利益的前提下，仓库人员根据实收数量进行外购入库，造成应收与实收不一致，此处特别提醒更改实收数量。

供应商接到我们数量差异的提醒后进行了补货，仓库视为多次送货的情况进行了办理，关联原"收料通知单"再次将差异数量进行了办理外购入库处理。

外购入库单业务场景3、业务场景4、业务场景5均为仓库按照常规模式，接到检验合格单后清点数量，关联"收料通知单"下推生成了"外购入库单"。

【操作步骤】

（1）执行"供应链"→"采购管理"→"外购入库"菜单命令，双击"外购入库单-新增"选项，系统弹出"外购入库单-新增"窗口。"源单类型"栏选择"收料通知/请检单"，将光标移到"选单号"处，按 F7 功能键，系统将显示满足条件的收料通知/请检单订单列表，双击"宁波塑料有限公司"的订单，返回"外购入库单-修改"窗口，如图9-26所示。

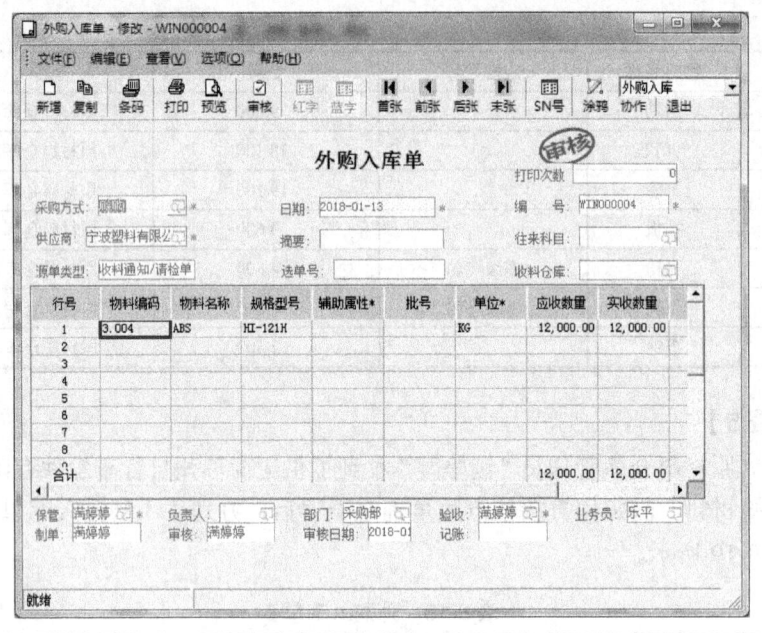

图 9-26 "外购入库单-修改"窗口

（2）其他外购入库单的生产方法同上。

9.3.6 退料通知单

退料通知单是处理由于质量不合格、价格不正确等因素或与采购订单或合同的相关条款不相符等原因，需要退回给供货单位进行退货处理的业务单据，是收料通知/请检单的反向操作单据。退料通知单的反向作用主要表现在：

第一，作为收料通知/请检单的反向执行单据，可以作为红字外购入库单的源单据，执行退货操作。

第二，退料通知单是采购质量管理中的不合格品退库单。在收货质量检验过程中，不合格品不能入库，要退回给供应商。

第三，作为受托加工物料加工完毕、交还委托单位的业务处理单据。

第四，在涉及集团内部的分销业务处理中，与退货通知单一起作为处理集团内部退货业务的重要单据，并在集团企业账套间相互传递，以完成业务流程、相互沟通业务信息。

一般来说，退料通知单可以通过手工录入、收料通知/请检单关联、销货分支机构的退货通知单转换等方式生成。

【业务场景1】

1月26日，车间生产过程中发现有些材料不良（因为进料抽检没有检查到），并将这些材料退回到原材料仓库，原材料仓库人员通知了采购业务员，采购业务员当日关联了对应的"收料通知单"并制作了"退料通知单"，如表9-20所示，通知仓库进行退料（退料原因为"抽检没抽到的不良品"），原材料仓库保管员当日立即将材料发给了供应商，关联"退料通知单"并制作了"红字外购入库单"，如表9-21所示。

表 9-20 退料通知单

供应商	南京标准件制造有限公司		单据名称	退料通知单	
日期	1月26日		采购业务员	王芳	
物料代码	物料名称	规格型号	数量	退货日期	备注
4.001	车座	运动型	50	1月26日	
4.004	车把	直把	20	1月26日	
4.019	脚蹬		20	1月26日	

表 9-21 红字外购入库单

供应商	南京标准件制造有限公司		单据名称	红字外购入库单	
日期	1月26日		仓库保管员	满婷婷	
物料代码	物料名称	规格型号	数量	退货日期	备注
4.001	车座	运动型	50	1月26日	
4.004	车把	直把	20	1月26日	
4.019	脚蹬		20	1月26日	

【业务场景2】

供应商收到退货之后，与采购业务员协商，被告知"运动型车座"需要将退回的材料补送过来，其他两样材料不需要补货。1月28日，供应商将"车座"补货送到工厂，采购业务员制作了"收料通知单"，如表 9-22 所示，并将其他两种材料的采购订单执行了手工关闭处理。

原材料保管员当日将检验合格后的"运动型车座"核点数量无误后办理了外购入库手续，对应的外购入库单如表 9-23 所示。

表 9-22 收料通知单

供应商	南京标准件制造有限公司		单据名称	收料通知单	
日期	1月28日		采购业务员	王芳	
物料代码	物料名称	规格型号	数量	预计送货日期	备注
4.001	车座	运动型	50	1月28日	

表 9-23 外购入库单

供应商	南京标准件制造有限公司		单据名称	外购入库单	
日期	1月28日		仓库保管员	满婷婷	
物料代码	物料名称	规格型号	数量	仓库	备注
4.001	车座	运动型	50	原材料仓库	

【业务场景3】

1月28日，仓库保管员"满婷婷"对表 9-18 所示的蓝字外购入库单和表 9-21 所示的红字外购入库单中的"4.004 车把"和"4.019 脚蹬"进行拆分，拆分数量各为20。

【业务场景 4】

1月28日，仓库保管员"满婷婷"对已拆分完的外购入库单与红字外购入库单进行核销。

【业务分析】

退料通知单业务场景 1：由于企业大部分进料采用的是抽检模式，所以无法确保仓库入库的材料全部是合格材料，所以生成过程中发现不良品属于正常，但是需要采购业务员与供应商协商，供应商同意退货后才能制作"退料通知单"，所以该单需要关联"收料通知单"生成，生成后的"收料通知单"立即变成未关闭状态，供应商可以继续补货。

红字外购入库单业务场景 1：仓库将不良品退回给供应商后，为了确保账实相符，仓库关联原"蓝字外购入库单"生成了"红字外购入库单"，"红字外购入库单"是"蓝字外购入库单"的反向单据，审核后立即减少仓库的库存数量。

退料通知单业务场景 1：退料通知单与收料通知单的作用类似，都是通知仓库办理出入库的单据，但是业务流程正好是相反的，收料通知单用于通知仓库收料，而退料通知单用于通知仓库退料。

退料通知单可以手工制作，也可以关联"收料通知单"制作，本业务场景要求关联"收料通知单"制作，方便供应商再次送货，还可以关联原"收料通知单"生成入库单。

红字外购入库单业务场景 1：此业务场景涉及了红字单据，在 ERP 系统中，仓库大部分的单据都存在对应的红字单据，红字单据与常规的蓝字单据是相反的，一正一负。

红字外购入库单可以手工、关联蓝字外购入库单或者退料通知单生成，本业务场景要求的是关联退料通知单生成，生成后可以根据实际退货数量进行修改。

业务场景 2：本业务场景为补货流程，所有的操作与正常送货流程一致，无特别要求。

业务场景 3：外购入库单拆单业务是一项比较特殊的业务，为了方便财务结算，允许仓库对原有的外购入库单进行拆单，拆单只能对母单进行拆单，即每次拆单在原单据的基础上，右击，在弹出的快捷菜单中选择"拆单"，再输入需要拆出的单据，拆出的单据单号在原单单号基础上增加-1 -2 等字样。

业务场景 4：对等核销是拆单后的补充操作，即仓库管理员对蓝字红字单据进行对等核销，对等核销必须选择两张材料和数量都相同的单据。

【操作步骤】

第 1 步，新增退料通知单。

执行"供应链"→"采购管理"→"退料通知"菜单命令，双击"退料通知单-新增"选项，系统弹出"退料通知单-新增"窗口。"源单类型"栏选择"收料通知/请检单单"，将光标移到"选单号"处，按 F7 功能键，系统将显示满足条件的收料通知/请检单订单列表，双击"南京标准件制造有限公司"的订单，返回"退料通知单-修改"窗口，如图 9-27 所示。

第 2 步，生成红字外购入库单。

执行"供应链"→"采购管理"→"退料通知"菜单命令，双击"退料通知单-维护"选项，系统弹出"退料通知单-维护"窗口，选中单据后执行"下推"→"外购入库单"菜单命令，生成红字外购入库单，如图 9-28 所示，保存并审核。

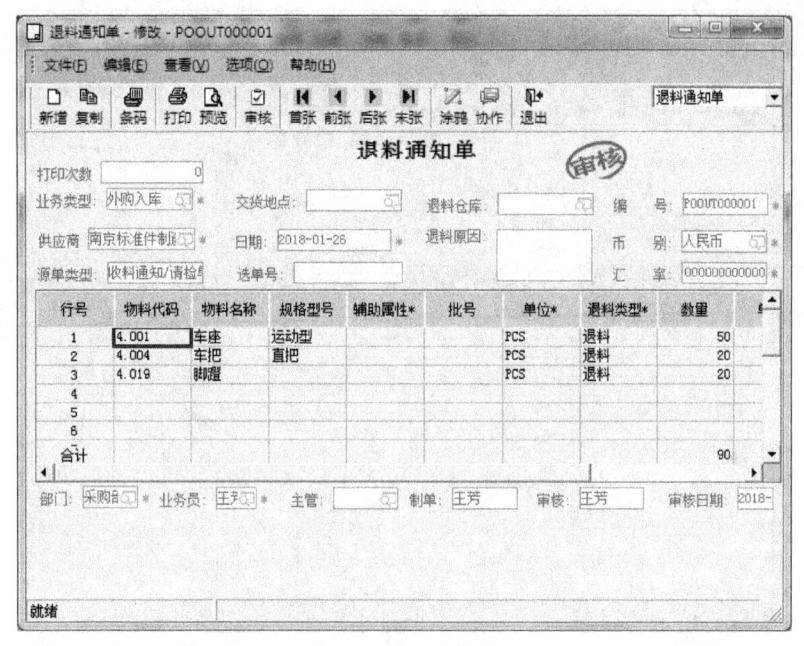

图 9-27 "退料通知单-修改"窗口

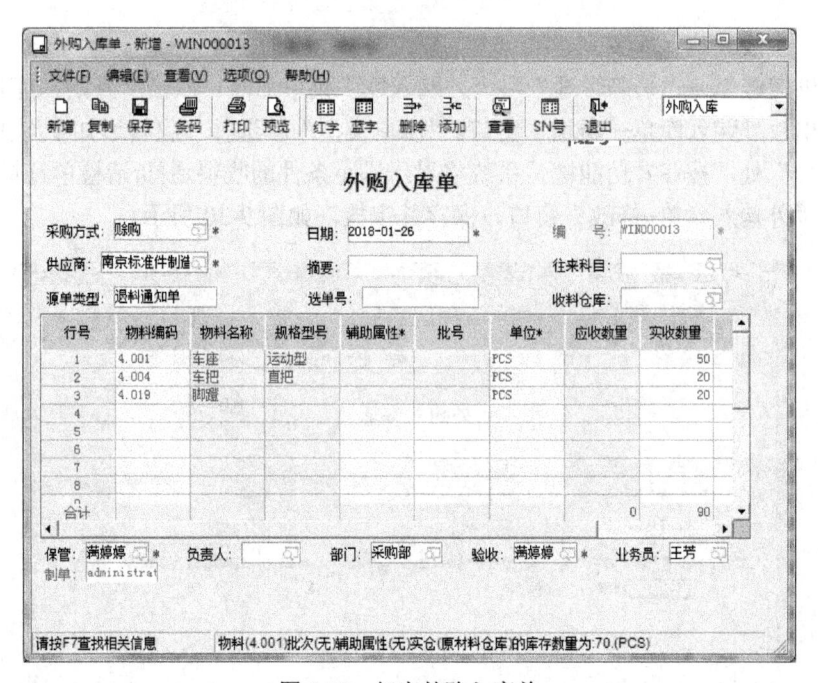

图 9-28 红字外购入库单

第3步,生成收料通知单。

执行"供应链"→"采购管理"→"收料通知"菜单命令,双击"收料通知/请检单-新增"选项,系统弹出"收料通知/请检单-新增"窗口。"源单类型"栏选择"采购订单",将光标移到"选单号"处,按F7功能键,系统将显示满足条件的采购订单列表,双击"宁波塑料有限公司"的订单,返回"收料通知/请检单-修改"窗口,保存并审核,如图9-29所示。

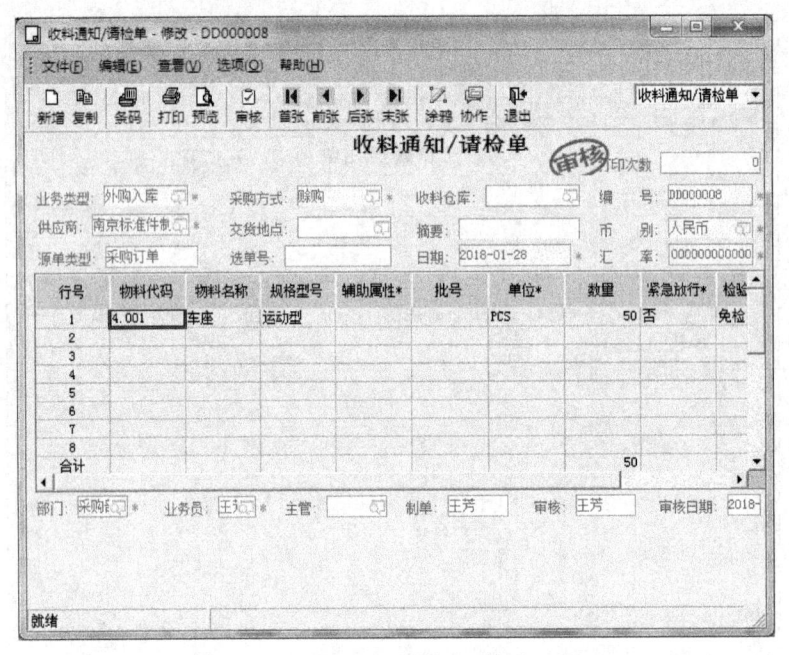

图 9-29 "收料通知/请检查-修改"窗口

第 4 步，生成外购入库单。

执行"供应链"→"采购管理"→"外购入库"菜单命令，双击"外购入库单-新增"选项，系统弹出"外购入库单—新增"窗口。"源单类型"栏选择"收料通知/请检单"，将光标移到"选单号"处，按 F7 功能键，系统将显示满足条件的收料通知/请检单订单列表，双击单据，返回"外购入库单-修改"窗口，保存并审核，如图 9-30 所示。

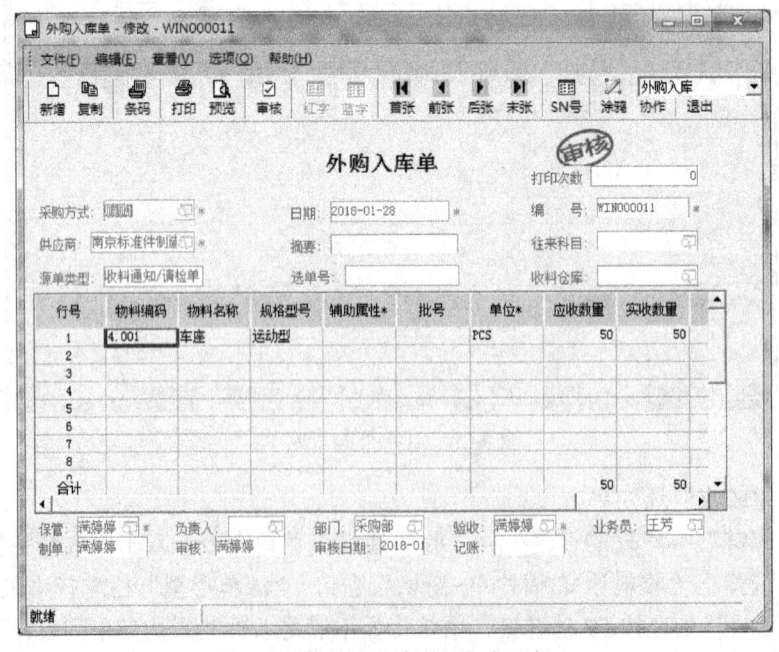

图 9-30 "外购入库单-修改"窗口

第 5 步，拆分外购入库单。

（1）执行"供应链"→"采购管理"→"外购入库"菜单命令，双击"外购入库单-维护"选项，在打开的窗口中选中表 9-18 所示的蓝字"外购入库单"单据，右击，在弹出的快捷菜单中选择"拆分单据"菜单命令，生成蓝字外购入库单拆分，如图 9-31 所示。

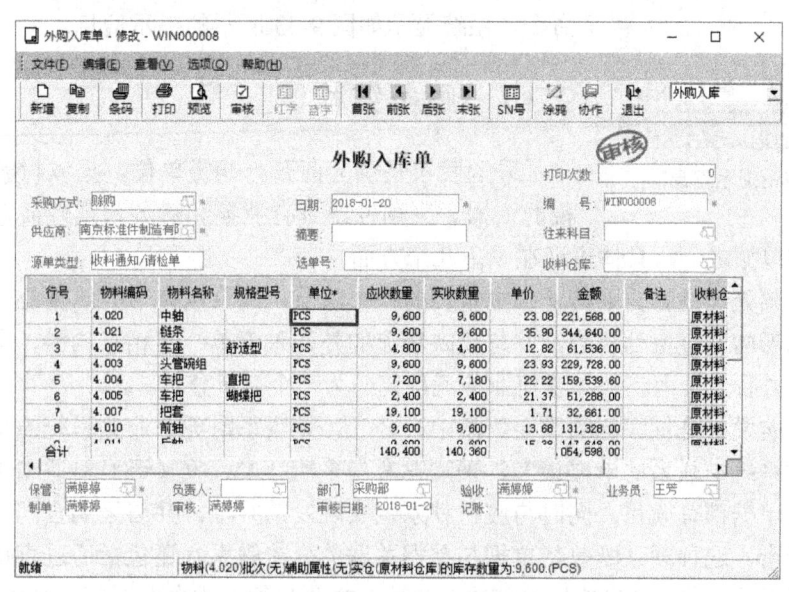

图 9-31　蓝字外购入库单拆分

（2）采用同样的方法，选中表 9-21 所示的红字外购入库单，对单据进行拆分，如图 9-32 所示。

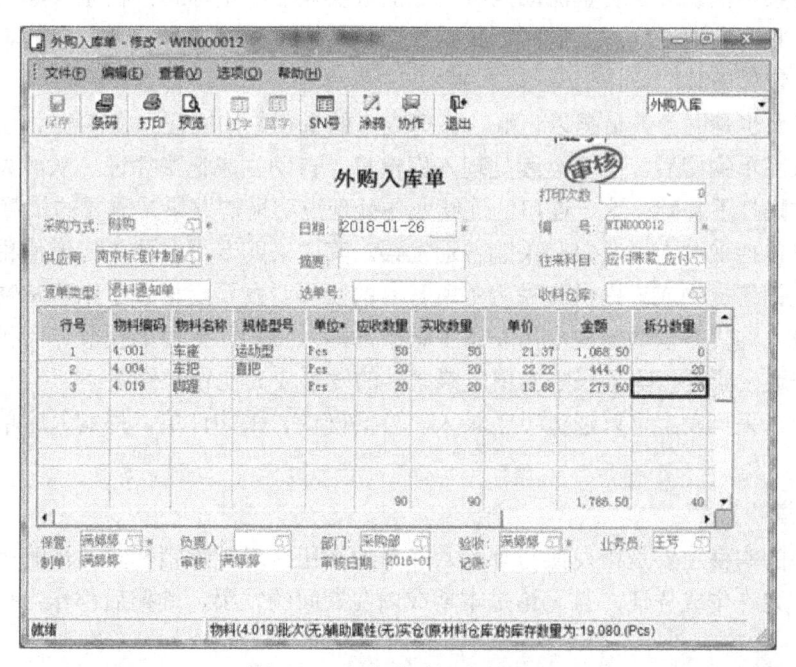

图 9-32　红字外购入库单拆分

第 6 步，核销外购入库单。

执行"供应链"→"采购管理"→"外购入库"菜单命令，双击"外购入库单-维护"选项，在打开的窗口中选中要核销的单据，右击，在弹出的快捷菜单中选择"核销"菜单命令，系统显示如图 9-33 所示的提示信息。

9.3.7 财务结算

采购发票是供应商开给购货单位，据以付款、记账、纳税的依据。采购发票具有业务和财务双重性质，是 K/3 供应链系统的核心单据之一，具体表现在以下几个方面。

图 9-33 核销提示信息

第一，发票处理是企业采购业务中重要的一个环节，发票以有形的单据流代替企业生产经营活动中无形的资金流动轨迹，并与反映物流的外购入库单一起相互钩稽，实现资金流和业务流的双轨并行，从而将整个物流业务流程统一为一个有机整体。

第二，采购发票是供应链的重要信息中心之一，是联系财务、业务系统的重要桥梁。采购发票在采购系统中联系的单据最多，采购发票与采购订单、收（退）料通知单、外购入库单等全部业务单据都有联系；同时与应付款系统实现发票共享，并与采购合同、付款单、预付单据联系紧密。这种联系既包括单据与单据关联的直接联系，还包括通过直接关联的单据与第三方单据间接关联，在供应链系统中，两种三方关联的模式中发票都是基本的关联因素。这样，业务和财务信息之间紧密结合，平滑连接，形成了一个信息丰富的整体，从而提高了整个 K/3 系统的综合运作水平和效率。

第三，发票不仅表现了资金流动同时也是业务实现的法定标志。在企业购销业务中，发票往往是确认收入实现的标志；同时，采购发票包括增值税发票、普通发票的丰富内容，是抵扣税额的法定凭证。

第四，发票也是财务人员据以记账、核算成本的重要原始凭证。在 K/3 供应链系统中，发票与外购入库单钩稽后，需要继续处理入库核算、自动生成记账凭证，从而为正确进行利润的计算和结账打下基础。这一连串的连续业务处理说明采购发票是重要的核算单据。

采购发票包括采购专用发票和采购普通发票。其中采购专用发票是指增值税专用发票，是一般纳税人销售货物或者提供应税劳务所开具的发票，发票上记载了销售货物的售价、税率以及税额等，购货方以增值税专用发票上记载的购入货物已支付的税额作为扣税和记账的依据。采购普通发票是指除了采购专用发票之外的发票或其他收购价凭证。

一般来说，采购发票可以通过手工录入、合同确认、采购订单、外购入库单关联等多途径生成。

【业务场景 1】

采购发票的钩稽主要是指发票与外购入库单的钩稽。对于赊销和直运采购等的采购发票只有钩稽后才允许生成凭证，且无论是本期或以前期间的发票，钩稽后都作为钩稽当期发票来计算成本。

两者钩稽的判断条件包括：

（1）供应商必须一致。
（2）单据状态必须是已审核且未完全钩稽（即钩稽状态是未钩稽或者是部分钩稽）。
（3）两者单据日期必须为以前期间或当期。
（4）两者的物料、辅助属性以及钩稽数量必须一致。

【业务分析】
设置采购发票审核时自动钩稽有助于提高发票记账的效率，此步由管理员进行系统设置。

【操作步骤】
执行"系统设置"→"系统设置"→"采购管理"→"系统设置"→"采购系统选项"菜单命令，打开"系统参数维护"窗口，按图9-34所示设置采购系统参数。

图9-34 采购系统选项设置

【业务场景2】
1月31日，供应商"南京标准件制造有限公司"与公司对账后，明确1月20日入库的材料明细先开票，公司对应的采购业务员"王芳"关联了该张外购入库单并生成了"购货专用发票"，如表9-24所示。

表9-24 购货专用发票1

供应商	南京标准件制造有限公司		单据名称	购货专用发票
下单日期	1月31日		发票号	01566675
物料代码	物料名称	规格型号	数量	单价（含税）	价税合计
4.020	中轴		9 600	27	259 200
4.021	链条		9 600	42	403 200
4.002	车座	舒适型	4 800	15	72 000
4.003	头管碗组		9 600	28	268 800
4.004	车把	直把	7 200	26	186 680

(续表)

物料代码	物料名称	规格型号	数量	单价（含税）	价税合计
4.005	车把	蝴蝶把	2 400	25	60 000
4.007	把套		19 100	2	38 200
4.010	前轴		9 600	16	153 600
4.011	后轴		9 600	18	172 800
4.018	气门芯		18 100	1	18 100
4.019	脚蹬		19 100	16	305 280
4.022	挡板		9 600	15	144 000
4.023	飞轮	多级飞轮	4 800	35	168 000
4.024	飞轮	单级飞轮	4 800	30	144 000
4.026	车铃		2 500	4	10 000

【业务场景3】

1月31日，供应商"温州钢材有限公司"与我们对账后，明确截止到1月31日所有未开票的全部一次性开票出来，公司对应的采购业务员"乐平"关联了该张外购入库单并生成了"购货专用发票"，如表9-25所示。

表9-25 购货专用发票2

供应商	温州钢材有限公司		单据名称	购货专用发票	
下单日期	1月31日		发票号	02368654	
物料代码	物料名称	规格型号	数量	单价（含税）	价税合计
3.001	碳素铜管	φ5.2	3 000	3.51	10 530
3.002	合金管材	φ5.2	2 000	2.34	4 680
3.002	合金管材	φ5.2	1 800	2.457	4 422.6
3.001	碳素铜管	φ5.2	8 000	3	24 000
3.002	合金管材	φ5.2	9 000	2.3	20 700
3.003	钢管	φ2.5	8 000	2	16 000
3.003	钢管	φ2.5	1 000	2	2 000

【业务分析】

采购专用发票业务场景1：采购员与供应商对账无误后，供应商按照对账清单开具实际发票，采购员随即根据纸质的发票，在ERP系统中关联"外购入库单"生成"采购专用发票"，由于公司要求输入真实的发票号，所以采购业务员需要让管理员将采购专用发票的单号进行设置，允许手工修改。

采购专用发票业务场景2：该业务为企业常规的月结方式，企业要求供应商将一段时期内的送货材料对账后，全部开具发票，操作如同业务场景1。

【操作步骤】

第1步，启用应付款管理系统。

（1）执行"系统设置"→"系统设置"→"应付款管理"→"系统参数"菜单命令，按

表 9-26 要求设置应收系统参数，设置完成的效果如图 9-35 所示。

表 9-26　应付系统参数

基本信息	启用年份：本年，启用期间 1 月
凭证处理	启用凭证模板
科目设置	单据类型科目都为 2202.01；应付票据：2201；应交税金：2221.01.01
期末处理	启用期末调汇（不勾选）

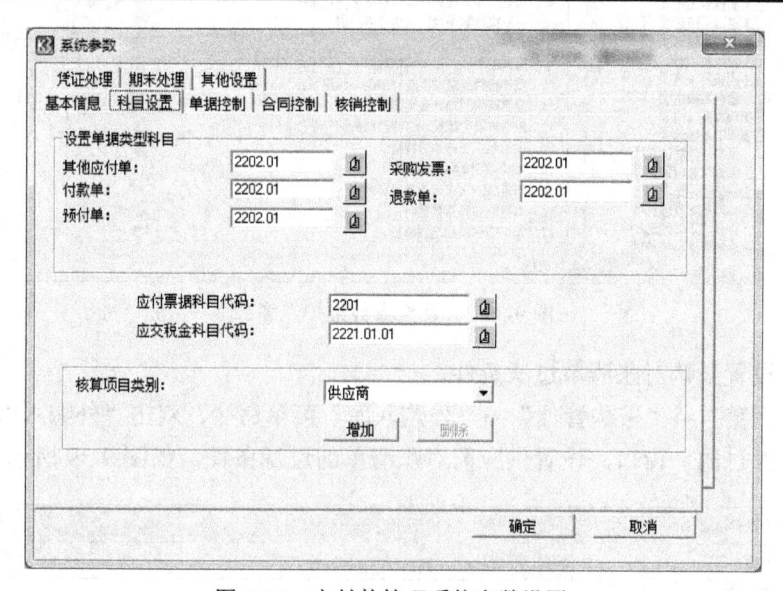

图 9-35　应付款管理系统参数设置

（2）执行"财务会计"→"应付款管理"→"初始化"菜单命令，双击"结束初始化"选项，弹出"初始化检查"对话框，如图 9-36 所示。

（3）单击"是"按钮，系统提示"初始化检查已经通过"信息，如图 9-37 所示，然后单击"确定"按钮，系统弹出"初始化对账"提示信息。

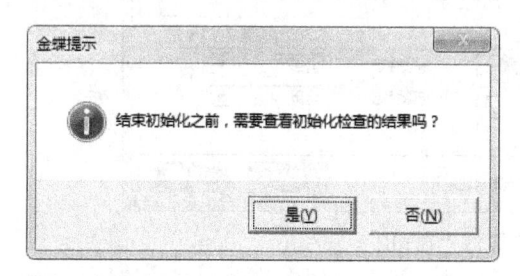

图 9-36　"初始化检查"对话框　　　　　　图 9-37　提示信息

（4）系统最后打开"系统成功启用"的提示框。

第 2 步，设置自动钩稽。

执行"系统设置"→"系统设置"→"采购管理"菜单命令，双击"系统设置"选项，在打开的"系统参数维护"窗口中单击左侧的"采购系统选项"选项，勾选"与入库单相关联的采购发票钩稽时自动钩稽"和"发票审核时自动调用钩稽"选项，如图 9-38 所示。

图 9-38 "系统参数维护"窗口

第 3 步，设置采购对账清单过滤条件。

执行"供应链"→"采购管理"→"外购入库"菜单命令，双击"外购入库单-维护"选项，弹出"条件过滤"窗口，设置供应商对账清单的过滤条件，如图 9-39 所示。

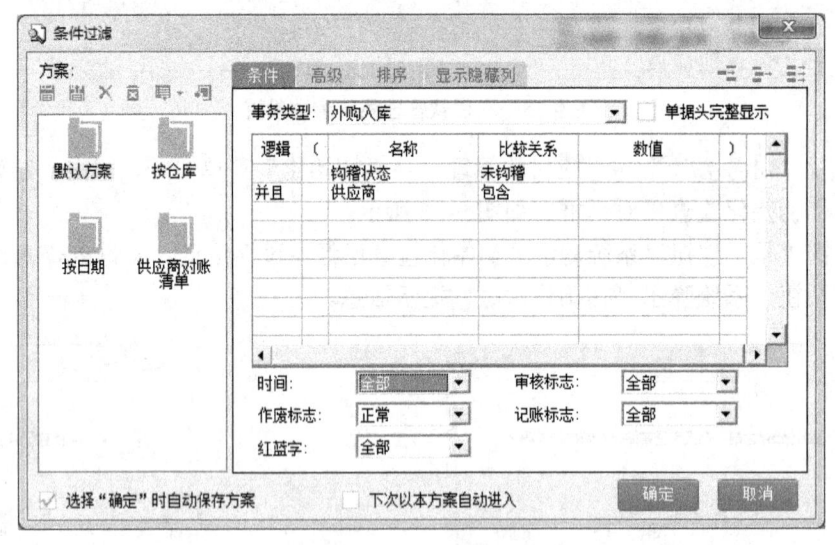

图 9-39 "条件过滤"窗口

第 4 步，生成购货发票。

（1）执行"供应链"→"采购管理"→"采购发票"菜单命令，双击"采购发票-新增"选项，系统弹出"购货发票"窗口。选择"源单类型"为"外购入库"，光标定位到"选单号"处，单击工具栏中的"查看"按钮，系统弹出"外购入库单"窗口。双击选中"南京标准件制造有限公司"外购入库单，返回"购货发票"窗口。单击"保存"按钮保存购货发票，并"审核"购货发票，审核成功后的购货发票如图 9-40 所示。

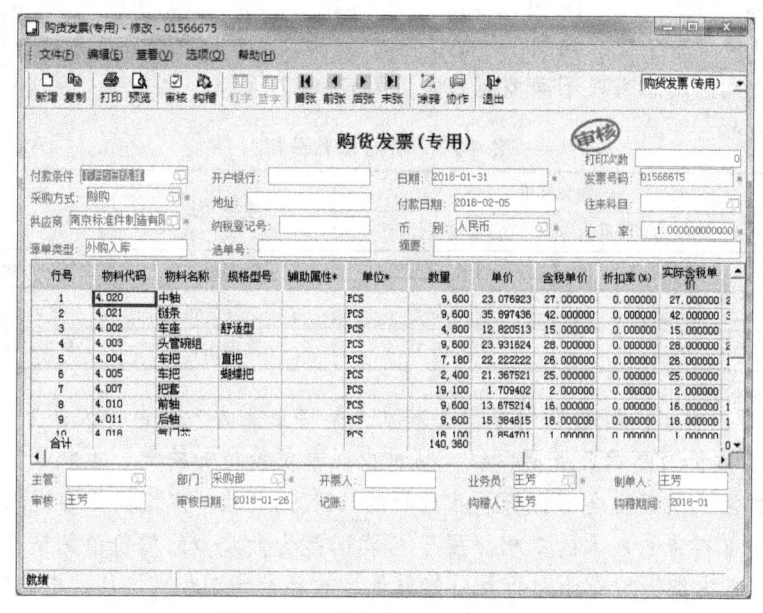

图 9-40　审核成功后的购货发票

（2）采用相同的方法可以生成"温州钢材有限公司"的购货发票。

【要点说明】

以管理员身份进入，设置"采购组"拥有"外购入库单"的查询权限。

9.4　采购报表查询分析

系统提供了丰富的报表查询功能，包括采购明细表、采购汇总表、供应商供货 ABC 分析、供应商供货质量分析表、供应商准时交货分析表、供应商价格趋势分析表、费用发票汇总表、费用发票明细表、委外加工材料明细表、委外加工材料汇总表、委外加工核销明细表、委外加工核销汇总表等。

（1）采购汇总表：是综合反映一定时间物料的汇总购进情况，是对采购发票和外购入库情况的综合查询，它反映采购基本业务——入库情况和购进成本的对应情况及差异，是最常用的报表之一。

（2）采购明细表：是详细反映一定时间每个物料的购进情况，是对采购发票和外购入库情况的综合查询，它反映采购基本业务——入库情况和购进成本的对应情况及差异，也是最常用的报表之一。

（3）供应商供货 ABC 分析：是确定每一个购货单位某个时段内签订订单金额占总订货金额的比例和供货额占供货总额的比例，并以供货占订货百分比进行 ABC 排序。它的记录内容包括订单金额、订单金额占订货总额比例、供货金额、供货金额占供货总额比例、ABC 分类等。在分析报表中统计的订单必须是已审核的订单。

【要点说明】

ABC 分析法：是日常库存管理控制中广泛采用的一种方法，其基本原理是对库存的所有物料，按照全部的货币价值从大到小排序，然后按成本比重高低将各成本项目分为 A、B、C 三类，对不同类别的成本采取不同控制方法，如表 9-27 所示。

表 9-27 ABC 物料分析

类别	划分标准		控制方法	适用范围
	占储存成本比重	占实物量比重		
A 类	70%左右	10%左右	重点控制	品种少、单位价值高的材料
B 类	20%左右	20%左右	一般控制	介于二者之间的材料
C 类	10%左右	70%左右	简单控制	品种多、单位价值低的材料

从表 9-27 可以看出，ABC 物料分析的基本点是将企业的全部存货区分为 A、B、C 三类，属于 A 类的是少数价值高的最重要项目，品种少而单位价值却较大。也就是，从品种数看，这类存货的品种数大约只占全部存货总品种数的 10%，而从一定期间库存成本看，这类存货的成本大约占全部存货总成本的 70%。属于 C 类的是为数众多的低价值的项目，其特点是，从品种数看，这类存货的品种数大约占全部存货总品种数的 70%，但从一定期间库存成本看，这类存货的成本大约只占全部存货总成本的 10%。而 B 类存货则介乎二者之间，从品种数和库存成本看，大约都只占全部存货总量的 20%。

（4）供应商供货质量分析表：在对供应商进行考核时，供应商供货质量是考核的重要指标，采购部门或质量部门需要定期对供应商的供货质量状况进行评估，根据考核结果，将质量较差的供应商取消，对质量好的供应商进行激励。而在供应商供货质量分析表中，用户可以分析指定时间段内，供应商送货的合格率（按批数或按数量）。

（5）供应商准时交货分析表：在对供应商进行考核时，供应商准时交货情况是考核的重要指标之一，采购部门需要定期对供应商的准时交货情况进行评估考核，根据考核结果，将延期交货情况较严重的供应商取消，对准时交货情况较好的供应商进行激励。在供应商准时交货分析表，用户可以根据采购订单中每条分录的交货日期和实际交货日期（入库日期、收料通知日期、采购检验申请日期）来统计订单的准时交货率（按批数或按数量）。

（6）供应商价格趋势分析表：在对供应商进行考核时，供应商供货价格是考核的重要指标之一，采购部门需要定期对供应商的供货价格变化状况进行评估，与价格较高的供应商进行谈判，以此降低采购成本。在供应商价格趋势分析表中，用户可以分析某一物料，在一定时期内，以周期（可以为一天、一周、一月、一个季度甚至一年）为单位的均价变化情况以及该供应商均价与整体采购均价的差异（平均差）。

复习思考题

1. 画出采购管理系统与其他模块之间的数据关系图。
2. 简述采购管理系统生成发票的前提条件。
3. 采购的价格控制场景有哪些？
4. 金蝶 ERP 系统对采购订单变更提供了两种方式，请自行在系统中进行查找，学会两种模式的操作，并详细说出两种模式的优缺点。

5. 独立思考：企业有哪些方法保持与供应商对采购订单的快速准确确认以及各种方法的区别。

6. 结合采购环节的日常业务处理单据了解采购业务流程，根据自己的理解绘制采购业务流程图。

7. 在 ERP 系统中如何实现各采购员只能查看自己的采购订单，请说出你的实现方法。

8. 请输出赊购和现购的区别，并在系统中进行测试它们的差别。

9. 查询课外资料，详细说明目前冶炼行业原料的采购业务模式，并绘制简单的采购业务流程图。

10. 公司对于一些辅助材料，允许各个部门、人员都有采购申请的权限，但是所有的采购申请必须由本部门领导审核，审核通过后由采购部购买。请根据公司的部门组织结构设置"采购申请单"的审批流程，并设置审批提醒通知。

11. 根据企业的实际需要，在 ERP 中设置采购订单的套打格式，格式如图 9-41 所示。

图 9-41 采购订单的套打格式

第10章 生产任务管理

生产任务管理系统是通过生产任务单、生产投料单、生产领料单、生产退/补料单、生产汇报单、产品入库单等功能综合运用的管理系统，对生产全过程进行有效控制和跟踪，实现完善的企业生产信息管理。本章主要内容包括：
- 生产任务管理系统流程及与其他子系统的关系；
- 生产任务管理系统设置；
- 生产日常业务处理；
- 生产报表统计与报表分析。

10.1 系统概述

下面将针对生产任务管理的功能操作进行详细的介绍。

10.1.1 生产管理业务流程

生产任务管理系统，在 K/3 财务系统、物流管理、生产管理其他各子系统的基础上，采用 ERP 的先进制造管理思想，同时吸收 JIT、精益生产的管理思想，为工业企业提供针对制造有关的生产任务单从生产计划、投料与领料、生产检验与汇报，到产品入库、任务单结案全过程监督与控制，协助企业有效掌握各项制造活动信息，管理生产进度，提高生产效率，减少车间在制品，降低损耗与成本，提高产品质量与客户满意度。

生产管理整体业务流程图如图 10-1 所示。

10.1.2 与其他子系统的关系

生产任务管理系统与其他子系统间的关系如图 10-2 所示。

物料需求计划：采购管理接收从物料需求计划系统投放生成的"生产任务单"。

销售管理系统：可以参照销售订单生成生产任务单。

生产数据系统：生产任务单在模拟投料和生产投料时从生产数据系统中获取"BOM"档案，展开并计算出领料数量。

仓存管理系统：生产管理系统进行"生产投料"后，传递到仓存管理系统，仓管员可以按照该投料单进行领料单处理，同时任务单汇报/请检传递到仓存管理系统，以供成品入库参照。仓存管理系统为生产管理提供存货现存量查看。

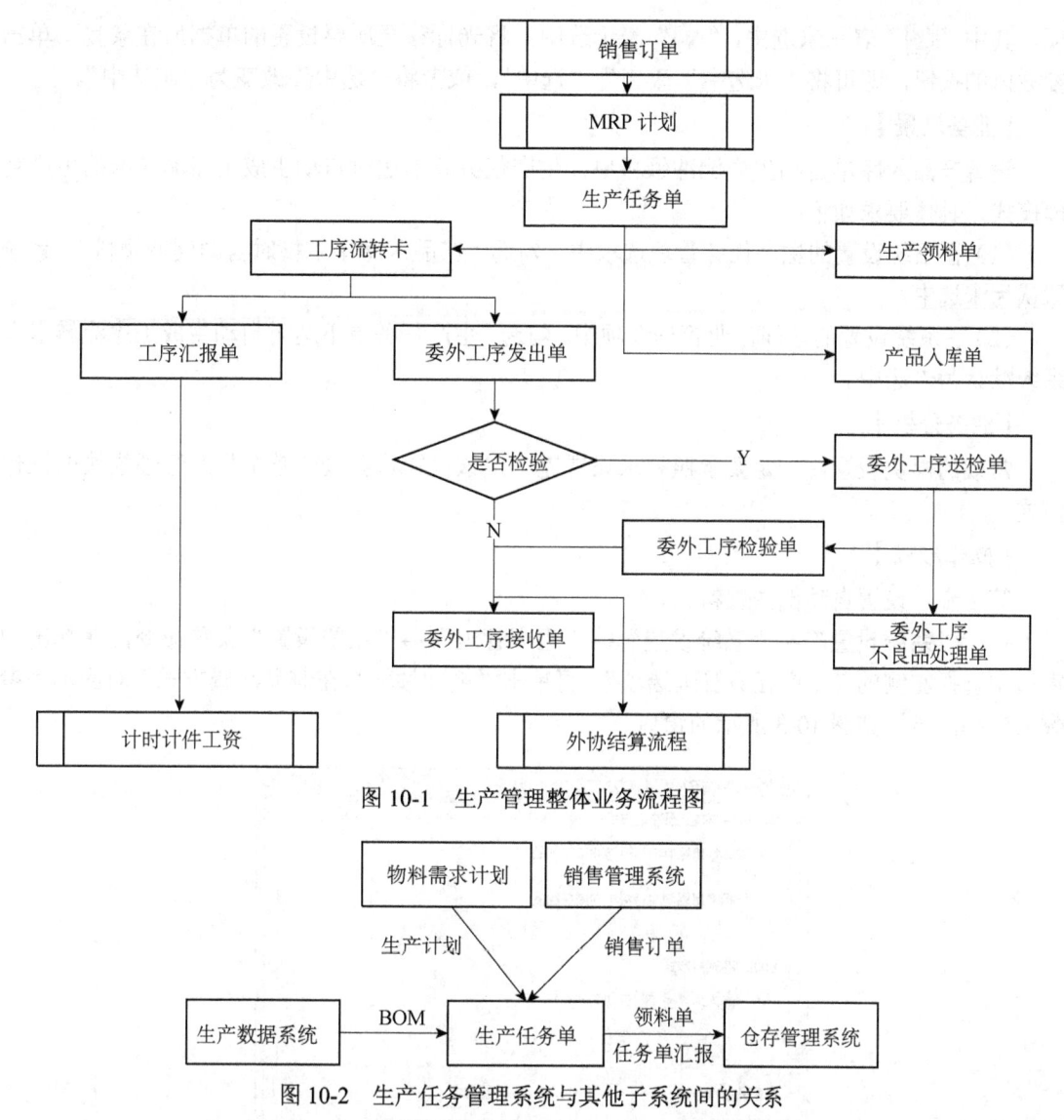

第 10 章 生产任务管理

图 10-1 生产管理整体业务流程图

图 10-2 生产任务管理系统与其他子系统间的关系

生产管理系统通常与生产数据系统、物料需求计划、销售管理系统、仓存管理系统等结合，这样能提供更完整、全面的企业物流业务流程管理信息。

10.2 生产管理系统设置

生产管理系统设置是针对本系统的一些控制进行设置的，如对单据打印是否进行控制、单据编码的自定义格式等进行设置。

进入 K/3 系统，执行"系统设置"→"系统设置"→"生产管理"→"系统设置"菜单命令，弹出"系统参数维护"窗口。在该窗口中，显示了生产任务管理系统要涉及的系统选项及系统的默认设置，用户要根据企业业务处理规范和处理惯例设置或修改设置。

每个选项包括参数名称和参数值，参数名称是对选项的描述；参数值表示是否选择该选项，其中"☐"表示未选中，"☑"表示选中。将光标移至所要设置的单据所在条目，单击参数值的按钮，即可将"未选中"改变为"选中"，或者将"选中"改变为"未选中"。

【业务场景】

设置产品入库单自动生成倒冲领料单，生产任务单下达时自动生成工序流转卡的生产管理模式，具体要求如下：

（1）在系统设置的生产任务管理选项中，勾选"产品入库单审核时自动倒冲领料"。系统默认为未选中。

（2）在系统设置的车间作业管理选项中，勾选"生产任务单下达时自动生成工序流转卡"。系统默认为未选中。

【业务分析】

常规的模块设置，一定要参照要求设置完毕，该设置将会改变整个生产管理模块的操作模式。

【操作步骤】

第1步，设置自动倒冲领料。

执行"系统设置"→"系统设置"→"生产管理"→"系统设置"菜单命令，在弹出的窗口中选择左侧的"生产任务管理选项"，再单击"倒冲领料与在制品冲减方式"对应的"参数值"列，显示如图10-3所示的窗口。

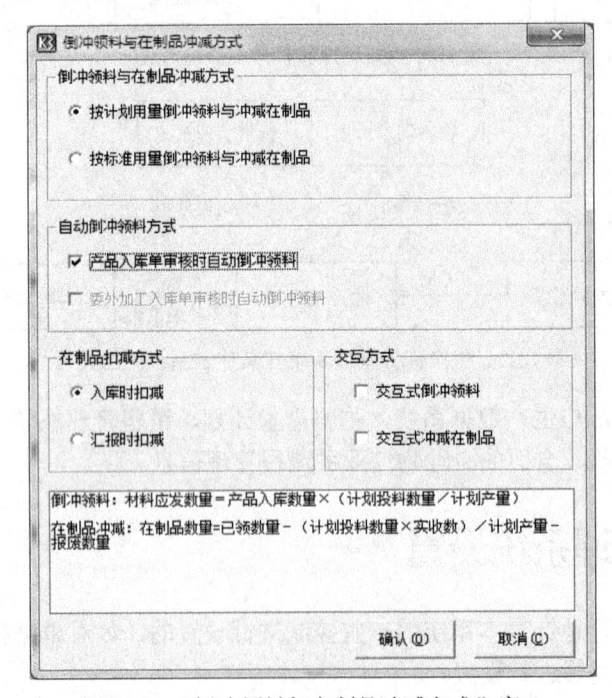

图10-3 "倒冲领料与在制品冲减方式"窗口

【要点说明】

倒冲领料与在制品冲减方式：当BOM档案中的"是否倒冲"选项设置为"是"时，则按照此处的计算公式进行倒冲。

第 2 步，设置生产任务单下达时自动生成工序流转卡。

执行"系统设置"→"系统设置"→"生产管理"→"系统设置"菜单命令，在弹出的窗口中选择左侧的"车间作业管理选项"，勾选"生产任务单下达时自动生成工序流转卡"选项，如图 10-4 所示。

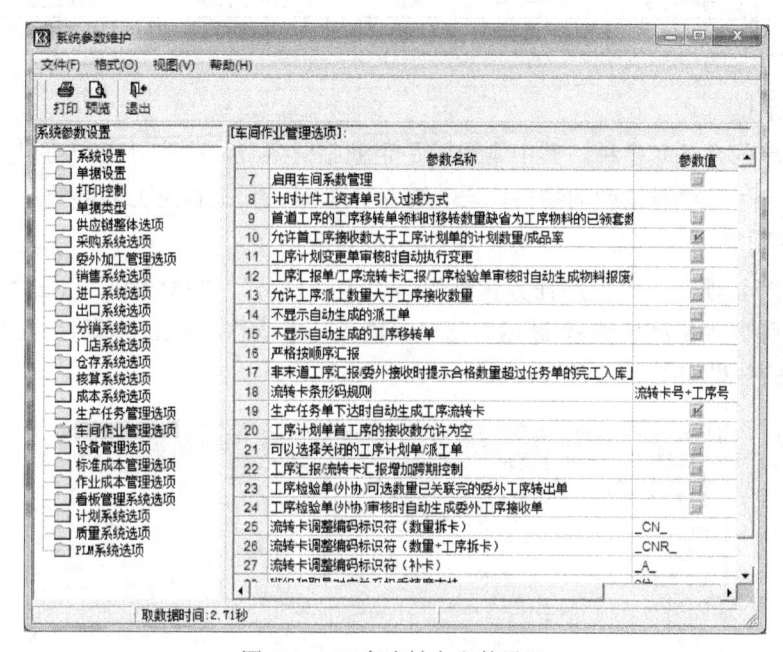

图 10-4 工序流转卡参数设置

10.3 日常业务处理

10.3.1 手工生产任务单

生产任务管理系统充分考虑用户的多样化的使用要求，能处理各种来源的生产任务，主要包括如下几种：
- 手工录入的生产任务；
- 手工分割的生产任务；
- 根据销售订单建立的生产任务；
- 主生产计划 MPS 投放的生产任务；
- 物料需求计划 MRP 投放的生产任务。

在生产任务管理系统中，可以手工录入或修改生产任务，或者根据销售订单生成生产任务单，其他来源的生产任务的业务处理分别参见 K/3 主生产计划管理系统手册、K/3 物料需求计划管理系统手册、K/3 委外生产管理系统手册和 K/3 销售管理系统手册。

【业务场景】

1 月 14 日，由于生产进入淡季，生产计划员决定对"挡泥板"进行备货生产，数量为 50，当日，计划员李明手工制作了该生产任务单，如表 10-1 所示。

表 10-1 普通生产任务单

车间	注塑车间		生产类型		普通订单	
制单日期	1月14日		计划员		李明	
编号	WORK000011					
物料代码	物料名称	规格型号	数量	计划开工日期	计划完工日期	备注
2.006	挡泥板	前	50	1月15日	1月20日	

【业务分析】

生产任务单的来源有多种，其中常用的是企业临时备货，生产计划员可以直接手工新增"生产任务单"，手工填写生产的物料代码、数量、车间、开工和完工等日期。

【操作步骤】

执行"生产管理"→"生产任务管理"→"生产任务"菜单命令，双击"生产任务单-新增"选项，弹出"生产任务单-新增"窗口。输入基本信息，单击"保存"按钮保存生产任务单，完成后的效果如图 10-5 所示。

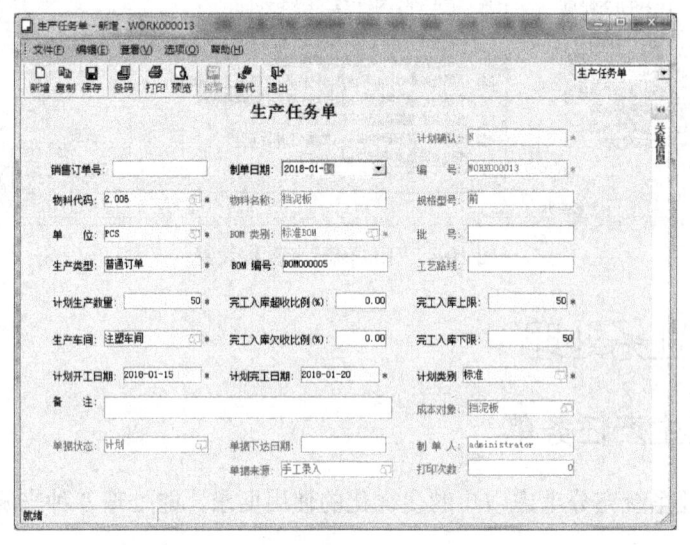

图 10-5 新增的普通生产任务单

【要点说明】

生产任务管理系统同时充分考虑了生产方式的不同，可以处理各种类型的生产任务类型，主要包括如下几种：

- 普通生产任务（分是否跟踪工序两种）；
- 返工生产任务；
- 受托加工生产任务；
- 委外加工生产任务。

10.3.2 返工生产任务

返工生产任务是企业比较常见的一种生产任务方式，返工主要是因为企业产品入库检验遗漏，或者产品放置产生不良造成的。企业根据产品不良的程度选择处理模式，如果损坏比较严重，可以直接报废，如果损坏较轻，则可以通过返工生产弥补，达到尽量减少企业损失的目的。

【业务场景】

1 月 18 日，品质部对仓库的成品库存进行了库存检验，发现有 20 辆山地车因为淋雨生锈了，提出让生产部返修处理。生产计划员李明接到通知，当日就制作了对应的返工生产任务单，如表 10-2 所示。

表 10-2 返工生产任务单

车间	装配车间	生产类型		返工普通订单	
制单日期	1 月 18 日	计划员		李明	
编号	WORK000012				
物料代码	物料名称	规格型号	数量	计划开工日期	计划完工日期	备注
1.001	山地车	运动-770	20	1 月 18 日	1 月 20 日	

【业务分析】

返工生产任务管理主要是针对已经加工好的成品或半成品进行返修加工处理的业务模式。返工生产任务单同样是企业的常规生产类型，企业存在很多成品保管不利或者产品检验漏检，导致很多成品需要返工。

生产计划员对返工的计划同样要制作生产任务单，返工生产任务单最重要的是将"生产类型"选择"返工"，其他操作与普通生产任务单一致。

【操作步骤】

执行"生产管理"→"生产任务管理"→"生产任务"菜单命令，双击"生产任务单-新增"选项，弹出"生产任务单-新增"窗口。输入基本信息，"生产类型"栏选择"返工"，单击"保存"按钮保存返工生产任务单，完成后的效果如图 10-6 所示。

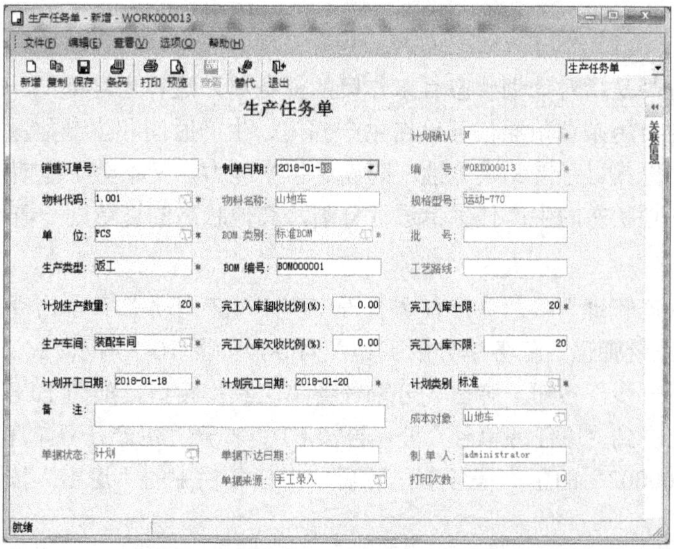

图 10-6 返工生产任务单

10.3.3 生产任务分割

生产任务分割也是企业较为常见的生产管理模式,企业主要考虑客户的交期和自身的生产能力才选择分批生产,从生产经济程度上来讲,大批量生产有助于提高企业生产效率。

【业务场景】

1月18日,计划员李明接到销售业务员的反馈,客户要求有500辆旅行车需要提前交货,可以先生产500辆,当日李明对编号为"WORK000002"、物料名称为"旅行车"、生产数量为"2350"的生产任务单进行了分割处理,其中500辆的生产日期为1月18日—20日,剩余的生产日期为1月22日—26日。生产任务单如表10-3和表10-4所示。

表10-3 生产任务单分割1

单据	生产任务单		生产类型		普通订单	
制单日期	1月18日		计划员		李明	
编号	WORK000002-1					
产品代码	产品名称	规格型号	数量	计划开工日期	计划完工日期	备注
1.002	旅行车	运动-550	500	1月18日	1月20日	

表10-4 生产任务单分割2

单据	生产任务单		生产类型		普通订单	
制单日期	1月18日		计划员		李明	
编号	WORK000002-2					
产品代码	产品名称	规格型号	数量	计划开工日期	计划完工日期	备注
1.002	旅行车	运动-550	1850	1月22日	1月26日	

【业务分析】

生产任务单分割是指对计划状态且未作废的任务单,进行生产部门、生产数量和时间分布上的分割。它主要用来调整原任务单在生产部门、生产时间和生产数量上的分布,使分割后的明细任务单,更具可行性和具体性,既满足生产能力,又不至于拖期。

只能对处于计划状态的生产任务单进行分割,其他状态的订单则一概不能。

【操作步骤】

(1) 执行"生产管理"→"生产任务管理"→"生产任务"菜单命令,双击"生产任务单-分割"选项,系统弹出"任务单分割工具"向导,如图10-7所示。

(2) 单击"下一步"按钮,弹出"分割任务单工具"窗口,如图10-8所示。

(3) 将光标定位到"原任务单号"处,再按F7键打开"生产任务单序时簿"窗口,选择编号为"WORK000002"的生产任务单,然后单击任务栏中的"退出"按钮返回"任务单分割"窗口。

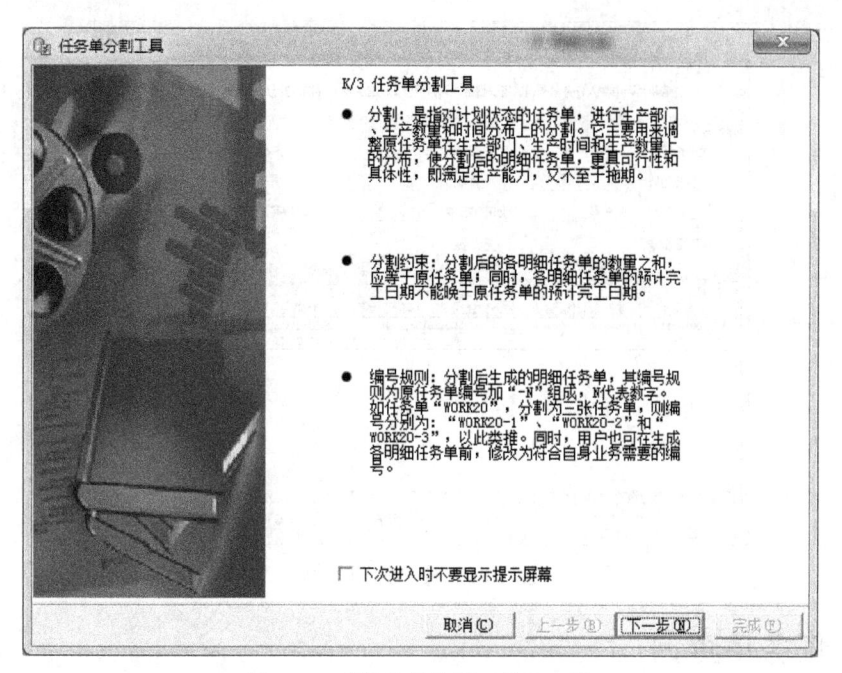

图 10-7 "任务单分割工具"向导

图 10-8 "任务单分割工具"窗口

（4）在"任务单分割"窗口的明细任务单中，输入"生产数量"500、"计划完工日期"为 2018-01-20，然后按 Enter 键新增第二条明细任务单，修改"计划开工日期"为 2018-01-22，完成后的效果如图 10-9 所示。

（5）单击"下一步"按钮，系统弹出任务单分隔完成的提示信息，然后单击"完成"按钮完成任务单分割。

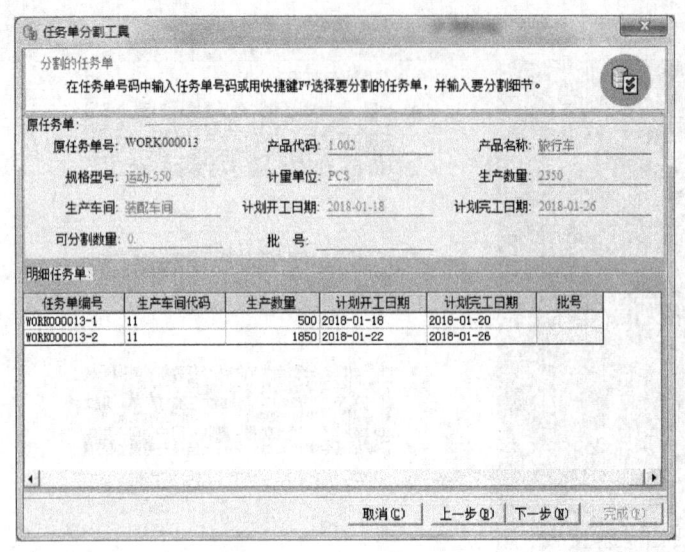

图10-9 分割的任务单

10.3.4 任务单查询

【业务场景】

为方便生产任务单的查询，显示所需的任务单信息，请设置任务单查询方案，方案名为"查询"，方案共享给所有用户，查询方案依次显示：编号、单据状态、生产车间、物料长代码、物料名称、规格型号、单位、计划生产数量、计划开工日期、计划完工日期、生产类型、实作数量、合格品入库数量、领料标识、执行状态。方案排序按照生产任务单单号进行排序，不显示"作废"状态的生产任务单。

【业务分析】

根据实际查询要求，可将主要的信息建立一个过滤条件，便于今后查询。执行"生产管理"→"生产任务管理"→"生产任务"菜单命令，双击"生产任务单-维护"选项，系统弹出"条件过滤"窗口，在此可设置过滤条件。

【操作步骤】

（1）执行"生产管理"→"生产任务管理"→"生产任务"菜单命令，双击"生产任务单-维护"选项，系统弹出"条件过滤"窗口。单击"显示隐藏列"选项卡，根据"业务场景"的要求勾选查询条件。

（2）在"排序"选项卡中，添加排序方式为"编号"；在"条件"选项卡中，设置"作废标志"为"正常"。

（3）设置完成后单击"另存为"按钮，在弹出的"方案保存"对话框中，输入方案名称为"查询"，并勾选"方案共享给其他用户或用户组（只读）"选项，完成后的效果如图10-10所示。

（4）在"方案保存"对话框中，单击"保存"按钮，系统弹出"选择用户"对话框，如图10-11所示。

（5）单击"全选"按钮后再单击"确定"按钮完成方案设置。系统返回到"条件过滤"窗口，如图10-12所示。

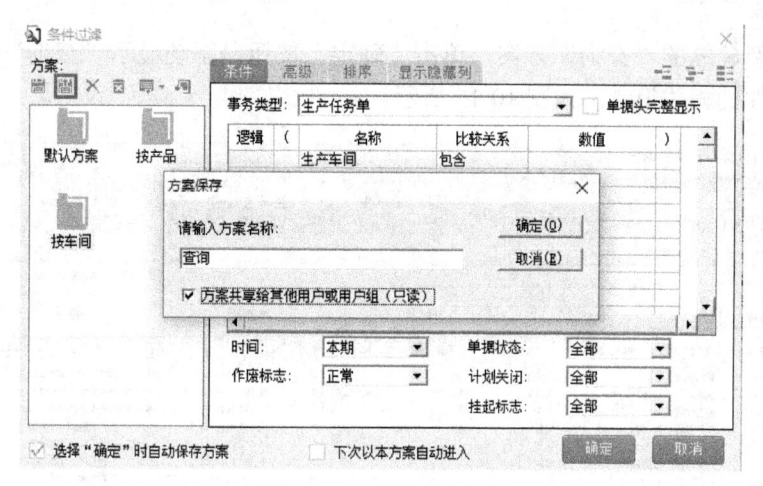

图 10-10 设置过滤方案

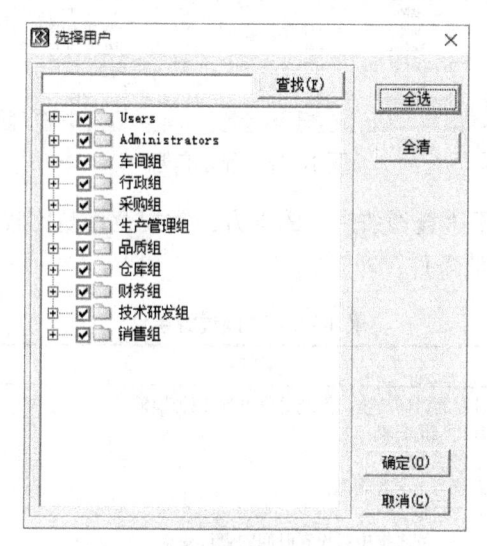

图 10-11 "选择用户"对话框

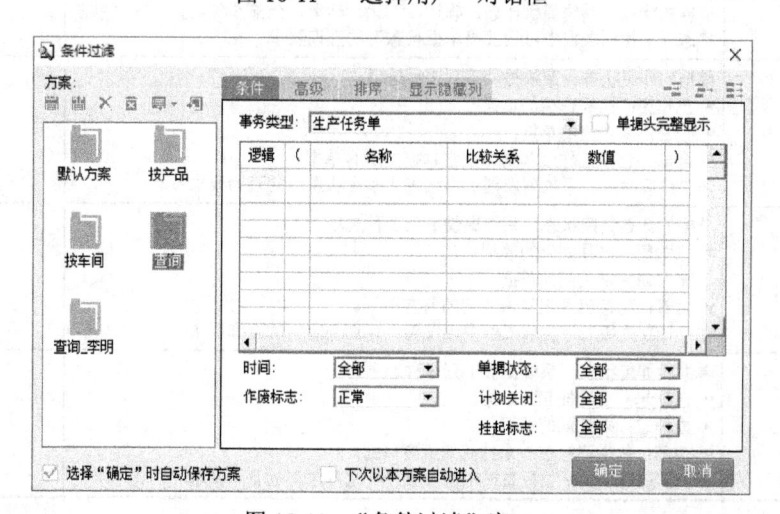

图 10-12 "条件过滤"窗口

- 289 -

（6）选择新建立的"查询"方案，单击"确定"按钮，系统显示"查询"方案设置的显示列和满足条件的相关记录，如图10-13所示。

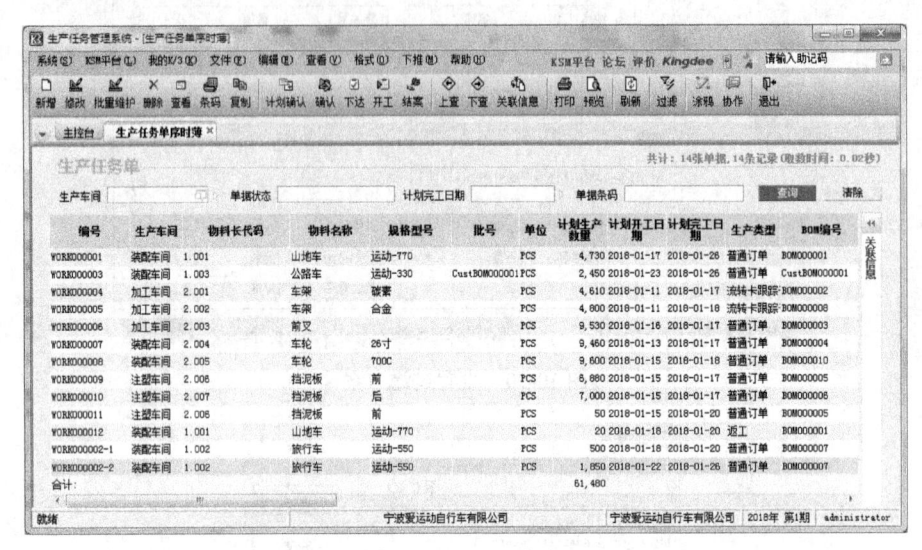

图 10-13　显示信息

常规查询的设置区位于"查询条件"的下方。常规查询是比较简单的查询方式，系统提供如表10-5所示的查询过滤条件。

表 10-5　查询过滤条件

数据项	说明	必填项（是/否）
时间	单据制单日期的时间范围，系统提供下列4种选项。 ● 当天：系统当前日期； ● 本周：系统当前周； ● 本期：系统当前会计期间； ● 全部：所有日期。 在"时间"下拉列表框中可设置时间的查询要求	是
单据状态	单据的状态。系统提供计划、确认、下达、结案、全部5种类型；在"单据状态"下拉列表框中可设置"单据状态"的查询要求	是
作废状态	单据的作废状态。系统提供下列3种选项。 ● 已作废：已经作废的单据； ● 正常：未作废的单据； ● 全部：包括已作废单据和正常单据的所有单据。 在"作废状态"下拉列表框中可设置"作废状态"的查询要求	是
计划关闭	单据的计划关闭状态。系统提供下列3种选项。 ● 已关闭：已经关闭的单据； ● 未关闭：未关闭的单据； ● 全部：包括已关闭与未关闭的所有单据。 在"计划关闭"下拉列表框中可设置"计划关闭"的查询要求	是
挂起标志	单据的挂起状态。系统提供下列3种选项。 ● 已挂起：已经挂起的单据； ● 未挂起：未挂起的单据； ● 全部：包括已挂起与未挂起的所有单据。 在"挂起标志"下拉列表框中可设置"挂起标志"的查询要求	是

以上5种查询条件，可任意组合进行查询。

10.3.5　任务单下达与反下达

【业务场景】

生产计划员"李明"于 1 月 11 日将所有生产任务单下达,通知车间可以按生产任务单的要求开工生产。

下达生产任务单后,李明接到生产车间通知,由于车架生产设备故障,编号为"WORK000004"和"WORK000005"的生产任务单暂不执行,李明于当日进行了反下达处理。

1 月 13 日,车架生产设备故障排除,李明再次下达了该生产任务单,并要求 1 月 18 日前完成生产任务。

系统禁止修改已下达的生产任务,如果要修改,则必须先执行反下达处理,再执行确认操作。

【业务分析】

生产任务单有 5 种单据状态:计划、确认、下达、挂起、结案。

- 计划:计划状态任务单要确定是否产生预计入库量和已分配的标志。
- 确认:录入生产任务单保存后,菜单栏与工具条即出现"确认"按钮,单击"确认"按钮,即可使当前的生产任务单成为"确认"状态,在下一次计划运算时,不会被删除。生产任务单确认时同步生成投料单和工序计划单,确认状态的生产任务单不能生成下级单据。
- 下达:生产任务以指令的形式下达给生产车间作为生产车间可以正式开工的依据。生产任务单确认后,菜单栏与工具条即出现"下达"按钮。单击"下达"按钮,即可将当前的生产任务单下达给车间正式生产。同时,根据系统参数的设置,系统将决定是否对投料单和工序计划单进行自动审核。下达状态的生产任务单可以生成下级单据。
- 挂起:将已下达的生产任务暂停执行。当生产任务下达后生产车间在执行中,因客户要货推迟、设备故障、生产或材料不良、供应商供应不及时等原因导致生产任务无法继续执行,而又不希望取消生产任务时可使用挂起功能。
- 结案:生产任务完工、产品入库后结束生产任务或因生产情况变化结束生产任务。只有下达状态且未挂起的生产任务才能结案,其他状态一概不能结案。

只有当生产任务单处于下达状态时,才允许生成对应的下游单据(包括:产品检验申请单、产品入库单、调拨单、工序检验单、领料单、任务单汇报、生产物料报废单、受托加工领料单等)。

【操作步骤】

第 1 步,下达生产任务单。

(1)执行"生产管理"→"生产任务管理"→"生产任务"菜单命令,双击"生产任务单-维护"选项,系统弹出"生产任务单序时簿"窗口,按住 Shift 键选择所有生产任务单,再单击任务栏中的"下达"按钮,系统开始执行"下达"生产任务单操作,并显示如图 10-14 所示的提示信息。

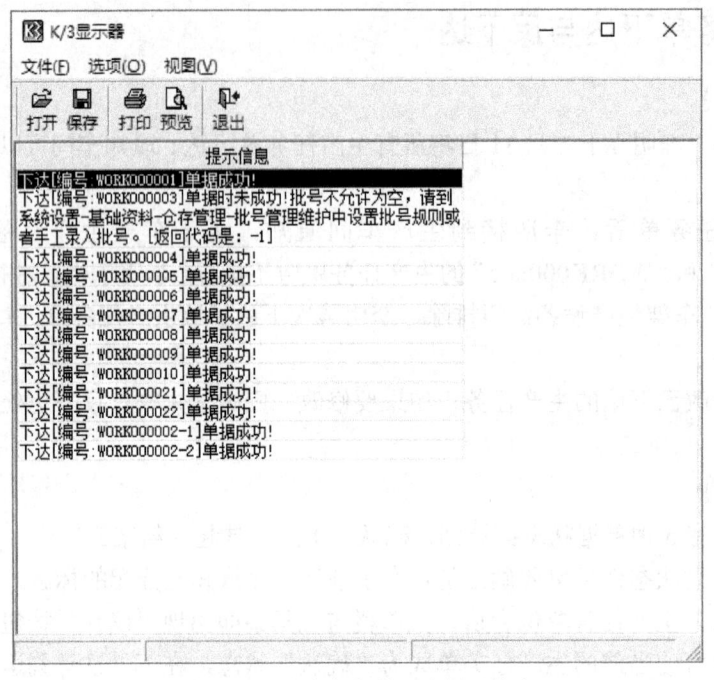

图 10-14 生产任务单下达提示信息

（2）单击任务栏中的"退出"按钮，返回"生产任务单序时簿"窗口，如图 10-15 所示。从图 10-15 中可以看出，下达后的生产任务单单据状态变成"下达"状态，但单据"WORK000003"没有下达成功，其主要原因在于"公路车 1.003"是配置类 BOM，配置类物料在下达前，必须进行批号管理。

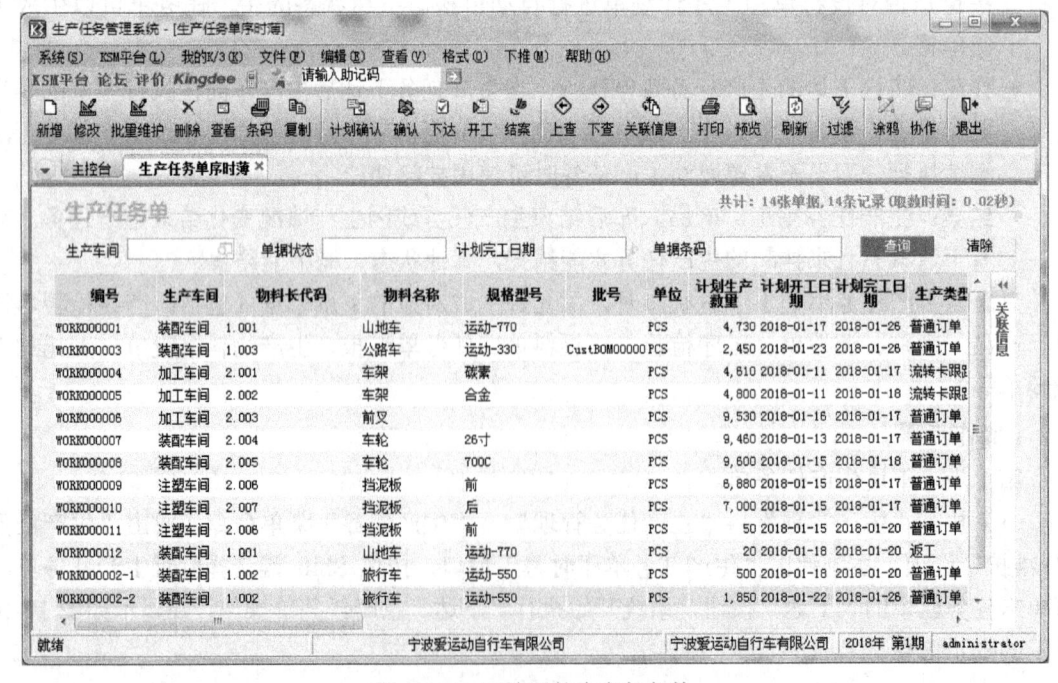

图 10-15 下达后的生产任务单

（3）选择"WORK000003"单据，再单击任务栏中的"修改"按钮，修改生产任务单，把 BOM 编号"CustBOM000001"复制到"批号"文本框中，如图 10-16 所示，保存该单据后再执行"下达"命令下达该生产任务单。

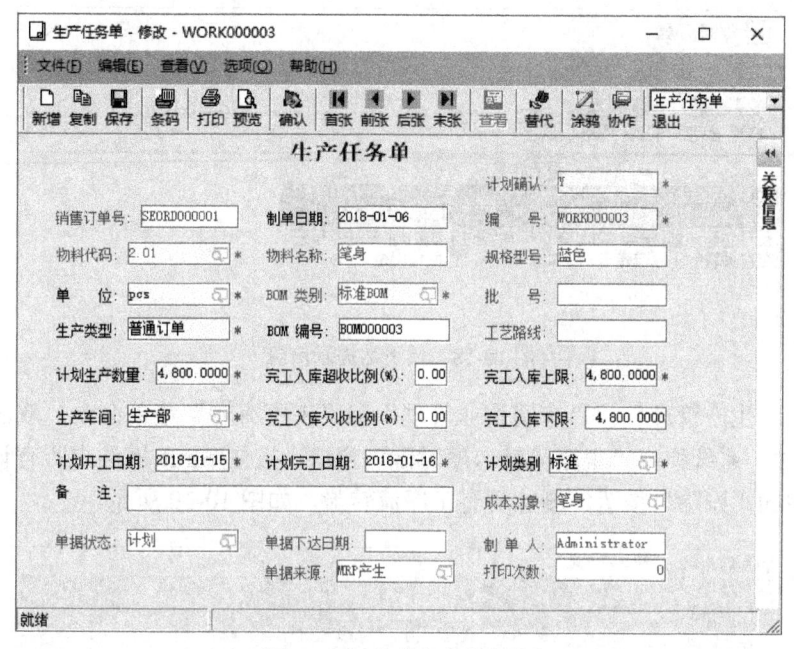

图 10-16 修改生产任务单

第 2 步，反下达生产任务单。

（1）执行"生产管理"→"生产任务管理"→"生产任务"菜单命令，双击"生产任务单-维护"选项，弹出"生产任务单序时簿"窗口。选中编号为"WORK000004"和"WORK000005"的生产任务单，然后右击，在弹出的快捷菜单中选择"任务单状态"→"反下达至计划"菜单命令，如图 10-17 所示。

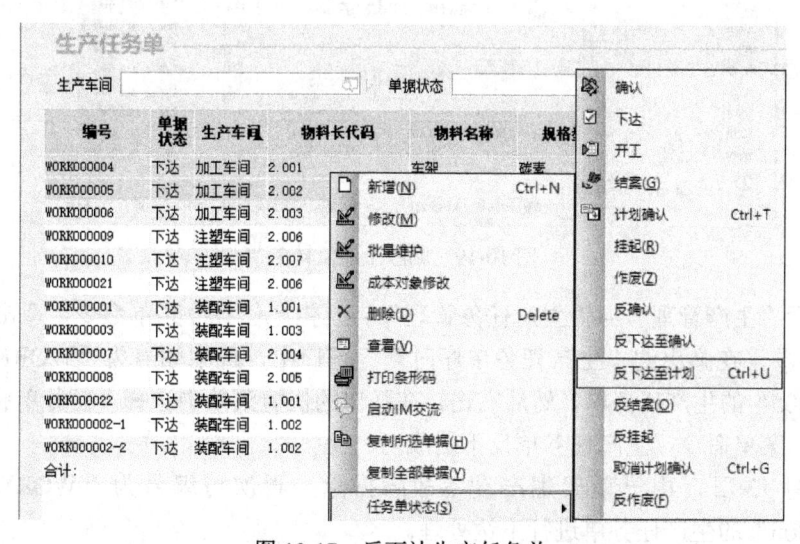

图 10-17 反下达生产任务单

（2）生产任务单反下达后，弹出如图 10-18 所示的提示信息。从图 10-18 可以看出，编号为"WORK000004"和"WORK000005"的生产任务单"反下达"失败，其主要原因在于这两条生产任务单已启用了"生产任务单下达时自动生成工序流转卡"的功能。

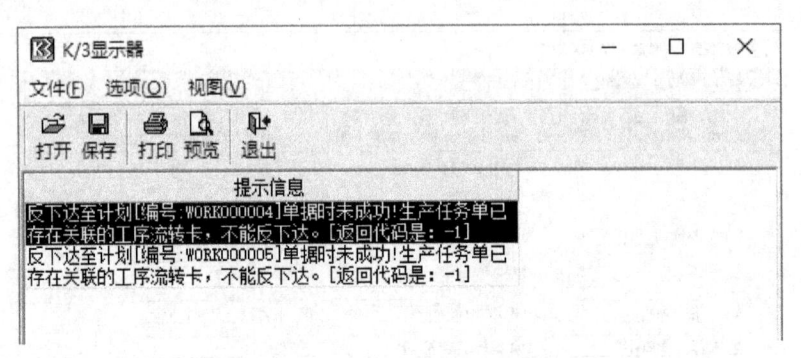

图 10-18 反下达提示信息

（3）执行"生产管理"→"车间作业管理"→"工序流转"菜单命令，双击"工序流转卡-维护"选项，系统弹出"工序流转卡序时簿"窗口。按住 Shift 键选中所有记录条目，再单击任务栏中的"删除"按钮，删除所有工序流转卡，如图 10-19 所示。

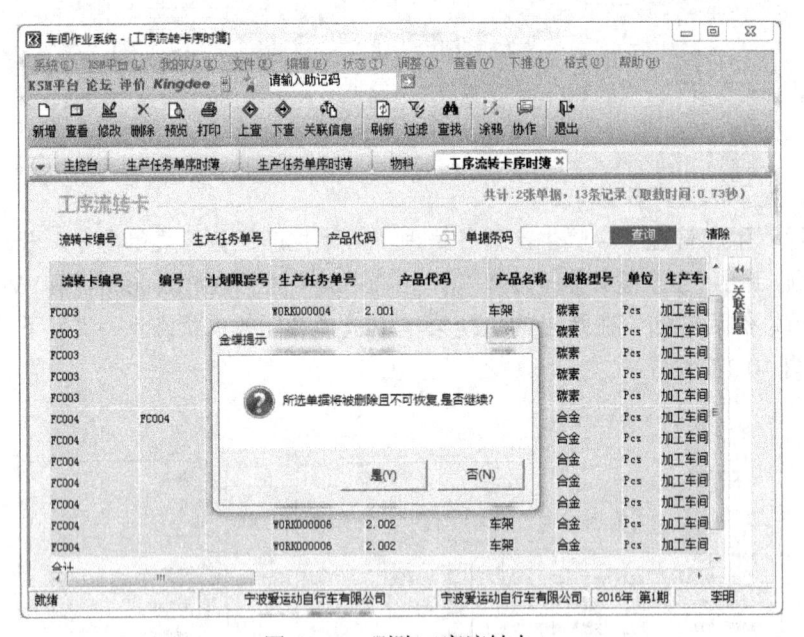

图 10-19 删除工序流转卡

（4）执行"生产管理"→"生产任务管理"→"生产任务"菜单命令，双击"生产任务单-维护"选项，在弹出的"生产任务单序时簿"窗口中，选中编号为"WORK000004"和"WORK000005"的生产任务单，然后右击，在弹出的快捷菜单中选择"任务单状态"→"反下达至计划"菜单命令，生产任务单反下达成功。

（5）1 月 13 日，由于车架生产设备故障排除，再次对编号为"WORK000004"和"WORK000005"的生产任务单进行下达处理。

10.3.6 模拟发料

【业务场景】

为避免因缺料而使开工的任务单不能完成，使生产现场出现停工待料或者变更生产任务而造成的挪料、退料、紧急替换等混乱现象，1月16日，仓管员"满婷婷"对计划于"1月17日"开工的编号为"WORK000001"的"山地车"生产任务单的材料配套率情况进行查询，查询条件考虑所有的预计入库量/已分配量。

【业务分析】

模拟发料报表，可以选择符合条件的一组生产任务单，或者手工录入产品任务（指定物料代码、需求数量、生产日期等），然后为所选的生产任务单和手工录入的产品任务选定运算参数（考虑当前库存、预计入、已分配、只运算关键件等），计算出每个产品的子项物料的模拟发料占用数量、缺料量和物料齐备率等。

报表界面同时具备调用生产任务单、投料单功能，可以根据模拟发料的分配情况考虑进行生产任务单调整或者投料单锁库，并可以查询模拟发料运算过程，查询预计入库量/已分配量的单据数据来源明细。

【操作步骤】

（1）执行"生产管理"→"生产任务管理"→"模拟发料"菜单命令，双击"模拟发料"选项，系统弹出"模拟发料表"窗口，如图10-20所示。

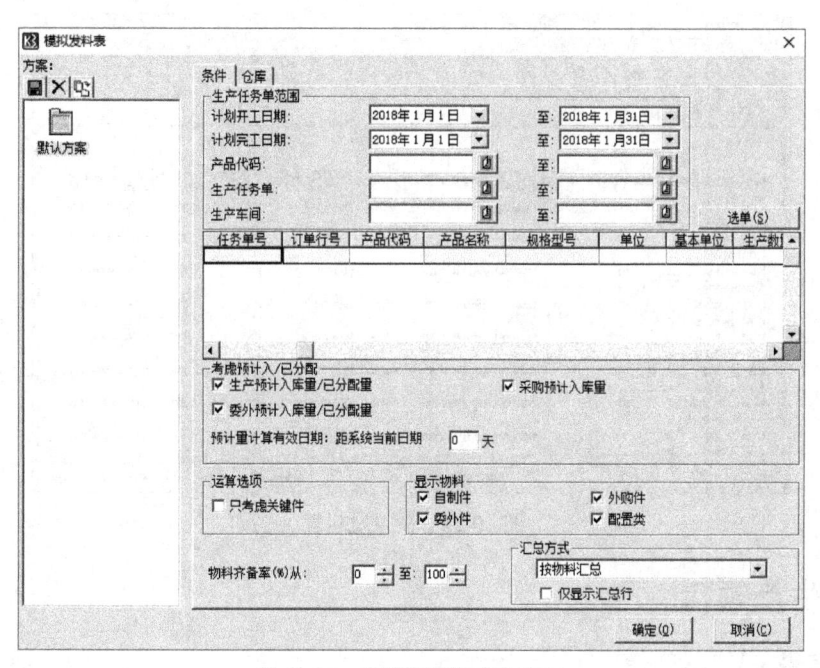

图10-20 "模拟发料表"窗口

（2）设置"计划开工日期"和"计划完工日期"范围为：1月1日至1月30日，然后单击"选单"按钮，在弹出的"生产任务单序时簿"窗口中，选择物料名称为"山地车"的生产任务单，然后单击任务栏中的"返回"按钮，退回"模拟发料表"窗口，如图10-21所示。

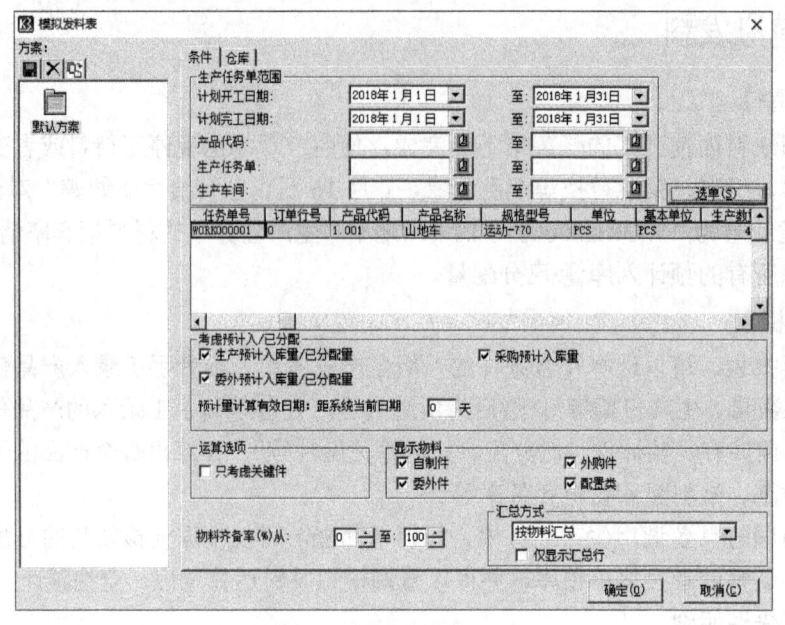

图 10-21 生产任务单设置

（3）单击"确定"按钮，系统将读取服务器数据，并计算显示"模拟发料表"，如图 10-22 所示。

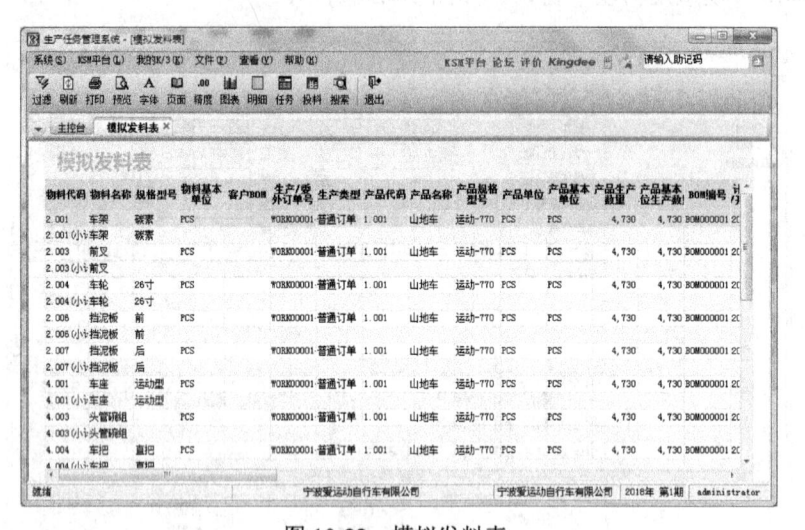

图 10-22 模拟发料表

10.3.7 生产领料

【业务场景 1】

（1）倒冲领料：由于注塑部领用的注塑原材料是一包一包放置的，在领用的时候不可能根据实际限额领用，属于不可分割领料范畴，所以注塑车间采用的是倒冲领料的模式。

（2）仓库调拨：1 月 11 日，注塑部开工生产，需要到原材料仓库领用相应的原材料，如表 10-6 所示。

表 10-6　调拨单

调出仓库	原材料仓库		调入仓库	注塑车间仓库	
制单日期	1月11日		仓库管理员	满婷婷	
物料代码	物料名称	规格型号	数量	单位	备注
3.004	ABS	HI-121H	11 200	kg	

【业务分析】

生产领料单是确认货物出库的书面证明，也是财务人员据以记账、核算成本的重要原始凭证。在 K/3 供应链系统中，生产领料单确认后，需要继续出库成本的计算，这一连串的连续业务处理说明生产领料单是重要的核算单据。

由于注塑部领用的注塑原材料无法实现开具生产领料单，根据企业实际要求，并考虑到每包的原材料都是 100kg，所以企业建立了一个"注塑车间仓库"，单独放置从车间调用的材料，等到产品入库时，再从"注塑车间仓库"倒冲领用扣减材料，从而达到材料管理的目标。生产计划员"李明"先到投料单中把倒冲改为了"Y"，原材料仓库改为"注塑车间仓库"。

【操作步骤】

（1）新建"注塑车间仓库"。以管理员 Administrator 身份登录系统，建立代码为"5"的注塑车间仓库。执行"系统设置"→"基础资料"→"公共资料"菜单命令，双击"仓库"选项，系统弹出"仓库"窗口。单击"新增"按钮，输入代码"5"，名称为"注塑车间仓库"，如图 10-23 所示。

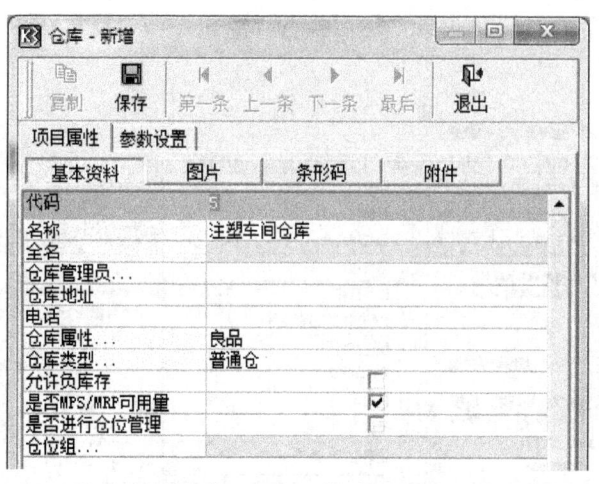

图 10-23　"仓库-新增"窗口

（2）仓管员"满婷婷"根据投料单的实际需求数量，开具"仓库调拨单"，将材料调拨到"注塑车间仓库"。执行"供应链"→"仓存管理"→"仓库调拨"菜单命令，双击"调拨单-新增"选项，系统弹出"调拨单"窗口。将"调出仓库"设为"原材料仓库"，"调入仓库"设为"注塑车间仓库"，"物料代码"设为"3.004"，"数量"设为"11 200"，然后单击"保存"按钮并"审核"调拨单，完成后的效果如图 10-24 所示。

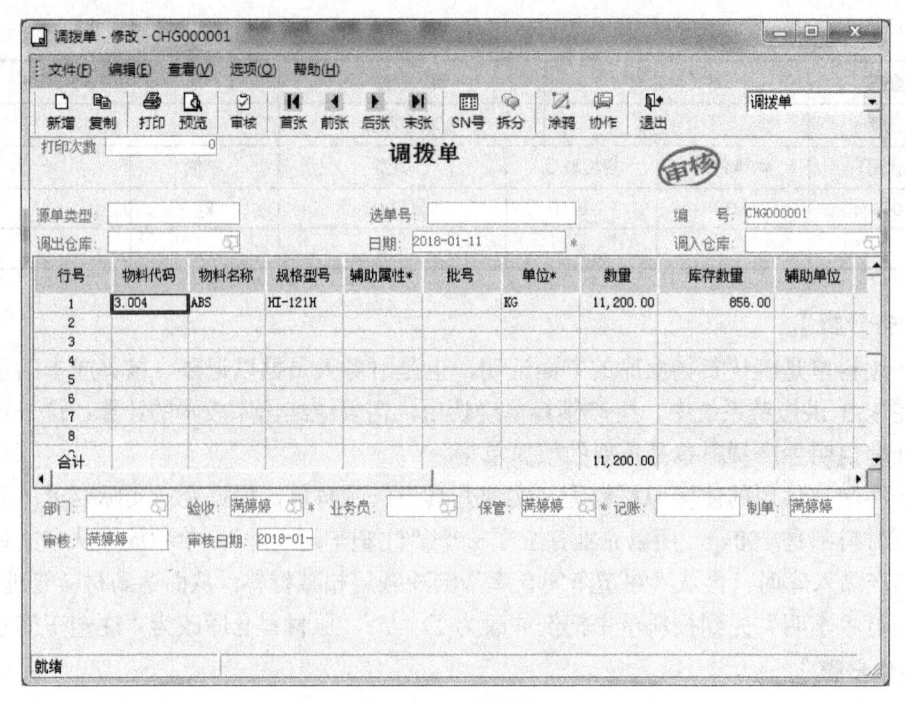

图 10-24　调拨单

（3）反审核生产投料单。执行"生产管理"→"生产任务管理"→"生产投料"菜单命令，双击"生产投料单-维护"选项，系统弹出"生产投料单"过滤界面，单击"确认"按钮进入"生产投料单序时簿"窗口。对"生产投料单"按"子项物料名称"进行排序，选中物料名称为"ABS"的生产投料单记录，然后执行"编辑"→"反审核"菜单命令，如图 10-25 所示。

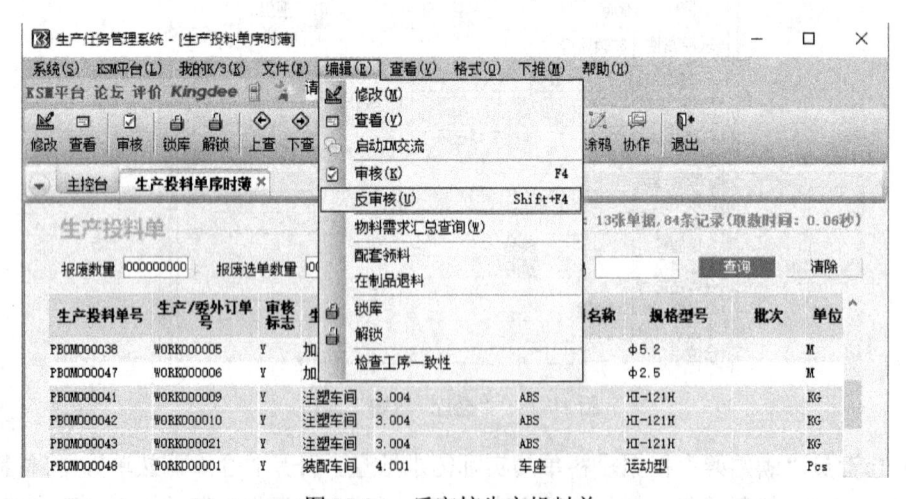

图 10-25　反审核生产投料单

（4）修改生产投料单。选中反审核后的一条生产投料单，单击任务栏中的"修改"按钮，系统弹出"生产投料单-修改"窗口，将倒冲"否"修改为"是"，"仓库"修改为"注塑车间仓库"，如图 10-26 所示。

- 298 -

第 10 章　生产任务管理

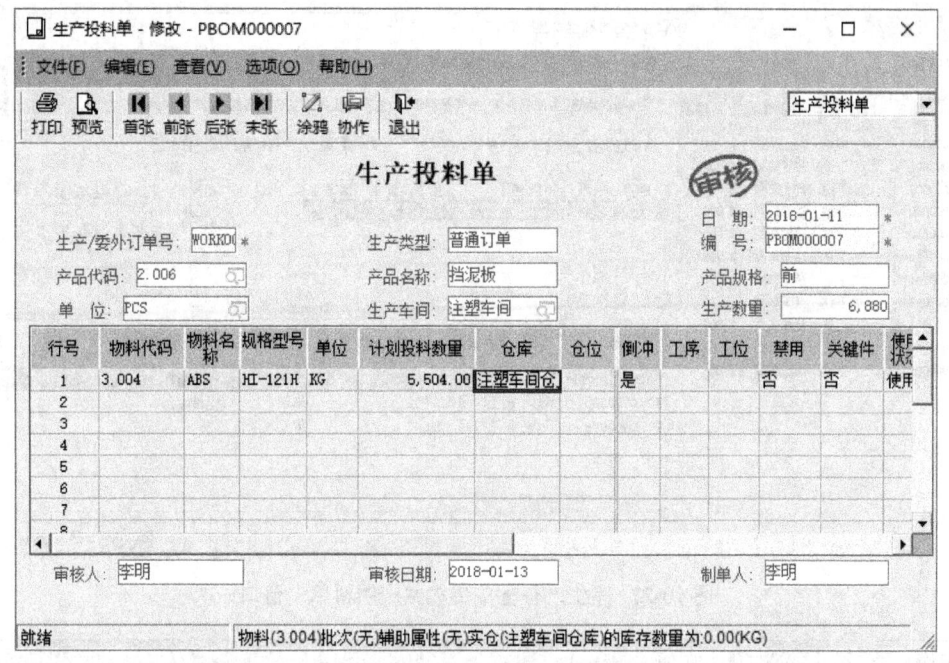

图 10-26　修改生产投料单

（5）其他两条生产投料单也采用步骤（4）的方法进行修改。

【业务场景2】

1月14日，加工车间开工生产，加工车间人员"高岗"根据本车间的所有产品的生产任务单生成了一张"生产领料单"，打印后到仓库去领料，仓库管理员"满婷婷"根据纸质生产领料单进行了发料操作，确定数量无误后审核了该张生产领料单，生产领料单如表10-7所示。

表 10-7　生产领料单 1

单据类型	生产领料单		发料仓库	原材料仓库	
制单日期	1月14日		制单人	高岗	
物料代码	物料名称	规格型号	数量	单位	备注
3.001	碳素铜管	Φ5.2	7 376	M	
3.002	合金管材	Φ5.2	7 680	M	
3.003	钢管	Φ2.5	8 577	M	

【操作步骤】

（1）执行"生产管理"→"生产任务管理"→"生产任务"菜单命令，双击"生产任务单-维护"选项，弹出"生产任务单序时簿"窗口。按"生产车间"进行排序后，选中生产车间为"加工车间"的三条单据，执行"下推"→"生成生产领料单"菜单命令，弹出"生产任务单生成生产领料单"窗口，如图10-27所示。

（2）单击"生成"按钮，系统将自动生成领料单，"领料"和"制单"处设为"高岗"，"发料"设为"满婷婷"后保存并审核领料单，如图10-28所示。

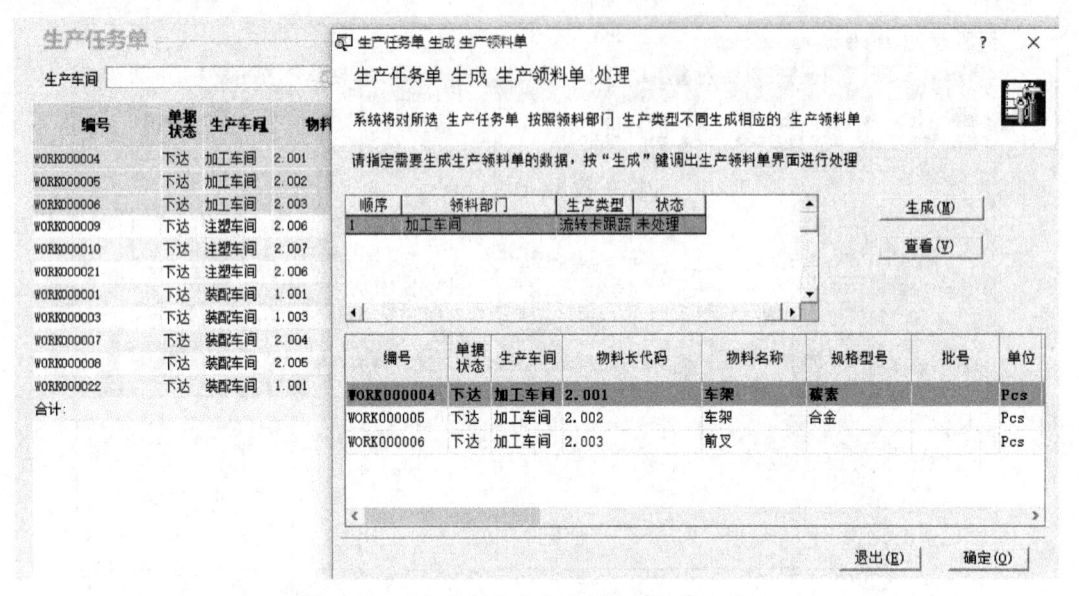

图 10-27 "生产任务单生成生产领料单"窗口

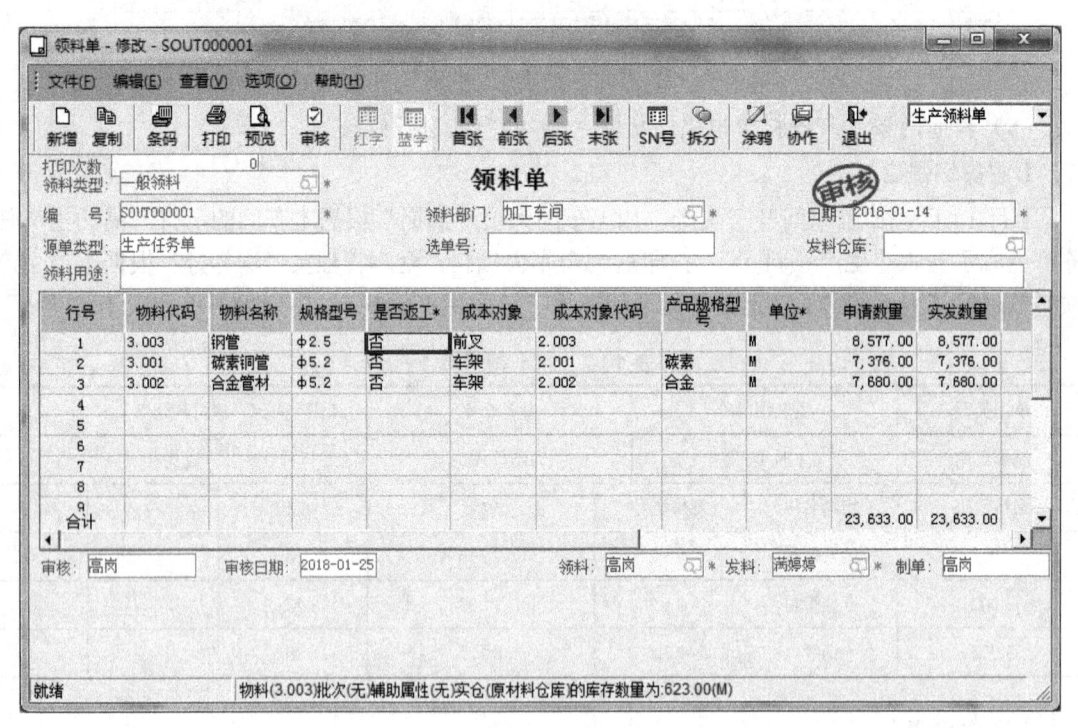

图 10-28 生产领料单

【业务场景 3】

1 月 17 日，装配车间开工组装车轮，装配车间人员"陈民"根据关联本车间"车轮"的生产任务单生成了一张"生产领料单"，打印后到仓库领料，仓库管理员"满婷婷"根据纸质生产领料单进行了发料，确定数量无误后审核了该张生产领料单，生产领料单如表 10-8 所示。

表 10-8 生产领料单 2

单据类型	生产领料单		发料仓库		原材料仓库	
制单日期	1月17日		制单人		陈民	
物料代码	物料名称	规格型号	数量	单位		备注
4.012	车圈	双层	9 460	PCS		
4.014	轮胎	26*2.0 齿胎	9 460	PCS		
4.017	钢丝		340 560	PCS		
4.018	气门芯		9 460	PCS		
4.013	车圈	单层	9 600	PCS		
4.016	轮胎	26*1.25 光头胎	9 600	PCS		
4.017	钢丝		307 200	PCS		
4.018	气门芯		9 600	PCS		

【业务场景 4】

1月18日，装配车间进行 20 辆山地车的返修处理，装配车间人员"陈民"根据关联本车间的返修生产任务单生成了一张"生产领料单"，打印后到仓库领料，成品仓库管理员"江涛"根据纸质生产领料单进行了发料操作，确定数量无误后审核了该张生产领料单，生产领料单如表 10-9 所示。

表 10-9 生产领料单 3

单据类型	生产领料单		发料仓库		成品仓库	
制单日期	1月18日		制单人		陈民	
物料代码	物料名称	规格型号	数量	单位		备注
1.001	山地车	运动-770	20	PCS		

【业务分析】

"业务场景 3"和"业务场景 4"的操作步骤与"业务场景 2"中的操作步骤相同，这里不再赘述，请读者自行完成。

10.3.8 生产物料报废

【业务场景】

1月19日，装配车间在装配的过程中，操作工在装配 26 寸车轮的时候损坏了 **30PCS** 车圈，当日装配车间人员"陈民"找到了对应的生产任务单，制作生成了"生产物料报废补料单"，并重新生成了"生产领料单"到对应的仓库进行补料，次日仓库管理员根据领料单进行发料并进行了审核，相关信息如表 10-10 和表 10-11 所示。

表 10-10 生产物料报废/补料单

单据类型	生产物料报废/补料单		类型		报废和补料	
制单日期	1月19日		制单人		陈民	
物料代码	物料名称	规格型号	报废数量	补料数量	单位	对应产品
4.012	车圈	双层	30	30	PCS	车轮

表 10-11　生产领料单

单据类型	生产领料单		发料仓库		原材料仓库	
制单日期	1月20日		制单人		陈民	
物料代码	物料名称	规格型号	数量	单位	对应产品	备注
4.012	车圈	双层	30	PCS	车圈	

【业务分析】

生产物料报废单提供在生产过程中物料报废的记录、统计与分析功能，以达到控制并降低生产物料报废，并且理清责任的管理目标。生产物料报废单也可作为生产车间补料的依据。

【操作步骤】

（1）执行"生产管理"→"生产任务管理"→"生产物料报废/补料单"菜单命令，双击"生产物料报废/补料单-新增"选项，弹出"生产物料报废/补料单"窗口。设置"选单类型"为"生产任务单"，然后将光标定位到"选单编号"文本框，按F7键打开"生产投料单序时簿"窗口。在"生产投料单序时簿"窗口中选中物料代码为"4.012"的生产投料单后，单击任务栏中的"返回"按钮返回"生产物料报废/补料单-修改"窗口，如图10-29所示。

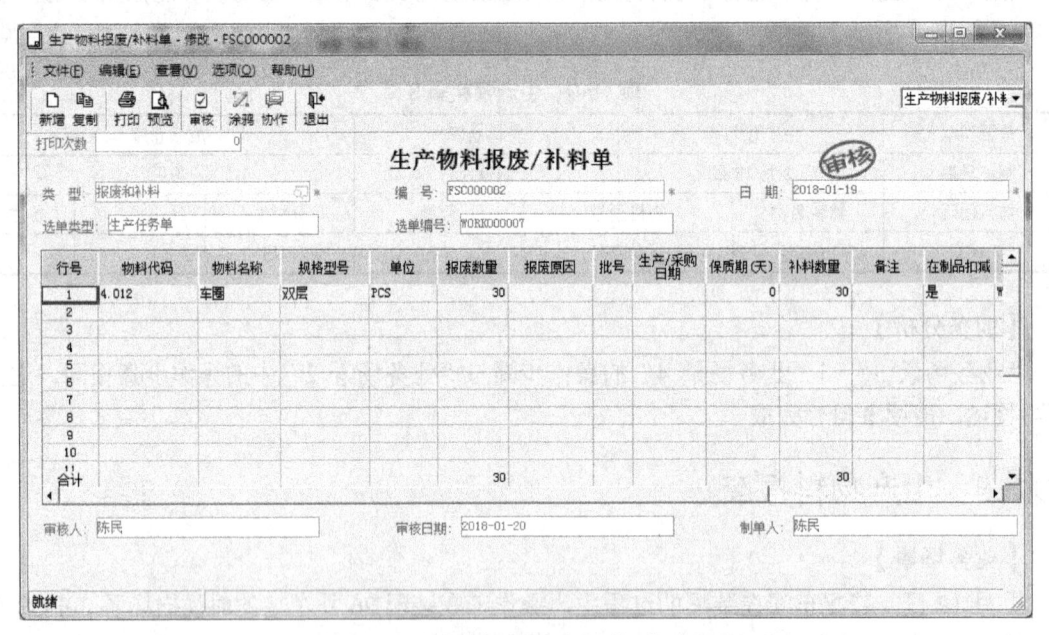

图 10-29　"生产物料报废/补料单-修改"窗口

（2）修改"报废数量"和"补料数量"都为"30"，单击"保存"按钮后再进行审核。

（3）执行"供应链"→"仓存管理"→"领料发货"菜单命令，双击"生产领料-新增"选项，弹出"领料单-新增"窗口。设置"源单类型"为"生产任务单"，再将光标定位到"选单号"文本框，按F7键打开"生产投料单序时簿"窗口。选中物料代码为4.012的投料单后，再单击任务栏中的"返回"按钮返回"领料单-修改"窗口，如图10-30所示。

（4）设置领料为"陈民"，发料为"满婷婷"，然后单击任务栏中的"保存"按钮后审核领料单。

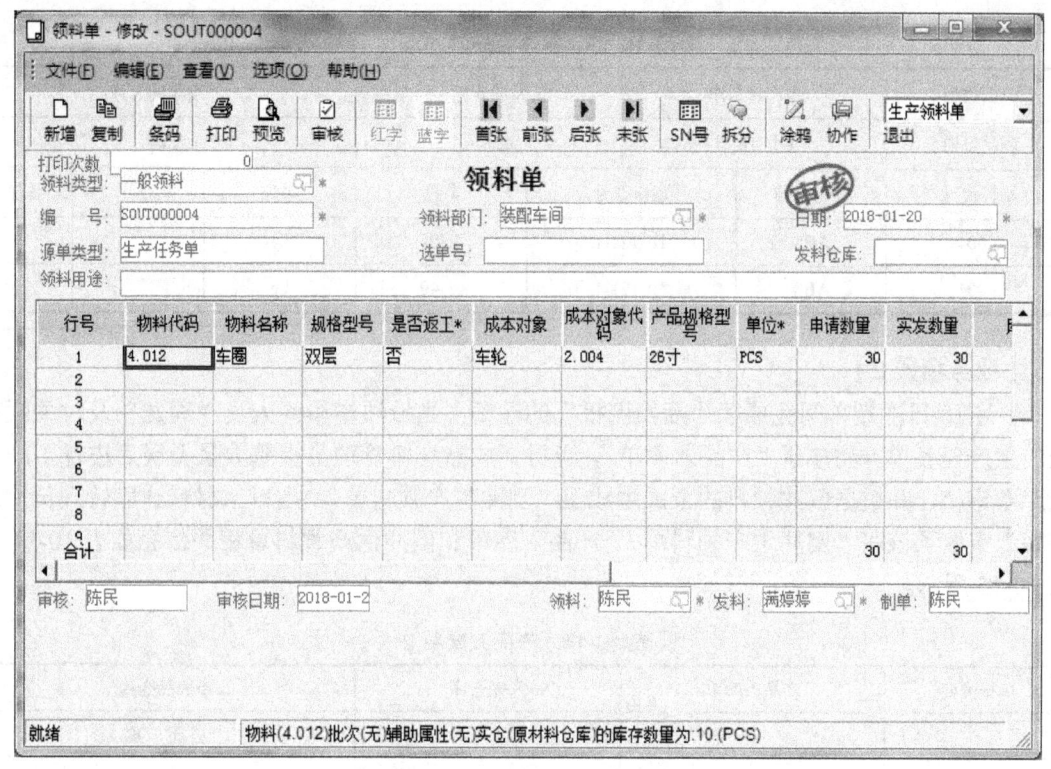

图 10-30 "领料单-修改"窗口

【要点说明】

生产物料报废/补料后，会自动回写生产投料单的"报废数量"和"补料数量"字段。

10.3.9 产品入库

【业务场景 1】

1 月 18 日，注塑车间完成了"前挡泥板"的注塑，当日注塑车间人员"周龙"及时关联对应的生产任务单并生成了"产品入库单"，当日半成品仓库管理员核算数量无误后进行了产品入库单审核，并根据倒冲领料的方式生成了"倒冲生产领料单"，当日原材料仓库管理员审核了该张"倒冲生产领料单"。产品入库单和倒冲生产领料单相关信息如表 10-12 和表 10-13 所示。

表 10-12 产品入库单 1

单据类型	产品入库单		入库仓库	半成品仓库	
			加工车间	注塑车间	
制单日期	1 月 18 日		制单人	周龙	
物料代码	物料名称	规格型号	数量	单位	备注
2.006	挡泥板	前	6 880	PCS	
2.006	挡泥板	前	50	PCS	

表 10-13　倒冲生产领料单 1

单据类型	生产领料单		发料仓库		注塑车间仓库	
制单日期	1月18日		制单人		江涛	
物料代码	物料名称	规格型号	数量	单位		备注
3.004	ABS	HI-121H	5 504	kg		
3.004	ABS	HI-121H	40	kg		

【业务场景 2】

1月18日注塑车间完成了"后挡泥板"的注塑，当日注塑车间人员"周龙"及时关联对应的生产任务单并生成了"产品入库单"，当日半成品仓库管理员核算数量无误后进行了产品入库单审核，并根据倒冲领料的方式生成了"倒冲生产领料单"，当日原材料仓库管理员"满婷婷"审核了该张"倒冲生产领料单"。产品入库单和倒冲生产领料单相关信息如表 10-14 和表 10-15 所示。

表 10-14　产品入库单 2

单据类型	产品入库单		入库仓库		半成品仓库	
			加工车间		注塑车间	
制单日期	1月18日		制单人		周龙	
物料代码	物料名称	规格型号	数量	单位		备注
2.007	挡泥板	后	7 000	PCS		

表 10-15　倒冲生产领料单 2

单据类型	生产领料单		发料仓库		注塑车间仓库	
制单日期	1月18日		制单人		江涛	
物料代码	物料名称	规格型号	数量	单位		备注
3.004	ABS	HI-121H	5 600	kg		

【业务场景 3】

1月18日，加工车间完成了"前叉"的加工，当日加工车间人员"高岗"及时关联对应的生产任务单并生成了"产品入库单"，当日半成品仓库管理员核算数量无误后进行了产品入库单审核。产品入库单相关信息如表 10-16 所示。

表 10-16　产品入库单 3

单据类型	产品入库单		入库仓库		半成品仓库	
			加工车间		加工车间	
制单日期	1月18日		制单人		高岗	
物料代码	物料名称	规格型号	数量	单位		备注
2.003	前叉		9528			

【业务场景 4】

1月20日,装配车间完成了"车轮"和自行车的返工生产,当日装配车间人员"陈民"及时关联对应的生产任务单并生成了"产品入库单",当日仓库管理员核算数量时,发现有1辆山地自行车无法返修而没有办理入库。

当日,"陈民"通知"李明"要求对该张返工生产任务单进行手工结案。产品入库单如表 10-17 和表 10-18 所示。

表 10-17 产品入库单 4

单据类型	产品入库单	入库仓库		成品仓库	
		加工车间		装配车间	
制单日期	1月20日	制单人		陈民	
物料代码	物料名称	规格型号	数量	单位	备注
1.001	山地车	运动-770	19	PCS	

表 10-18 产品入库单 5

单据类型	产品入库单	入库仓库		成品仓库	
		加工车间		装配车间	
制单日期	1月20日	制单人		陈民	
物料代码	物料名称	规格型号	数量	单位	备注
2.004	车轮	26寸	9 460	PCS	
2.005	车轮	700C	9 600	PCS	

【业务分析】

产品入库单是处理完工产品入库的单据,产品入库单也是财务人员据以记账、核算成本的重要原始凭证,产品入库确认后,需要手工填入或引入入库成本或从成本核算中自动取数。产品入库单可以通过手工录入、订单确认和生产任务单关联等途径生成。

产品入库单可通过生产任务单下推生成,也可以通过执行"仓存管理"→"验收入库"→"产品入库-新增"菜单命令完成。

【操作步骤】

本例以"业务场景 1"为背景,介绍产品入库的基本过程,其他业务场景的产品入库也可根据下面的操作步骤完成。

(1)执行"生产管理"→"生产任务管理"→"生产任务"菜单命令,双击"生产任务单-维护"选项,系统弹出"生产任务单序时簿"窗口。选中物料长代码为"2.006"的生产任务单,然后执行"下推"→"生成产品入库"菜单命令,如图 10-31 所示。系统弹出"生产任务单生成产品入库"窗口,如图 10-32 所示。

(2)单击"生成"按钮,系统打开"产品入库单-新增"窗口并自动生成产品入库单,设置收货仓库为"半成品仓库"、验收"江涛"、保管"江涛",设置完成的效果如图 10-33 所示。

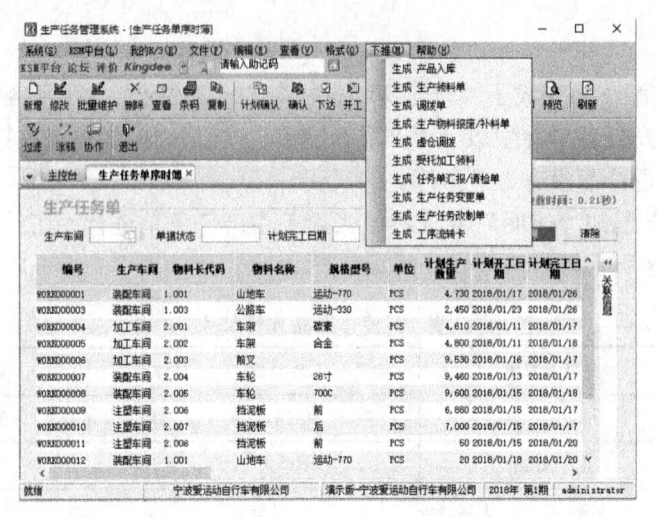

图 10-31 生产任务单序时簿

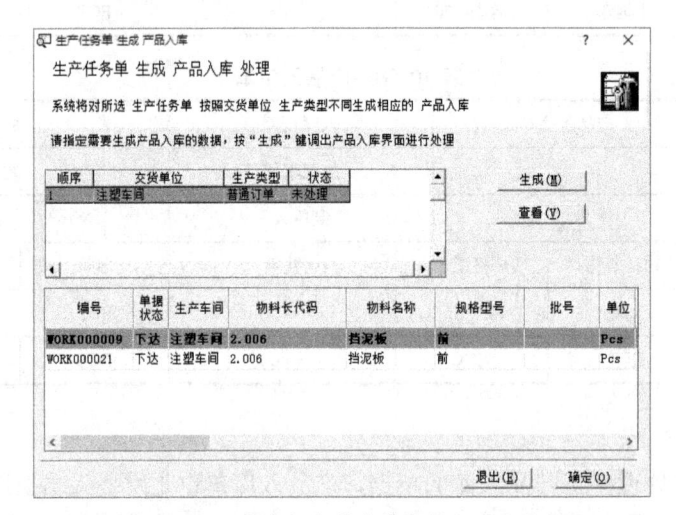

图 10-32 "生产任务单生成产品入库"窗口

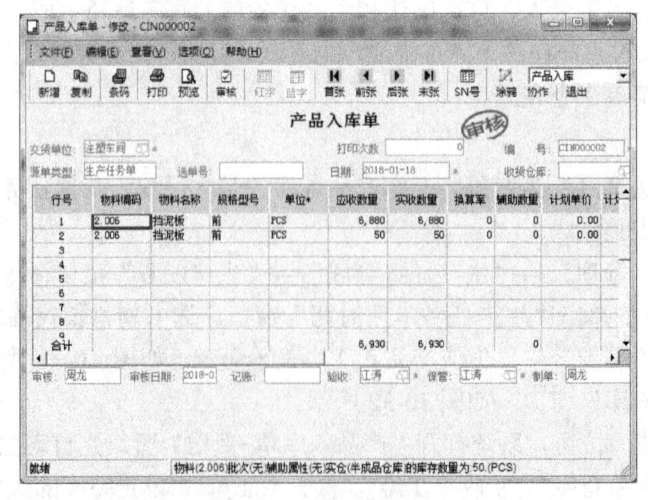

图 10-33 产品入库单

（3）保存并审核产品入库单，系统弹出"倒冲领料"窗口，如图 10-34 所示。

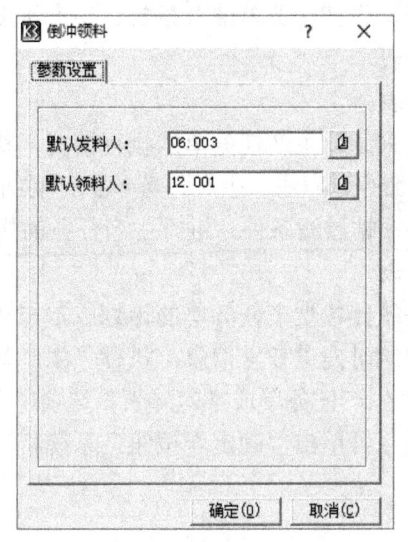

图 10-34 "倒冲领料"窗口

（4）设置默认发料人"江涛"、默认领料人"高岗"后，单击"确定"按钮，系统自动生成倒冲领料单，完成后的效果如图 10-35 所示。

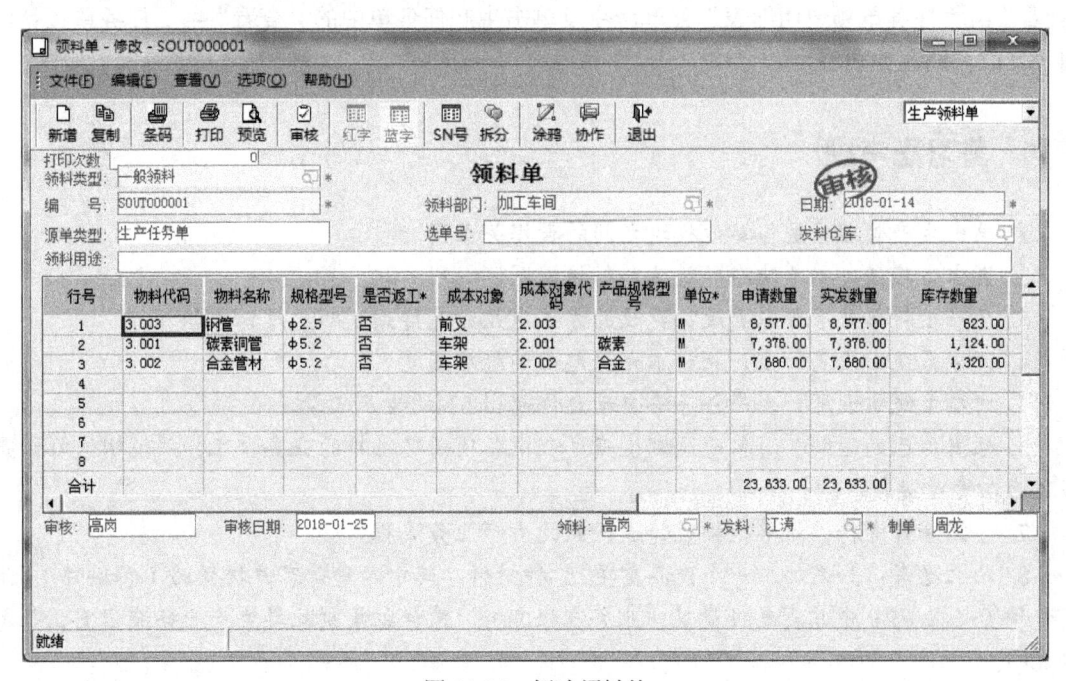

图 10-35 倒冲领料单

10.4 生产报表查询分析

金蝶 K/3 系统提供了丰富的报表查询功能，除基本报表查询功能外，还提供强大的报表分析查询功能，可以进行生产任务单全程跟踪、生产任务单执行明细表、生产任务单执行汇总表、生产任务单成本差异表、生产任务单催查报告、生产进度统计表、可生产产品配套统计表、任务单领料明细表等报表。

（1）生产任务单执行明细表

生产任务单执行明细表用来统计生产任务单的执行情况，执行"生产管理"→"生产任务管理"→"生产任务"菜单命令，双击"生产任务单执行明细表"选项，设置过滤条件后，再单击"确定"按钮，系统将根据过滤条件，进行生产任务的执行情况分析。

（2）生产任务单成本差异表

生产任务单成本差异表是统计各生产任务单的计划成本与实际成本的差异额，为企业相关管理人员进行成本核算与控制时提供参考信息。执行"生产管理"→"生产任务管理"→"生产任务"菜单命令，双击"生产任务单成本差异表"选项，系统弹出"生产任务单成本差异表"窗口，设置过滤条件后，再单击"确定"按钮，系统将根据过滤条件，进行生产任务单的成本差异分析。

（3）任务单领料明细表

任务单领料明细表用于统计指定生产任务单的生产领料和倒冲扣料情况。执行"生产管理"→"生产任务管理"→"生产任务"菜单命令，双击"任务单领料明细表"选项，系统弹出"任务单领料明细表"窗口，设置过滤条件，然后在"生产任务单序时簿"窗口中执行"查看"→"任务单领料明细表"菜单命令及单击生产任务单中的"查看"→"任务单领料明细表"即可调出报表界面。

复习思考题

1. 画出生产管理系统与其他模块之间的数据关系图。
2. 说出生产任务单各状态的意义和转换规则。
3. 生产投料单是否可以更改？更改的方式有几种？详细说明更改的步骤。
4. 请在系统中设置，生产领料不允许超出的标准用量。
5. 请在系统中设置，生产任务单自动允许超出5%的生产数量。
6. 根据自己的理解，简单地绘制生产过程中各项情况补料的业务流程，并说明这样做是否还存在管理漏洞。
7. 查阅课外资料，简单地描述铸造行业的生产业务流程。
8. 独立思考：如果加工一个产品需要5种材料，其中两种是客户提供的（客供件），请问这种情况在ERP中需要怎样设置，业务流程怎样，请详细绘制此类生产业务流程图，并加以说明。
9. 独立思考：怎样通过生产任务管理打印各车间的生产计划，生产计划单打印的格式怎样设置才比较合理，请将设置好的格式截图提交。
10. 独立思考：怎样启用生产类物料的批次跟踪管理，分步骤列出启用批次管理的步骤。

第 11 章　车间作业管理

　　车间作业管理是指以确定的生产计划为核心,保证车间加工过程紧紧围绕生产计划进行,为生产型企业提供自生产计划下达后,各生产线的工序计划及加工优先级的确定、分派、执行、流转,从而提高业务管理水平与生产效率,降低损耗与成本,提高产品质量与客户满意度。本章主要内容包括:
- 车间作业管理的流程;
- 工序流转卡、工序排程、工序流转卡汇报;
- 委外工序转出与接收;
- 车间作业报表查询分析。

11.1　系统概述

　　金蝶 K/3 车间作业管理系统提供了以下特色功能对车间控制进行管理:
- 灵活的车间管理流程定义;
- 流水号/批号处理;
- 完善的计时计件工资处理;
- 车间管理的多计量单位的处理;
- 支持车间在制品管理;
- 工序返修处理;
- 工序流转卡的应用。

　　车间作业总体流程如图 11-1 所示。
　　(1) 车间作业管理的工序计划单的生成,需要以生产数据管理模块中的工艺路线为依据。工序领料正确使用的前提是 BOM 中对每个物料使用工序的完整设置。
　　(2) 成本计算的人工费用可以取计时计件工资清单的数据,实际工时的统计需要取工序汇报的具体数据以计算真实的成本。工序中的报废数量也是成本计算的组成部分。
　　(3) 工资管理模块可以取计时计件工资汇总表中的工资金额作为工人工资结算的依据。
　　(4) 在工序加工过程中的工序检验需要质量模块的检验结果来决定生产过程的下一步处理。

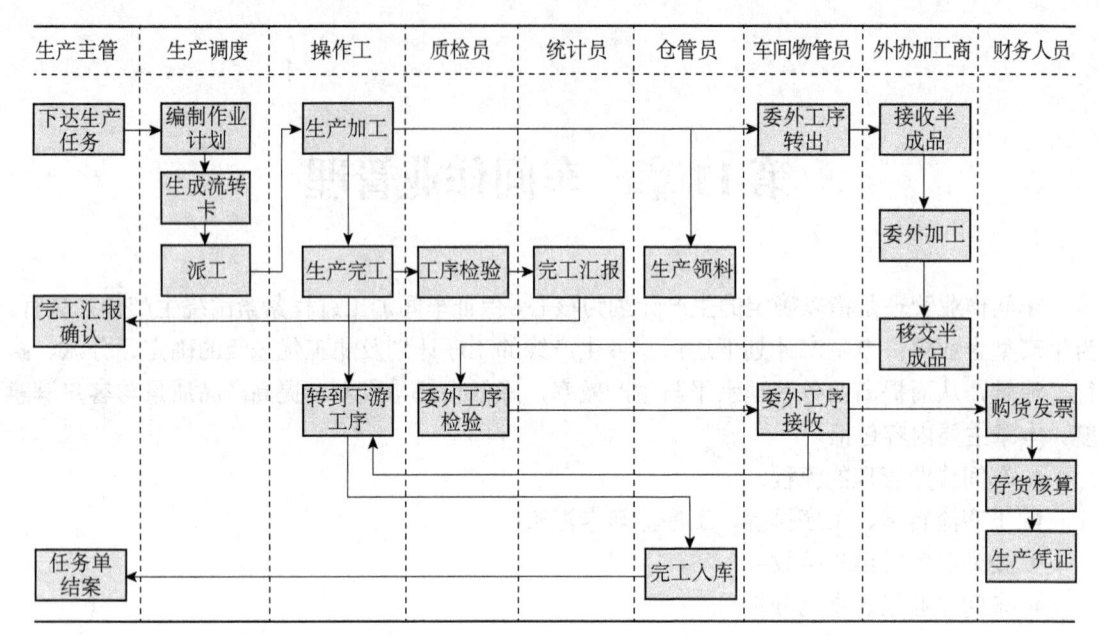

图 11-1　车间作业整体业务流程图

11.2　日常业务处理

11.2.1　工序流转卡查看及打印

流转卡，又称随工单、工序跟踪卡、流水卡，是制造企业车间作业管理常使用的一种单据，该单据与实物一起流转，主要记录产品生产过程中经过的加工工序，生产领用物料，各工序的操作工、检验员，各工序的接收、完工、合格、报废、转出数量，是质量追溯的重要依据。

【业务场景】

检查生产管理系统是否根据要求生成了车间作业管理系统的"工序流转卡"，加工车间主管"高岗"进入车间作业管理系统，查看需要加工的工序流转卡。

【业务分析】

工序流转卡有以下建立方式：

（1）生产任务单下达时自动生成工序流转卡。适用于生产任务单与工序流转卡为一对一的关系的业务场景。

（2）手工建立工序流转卡。适用于生产任务单与工序流转卡为一对多的关系的业务场景，例如，将生产任务分派给多个设备生产，按照生产产能建立工序流转卡，按照领用原材料的批次建立工序流转卡等。

（3）通过拆卡或补卡生成新的工序流转卡。数量拆卡或数量+工序拆卡也可生成新的工序流转卡。

通过生产车间的参数设置，系统会自动根据"生产任务单"生成"工序流转卡"，如果生成不了，请检查生产车间作业系统的参数是否勾选了"自动生成工序流转卡"，如果已经勾选，则去检查生产任务单的生产方式是否为"流转卡跟踪普通订单"。

【操作步骤】

执行"生产管理"→"车间作业管理"→"工序流转"菜单命令，双击"工序流转卡-维护"选项，显示如图11-2所示的"工序流转卡序时簿"窗口，可以查看工序流转卡。

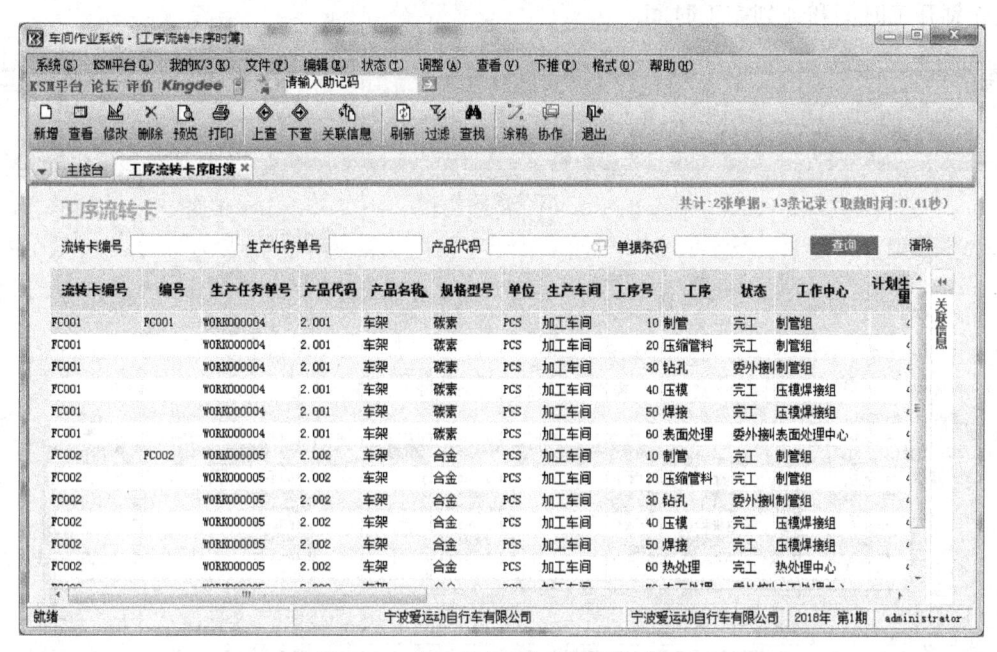

图11-2 "工序流转卡序时簿"窗口

11.2.2 工序流转卡排程

【业务场景】

加工车间主管"高岗"根据近期车间的加工能力，对工序流转卡按照不同的产品、不同的工序进行了详细的加工生产安排，具体安排如下：

- 所有的工序流转卡的首道工序按照原开工日期开工。
- 制管工序当天都能完成，其他"制管组"的工序无论数量大小，都需要 1 天的加工时间。
- 压缩管料和钻孔各需 1 天的加工时间。
- "压膜焊接组"的各道工序的产能均为每天加工 2 000PCS。
- 热处理、表面处理。

无论什么产品，供应商的交期均为 2 天。

【业务分析】

工序流转卡是针对车间具体的计划作出安排的单据，同"生产任务单"的性质类似。一般情况下，车间主管会根据车间的实际加工能力调整各道工序的计划加工时间和完工时间，以准确指导各工作中心的加工工作。

进入"工序流转卡"维护界面,双击进入修改界面,当日完成的确保完成日期与开工日期为同一天,下道工序的开工日期改到上道工序完工日期的第二天。

【操作步骤】

在图 11-2 所示"工序流转卡序时簿"窗口中,选中编号为"FC001"的工序流转卡,再单击任务栏中的"修改"按钮,系统显示"工序流转卡-修改"窗口。然后按照图 11-3 所示修改计划开工时间和计划完工时间。

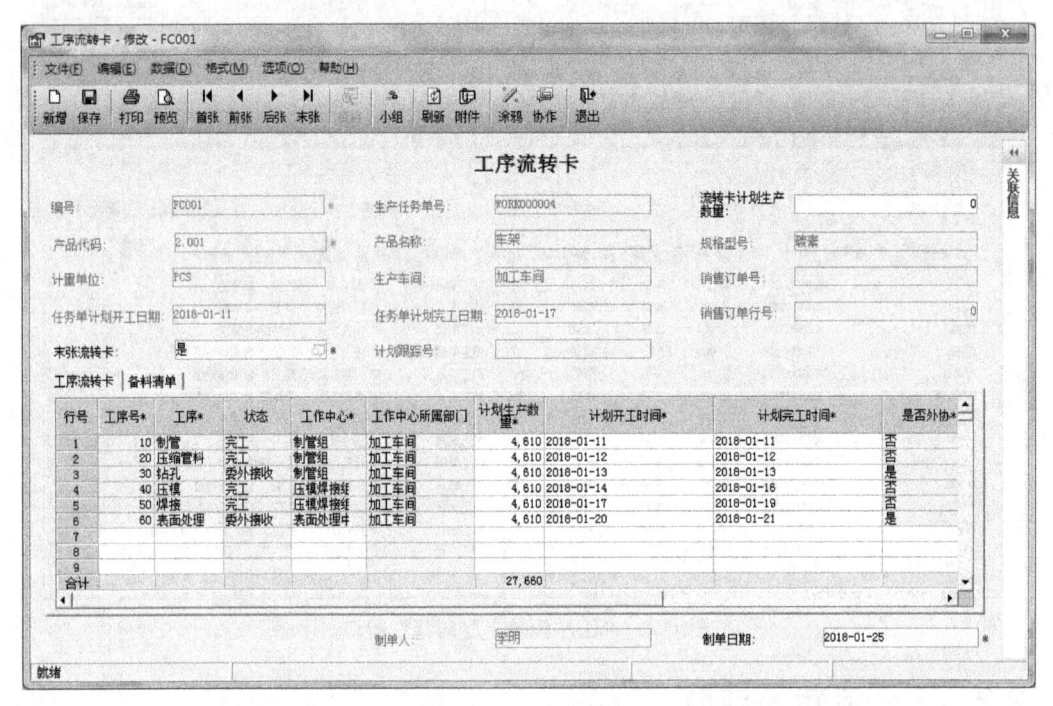

图 11-3 工序流转卡

11.2.3 工序流转卡汇报

工序流转卡汇报与工序汇报都是反馈车间作业计划的执行情况,差别在于汇报的来源单据不同,工序流转卡汇报是针对工序流转卡进行汇报的,而工序汇报是针对工序计划单或派工单进行汇报的。

工序流转卡汇报支持 3 种汇报模式。

(1)快速汇报:使用工序流转卡快速汇报,可根据工序流转卡录入的工序的不合格数量,自动计算其余工序的实际作业数量、合格及不合格数量。适用于加工周期短,质量比较稳定,车间作业过程统计记录简单的场景。其局限在于:不支持工序流转卡多次汇报,不支持外协工序,不支持非免检工序,不支持数量+工序拆分的原单和新生成的工序流转卡。

(2)批量汇报:使用工序流转卡汇报的明细数据,可批量录入多工序流转卡的完成情况。适用于车间录单频繁,数据输入工作量较大的场景。

(3)单条汇报:使用工序流转卡汇报的录入数据,可逐条录入工序流转卡某工序的完成情况,录入时提供按操作工、工序流转卡选择汇报工序的便捷方式。适用于按操作工汇报,习惯单条录入方式的业务场景。

工序流转卡汇报主要包含以下功能：
- 提供多种工序流转卡汇报方式；
- 简要记录免检工序的不良质量原因；
- 详细记录非免检工序的工序检验情况；
- 自动记录且可维护前工序向后工序移转的数量；
- 根据汇报的半成品报废数量产生物料报废或补料申请；
- 根据工序流转卡汇报进行产品入库。

【业务场景】

加工车间主管"高岗"根据车间的实际加工情况，每日都及时地进行了工序流转卡汇报，每日加工完成情况如表 11-1 所示。

表 11-1 完工汇报表

产品代码	工序号	工序	工作中心	计划生产数量	完工日期	操作工	实作数量	合格数量	料废数量	工废数量
工序编号：FC001										
2.001	10	制管	制管组	4610	1月11日	张英	4610	4610		
2.001	20	压缩管料	制管组	4610	1月12日	应韦林	4610	4608	2	
工序编号：FC002										
2.002	10	制管	制管组	4800	1月11日	张英	4800	4800		
2.002	20	压缩管料	制管组	4800	1月12日	应韦林	4800	4800		

由于加工车间启用了车间作业管理，并需要在 ERP 系统中记录各操作工的加工数据，提供工人计件工资，所以管理员将加工车间的所有操作工信息均录入 ERP 系统。车间职员信息如表 11-2 所示。

表 11-2 车间职员信息表

代码	姓名	性别	部门	职务
12.001	高岗	男	加工车间	车间主任
12.002	张英	女	加工车间	工人
12.003	应韦林	男	加工车间	工人
12.004	魏云飞	男	加工车间	工人
12.005	刘非	男	加工车间	工人
12.005	杨灵君	男	加工车间	工人

使用管理员用户进入系统，给加工车间"高岗"设置"工序流转卡汇报""委外工序转出单""委外工序接收单"的审核权限。

【业务分析】

工序汇报即企业的生产日报表，需要每天进行及时准确的汇报，一般由车间统计或者车间主管进行汇报，"工序流转卡汇报"可由"工序流转卡"下推生成，也可在新增界面进行选单处理。

【操作步骤】

第 1 步，设置审核权限。

（1）执行"系统设置"→"系统设置"→"生产管理"菜单命令，双击"审批流管理"选项，系统弹出如图 11-4 所示的"多级审核工作流"窗口。

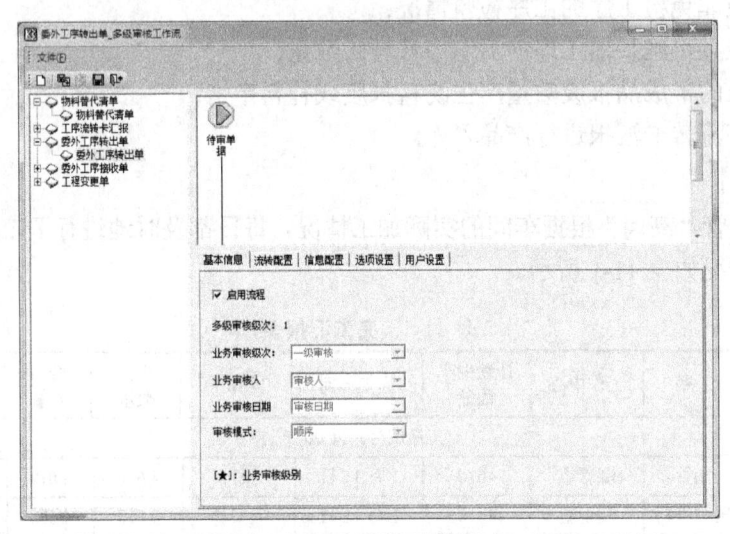

图 11-4 "多级审核工作流"窗口

（2）选择"工序流转卡汇报"，然后选择"用户设置"选项卡，在"姓名查找"处输入"高岗"进行查找，找到后单击→按钮将"高岗"设置为审核人，如图 11-5 所示。"委外工序转出单"和"委外工序接收单"审核权限的设置也相同，设置完成后保存操作并退出。

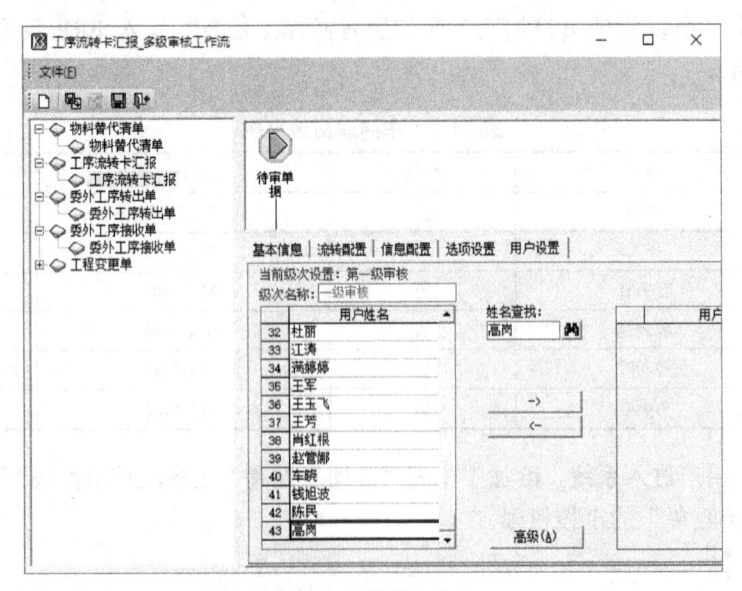

图 11-5 设置审核人

第 2 步，录入职员信息。

执行菜单命令，双击"系统设置"→"基础资料"→"公共资料"菜单命令，双击"职员"选项，系统显示职员资料信息，然后按图 11-2 所示录入加工车间职员信息，完成效果如图 11-6 所示。

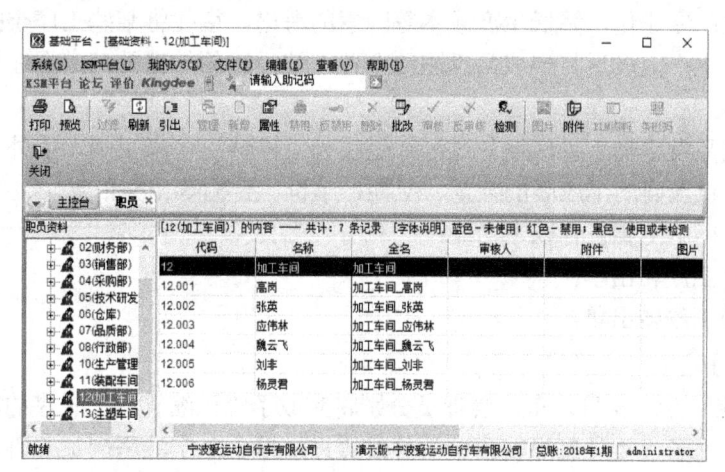

图 11-6 新增职员

第 3 步，工序流转卡汇报。

（1）执行"生产管理"→"车间作业管理"→"工序流转"菜单命令，双击"工序流转卡-维护"选项，系统弹出"工序流转卡序时簿"窗口。然后选择"工序流转卡编号"为 FC001 的"制管"工序，再执行"下推"→"工序流转卡汇报"菜单命令，显示如图 11-7 所示的窗口。

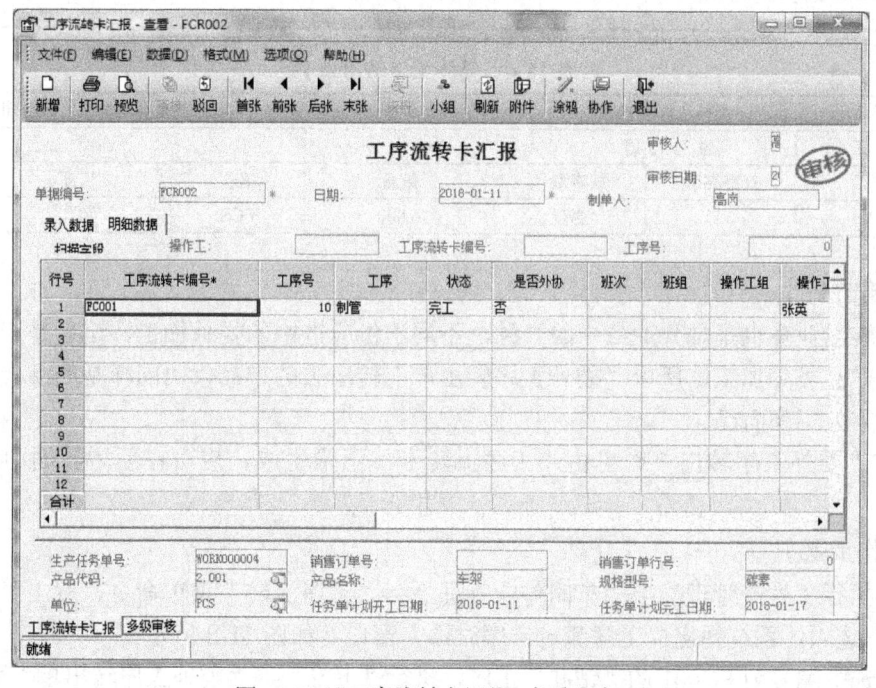

图 11-7 "工序流转卡汇报-查看"窗口

（2）根据表 11-1 要求设置操作工"张英"、实际开工时间和实际完工时期"2018-01-11"等信息，保存后审核工序流转卡汇报。其他工序流转卡汇报也采用步骤（1）方法进行操作。

11.2.4 委外工序转出单

企业出于生产专业化、降低生产成本等因素的考虑，往往将某些工序委托其他企业加工处理，加工企业生产完成后将半成品返回给企业继续后续的加工处理，企业付给加工企业一定的费用。

企业将半成品发给加工供应商的过程通过委外工序转出单来反映，委外工序转出单主要记录转交给加工供应商的半成品的数量、交期、单价、金额等相关信息。

委外工序转出单主要包含以下功能：
- 建立委外工序转出单；
- 变更委外工序转出单。

【业务场景】

1月13日和1月15日，车间管理员分别将完成了"压缩管料"工序的车架发给外协单位加工，当日制作了"委外工序转出单"并发给外协单位"宁波坚固加工有限公司"加工。委外工序转出单详细信息如表11-3和表11-4所示。

表 11-3　委外工序转出单 1

单据类型	委外工序转出单		外协单位		宁波坚固加工有限公司	
制单日期	1月13日		制单人		高岗	
产品代码	产品名称	规格型号	数量	单位	工序	备注
2.001	车架	碳素	4 608	PCS	钻孔	

表 11-4　委外工序转出单 2

单据类型	委外工序转出单		外协单位		宁波坚固加工有限公司	
制单日期	1月15日		制单人		高岗	
产品代码	产品名称	规格型号	数量	单位	工序	备注
2.002	车架	合金	4 800	PCS	钻孔	

【业务分析】

委外转出业务也是委外业务中的一种，不同于供应链中的委外加工，这里是工序委外，并非整个产品委外加工，所以"委外工序转出单"转出去的产品代码同样是产品代码，只是需要明确委外工序而已。

制作"委外工序转出单"可由"工序流转卡"下推生成，也可在新增界面中进行选单处理。

【操作步骤】

（1）执行"生产管理"→"车间作业管理"→"工序流转"菜单命令，双击"工序流转卡-维护"选项，系统弹出"工序流转卡序时簿"窗口，如图11-8所示。

（2）选中编号为FC001的"钻孔"工序，执行"下推"→"委外工序转出单"菜单命令，弹出"委外工序转出单"窗口。设置加工单位"宁波坚固加工有限公司"等信息后，单击任务栏中的"保存"按钮并"审核"委外工序转出单，完成后的效果如图11-9所示。采用同样的方法进行委外工序转出单2的操作。

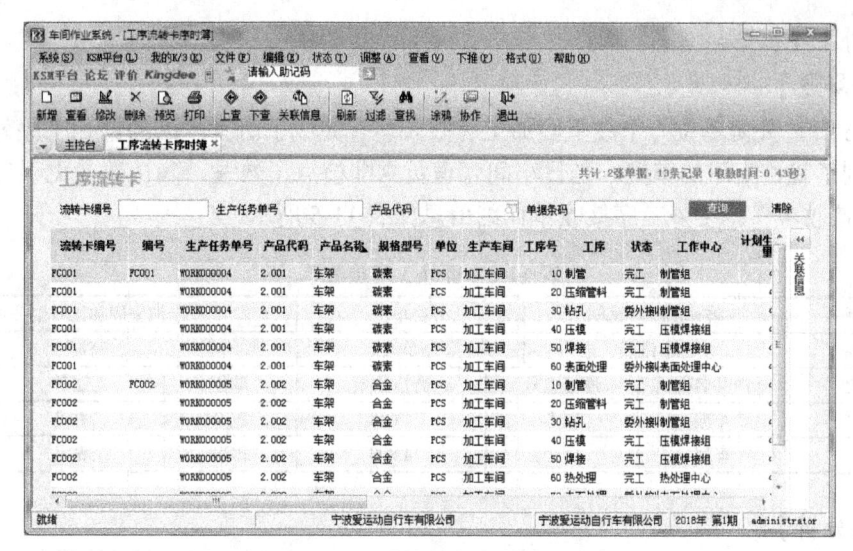

图 11-8 "工序流转卡序时簿"窗口

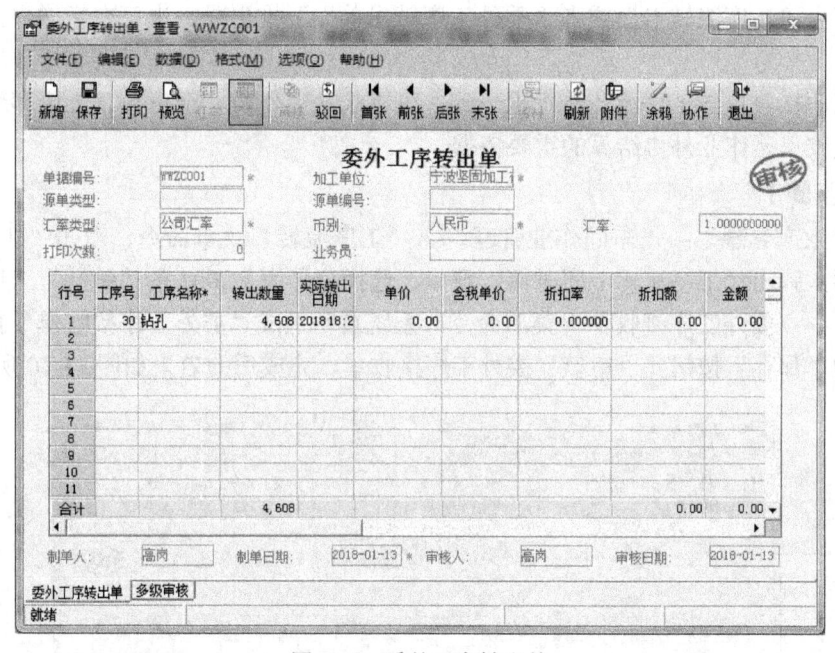

图 11-9 委外工序转出单

11.2.5 委外工序接收单

委外工序接收单用于工序外协的业务场景，加工供应商将半成品加工完成后返回，企业进行验收，同时记录加工单价和金额，作为支付加工费用的依据。

委外工序接收单主要包含以下功能：
- 建立委外工序接收单；
- 委外工序接收入库；
- 委外工序接收开票；

● 委外工序核销。

【业务场景】

1月15日，外协单位"宁波坚固加工有限公司"完成了所有产品的钻孔工序外加工，并将货物送到了我们工厂的车间，当日车间管理员立即核点了数量，确认数量无误后，制作了"委外工序接收单"。委外工序接收单详细信息如表11-5所示。

表11-5 委外工序接收单

单据类型	委外工序接收单		外协单位	宁波坚固加工有限公司		
制单日期	1月15日		制单人	高岗		
产品代码	产品名称	规格型号	合格数量	单位	工序	备注
2.001	车架	碳素	4 608	PCS	钻孔	
2.002	车架	合金	4 800	PCS	钻孔	

【业务分析】

委外工序接收业务是处理外协加工返回确认的单据，与"外购入库单"类似，"委外工序接收单"可由"工序流转卡"或者"委外工序转出单"下推生成，也可在新增界面进行选单处理。

委外工序接收单与工序流转卡汇报一致，可以录入实作数、合格数、工废和料废数量，委外工序接收单是作业外协结算的重要依据。

【操作步骤】

执行"生产管理"→"车间作业管理"→"工序流转"菜单命令，双击"工序流转卡-维护"选项，弹出"工序流转卡序时簿"窗口。选择编号为FC001的"钻孔"工序，然后执行"下推"→"委外工序接收单"菜单命令，系统自动生成"委外工序接收单"窗口。单击任务栏中的"保存"按钮并"审核"委外工序接收单，完成后的效果如图11-10所示。

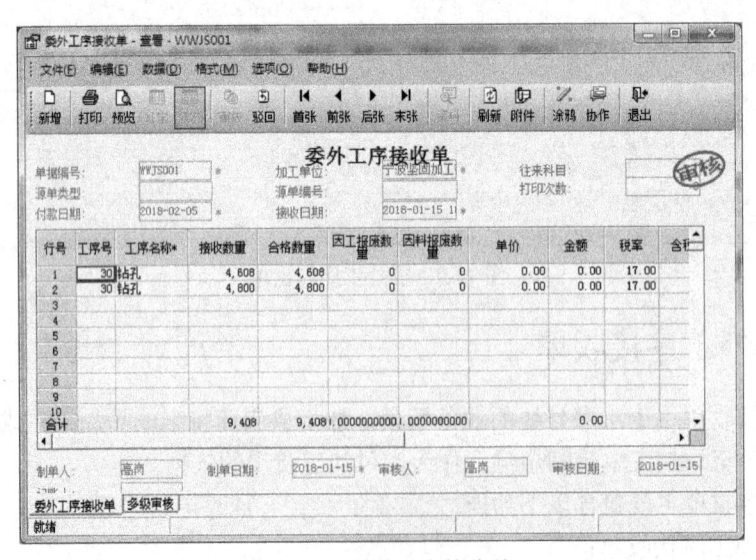

图11-10 委外工序接收单

编号为FC002的"钻孔"工序所对应的委外工序接收单也可采用相同的操作完成。

11.2.6 其他工序业务处理

车间作业管理的重点就是工序流转卡的全面汇报和跟踪,而全面汇报的业务就是工序内部生产汇报和工序外协。工序外协主要包含委外工序转出单和委外工序接收单。

所以无论哪道工序的加工业务,都归属上面几种业务,区别就是操作工和工序不一致而已。本节所列的工序业务处理方法与前面所讲述的过程相同,所以不再赘述,只列出相关业务场景。

【业务场景1】

加工车间主管"高岗"根据车间的实际加工情况,每日都及时地进行了工序流转卡汇报,每日加工完成情况如表11-6所示。

表11-6 工序流转卡汇报表

产品代码	工序号	工序	工作中心	计划生产数量	完工日期	操作工	实作数量	合格数量	料废数量	工废数量
工序编号:FC001											
2.001	40	压膜	压膜焊接组	4610	1月16日	魏云飞	2 000	2 000		
2.001	40	压膜	压膜焊接组	4610	1月16日	刘非	2 608	2 605		3
2.001	50	焊接	压膜焊接组	4610	1月17日	魏云飞	1 500	1 500		
2.001	50	焊接	压膜焊接组	4610	1月17日	刘非	3 105	3 105		
工序编号:FC002											
2.002	40	压膜	压膜焊接组	4800	1月18日	魏云飞	4 800	4 797	2	1
2.002	50	焊接	压膜焊接组	4800	1月19日	刘非	4 797	4 797		
2.002	60	热处理	热处理中心	4800	1月20日	杨灵君	4 797	4 797		

【业务场景2】

1月18日,车架(碳素)完成了焊接工序,当日车间管理员立即将该产品通过制作"委外工序转出单"的方式发给外协单位"宁波达克罗表面处理有限公司"加工。委外工序转出单详细信息如表11-7所示。

表11-7 委外工序转出单1

单据类型	委外工序转出单		外协单位	宁波达克罗表面处理有限公司		
制单日期	1月18日		制单人	高岗		
产品代码	产品名称	规格型号	数量	单位	工序	备注
2.001	车间	碳素	4 605	PCS	表面处理	

【业务场景3】

1月21日,车架(合金)完成了热处理工序,当日车间管理员立即将该产品通过制作"委外工序转出单"的方式发给外协单位"宁波达克罗表面处理有限公司"加工,委外工序转出单详细信息如表11-8所示。

表 11-8 委外工序转出单 2

单据类型	委外工序转出单		外协单位	宁波达克罗表面处理有限公司	
制单日期	1 月 21 日		制单人	高岗	
产品代码	产品名称	规格型号	数量	单位	工序	备注
2.002	车间	合金	4797	PCS	表面处理	

【业务场景 4】

1 月 19 日,外协单位"宁波达克罗表面处理有限公司"对车架(碳素)进行了表面处理,并将货物送到我们公司,当日车间管理员立即核点了数量,发现有 1PCS 车架表面处理不均匀,作工废处理,并制作了"委外工序接收单",如表 11-9 所示。

表 11-9 委外工序接收单 1

单据类型	委外工序接收单		外协单位		宁波达克罗表面处理有限公司	
制单日期	1 月 19 日		制单人		高岗	
产品代码	产品名称	规格型号	合格数量	料废	工废	单位	工序
2.001	车架	碳素	4 604		1	PCS	表面处理

【业务场景 5】

1 月 22 日,外协单位"宁波达克罗表面处理有限公司"对车架进行了表面处理,并将货物送到我们公司,当日车间管理员立即核点了数量,发现各有 1PCS 的料废和工废,并制作了"委外工序接收单",如表 11-10 所示。

表 11-10 委外工序接收单 2

单据类型	委外工序接收单		外协单位			宁波达克罗表面处理有限公司	
制单日期	1 月 22 日		制单人			高岗	
产品代码	产品名称	规格型号	合格数量	料废	工废	单位	工序
2.002	车架	合金	4 795	1	1	PCS	表面处理

本节工序汇报处理流程与前面章节相同,不再赘述。

11.3 车间作业报表查询分析

1. 委外工序执行跟踪表

制作委外工序执行跟踪表的目的主要是提供外协工序的供应商的委外工序转出、委外工序接收、结余数量情况。委外工序执行情况是与外协单位对账的重要手段,通过本报表可以详细了解外协单位材料的收发情况,从而准确反映出我们还有多少材料在外协单位处,必要时需要外协单位签字盖章,从而发现外协单位是否有材料遗失等情况,它是索赔的依据。

执行"生产管理"→"车间作业管理"→"委外工序转出/接收"菜单命令,双击"委外工序执行跟踪表"选项,在弹出的"委外工序执行跟踪表"过滤条件中,设置单据日期为"2018-01-01"至"2018-01-30",然后单击"确定"按钮弹出"委外工序执行跟踪表"窗口,如图 11-11 所示。

图 11-11 "委外工序执行跟踪表"窗口

2. 计时计件工资

在企业中,员工的工资分计件工资和计时工资两种,车间作业管理系统方便地实现了对计时计件工资的计算。

计时计件工资是车间作业管理出具的重要报表之一,很多企业启用车间作业管理就是希望系统自动计算车间一线员工的工资,从而减少人工统计的麻烦,减少错误。

进入 K/3 系统,执行"生产管理"→"车间作业管理"→"计时计件工资"菜单命令,双击"计时计件工资清单-维护"选项,在弹出的"条件过滤"窗口中,单击"确定"按钮弹出"计时计件工资序时簿"窗口,如图 11-12 所示。

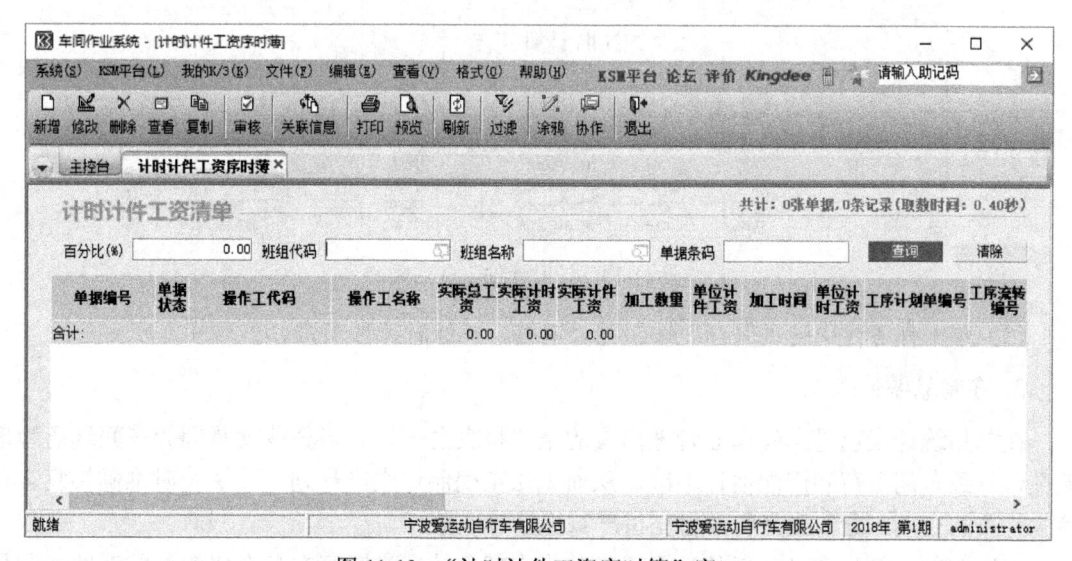

图 11-12 "计时计件工资序时簿"窗口

（1）单击任务栏中的"新增"按钮，系统打开"计时计件工资-新增"窗口，然后执行"查看"→"根据工序流转卡汇报生成"菜单命令，如图11-13所示。

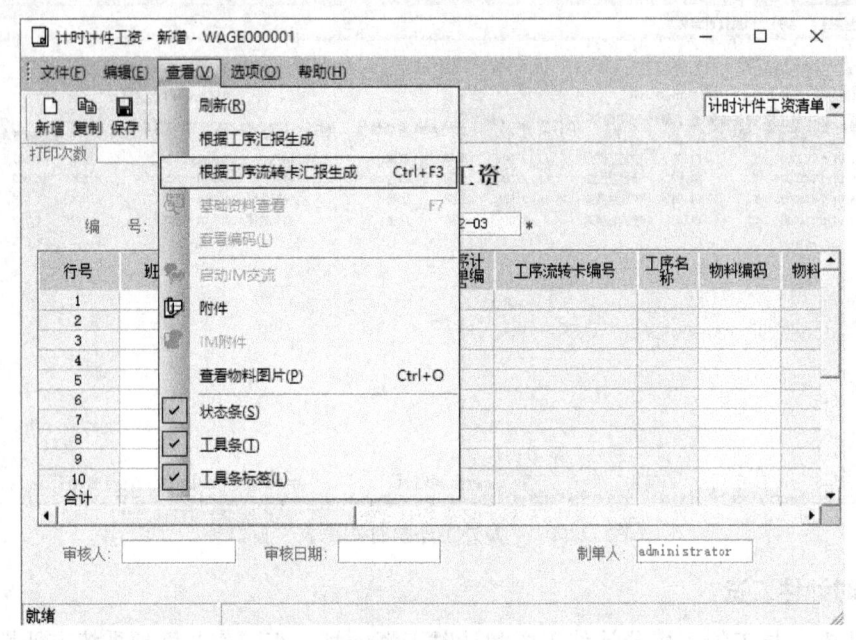

图11-13 "根据工序流转卡汇报生成"菜单

（2）在弹出的"过滤"窗口中，单击"确定"按钮打开"工序流转卡汇报"窗口，选择所有单据后，单击任务栏中的"返回"按钮，完成后的效果如图11-14所示。

图11-14 计时计件工资完成

（3）单击任务栏中的"保存"按钮并"审核"该计时计件工资。

3. 在制品统计表

在制品统计表也是车间作业管理出具的重要报表之一，许多企业就是因为车间现场管理混乱，导致车间负荷和产能估计不准，从而无法正确制订生产计划，无法及时准确答复客户销售订单的交期，导致生产和销售交付严重拖期等现象。

工序在制品统计表（分任务）用于统计生产任务的每道工序在各个资源处的滞留在制品

情况。

工序在制品统计表（分资源）是统计各个资源滞留的各个产品的工序在制品情况。无论是计划员还是车间管理人员，根据工序在制品统计表提供的在制品数据方便跟催生产进度，了解在制品状态。

进入 K/3 系统，执行"生产管理"→"车间作业管理"→"报表分析"菜单命令，双击"工序在制品统计表（分任务）"选项，系统弹出"工序在制品统计表（分任务）"过滤界面。设置计划开工日期和计划完工日期都为"2018-01-01"至"2018-01-31"，然后单击"确定"按钮进入"工序在制品统计表（分任务）"窗口，如图 11-15 所示。

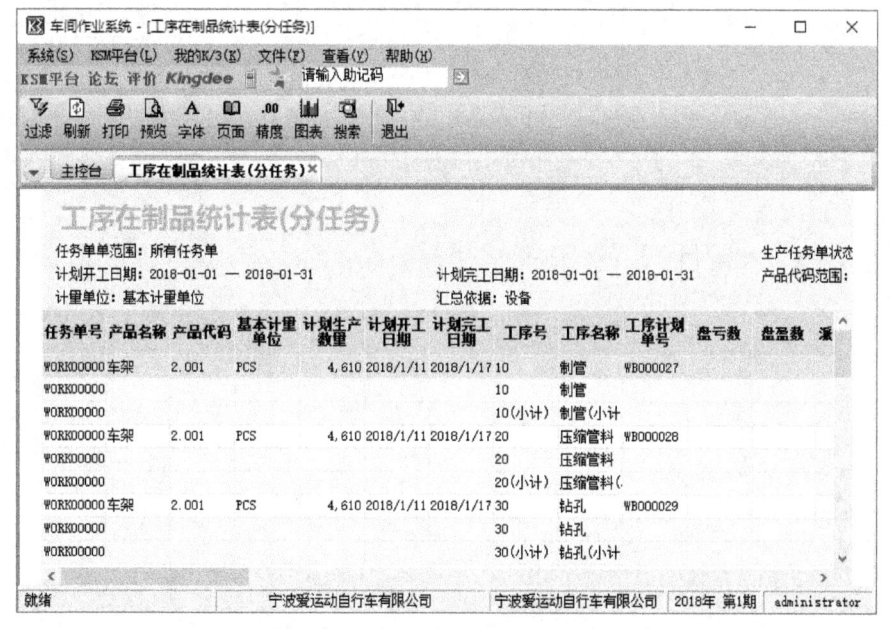

图 11-15　工序在制品统计表（分任务）

复习思考题

1. 画出车间作业管理系统与其他模块之间的数据关系图。

2. 金蝶 ERP 系统提供两种车间作业管理模式，分别是"工序计划管理"和"工序流转卡管理"，请分别说出两种模式的特点及区别。

3. 仔细操作软件，找出计件工资报表，并截图提交。

4. 如果生产过程中，需要临时增加一道加工工序，请问如何处理？

5. 在金蝶 ERP 系统中，车间作业管理与生产管理有怎样的关联？

6. 根据自己的理解，车间作业管理中是否需要按照工艺路线逐道工序加工，如果存在跳顺序加工则会有什么问题？

7. 查阅课外资料，简单地描述紧固件行业的车间工序流程。

8. 独立思考：制造型企业是否存在技术工艺路线与生产工艺路线的区别，如果存在，什么情况下会导致发生这种现象？

9. 独立思考：如果车间加工过程中，在中间工序中造成5个产品报废，为了不影响客户的交付，请问应该如何处理该业务？

10. 独立思考：请问不同的产品加工工艺一致，是否不同的产品可共用同一条工艺路线？

11. 车间作业管理主要是对机械行业中的产品的加工过程管理，企业可以利用工序汇报进行计件工资核算，试想装配行业是否可以建立装配产品的工艺路线进行车间作业管理，并进行计件工资核算？

12. 在ERP系统中，找出与委外外协单位材料结存的报表，并对各数据进行说明。

第 12 章 仓 存 管 理

仓存管理是企业的基础和核心，一方面，企业要保存适当数量的物料，以避免发生停工待料或无法按时交货的困境；另一方面，却要兼顾经济因素，以避免因库存数量过多而导致资金积压、周转困难，增加持有成本的负担。作为库存管理的基本工作，除了记载、保留出入库的交易信息外，还需要实时提供各种相关报表，供管理者了解现在的库存，才能作出正确的采购或库存处理决策。本章主要内容包括：

- 仓存管理业务流程及与其他子系统的关系；
- 日常业务处理，包括入库业务、出库业务、调拨业务及盘点作业等；
- 仓存管理相关报表。

12.1 系统概述

在制造型企业中，仓存管理是企业的基础和核心，它支撑企业销售、采购、生产业务的有效运作。仓存管理在物料日常出入库控制、保证生产的正常进行发挥重要作用，同时将库存控制在合理水平，为企业提供准确的库存信息，为企业快速响应市场变化、满足市场需求、提高企业竞争力提供了有力保证。

企业经营的主要目标之一是满足客户需求，实现利润最大化。通过保持合适的库存，降低缺货的风险，能够快速响应客户的需求；同时，合理提高存货使用效率和存货周转率，降低企业的呆滞存货，使企业库存持有成本保持在最佳水平，并降低工厂运作成本，为市场提供有竞争力的产品。因此满足客户需求、降低库存成本和工厂运作成本是仓存管理要达成的重要目标。

12.1.1 仓存管理业务流程

在 ERP 管理信息系统中，仓存管理系统，是通过入库业务（包括外购入库、产品入库、委外加工入库、其他入库）、出库业务（包括销售出库、生产领料、委外加工出库、其他出库、受托加工领料）、仓存调拨、库存调整（包括盘盈入库、虚仓出库、虚仓调拨、受托加工产品入库）、仓存盘点、质检管理、即时库存管理等功能综合运用的管理系统，对仓存业务的物流和成本管理全过程进行有效控制和跟踪，实现完善的企业仓储信息管理。

仓存管理流程图如图 12-1 所示。

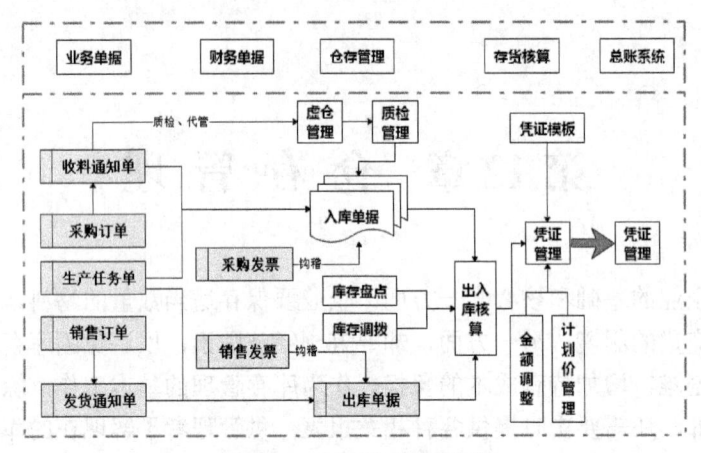

图 12-1　仓存管理流程图

12.1.2　与其他子系统的关系

仓存管理系统通过入库业务、出库业务、仓存调拨、库存调整、虚仓单据等功能，结合批次管理、物料对应、库存盘点、质检管理、即时库存管理等功能综合运用的管理系统，对仓存业务的物流和成本管理全过程进行有效控制和跟踪，实现完善的企业仓储信息管理。该系统可以独立执行库存操作；也可与采购管理系统、销售管理系统、存货核算系统、成本管理系统的单据和凭证等结合使用，提供更完整、全面的企业物流业务流程管理和财务管理信息。

仓存管理系统与其他子系统的关系如图 12-2 所示。

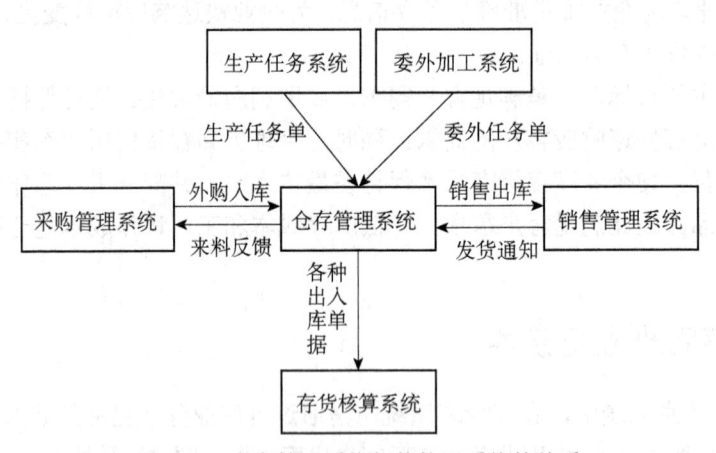

图 12-2　仓存管理系统与其他子系统的关系

采购管理系统：采购管理系统中填制的"来料通知单"传递到仓存管理系统，仓存管理系统可以根据来料通知单生成外购入库单，若所引用的来料通知单由"采购订单"引用生成，则该外购入库单生成的信息反馈到"采购订单执行情况表"中。当采购管理与仓存管理系统连接使用时，采购管理模块可以随时查询到物料的仓存变化情况。

销售管理系统：销售管理系统中填制的"发货通知单"传递到仓存管理系统，仓存管理系统可以根据发货通知单生成销售出库单，若所引用的发货通知单由"销售订单"引用生成，则该销售出库单生成的信息反馈到"销售订单执行情况表"中。当销售管理与仓存管理模块连接使用时，销售管理模块可以随时查询该物料的仓存变化情况。

存货核算系统：仓存管理系统中的各种出入库单据传递到存货核算模块作为核算材料出库成本之用。

生产任务系统：下达后的生产任务单可以传到仓存管理系统，仓存管理系统在填写"生产领料单"和"产成品入库单"时可以引用"生产任务单"生成。

委外加工系统：审核后委外加工生产任务单可以传到仓存管理系统，仓存管理系统在填写"生产领料单"和"委外加工入库单"时可以引用"委外加工生产任务单"生成。

12.2 日常业务处理

12.2.1 外购入库

外购入库单是处理采购订单中物料收料入库的单据，从业务范畴来看，既属于采购业务，又属于仓存业务，所以外购入库手续是由采购和仓存共同完成的一项业务，必要时质检部也会参与。

【业务场景】

1月15日由技术研发部"张玲玲"提出采购申请，购买2辆双人自行车（黄色），次日采购部"王芳"根据要求在宁波第一百货商场购买了2辆双人自行车，当日仓库收到后及时办理入库手续。相关的采购申请单、采购订单和采购入库单信息如表12-1、表12-2和表12-3所示。

表 12-1 采购申请单

申请部门	技术研发部		业务类型	采购申请	
申请日期	1月15日		申请人员	张玲玲	
物料代码*	物料名称	规格型号	数量	到货日期	备注
1.004	双人自行车	黄色	2	1月31日	

注：软件界面中有时为物料长代码。

表 12-2 采购订单

申请部门	采购部		业务类型	采购订单	
申请日期	1月16日		采购业务员	王芳	
物料代码	物料名称	规格型号	数量	到货日期	备注
1.004	双人自行车	黄色	2	1月31日	

表 12-3 采购入库单

供应商	宁波第一百货商场		单据名称	外购入库单	
日期	1月16日		仓库管理员	江涛	
物料代码	物料名称	规格型号	数量	仓库	备注
1.004	双人自行车	黄色	2	成品仓库	

【业务分析】

本业务场景的外购业务其实就是一系列采购环节，甚至从基础资料都需要增加，所以该外购入库业务涉及技术研发部增加物料资料、采购申请；采购部增加供应商资料、采购订单、仓库制作外购入库等。

所有操作都是常规操作，具体操作步骤不再赘述。

12.2.2 半成品入库

半产品入库单是处理车间完工产品入库的单据，从业务范畴来看，既属于生产业务，又属于仓库业务，所以半产品入库手续是由车间和仓库共同完成的一项业务。

有多道生产工序的产品，一般都需要在生产车间加工完毕后才能办理产品入库。为了控制车间作业和仓库入库作业的先后关系，有些企业直接设置产品入库单根据车间最后一道工序的汇报数量来生成，确保数量的一致性。

【业务场景】

1月22日，加工车间完成了"车架"的加工任务，当日加工车间人员"高岗"及时关联对应的生产任务单生成了"产品入库单"，当日仓库管理员核算数量准确无误，并及时办理了入库操作。半成品入库单如表12-4所示。

表12-4 半成品入库单

单据类型	产品入库单		入库仓库		半成品仓库	
加工车间	加工车间		制单人		高岗	
制单日期	1月22日		审核人		江涛	
物料代码	物料名称	规格型号	数量	单位	备注	
2.001	车架	碳素	4 610	PCS		
2.002	车架	合金	4 800	PCS		

【业务分析】

车间生产完毕之后，一般由车间进行报工，仓库收到产品后要准确核点数量，再办理入库手续。所以本场景的"产品入库单"由加工车间"高岗"制单，仓库管理员"江涛"进行审核。

由于系统参数设置了自动生成倒冲领料的方式，但是由于本单的材料无须倒冲领料，而是在加工之前就已经进行了生产领料，所以在产品入库单审核时弹出倒冲领料，直接取消即可。

【操作步骤】

（1）执行"生产管理"→"生产任务管理"→"生产任务"菜单命令，双击"生产任务单-维护"选项，系统弹出"生产任务单序时簿"窗口，如图12-3所示。

（2）同时选中物料长代码为"2.001"和"2.002"的生产任务单，然后执行"下推"→"生成产品入库"菜单命令，系统弹出"生产任务单生成产品入库"窗口，如图12-4所示。

（3）单击"生成"按钮，系统弹出"产品入库单-新增"窗口并自动生成产品入库单，如图12-5所示。在"验收"和"保管"栏中分别输入"姚飞飞"和"江涛"，然后单击"保存"按钮并"审核"产品入库单。

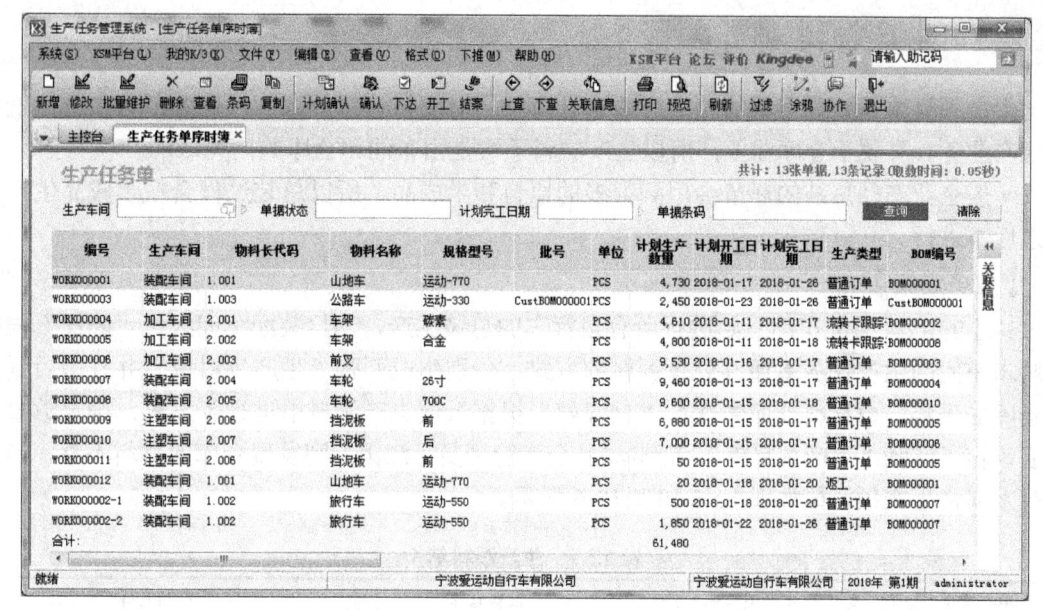

图 12-3 "生产任务单序时簿"窗口

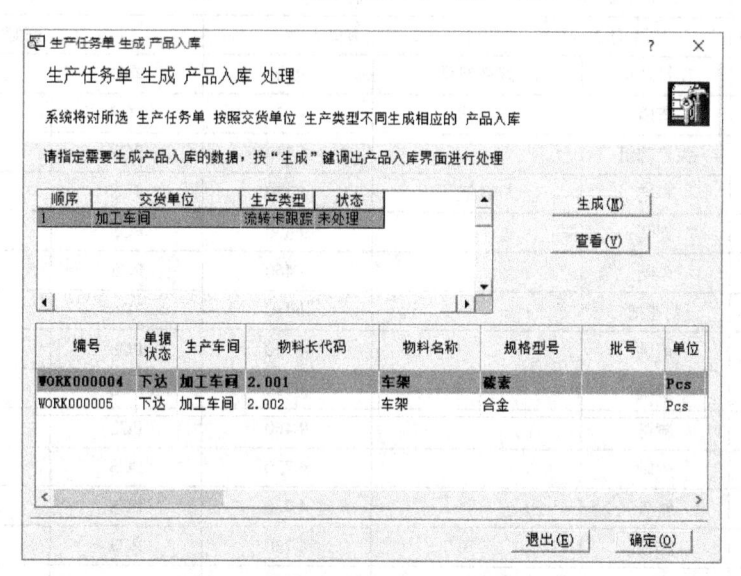

图 12-4 "生产任务单生成产品入库单"窗口

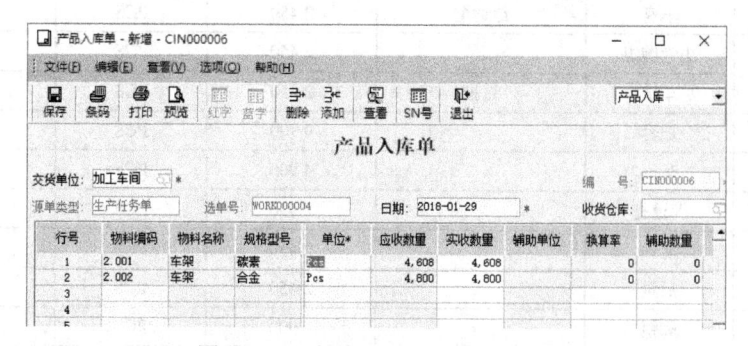

图 12-5 "产品入库单-新增"窗口

12.2.3 生产领料

生产领料单是处理车间加工生产前从仓库领用对应材料的单据，从业务范畴来看，既属于生产业务，又属于仓库业务，所以生产领料手续是由车间和仓库共同完成的一项业务。

一般企业产品总装的环节会用到很多的原料和半成品，所以总装过程会在半成品生产完毕之后再进行。

【业务场景】

1月23日，装配车间开始进行所有自行车的总装生产，当日装配车间人员"陈民"根据关联本车间的生产任务单通过分仓领料的方式，分别生成两张"生产领料单"并打印后到对应仓库去领料，原材料仓库管理员"满婷婷"根据纸质生产领料单进行了发料，确定数量无误后审核了该张"生产领料单"，而半成品仓库管理员"江涛"则发现仓库的材料不够，当日没有发料，生产领料单如表12-5和表12-6所示。

表12-5 生产领料单1

单据类型	生产领料单		发料仓库		原材料仓库	
生产车间	装配车间		制单人		陈民	
制单日期	1月23日		审核人		满婷婷	
物料代码	物料名称	规格型号	数量	单位		备注
4.001	车座	运动型	4 730	PCS		
4.003	头管碗组		4 730	PCS		
4.004	车把	直把	4 730	PCS		
4.007	把套		9 460	PCS		
4.008	车闸		9 460	PCS		
4.009	变速把		4 730	PCS		
4.010	前轴		4 730	PCS		
4.011	后轴		4 730	PCS		
4.019	脚蹬		9 460	PCS		
4.020	中轴		4 730	PCS		
4.021	链条		4 730	PCS		
4.022	挡板		4 730	PCS		
4.023	飞轮	多级飞轮	4 730	PCS		
4.002	车座	舒适型	2 450	PCS		
4.003	头管碗组		2 450	PCS		
4.004	车把	直把	2 450	PCS		
4.007	把套		4 900	PCS		
4.008	车闸		4 900	PCS		
4.009	变速把		2 450	PCS		
4.010	前轴		2 450	PCS		
4.011	后轴		2 450	PCS		
4.019	脚蹬		4 900	PCS		

(续表)

物料代码	物料名称	规格型号	数量	单位		备注
4.020	中轴		2 450	PCS		
4.021	链条		2 450	PCS		
4.022	挡板		2 450	PCS		
4.024	飞轮	单级飞轮	2 450	PCS		
4.026	车铃		2 450	PCS		
4.002	车座	舒适型	500	PCS		
4.003	头管碗组		500	PCS		
4.005	车把	蝴蝶把	500	PCS		
4.007	把套		1 000	PCS		
4.008	车闸		1 000	PCS		
4.009	变速把		500	PCS		
4.010	前轴		500	PCS		
4.011	后轴		500	PCS		
4.019	脚蹬		1 000	PCS		
4.020	中轴		500	PCS		
4.021	链条		500	PCS		
4.022	挡板		500	PCS		
4.024	飞轮	单级飞轮	500	PCS		
4.002	车座	舒适型	1 850	PCS		
4.003	头管碗组		1 850	PCS		
4.005	车把	蝴蝶把	1 850	PCS		
4.007	把套		3 700	PCS		
4.008	车闸		3 700	PCS		
4.009	变速把		1 850	PCS		
4.010	前轴		1 850	PCS		
4.011	后轴		1 850	PCS		
4.019	脚蹬		3 700	PCS		
4.020	中轴		1 850	PCS		
4.021	链条		1 850	PCS		
4.022	挡板		1 850	PCS		
4.024	飞轮	单级飞轮	1 850	PCS		

表 12-6 生产领料单 2

单据类型		生产领料单		发料仓库		半成品仓库	
生产车间		装配车间		制单人		陈民	
制单日期		1月23日		审核人		江涛	
物料代码	物料名称	规格型号	数量	单位		备注	
2.001	车架	碳素	4 730	PCS			
2.003	前叉		4 730	PCS			
2.004	车轮	26寸	9 460	PCS			
2.006	挡泥板	前	4 730	PCS			
2.007	挡泥板	后	4 730	PCS			

（续表）

物料代码	物料代码	规格型号	数量	单位	备注
2.002	车架	合金	2 450	PCS	
2.003	前叉		2 450	PCS	
2.005	车轮	700C	4 900	PCS	
2.006	挡泥板	前	2 450	PCS	
2.007	挡泥板	后	2 450	PCS	
2.002	车架	合金	500	PCS	
2.003	前叉		500	PCS	
2.005	车轮	700C	1 000	PCS	
2.002	车架	合金	1 850	PCS	
2.003	前叉		1 850	PCS	
2.005	车轮	700C	3 700	PCS	

【业务分析】

本业务场景是装配车间总装领料的模式，一般企业总装会用到的材料种类比较多，而且同时包含了外购件和自制半成品，所以会根据仓库分开进行生产领料。

而装配车间为了节约生产领用时间，会根据多张生产任务单打包进行领料。所以本业务场景的生产领料单由多张生成任务单合并而成，采用分仓领用的模式，比较复杂一些。

但按照要求操作起来也不难，主要是需要先进入"生产任务单维护"窗口，选中需要合并的生产任务单，右击，在弹出的快捷菜单中选择"分仓领料"，系统会自动显示不同仓库所有的材料清单，这时只需要分仓库单击"生成"即可。

【操作步骤】

（1）执行"生产管理"→"生产任务管理"→"生产任务"菜单命令，双击"生产任务单-维护"选项，弹出"生产任务单序时簿"窗口，选中已下达未结案的装配车间生产任务单，如图 12-6 所示。

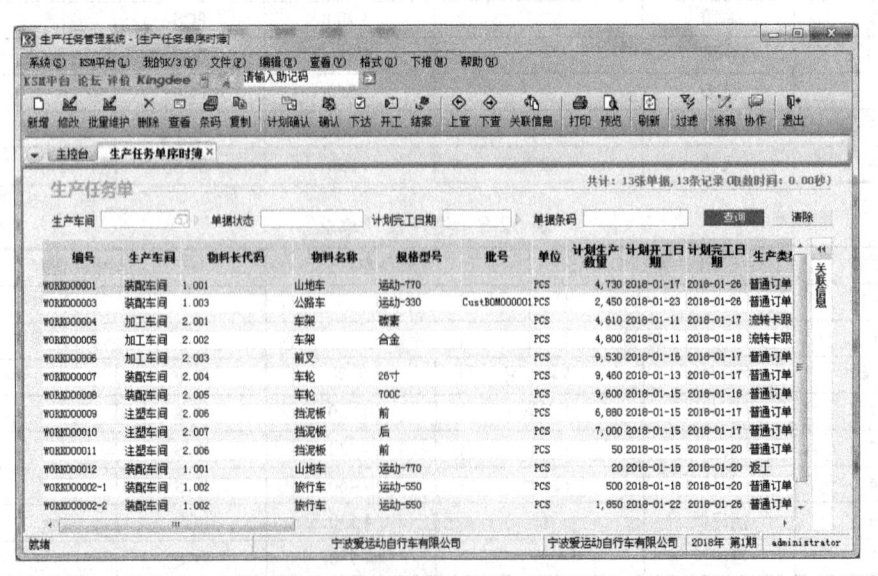

图 12-6 "生产任务单序时簿"窗口

（2）右击，在弹出的快捷菜单中选择"分仓领料"命令，系统弹出"分仓领料"窗口，如图 12-7 所示。

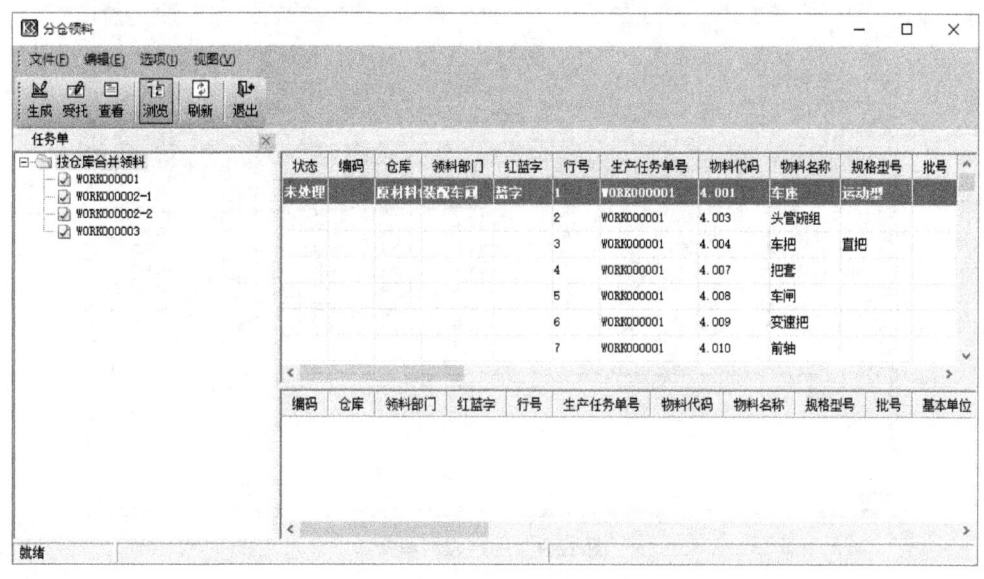

图 12-7 "分仓领料"窗口

（3）单击任务栏中的"生成"按钮，系统自动生成领料单，设置领料为"陈民"、发料为"满婷婷"后，再单击任务栏中的"保存"按钮并"审核"领料单，完成后的效果如图 12-8 所示。

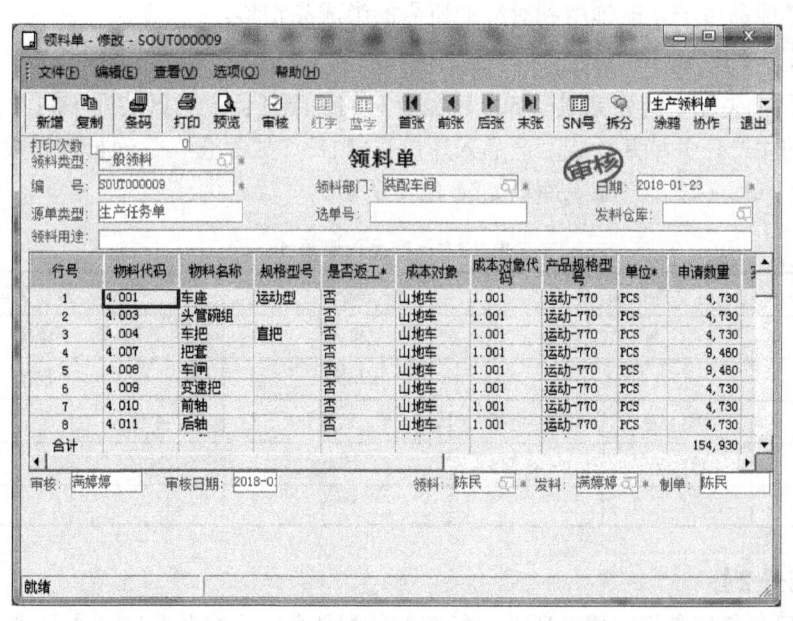

图 12-8 生产领料单 1

（4）关闭"领料单"返回"分仓领料"窗口，采用同样的方法，可以生成半成品仓的领料单，完成后的效果如图 12-9 所示。

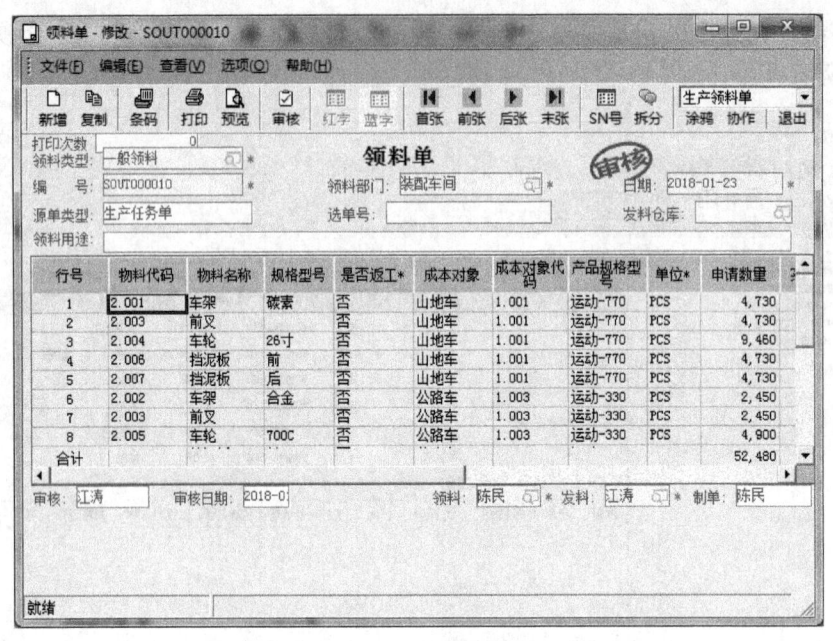

图 12-9 生产领料单 2

12.2.4 产成品入库

产成品入库与半成品入库其实是同一种业务操作，只是生产车间的半产品和已生产的产品不一样而已，这是由于产成品入库与半成品入库之间有明显的先后顺序关系，只有半成品入库之后，产成品生产才能领用到对应的所需的半成品物料。

【业务场景 1】

1 月 23 日，装配车间先完成了 500 辆旅行车的装配任务，当日装配车间人员"陈民"及时关联对应的生产任务单并生成"产品入库单"，当日产成品仓库管理员核算数量准确无误，并及时办理了入库手续，产品入库单如表 12-7 所示。

表 12-7 产品入库单 1

单据类型	产品入库单		入库仓库		成品仓库	
加工车间	装配车间		制单人		陈民	
制单日期	1 月 23 日		审核人		江涛	
物料代码	物料名称	规格型号	数量	单位		备注
1.002	旅行车	运动-550	500	PCS		

【业务场景 2】

1 月 26 日，装配车间完成了所有自行车的装配任务，当日装配车间人员"陈民"及时关联对应的生产任务单并生成了"产品入库单"，当日半成品仓库管理员核算数量准确无误，并及时办理了入库手续，产品入库单如表 12-8 所示。

表 12-8 产品入库单 2

单据类型	产品入库单	入库仓库	成品仓库	
加工车间	装配车间	制单人	陈民	
制单日期	1月26日	审核人	江涛	
物料代码	物料名称	规格型号	数量	单位	备注
1.001	山地车	运动-770	4 730	PCS	
1.002	旅行车	运动-550	1 850	PCS	
1.003	公路车	运动-330	2 450	PCS	

【业务分析】

产成品入库在 ERP 系统中与半成品入库都是同一张单据"产品入库单",所有的操作方式完全一致,由车间人员"陈民"制单,成品仓库管理员"江涛"审核。

【操作步骤】

执行"生产管理"→"生产任务管理"→"生产任务"菜单命令,双击"生产任务单-维护"选项,系统弹出"生产任务单序时簿"窗口。选中编号为"WORK000002-1"的生产任务单,然后执行"下推"→"生成产品入库"菜单命令,完成后的产品入库单如图 12-10 所示。

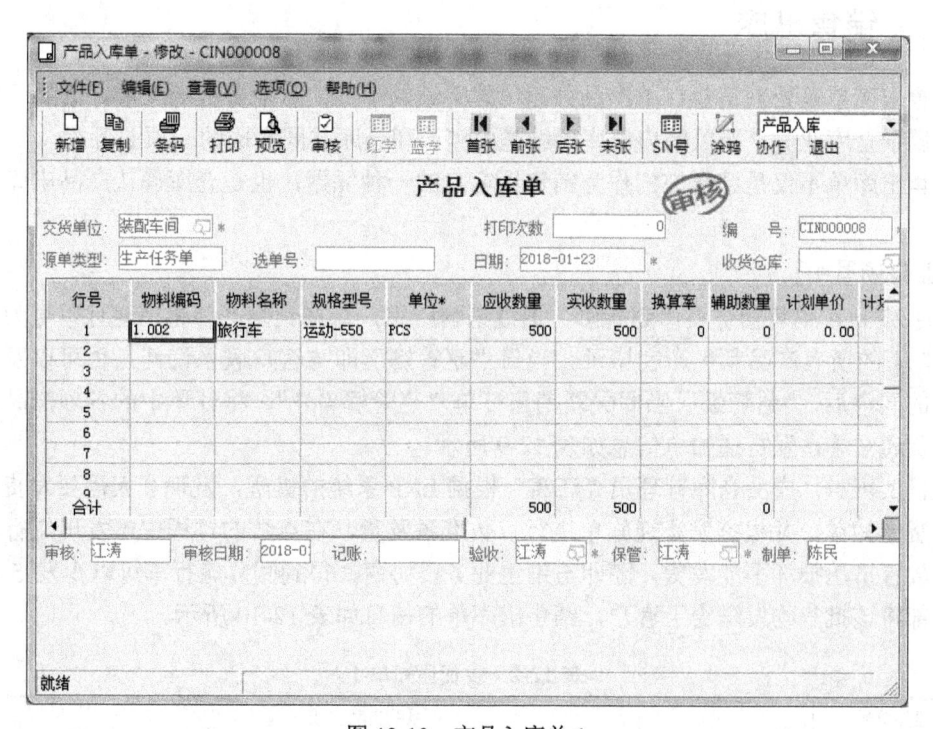

图 12-10 产品入库单 1

由于系统参数设置了自动生成倒冲领料的方式,在审核产品入库单时,会弹出"倒冲领料"对话框,可直接单击"取消"按钮即可。产品入库单 2 完成后的效果如图 12-11 所示。

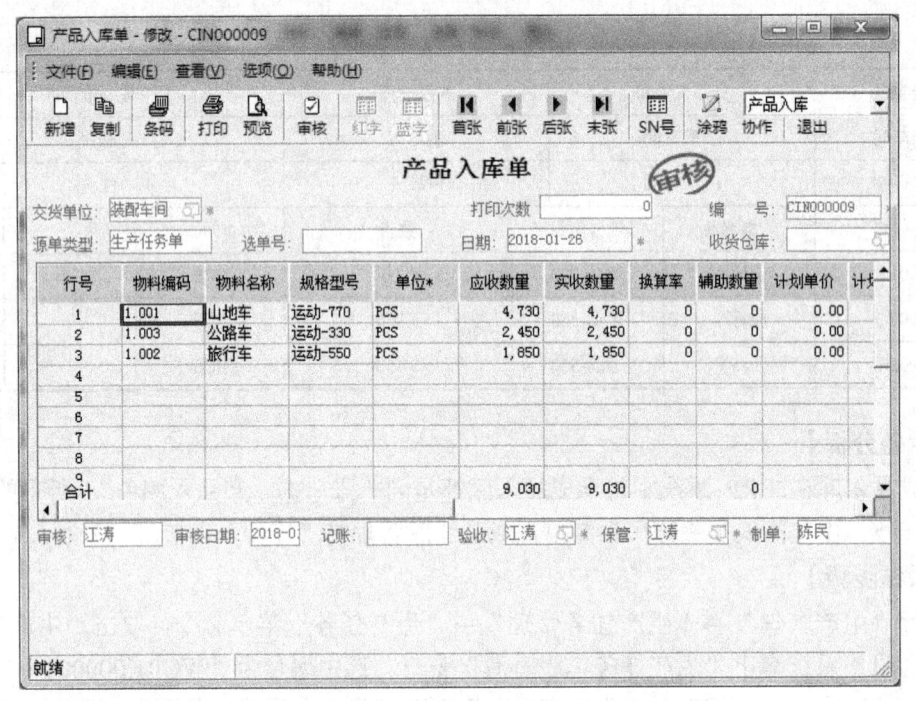

图 12-11　产品入库单 2

12.2.5　销售出库

销售出库单是处理销售订单产品办理出库手续的单据，从业务范畴来看，既属于销售业务，又属于仓库业务，所以销售出库手续是由销售和仓库共同完成的一项业务。

销售出库单不仅是销售部门作为销售给客户的一种凭据，也是仓库确认产品出库的书面证明。

【业务场景 1】

1月25日，销售业务员"赵管娜"通过销售跟踪，查询到生产部将销售订单号为"赵管娜-001"下的所有产品都生产完毕了。当日"赵管娜"即与客户联系询问是否可以发货，得到客户的同意后，"赵管娜"当即关联销售订单"赵管娜-001"，将订单中的各项产品如数生成了发货通知单，发货通知单信息如表 12-9 所示。

次日上班时，成品仓库管理员"江涛"根据 ERP 系统的提醒，发现今天需要发货，随即打印发货通知单，并根据发货通知单进行点数准备发货，在点数的过程中，发现旅行车有 5 辆由于放置挤压损坏不能发货，随即与销售业务员协商，得到回复旅行车可以少发 5 辆。当日物流部将该批货物发送给了客户，销售出库单的信息如表 12-10 所示。

表 12-9　发货通知单 1

发货通知单号	系统自动生成
销售订单号	赵管娜-001
客户	宁波进出口有限公司
制单日期	1月25日

(续表)

销售业务员	赵管娜			
产品代码	产品名称	规格型号	数量	要求发货日期
1.001	山地车	运动-770	1 300	1月26日
1.002	旅行车	运动-550	750	1月26日
1.003	公路车	运动-330	100	1月26日

表 12-10 销售出库单 1

销售出库单号	系统自动生成			
销售订单号	赵管娜-001			
客户	宁波进出口有限公司			
制单日期	1月26日			
仓库管理员	江涛			
产品代码	产品名称	规格型号	数量	发货仓库
1.001	山地车	运动-770	1 300	成品仓库
1.002	旅行车	运动-550	745	成品仓库
1.003	公路车	运动-330	100	成品仓库

【业务场景2】

1月26日，销售业务员"赵管娜"通过销售跟踪，查询到生产部将销售订单号为"赵管娜-003"下的山地车生产完毕了。当日成员仓库管理员"江涛"与业务员确认当日将山地车发出，"赵管娜"当即关联对应的销售订单号生成了山地车发货通知单，发货通知单信息如表12-11所示。

当日，成品仓库管理员"江涛"根据ERP系统的提醒，发现今天需要发山地车，立即打印发货通知单，并根据发货通知单进行点数准备发货，并关联对应的发货通知单制作了销售出库单，销售出库单的信息如表12-12所示。

表 12-11 发货通知单 2

发货通知单号	系统自动生成			
销售订单号	赵管娜-002			
客户	杭州自行车销售公司			
制单日期	1月26日			
销售业务员	赵管娜			
产品代码	产品名称	规格型号	数量	要求发货日期
1.001	山地车	运动-770	3 000	1月26日

表 12-12 销售出库单 2

销售出库单号	系统自动生成			
销售订单号	赵管娜-002			
客户	杭州自行车销售公司			
制单日期	1月26日			
仓库管理员	江涛			
产品代码	产品名称	规格型号	数量	发货仓库
1.001	山地车	运动-770	3 000	成品仓库

【业务场景 3】

2月7日,销售业务员"赵管娜"通过销售跟踪,查询到生产部将销售订单号为"赵管娜-002"下的公路车也生产完毕了。当日"赵管娜"便与业务员确认当日即可将公路车发出,"赵管娜"当即关联对应的销售订单号生成了公路车发货通知单,发货通知单信息如表 12-13 所示。

当日,成品仓库管理员"江涛"根据 ERP 系统的提醒,发现今天需要发公路车,立即打印发货通知单,并根据发货通知单进行点数准备发货,并关联对应的发货通知单制作了销售出库单,销售出库单的信息如表 12-14 所示。

表 12-13　发货通知单 3

发货通知单号	系统自动生成			
销售订单号	赵管娜-002			
客户	杭州自行车销售公司			
制单日期	2月7日			
销售业务员	赵管娜			
产品代码	产品名称	规格型号	数量	要求发货日期
1.003	公路车	运动-330	2 200	2018-2-7

表 12-14　销售出库单 3

销售出库单号	系统自动生成			
销售订单号	赵管娜-002			
客户	杭州自行车销售公司			
制单日期	2月7日			
仓库管理员	江涛			
产品代码	产品名称	规格型号	数量	发货仓库
1.003	公路车	运动-330	2 200	成品仓库

【业务场景 4】

2月20日,销售业务员"赵管娜"通过销售跟踪,查询到生产部将销售订单号为"赵管娜-004"下的所有产品都生产完毕了,包含销售订单号为"赵管娜-001"返修的 5 辆旅行车。当日"赵管娜"即与客户联系询问是否可以发货,得到客户的同意后,"赵管娜"当即关联销售订单"赵管娜-002"和"赵管娜-004",将订单中的各项产品如数生成了发货通知单,发货通知单信息如表 12-15 所示。

当日,成品仓库管理员"江涛"根据 ERP 系统的提醒,按照要求将所有产品发给客户,当日物流部将该批货物发送给了客户,销售出库单的信息如表 12-16 所示。

表 12-15　发货通知单 4

发货通知单号	系统自动生成
销售订单号	赵管娜-003
客户	宁波进出口有限公司
制单日期	2月20日

(续表)

销售业务员	赵管娜			
产品代码	产品名称	规格型号	数量	要求发货日期
1.002	旅行车	运动-550	1 000	2月20日
1.003	公路车	运动-330	150	2月20日

表12-16 销售出库单4

销售出库单号	系统自动生成			
销售订单号	赵管娜-001、赵管娜-003			
客户	宁波进出口有限公司			
制单日期	2月20日			
仓库管理员	江涛			
产品代码	产品名称	规格型号	数量	发货仓库
1.002	旅行车	运动-550	1 005	成品仓库
1.003	公路车	运动-330	150	成品仓库

【业务分析】

销售发货通知单和销售出库单都是办理产品销售出库手续过程中产生的单据，发货通知单是企业内部的流转单据，而销售出库单则是买卖双方的书面凭据。

业务场景1中的业务操作，需要注意到的就是销售出库单的数量少了5辆，所以仓库管理员在制作销售出库单的时候需要将实发数量减去5，确保单据的实发数量与实际一致。

业务场景2和业务场景3都是常规的发货业务，关联"销售订单"生成"发货通知单"，再关联"发货通知单"生成"销售出库单"，需要注意的就是制单人和制单日期不一致。

业务场景4与业务场景1正好相反，业务场景1中少发了车辆，而业务场景4是将业务场景1中少发的一并补发，所以业务场景4采用关联多张"发货通知单"生成"销售出库单"的模式。

【操作步骤】

以"业务场景1"为例，说明销售出库的基本步骤。

（1）执行"供应链"→"销售管理"→"销售订单"菜单命令，双击"销售订单-维护"选项，系统弹出"销售订单序时簿"窗口。选中购货单位为"宁波进出口有限公司"且交货日期为"2018-01-26"的销售订单，执行"下推"→"发货通知单"菜单命令，系统弹出"销售订单生成发货通知"窗口，如图12-12所示。

（2）单击"生成"按钮，系统自动生成"发货通知单"，并将"旅行车"的"数量"修改为745，然后单击"保存"按钮后"审核"发货通知单，如图12-13所示。

（3）执行"供应链"→"仓存管理"→"领料发货"菜单命令，双击"销售出库单-新增"选项，显示如图12-14所示的销售出库单。

（4）因为销售出库单是关联采购发货通知单生成的，在"源单类型"栏中选择"发货通知"，将光标定位"选单号"处按F7键，系统弹出"发货通知序时簿"窗口，如图12-15所示。

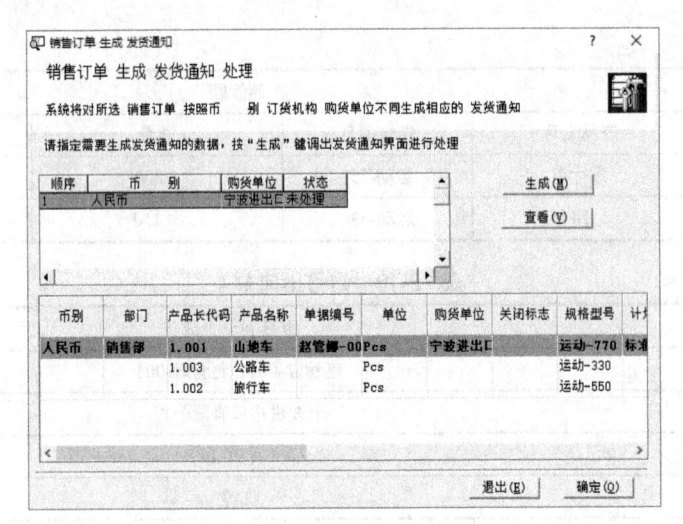

图 12-12 "销售订单生成发货通知"窗口

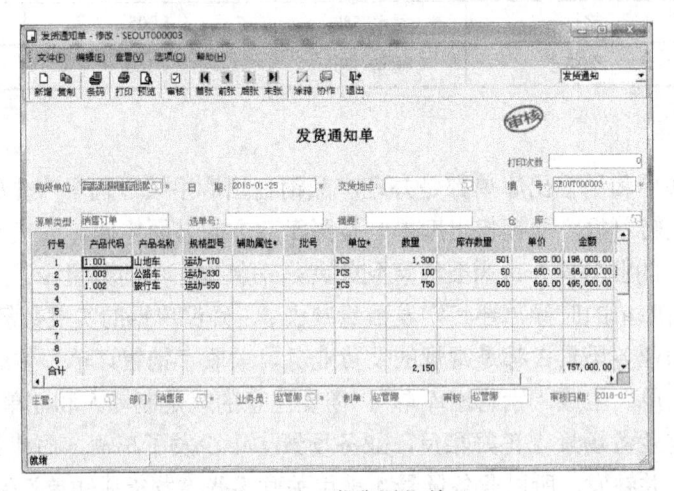

图 12-13 发货通知单

图 12-14 销售出库单

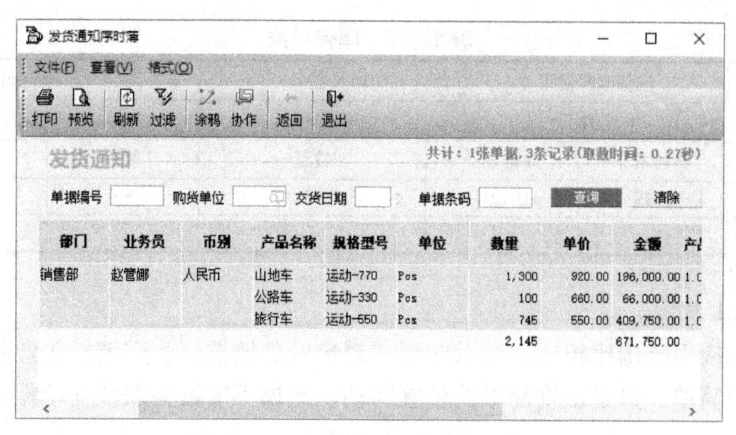

图 12-15 "发货通知序时簿"窗口

（5）选择对应的物料后按回车键，系统返回"销售出库单-新增"窗口，设置"发货"和"保管"都为"江涛"，然后单击任务栏中的"保存"按钮并"审核"销售出库单，完成后的销售出库单如图 12-16 所示。

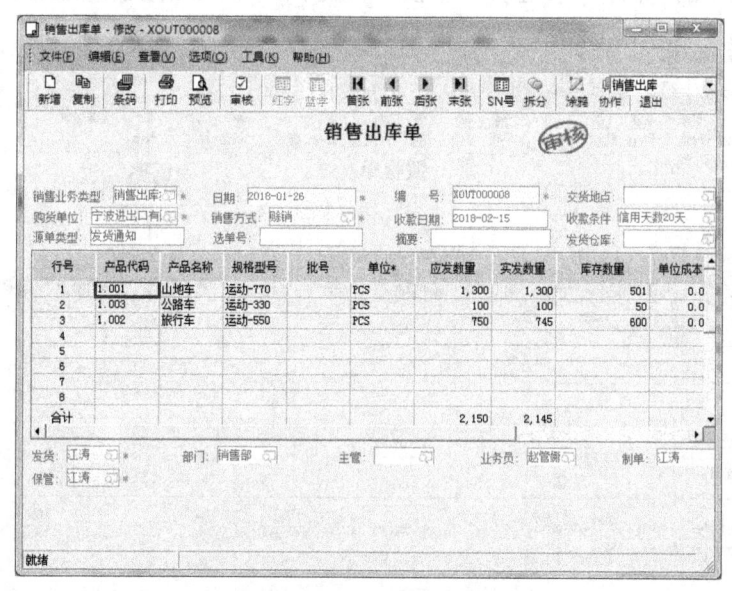

图 12-16 销售出库单-完成

（6）其他销售出库单的新增操作也可采用上述方法完成。

12.2.6 仓库调拨

调拨单是确认货物在仓库之间流动的书面证明，是财务人员据以记账、核算成本的重要原始凭证。在 K/3 供应链系统中，调拨单确认后，需要手工填入调拨成本。

【业务场景】

1 月 31 日，保管员"满婷婷"把注塑车间仓库"3.004"的 ABS 调回 56 件到原材料仓库，如表 12-17 所示。

表 12-17 库存调拨

调出仓库	注塑车间仓库		调入仓库		原材料仓库	
制单日期	1月31日		仓库管理员		满婷婷	
物料代码	物料名称	规格型号	数量	单位		备注
3.004	ABS	HI-121H	56	kg		

【业务分析】

仓库调拨单应用范围比较广，可以应用在销售发货调拨、生产调拨等业务上。本业务场景的调拨单比较简单，只是货物简单的位置移动，制单不需要关联任何单据，只需要按照实际填写单据即可。

【操作步骤】

执行"供应链"→"仓存管理"→"仓库调拨"菜单命令，双击"调拨单-新增"选项，系统弹出"调拨单-新增"窗口。输入"物料代码""数量""调出仓库""调入仓库"等信息，然后单击任务栏中的"保存"按钮并"审核"调拨单，完成后的效果如图 12-17 所示。

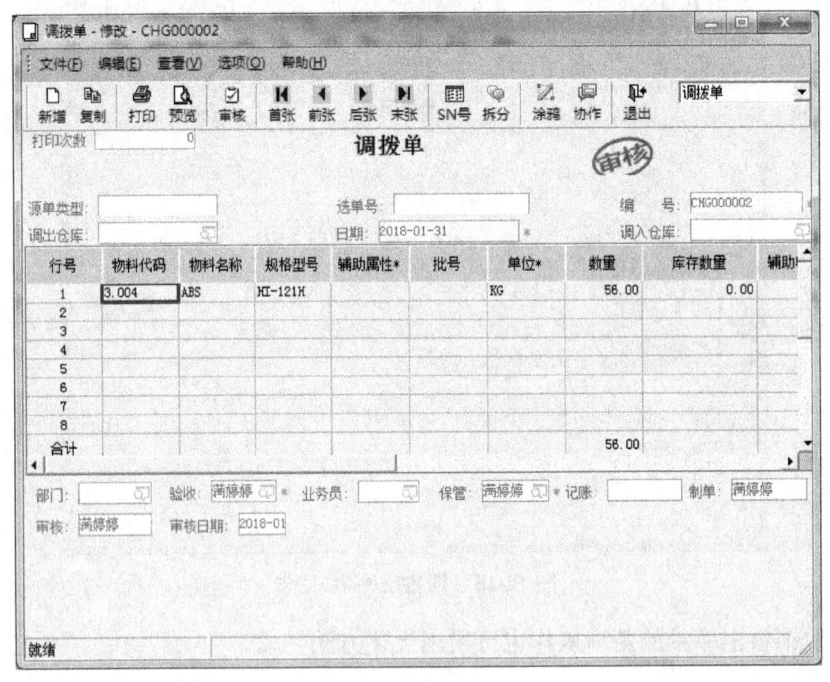

图 12-17 调拨单

12.2.7 盘点作业

库存盘点是处理与库存数据相关的日常操作和信息管理的综合功能模块，主要包括备份盘点数据、打印盘点表、输入盘点数据、编制盘点报告表等处理功能，实现对盘点数据的备份、打印、输出、录入、生成盘盈盘亏单据等，它是对账存数据和实际库存数据进行核对的重要工具，是保证企业账实相符的重要手段。

第 12 章 仓存管理

【业务场景】

1 月 31 日，仓库人员对库存进行了盘点，发现 26*2.0 齿胎的轮胎实际库存比账上多了 60 个，标贴的实际库存比账上少了 2 000 个。

【业务分析】

盘点作业是企业阶段性的业务，其主要目的是确保仓库物料的数量与实际保持一致，实现账实相符。ERP 系统中盘点业务的规则较强，其步骤：

（1）先建立盘点方案，选择截止日期。

（2）打印盘点方案，录入实际仓库数量。

（3）录入盘点数据。

（4）编制盘点报告。

（5）盘盈盘亏处理。

有的企业为了简化工作，没有在 ERP 系统中按步骤处理，全部在系统外核点，将系统外统计出来的盘盈盘亏数量直接录入到"盘盈单"和"盘亏单"中。

【操作步骤】

第 1 步，生成盘点方案。

（1）执行"供应链"→"仓存管理"→"盘点作业"菜单命令，双击"盘点方案-新增"选项，系统弹出"盘点进程"窗口，如图 12-18 所示。

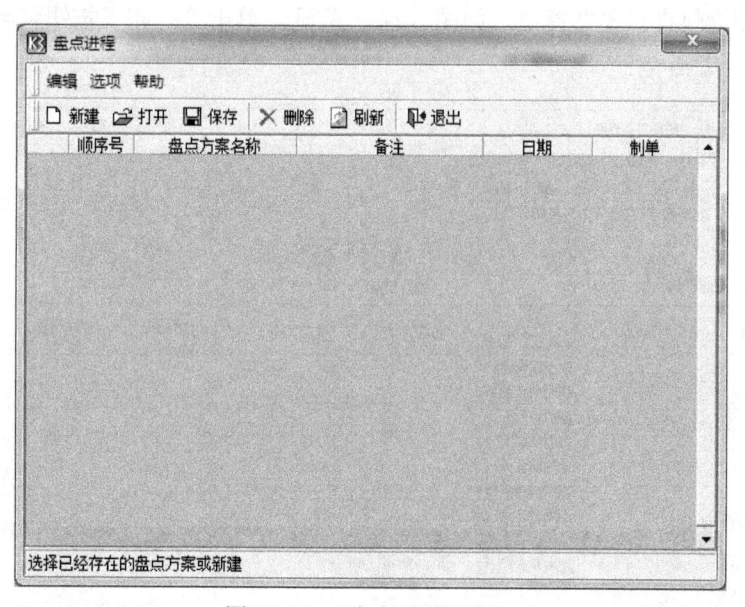

图 12-18 "盘点进程"窗口

（2）单击任务栏中的"新建"按钮，系统弹出"备份仓库数据"窗口，如图 12-19 所示。选中所有仓库后，单击"确定"按钮备份仓库数据。备份完成后系统返回"盘点进程"窗口。

【要点说明】

默认盘点方案名称为盘点方案创建日期 YYYYMMDD+NNNN，其中 NNNN 为尾数，初始为 1。

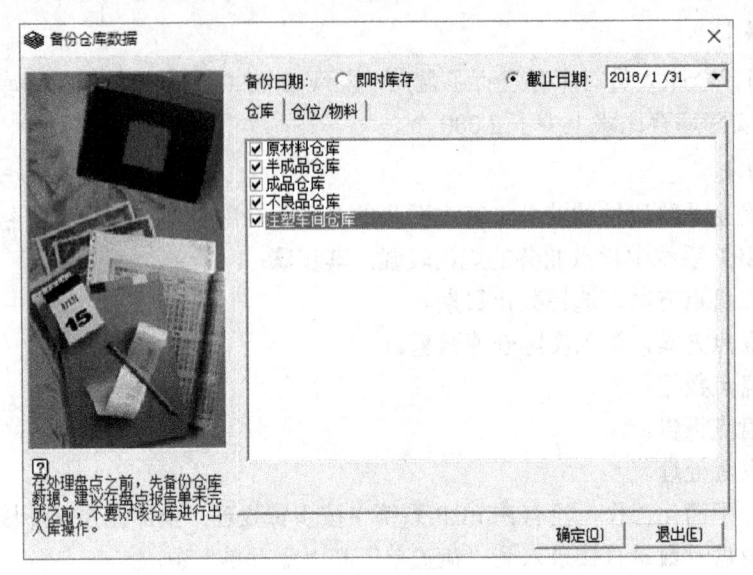

图 12-19 "备份仓库数据"窗口

第 2 步，打印盘点表。

打印盘点表是将方案中所涉及的盘点数据打印成报表，以备实物盘点时录入数据。

执行"供应链"→"仓存管理"→"盘点作业"菜单命令，双击"打印盘点表"选项，系统弹出"打印物料盘点表"窗口，如图 12-20 所示。单击"打印"按钮将当期盘点表打印输出。

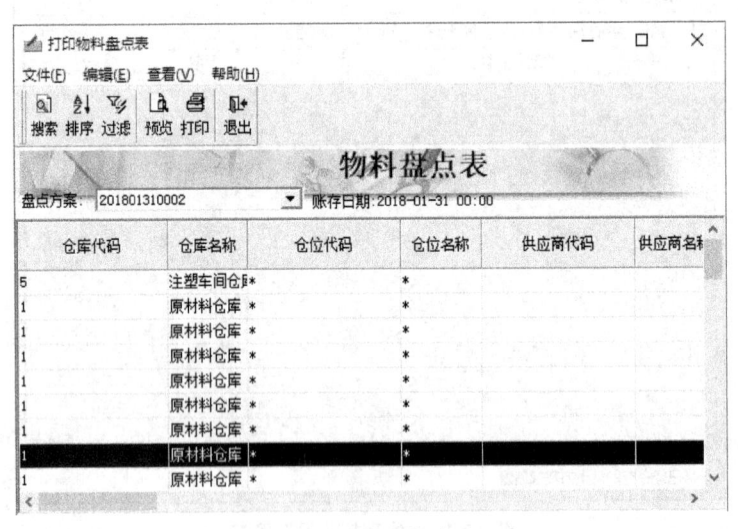

图 12-20 "打印物料盘点表"窗口

第 3 步，录入盘点数据。

录入盘点数据是根据实盘后的数据录入，然后系统根据录入的盘点数据自动生成盘点报告表。

（1）执行"供应链"→"仓存管理"→"盘点作业"菜单命令，双击"盘点数据录入"选项，系统弹出"录入盘点数据"窗口，如图 12-21 所示。

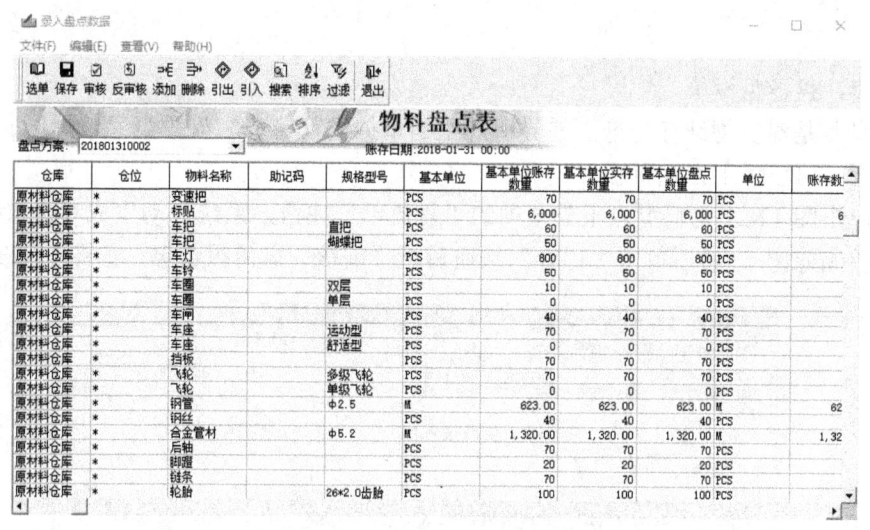

图 12-21 "录入盘点数据"窗口

【要点说明】

盘点数量：由用户手工录入实际盘点时库存的仓存计量单位实存余额。

调整数量：调整账存数量，即对账存数量进行调整。

（2）修改"标贴"的盘点数量为 6 000，"26*2.0 齿胎"的轮胎数量为 100，然后单击"保存"按钮保存盘点数据。

第 4 步，编制盘点报告。

编制盘点报告是系统根据录入的数据生成盘点报告，系统再根据盘点报告生成盘盈单和盘亏单。

执行"供应链"→"仓存管理"→"盘点作业"菜单命令，双击"编制盘点报告"选项，系统弹出"物料盘点报告单"窗口，如图 12-22 所示。

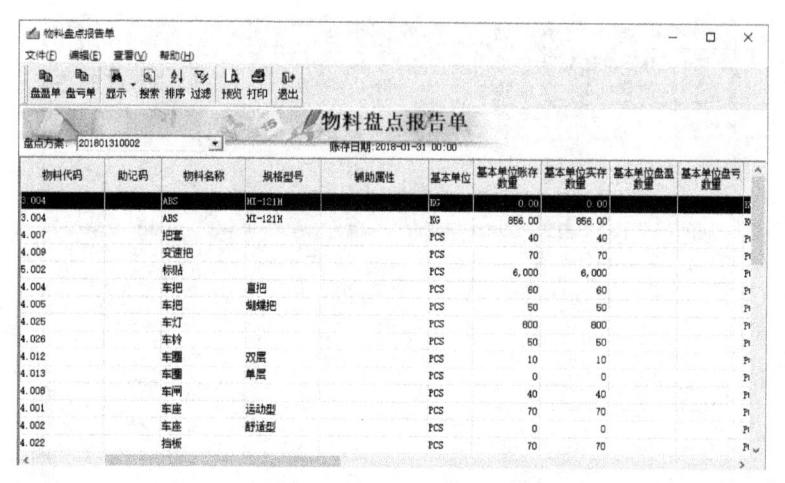

图 12-22 "物料盘点报告单"窗口

注意盘盈数量和盘亏数量的显示，这是根据录入的盘点数量自动计算出来的盈亏数据。

单击"盘盈单"和"盘亏单"按钮，系统根据盘点报告生成盘盈单据和盘亏单据并进入相应单据窗口。

第 5 步，盘盈盘亏单。

盘盈盘亏是对实物结存与盘点差异所产生的单据进行管理。盘盈盘亏单据同时是仓存数量调整单据，可以手工方式新增。

（1）单击图 12-22 物料盘点报告单中的"盘盈单"按钮，系统自动生成"盘点报告单"，输入保管"满婷婷"，然后单击"保存"按钮后再"审核"盘盈报告单，如图 12-23 所示。

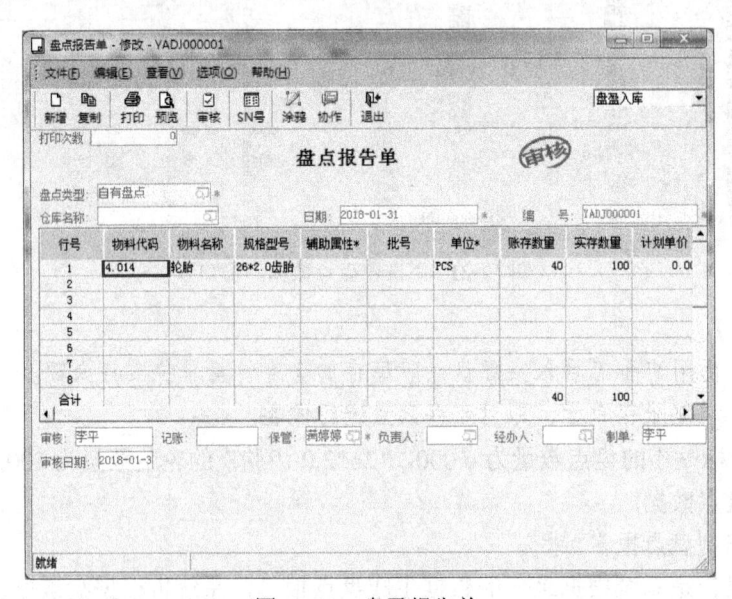

图 12-23　盘盈报告单

（2）单击图 12-22 中的"盘亏单"按钮，系统自动生成"盘点报告单"，输入保管"满婷婷"，然后单击"保存"按钮后再"审核"盘亏报告单，如图 12-24 所示。

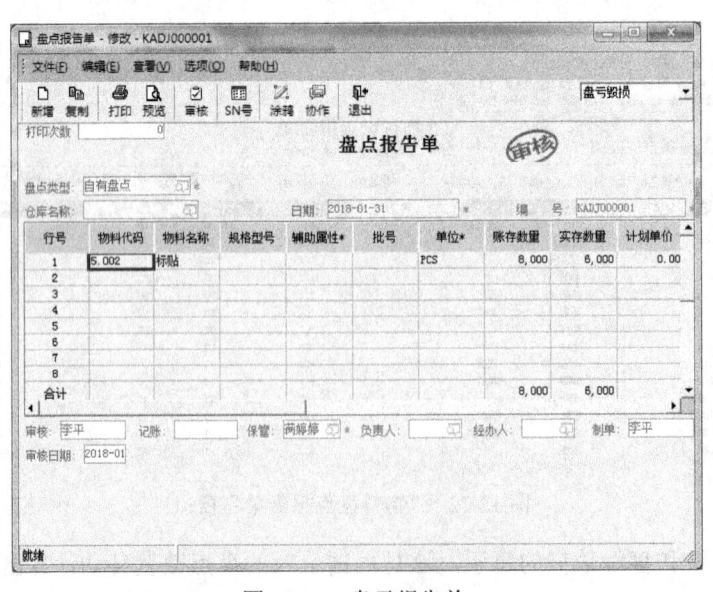

图 12-24　盘亏报告单

12.3 仓存报表分析

金蝶 K/3 仓存管理除提供基本报表查询功能外，还提供强大的报表分析查询功能，可以进行安全库存预警分析、超储/短缺库存分析和库存账龄分析等各种分析，并且可以自定义"查询分析工具"。

（1）超储/短缺库存分析表

超储/短缺库存分析表是对全部仓库库存的所有物料的库存数量，与在物料定义的最低库存量、最高库存量的数量进行比较、分析，将库存数量低于最低库存数量或高于最高库存数的物料列出来进行预警提示的分析报表。它的记录内容包括物料类别、物料代码、物料名称、规格型号、单位、单位、最低库存量、最高库存量、实际库存量、变化量、状态等。

（2）安全库存预警分析表

安全库存预警分析表是对库存的所有物料的库存数量，与安全库存的数量进行比较、分析，将库存数量低于安全库存数量的物料进行预警提示的分析报表。它的记录内容包括物料类别、物料代码、物料名称、规格型号、单位、安全库存量、实际库存量、变化量、状态等。

（3）库存账龄分析表

库存账龄分析表是对库存的所有物料的存储时间进行分析的报表。它的记录内容包括物料类别、物料代码、物料名称、规格型号、单位、库存数量、单价、金额、存储天数等。安全库存预警分析表中取即时库存的信息时同时取物料的信息，对于即时库存中没有的物料默认为库存为 0 再进行安全预警的分析。

库存账龄分析表是按先进先出的原则进行库存账龄分析的，调拨单可以根据实际情况选择是否参与计算，在进行数据分析时会默认过滤掉所有未更新库存的仓存单据，另外在物料多仓库存放且存在调拨时，建议分仓库查询库存账龄分析表，总仓查询的数据实际上是分仓数据之和，并无数据错误。

（4）库存 ABC 分析

库存 ABC 分析是以某个时段内库存总金额为标准，通过每种物料余额占库存总余额的比例，进行 ABC 分类排序。库存 ABC 分析法是日常成本控制中广泛采用的一种方法，其基本原理是对库存的所有物料，按照全部的货币价值从大到小排序，然后按成本比重高低将各成本项目分为 A、B、C 三类，对不同类别的成本采取不同控制方法。

库存 ABC 分析的基本点是将企业的全部存货区分为 A、B、C 三类，属于 A 类的是少数价值高的最重要项目，品种少而单位价值却较大。也就是，从品种数看，这类存货的品种数大约只占全部存货总品种数的 10%，而从一定期间库存成本看，这类存货的成本大约要占全部存货总成本的 70%。属于 C 类的是为数众多的低价值的项目，其特点是，从品种数看，这类存货的品种数大约只占全部存货总品种数的 70%，但从一定期间库存成本看，这类存货的成本大约只占全部存货总成本的 10%。而 B 类存货则介乎二者之间，从品种数和库存成本看，大约都只占全部存货总量的 20%。

（5）出入库流水账

出入库流水账是查询任意时段各仓库，各存货的出入库情况，是按日期统计分单据统计

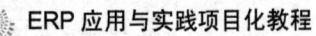

一段时间所有库存单据收发情况的一张报表。出入库流水账只是出入库单据的列表，不包括金额调整单。

复习思考题

1. 仓库批次管理是企业的一项重要管理措施，请根据自己的理解，物料的批次应该怎么设置，批次管理能带来哪些管理？
2. 汽配行业为了保证主机厂商的随时配货，一般都会在主机厂商附近租用仓库管理，请详细说明这些仓库该怎么设置，仓库的属性是什么？
3. 画出仓存管理系统的详细业务流程图。
4. 简述仓库调拨单的功能。
5. 简述库存盘点流程。
6. 盘点时发现账面库存为零的物料在实际仓库中有库存，如何处理？
7. 什么虚仓管理？有哪几种常见的虚仓？
8. 简述仓存管理的基本功能并画出功能模块结构图。
9. 什么是受托加工业务，它与委托加工有什么区别？
10. 列举常见的仓存报表，简述其基本功能。

第 13 章 综 合 实 训

ERP 综合实训是培养学生综合分析和解决 ERP 软件系统实际应用能力的重要实践教学环节，本实训从企业实际应用的角度，要求学生通过基础资料准备、数据导入、系统设置、日常业务处理等操作，系统的掌握 ERP 软件的应用与维护能力。本章主要内容包括：
- 账套管理；
- 基础资料设置与批量导入；
- 系统参数设置；
- ERP 日常业务处理：销售管理、计划管理、采购管理、委外管理、生产管理等。

13.1 案例背景

宁波远景电器有限公司是一家中日合资的电器专业制造企业，坐落于宁波市江北区经济开发区。本公司以技术研发为先导；以提高现代家居水准为目标，主要产品为抗菌、除臭等功能性塑胶电子产品。本公司在外观三维造型设计、电子技术、模具设计制造、塑胶成型等方面有较强的实力。主要开发电子与塑胶技术合为一体的中、小型家用电器，并承接客户委托的电器或塑料制品的 OEM&ODM 定单。依靠强大的设计实施能力强化市场应用，以服务需求为主的客观态度，为用户设计具有世界先进水准的产品。我们坚持"以客为本、以客为先、锐意进取、精益求精"的原则。公司的经营宗旨：以"新颖、质优、价廉"三大核心为竞争力，以最佳的性价比服务于客户，竭诚欢迎海内外客商前来合作，共创辉煌。

产品举例：

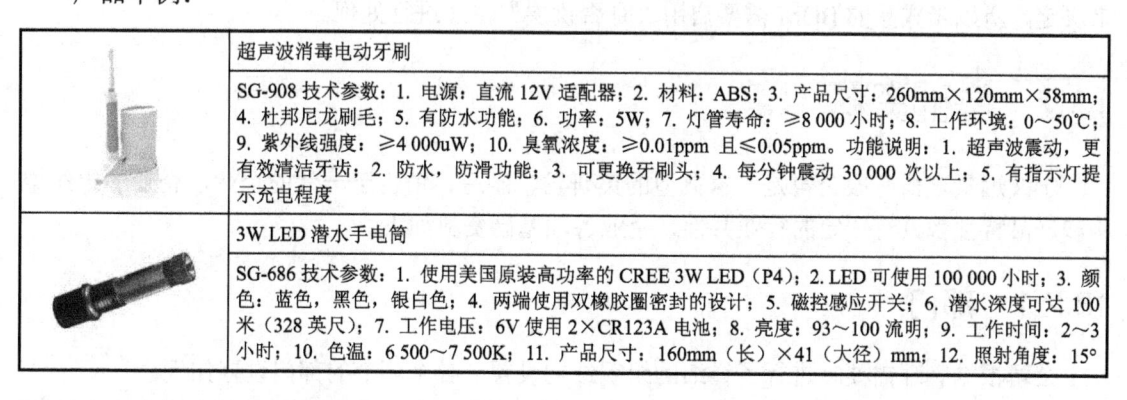

	超声波消毒电动牙刷
	SG-908 技术参数：1. 电源：直流 12V 适配器；2. 材料：ABS；3. 产品尺寸：260mm×120mm×58mm；4. 杜邦尼龙刷毛；5. 有防水功能；6. 功率：5W；7. 灯管寿命：≥8 000 小时；8. 工作环境：0～50℃；9. 紫外线强度：≥4 000uW；10. 臭氧浓度：≥0.01ppm 且≤0.05ppm。功能说明：1. 超声波震动，更有效清洁牙齿；2. 防水，防滑功能；3. 可更换牙刷头；4. 每分钟震动 30 000 次以上；5. 有指示灯提示充电程度
	3W LED 潜水手电筒
	SG-686 技术参数：1. 使用美国原装高功率的 CREE 3W LED（P4）2. LED 可使用 100 000 小时；3. 颜色：蓝色、黑色、银白色；4. 两端使用双橡胶圈密封的设计；5. 磁控感应开关；6. 潜水深度可达 100 米（328 英尺）；7. 工作电压：6V 使用 2×CR123A 电池；8. 亮度：93～100 流明；9. 工作时间：2～3小时；10. 色温：6 500～7 500K；11. 产品尺寸：160mm（长）×41（大径）mm；12. 照射角度：15°

13.1.1 企业经营模式

宁波远景电器有限公司作为宁波本土的一家企业，其经营模式具有宁波地区典型的特征。企业销售主要以外贸出口为主，在销售和生产经营上具备按单生成、出口销售的特征。

（1）公司产品属于小电器，其主要结构包含塑胶件、电子元器件、五金件、标准件等零部件，由于产品是按单出口国外的，所有产品都要进行配置，同一型号的产品会由于客户不同其配置也要进行调整，如塑胶件的表面要求不同等。

（2）公司有多个车间，主要车间有塑料车间和装配车间。

（3）塑胶件主要以本公司的注塑车间制造为主，塑胶件会根据客户的要求，进行各项表面处理，如喷塑、丝印等。

（4）装配车间除了进行总装者外，还会进行一些部件半成品的分装，根据订单的紧急程度，有些分装完成后直接总装，有些分装完成后需要办理入库。

（5）销售部在接到客户的订单时，必须进行全面的产品配置，明确客户各项塑胶件的颜色、是否丝印、丝印内容、包装要求等。

（6）为了提高销售订单的交期，一般客户下订单的时候，包装材料无法定下，常规情况下是在产品发货前一周左右的时间内会通知到企业其包装的要求。只有销售部配置清楚了，采购和生产才能有效地执行，否则存在买错、生产错误的可能性。

（7）企业注塑车间的生产投料不能按照技术产品用料来投，而装配车间完全可以按照用量进行投料。

13.1.2 信息化特点

宁波远景电器有限公司的经营模式决定了企业信息化 ERP 的各项特征，为了达到企业的管理目标，ERP 会作如下的设置调整：

（1）由于产品存在各项零部件的选配，所以在 ERP 中会进行各项物料属性的设置。

（2）包装材料的确定性，导致包装不能按照常规的模式做进产品 BOM 清单中，只能在之后快速选配的模式中进行。

（3）注塑车间材料整体投入的方式，决定了注塑车间必须启用倒冲领料的模式。

（4）由于装配车间存在很多的分装半成品，是否办理出入库会根据不同的订单紧急程度来决定，所以半成品的 BOM 需要启用"是否挑层"快速进行处理。

13.2 基础资料

宁波远景电器有限公司是一家典型的集研发、制造、销售于一体的企业，企业的组织架构和产品特性都具有一定的行业共性，企业各项基础资料如下。

13.2.1 部门

公司根据管理需要，进行了详细的组织结构设置，各个环节的部门设置如下：

- 由于公司销售分对外贸易和国内销售，所以公司销售部门设立了贸易业务部和国内销售部。
- 生产根据实际生产的需求分为生产管理部、注塑车间、喷漆车间、装配车间、灯管车间和植毛车间。

- 为了满足生产及质量管控，公司分别设置了采购部、仓储部和品质部。
- 为了保证企业的整体运行，公司设置了多个辅助部门，分别有总经办、行政部、财务部、技术研发部和后勤部。

在 ERP 系统中，设置部门必须根据系统的要求区分部门的属性，明确该部门是否属于车间及成本核算类型，否则会造成成本核算错误。

部门信息举例如表 13-1 所示。

表 13-1 部门信息表

代码	名称	是否车间
01	总经办	否
02	行政部	否
03	财务部	否
04	技术研发部	否
05	采购部	否
06	国际贸易部	否
07	国内销售部	否

13.2.2 职员

公司现有员工 70 多人，行政部按照职员的归属部门进行了分类整理，并且简单记录了所有职员的性别、出生日期等信息。

职员信息举例如表 13-2 所示。

表 13-2 职员信息表

代码	名称	代码	名称
01	总经办	02.0002	王海骏
01.0001	张浩锐	03	财务部
01.0002	林鹏运	03.0001	孙怡雪
02	行政部	03.0002	陈可璐
02.0001	何振逸	03.0004	赵欣婧

13.2.3 客户

公司的客户信息分布较广，国内国外都有较多的客户，且公司根据客户的区域进行了业务员的分管，同时也简单记录了客户的联系人、联系电话等信息。

客户信息举例如表 13-3 所示。

表 13-3 客户信息表

国内外	国家或地区	名称	联系人	电话	销售模式
国外	日本	Keiyo Co，.Ltd	伊藤	0081-72-254-1457	外销
国外	日本	MACROS Co.，Ltd	hirokawa	81-256-311880	外销
国外	日本	GOICHI CO.，LTD	JIM	21-5422-5918 转 313	外销

（续表）

国内外	国家或地区	名称	联系人	电话	销售模式
国外	日本	OHM ELECTRIC INC.	Seki	81-43-2811415	外销
国外	日本	YAMASHIN，INC，	伊藤	81-3-3819-8941	外销
国外	日本	GBC JAPAN K.K.	李金山	3-38612351	外销
国外	日本	ASKA CORPORATION	李永浩	0081-04-8942-2316	外销
国外	日本	AURORA JAPAN CORPORATION	田所	0081-02-9315-0021	外销
国外	日本	OHYAMA CO.，LTD	境	0081-3-5311-1814	外销
国外	日本	NAKABAYASHI CO.，LTD	高部	0081-3-5647-3995	外销

13.2.4 供应商

公司的供应商分布全国，国内多个省市都有供应商。为了管理方便，公司目前根据供应商所在的城市进行了分类管理，同时也简单记录了供应商的联系人、联系电话及付款方式等信息。

供应商信息举例如表 13-4 所示。

表 13-4 供应商信息表

地区	名称	联系人	电话	传真	付款条件
上海	上海彤高贸易有限公司	魏巍	921-52225973	921-52225973	次月 1 日月结
上海	上海湖国电子科技有限公司	黄洁	921-69967999-419	921-69967999-419	次月 1 日月结
上海	上海朗领电子科技有限公司		921-59444887	921-59444887	次月 1 日月结
上海	上海赛加刀片有限公司				次月 1 日月结
上海	上海和域实业有限公司	丛柳菌	921-02333925	921-02333925	次月 1 日月结
上海	上海悦在实业有限公司				次月 1 日月结
上海	上海凯鼎塑料制品有限公司	张云	921-65195111	921-65195111	次月 1 日月结
上海	上海微想半导体有限公司	王宁	921-69599901	921-69599901	次月 1 日月结
上海	上海恒通电器有限公司	王洁	921-60002896	921-60002896	次月 1 日月结
杭州	杭州宝盛印刷电路有限公司	黄善宽	9571-82742427	9571-82742427	信用天数 60 天
杭州	杭州思瑞五金工具有限公司	曾业	9571-87419967	9571-87419967	信用天数 60 天
湖州	湖州南天磁性材料有限公司	徐淑静	9572-29228887	9572-29228887	信用天数 60 天

13.2.5 币别

由于公司业务涉及的客户范围较广，覆盖了亚洲、美洲、欧洲及中东等地区，所以公司的结算币别存在外币，但是欧元区等一些区域也采用美元进行结算，所以公司涉及的币别除了人民币之外，只有美元进行业务结算。

1 月底的美元汇率为 6.324。

13.2.6 科目

公司财务的科目核算体系采用"新会计准则科目"体系，但是为了实际的核算方便，公司在科目体系之上做了如下变动。
- 银行存款下设：人民币和美元。
- 存货科目增加了"自制半成品"科目。
- 销售费用下设：广告费、业务招待费和差旅费（核算职员）。
- 管理费用下设：办公费（核算部门）、差旅费（核算职员）、折旧费、社保和研发费用。
- 凭证字只设置了"记"，并没有做其他的要求应收科目和应付科目，分别进行客户和供应商核算管理。

科目信息举例如表 13-5 所示。

表 13-5 科目信息表

科目代码	科目名称	科目类别	余额方向	外币核算	期末调汇	银行科目	项目辅助核算
1001	库存现金	流动资产	借	不核算	否	否	
1002	银行存款	流动资产	借	不核算	否	是	
1002.01	农业银行宁波江北支行	流动资产	借	不核算	否	是	
1002.02	中国银行大庆南路支行	流动资产	借	不核算	否	是	
1002.03	中国银行大庆南路支行（USD）	流动资产	借	美元	是	是	
1012	其他货币资金	流动资产	借	不核算	否	否	
1101	交易性金融资产	流动资产	借	不核算	否	否	
1111	买入返售金融资产	流动资产	借	不核算	否	否	
1121	应收票据	流动资产	借	不核算	否	否	客户
1122	应收账款	流动资产	借	不核算	否	否	客户

13.2.7 仓库、仓位

公司根据各存货的管理明细要求，设置了如下仓库：原材料仓库、外购件仓库、包材仓库、半成品仓库、成品仓库和不良品仓库，并对成品仓库进行了仓位设置，仓位设置如下：
- A01 至 A50；
- B01 至 B50；
- C01 至 C50；
- D01 至 D50；
- E、F、G、H。

仓库仓位信息举例如表 13-6 所示。

表 13-6 仓库仓位信息表

代码	名称	仓库属性	启用仓位
001	原材料仓库		否
002	外购件仓库		否
003	包材仓库		否
004	半成品仓库		否
005	成品仓库		是
006	不良品仓库		否

13.2.8 物料

由于公司生产的产品为小电器，产品的结构比较复杂，包括各种类型的原料、外购件、产成品等物料。为了区分，确保物料明细规范清晰，公司根据物料的多级分类建立了完善的产品信息资料，不仅详细记录了物料规范的名称、规格型号，还记录了所属的产品型号等信息。

部分物料信息如表 13-7 所示。

表 13-7 物料信息

代码	名称	明细	规格型号	其他说明	物料属性
1.01	塑胶类	FALSE			
1.01.01	ABS	FALSE			
1.01.01.001	ABS	TRUE	HI-121H-LG 甬兴	镇江奇美	外购
1.01.01.002	ABS	TRUE	镇江奇美-PA-707K	奇美	外购
1.01.01.003	ABS	TRUE	台湾奇美 PA-765A-阻燃 ABS	奇美	自制
1.01.01.004	ABS	TRUE	HI-121H-0013 LG 甬兴	甬兴	外购
1.01.01.005	透明 ABS	TRUE	TH-21 日本电气化学	日本电气化工	外购
1.01.01.006	混合料	TRUE	废料（装配）	0	外购
1.01.01.007	混合料	TRUE	废料（喷漆）	0	外购
1.01.01.008	混合料	TRUE	废料（注塑）	0	外购
1.01.01.009	粉末	TRUE	废料（注塑）		外购
1.01.01.010	混合料	TRUE	废料（模具车间）		外购
1.01.01.011	ABS	TRUE	HI-121H（回料）	LG 甬兴	外购
1.01.01.012	ABS	TRUE	HI-121H-0013（回料）	LG 甬兴	外购
1.01.01.013	透明 ABS	TRUE	TH-21（回料）	日本电气化工	外购
1.01.01.014	ABS	TRUE	镇江奇美-PA757K		外购
1.01.01.015	ABS	TRUE	PA757（回料）	台湾奇美	外购
1.01.01.016	混合料	TRUE	废料（委外）		外购
1.01.01.017	ABS	TRUE	台湾奇美 PA-765A-阻燃 ABS（回料）	奇美	自制
1.01.01.018	ABS	TRUE	台湾奇美 PA-765B-阻燃 ABS	奇美	外购
1.01.01.019	ABS	TRUE	台湾奇美 PA-765B-阻燃 ABS（回料）	奇美	外购
1.01.01.020	ABS	TRUE	HI-121H-LG 甬兴-含 0.003 银离子	镇江奇美	外购

13.2.9 BOM 信息

公司产品种类繁多，而且每种型号的配置也极为复杂，导致公司产品的 BOM 结构复杂，且层级不等。

产品 BOM 信息如表 13-8 至表 13-10 所示。

表 13-8　牙刷消毒器 SG-208A BOM 表

BOM 代码	物料名称	规格型号	物料属性	单位	数量	成品率
A001	牙刷消毒器（配 SG-908，消毒+充电，内置锂电池）	SG-208A	自制	PCS	1	100
BOM 信息						
层次	物料名称	规格型号	物料属性	基本单位	单位用量	备注
.1	USB 数据线	MICRO USB-100cm-（UL28AGW/4 芯圆线/OD3.51M/一端 USB 4PINA 公/一端麦克 5PIN）-白色	外购	PCS	1	
.1	托盘 A	电镀-水镀	委外加工	PCS	1	
..2	托盘 A	毛胚	自制	PCS	1	
...3	ABS	镇江奇美-PA757K	外购	kg	.002 9	
.1	组装半成品（配 SG-908，消毒+充电，内置锂电池）	SG-208A	自制	PCS	1	
..2	锂离子电池	3.7V-600mAh-带保护板-带导线	外购	PCS	1	
..2	紫外线灯管	直型 5*45-205-含臭氧	外购	PCS	1	
..2	螺丝	2.5*8-十字圆头自功-不锈钢	外购	PCS	3	
..2	螺丝	2.5*8-十字圆头自功-碳钢镀镍	外购	PCS	6	
..2	EVA 泡棉	φ10*1mm	外购	PCS	1	
..2	配件	毛胚	自制	PCS	1	
...3	透明 ABS	TH-21 日本电气化学	外购	kg	.000 4	
..2	按钮	毛胚	自制	PCS	1	
...3	ABS	HI-121H-0013 LG 甬兴	外购	kg	.000 1	
..2	防水软胶	毛胚	自制	PCS	1	
...3	TPE	1675-75 度	外购	kg	.001 5	
..2	底盖	喷漆	自制	PCS	1	
...3	属性油漆	属性油漆	外购	kg	1	
...3	底盖	毛胚	自制	PCS	1	
....4	ABS	HI-121H-0013 LG 甬兴	外购	kg	.036 2	
..2	电池压板	毛胚	自制	PCS	1	
...3	ABS	HI-121H-0013 LG 甬兴	外购	kg	.000 6	
..2	面盖 A	喷漆	自制	PCS	1	
...3	属性油漆	属性油漆	外购	kg	1	
...3	面盖 A	毛胚	自制	PCS	1	
....4	透明 ABS	TH-21 日本电气化学	外购	kg	.036 2	
..2	中间件 A	毛胚	自制	PCS	1	
...3	ABS	HI-121H-0013 LG 甬兴	外购	kg	.036 7	
..2	插件半成品	SG-205A1	自制	PCS		

(续表)

层次	物料名称	规格型号	物料属性	基本单位	单位用量	备注
...3	电感	200uH-5*7	外购	PCS	1	
...3	变压器	DC3V-EPC13	外购	PCS	1	
...3	无锁开关	7*7 双排无锁	外购	PCS	1	
...3	LED 灯	φ3 圆头-白发白-无边-W312WC-蓝之鑫	外购	PCS	1	
...3	排线	XH-2Y，1007-24，80mm-黑，红-另头上锡 0.3	外购	PCS	1	
...3	已加工线路板	SG-205A	委外加工	PCS	1	
....4	贴片电阻	1.5K-0805	外购	PCS	2	
....4	贴片电阻	100Ω-0805	外购	PCS	2	
....4	贴片电阻	140K-0805	外购	PCS	1	
....4	贴片电阻	2.2M-0805	外购	PCS	1	
....4	贴片电容	102K-50V-0805	外购	PCS	1	
....4	贴片电容	104K-50V-0805	外购	PCS	2	
....4	贴片电容	12pF-100V-0805	外购	PCS	2	
....4	贴片三极管	J3Y-8050-（SOT-23）长电（NPN，40V/0.8A）	外购	PCS	3	
....4	芯片	NE555-（SO-8）-德芯	外购	PCS	1	
....4	线路板	SG-205A-（150723）	外购	PCS	1	
..2	插件半成品	SG-205B1	自制	PCS	1	
...3	CBB 电容	224J-100V-脚距 5mm	外购	PCS	1	
...3	电解电容	100UF-16V-5*7	外购	PCS	1	
...3	电感	200uH-5*7	外购	PCS	1	
...3	变压器	SG-205	外购	PCS	1	
...3	连接器	XH-2AW-带定位-脚距 2.54mm-弯脚	外购	PCS	2	
...3	已加工线路板	SG-205B	委外加工	PCS	1	
....4	贴片电阻	0.5Ω-1206	外购	PCS	1	
....4	贴片电阻	1.5K-0603	外购	PCS	4	
....4	贴片电阻	100K-0603	外购	PCS	1	
....4	贴片电阻	1M-0603-1%误差	外购	PCS	1	
....4	贴片电阻	20Ω-1206	外购	PCS	2	
....4	贴片电阻	68K-0603	外购	PCS	1	
....4	贴片电阻	750K-0603-1%误差	外购	PCS	1	
....4	贴片电容	104K-100nF-50V-0603	外购	PCS	2	
....4	贴片三极管	FMMT493-（SOT-23）-长电（NPN，100V/1A）	外购	PCS	2	
....4	贴片三极管	J3Y-8050-（SOT-23）长电（NPN，40V/0.8A）	外购	PCS	1	

（续表）

层次	物料名称	规格型号	物料属性	基本单位	单位用量	备注
....4	贴片二极管	SS14-IN5819-（SOD-323）-长电SL	外购	PCS	1	
....4	单片机	SG-205（0D2279）-（SO-8）-德芯	外购	PCS	1	
....4	母座	MICRO USB（B TYPE）-插板式（编带封装）	外购	PCS	1	
....4	贴片LED	0805-白发红-（S-0805-1-RC）-蓝之鑫	外购	PCS	1	
....4	线路板	SG-205B-（150723）	外购	PCS	1	

表13-9 呼吸管SG-303 BOM表

BOM代码	物料名称	规格型号	物料属性	单位	数量	成品率（%）
A004	呼吸管	SG-303	自制	PCS	1	100
BOM信息							
层次	物料名称	规格型号	物料属性	基本单位	单位用量	备注
.1	上壳	毛胚	自制	PCS	1	
..2	ABS	HI-121H-LG甬兴	外购	kg	.001 1	
.1	丝印主体	丝印	自制	PCS	1	
..2	油墨	丝印油墨	外购	kg	1	
..2	主体	毛胚	自制	PCS	1	
...3	ABS	HI-121H-0013 LG甬兴	外购	kg	.009	

表13-10 水报警器SG-805A BOM表

BOM代码	物料名称	规格型号	物料属性	单位	数量	成品率（%）
A005	水报警器（5.5mm铜针）	SG-805A	自制	PCS	1	100
BOM信息							
层次	物料名称	规格型号	物料属性	基本单位	单位用量	备注
.1	组装半成品	SG-805A	自制	PCS	1	
..2	纽扣电池	AG13-LR44-1.5V（MITSUBISHI/三菱）	外购	PCS	1	
..2	线路板	SG-805	外购	PCS	1	
..2	导线	40mm-28#-黑色	外购	PCS	2	
..2	导线	60mm-28#-黑色	外购	PCS	1	
..2	蜂鸣器	EX2310	外购	PCS	1	
..2	螺丝	2*4-十字沉头自功-碳钢镀镍	外购	PCS	1	
..2	配重铁	（SG-805）-Φ12*24.2	外购	PCS	1	
..2	铜钉	Φ1.4*5.5	外购	PCS	2	
..2	EVA泡棉	Φ10*2.5mm	外购	PCS	1	
..2	永佳双面胶	15*3mm泡棉胶	外购	PCS	1	
..2	胶水	苏州胶黏剂厂-102胶水	外购	PCS	.000 8	
..2	主体	毛胚	自制	PCS	1	
...3	ABS	HI-121H-0013 LG甬兴	外购	kg	.009	
..2	底座	毛胚	自制	PCS	1	

(续表)

层次	物料名称	规格型号	物料属性	基本单位	单位用量	备注
...3	ABS	HI-121H-0013 LG 甬兴	外购	kg	.002	
..2	插件半成品	SG-801	自制	PCS	1	
...3	贴片三极管	2TY-8550-(SOT-23)长电(PNP,40V/0.5A)	外购	PCS	1	
...3	线路板	SG-801	外购	PCS	1	

13.3 建立账套

按照下述给出的资料在 K/3 中间层建立一个账套并对其进行系统设置，启用账套。账套所有设置均以管理员用户"administrator"身份进入操作。

13.3.1 新建公司机构及账套

为了保证账套的完整性，维护方便等要求，公司对 ERP 建立账套有如下要求：
- 区分各个公司账套的进入路径，在建立账套之前，建立一个名称为"宁波远景电器有限公司"的公司结构。
- 账套名称简单的原则，名称为"远景 ERP"。
- 数据库为了识别方便，数据体实体改为"YJERP"。
- 账套类型等要求根据经验进行原则。

13.3.2 设置账套参数

账套各项前期的参数设置，均根据国内企业的要求进行设置，特殊的要求如下：
- 为了方便库存的管理，要求库存更新的方式选择"单据审核后立即更新"。
- 企业 ERP 上线的时间为本年 2 月 1 日。
- 根据财务的记账习惯，存货核算参数设置为月初一次性冲回，并且勾选"外购入库生成暂估冲回凭证"。

13.4 基础资料导入

账套建立完成后，根据宁波远景电器有限公司的各项基础资料信息，进行全面的整理，录入或导入到 ERP 系统中，并进行基础资料各项属性的完善与核对。所有基础资料信息详见文件：远景公司基础资料.XLS。

（1）部门资料导入

根据公司的部门组织结构情况，录入或导入各部门资料，并注意各部门的部门属性及成本核算类型。
- 部门资料比较简单，无类别分类。

- 车间的部门属性是"车间",非车间的部门属性是"非车间"。
- 车间的成本核算类型是"基本生产部门",非车间的成本核算类型是"期间费用部门"。

(2) 职员资料导入

根据公司的花名册,整理花名册的格式,采用导入的模式将公司的职员信息全部导入 ERP 系统中。

- 职员信息的类别是根据部门区分的,类别代码与部门代码保持一致。
- 车间的成本核算类型是"基本生产部门",非车间的成本核算类型是"期间费用部门"。

(3) 客户资料导入

根据公司的客户信息进行全面的整理,并将整理后的信息导入到 ERP 系统中,公司全面的客户信息参考"远景公司基础资料"的客户电子表格。

- 按照国内国外建立一级分类,国家及区域建立二级分类。
- 客户明细代码根据国家区域所在的地区分类,再按照本地区客户名称的升序给出客户明细代码,明细代码保留 3 位,每个地区从"001"开始。
- 表格中给出的资料必须完全录入进 ERP 系统,其他的资料信息默认。
- 客户资料必须导入,不得录入。

(4) 供应商资料导入

根据公司的供应商信息进行全面的整理,并将整理后的信息导入到 ERP 系统中,公司全面的供应商信息参考"远景公司基础资料"的供应商电子表格。

- 按照城市对供应商进行分类编码,类别代码采用城市的 3 位区号。
- 供应商明细代码采用 3 位流水码,明细码根据供应商名称的升序分配。
- 供应商明细代码根据供应商所在的城市分类,再按照本城市供应商名称的升序给出供应商明细代码,明细代码保留 3 位,每个地区从"001"开始。
- 供应商资料必须导入,不得录入。

(5) 财务各项基础资料录入

录入时要进行币别设置、凭证字管理、汇率体系设置及科目导入、修改等操作。

财务详细信息见电子文件:远景公司基础资料_财务基础.XLS。

(6) 仓库、仓位资料导入

根据公司的仓库和仓位信息,分别录入仓库信息和导入所有仓位信息资料到 ERP 系统中,注意改仓位只针对成品仓库。

(7) 物料资料导入

根据公司的物料设置明细,事先通过 Excel 表格进行全面整理,整理后导入 ERP 系统,导入物料资料需要注意如下事项:

- 根据企业整理出来的原始数据,进行合并整理,整理后再导入 ERP 系统中。
- 物料单位要求。除了重量单位的数量精度保留 4 位外,其他的物料数量精度均为 0。
- 物料财务属性要求。以 1、2、4、6 开头的物料的存货科目代码为 1403,销售收入科目代码为 6051.001,销售成本科目代码为 6402。
- 以 3 头的物料的存货科目代码为 1404 科目代码为 6051.001,销售成本科目代码为 6402。
- 以 5 头的物料的存货科目代码为 1405 科目代码为 6001,销售成本科目代码为 6401。

- 所有物料的计价方法均为"加权平均法"。
- 在物料中新增两列字段,分别为产品型号,其他说明。
- 物料的默认仓库设置规则为原材料和低值易耗品默认为原材料仓库,外购件默认为外购件仓库,半成品默认为半成品仓库,成品默认为成品仓库,包装物默认为包材仓库。

(8) BOM 单据录入

根据公司的物料设置明细,事先通过 Excel 表格进行全面整理,整理后录入或导入 ERP 系统。

13.5 初始数据

13.5.1 期初库存

期初库存资料如表 13-11 所示。

表 13-11 期初库存

物料名称	规格型号	单位	期初数量	期初金额
上壳	毛胚	PCS	100	200
组装半成品(三蓝一红,带配重铁)	SG-917B1	PCS	20	100
自锁开关	KAN-15F 高度 8.1mm	PCS	30	120
612 电机	6*12-DC3.7V-18000rpm-908	PCS	200	400
电池片	923 负极	PCS	500	1 000
电池片	920 正极片	PCS	100	200
硅胶 O 型圈	内径 19*1.8mm	PCS	290	290
硅胶 O 型圈	内径 13*1.2mm-70℃-黑色	PCS	300	300
EVA 泡棉	φ10*2.5mm	PCS	600	300
PU 泡棉	8*4*2mm-PU	PCS	800	400
3M 双面胶	9447A-9*16mm	PCS	1 000	100
中间件 A	毛胚	PCS	800	1 600
ABS	HI-121H-LG 甬兴	kg	200	4 880
ABS	HI-121H-0013 LG 甬兴	kg	200	4 880
包胶	毛胚	PCS	500	250
TPR	8201-851BJ410020-顶塑-85 度	PCS	750	750
牙刷头	毛胚	PCS	500	500
属性刷丝	刷丝	PCS	600	600
刷头	毛胚	PCS	500	250
组装半成品	SG-805A	PCS	500	500
前包胶	喷漆	PCS	30	15
主体	毛胚	PCS	500	1 000
USB 数据线	MICRO USB-100cm-(UL28AGW/4 芯圆线/OD3.51M/一端 USB 4PINA 公/一端麦克 5PIN)-白色	PCS	100	500
组装半成品	SG-901	PCS	290	8 700

其中计价方法采用"加权平均法"、销售收入科目报名为"1405"、销售收入科目代码为"6001"、销售成本科目代码为"6401"。

13.5.2 期初暂估外购入库单

系统启用前未完成的采购订单如表 13-12 和表 13-13 所示。

表 13-12 期初暂估外购入库单 1

外购入库单单号	WIN000001			
供应商	上海恒通电器有限公司			
入库日期	2017-10-12			
仓库管理员	林骏恒			
产品名称	规格型号	实收数量	单价	金额
贴片电阻	100Ω-0805	10 000	0.029 9	299
电感	2200uH-0510-50mA	10 000	0.062 4	624

表 13-13 期初暂估外购入库单 2

外购入库单单号	WIN000002			
供应商	余姚市铎祥塑胶有限公司			
入库日期	2017-10-12			
仓库管理员	林骏恒			
产品名称	规格型号	实收数量	单价	金额
PET 刷头单吸	SG-902-07（2.3G）	3 300	0.085 5	282.15
PVC 单吸	SG-923-18A（4.3G）	5 200	0.085 5	444.6
PVC 双泡壳	SG-920-03	10 300	0.623 9	6 426.17

13.5.3 期初未核销的委外加工出库单

系统启用前未核销的委外加工出库单如表 13-14 和表 13-15 所示。

表 13-14 期初未核销的委外加工出库单 1

委外加工出库单号	JOUT000001			
供应商	宁波江东塑料包装用品厂			
入库日期	2017-11-12			
仓库管理员	林骏恒			
产品名称	规格型号	实发数量	单价	金额
电镀环	喷漆	6 180	0.010 9	67.36

表 13-15 期初未核销的委外加工出库单 2

委外加工出库单号	JOUT000002
供应商	扬州久历德用品有限公司
入库日期	2017-11-20
仓库管理员	林骏恒

（续表）

产品名称	规格型号	实发数量	单价	金额
贴片电阻	100Ω-0603	20 000	0.065 5	1 310
贴片电阻	360Ω-0603	14 280	0.065 5	935.34

13.5.4 期初暂估委外加工入库单

系统启用前的暂估委外加工入库单如表13-16和表13-17所示。

表13-16 期初暂估委外加工入库单1

委外加工入库单号	JIN000001				
供应商	宁波久通塑料有限公司				
入库日期	2017-12-8				
仓库管理员	林骏恒				
产品名称	规格型号	实收数量	单位材料费	加工单价	金额
TPE色母粒	0013白	149	32	21.367	3 183.683
TPE色母粒	1777C粉红	149	32	21.367	3 183.683
TPE色母粒	654C深蓝	149	32	21.367	3 183.683

表13-17 期初暂估委外加工入库单2

委外加工入库单号	JIN000002				
供应商	宁波市高文电器科技有限公司				
入库日期	2017-12-25				
仓库管理员	林骏恒				
产品名称	规格型号	实收数量	单位材料费	加工单价	金额
已加工线路板	SG-105	15 000	1.5	0.282 1	4 231.5
已加工线路板	SG-152A	196	1.8	0.557 3	109.23

13.5.5 结束初始化

录入完成初始数据后，结束账套的初始化工作，正式进入业务运行阶段。

13.6 日常业务处理

13.6.1 销售管理

以销售部对应的业务员用户身份登录并制作本月的销售订单，符合如下要求：
- 本案中所有销售订单的单号均为"YJXSDD+三位流水码"，单据号不允许手工修改。
- 表格中数据有的必须完全一致，其他数据随意指定。
- 销售订单格式中表头增加物流公司字段，取消结算日期，结算方式和运输提前期。
- 表体中取消辅助属性、辅助单位、换算率、辅助数量、折扣率和折扣额。

- 订单格式尽量工整。
- 设置销售订单打印格式，格式如图 13-1 所示。

销售订单

编　号：赵管娜-002

出卖人：宁波爱运动自行车有限公司　　　　　　交货地点：

买受人：宁波进出口有限公司　　　　　　　　　日　期：2016-01-05

第一条　标的物

产品名称	规格型号	单位	数量	单价	价税合计	备注
山地车	运动-770	PCS	1300	920.00	1,196,000.00	
公路车	运动-330	PCS	100	660.00	66,000.00	装车铃
旅行车	运动-550	PCS	750	550.00	412,500.00	
合计人民币金额（大写）　1,431,196.58				¥　1,674,500.00	（含税及运费）	

第二条　质量要求：
第三条包装标准、包装物的提供与回收：　木箱/纸箱不回收
第六条　标的物所有权自（交付/　　）时起转移，但买受人未履行支付价款义务的，标的物仍属于出卖人所有；标的物毁损、灭失的风险自交付时起由买受人承担。
第七条交付(提取) 标的物或提取标的物单证的方式、时间、地点：
第八条运输方式及到达站(港)和费用负担：
第九条验收标准、方法、地点及期限：
第十一条　出卖人对标的物质量负责的条件及期限：
第十二条　结算方式、时间及地点：
第十三条　担保方式（也可另立担保合同）：
第十四条　本合同解除的条件：
第十五条　出卖人违约责任：
　　　　　买受人违约责任：

图 13-1　销售订单格式

销售订单明细如表 13-18 所示。

表 13-18　销售订单明细表

日期	单据编号	购货单位	业务员	产品名称	规格型号	币别	单位	数量	含税单价	交货日期
2018-02-02	YJXSDD001	Terin InternQl	张歆初	电动牙刷（三蓝一红，带配重铁）	SG-917B1	美元	PCS	44 000	33	2018-02-28
2018-02-03	YJXSDD002	ROSQLBQ QRIZQ HQRQUIS	张歆初	电动牙刷	SG-901	美元	PCS	5 026	22.5	2018-02-16
2018-02-05	YJXSDD003	上海国际贸易有限公司	林彦	电动牙刷（三蓝一红，带配重铁）	SG-917B1	人民币	PCS	1 500	128	2018-03-05
				牙刷消毒器（配SG-908，消毒+充电，内置锂电池）	SG-208A	人民币	PCS	3 010	59	2018-03-05
				电动牙刷	SG-901	人民币	PCS	15 020	79	2018-02-20
				水报警器（5.5mm铜针）	SG-805A	人民币	PCS	5 280	4	2018-02-20

(续表)

日期	单据编号	购货单位	业务员	产品名称	规格型号	币别	单位	数量	含税单价	交货日期
2018-02-09	YJXSDD004	Dale Bochnik GmbH	郭彩梦	牙刷消毒器（配SG-908，消毒+充电，内置锂电池）	SG-208A	美元	PCS	3 040	3.5	2018-02-25
				牙刷头	SG-025	美元	套	3 400	0.57	2018-03-05
				电动牙刷（三蓝一红，带配重铁）	SG-917B1	美元	PCS	5 860	32	2018-03-05
2018-02-12	YJXSDD005	COPA	郭彩梦	呼吸管	SG-303	美元	PCS	8 500	0.4	2018-02-29
2018-02-12	YJXSDD006	TQSOS ZQCHKEOS LQRNQCQ	李莲颖	牙刷消毒器（配SG-908，消毒+充电，内置锂电池）	SG-208A	美元	PCS	510	2.9	2018-02-25
				电动牙刷	SG-901	美元	PCS	10 000	25	2018-03-05
2018-02-14	YJXSDD007	天科国际贸易有限公司	林彦	电动牙刷（三蓝一红，带配重铁）	SG-917B1	人民币	PCS	7 020	82	2018-03-10
				电动牙刷	SG-901	人民币	PCS	10 010	121	2018-03-10
				牙刷头	SG-025	人民币	套	10 100	4.5	2018-03-10
2018-02-15	YJXSDD008	Merit Co., Ltd	李莲颖	电动牙刷（三蓝一红，带配重铁）	SG-917B1	美元	PCS	3 040	28	2018-03-19
				牙刷消毒器（配SG-908，消毒+充电，内置锂电池）	SG-208A	美元	PCS	1 000	4.2	2018-03-19
				水报警器（5.5mm铜针）	SG-805A	美元	PCS	1 000	0.55	2018-03-19
2018-02-15	YJXSDD009	永达设备进出口有限公司	钱允骏	呼吸管	SG-303	人民币	PCS	14 060	5.8	2018-03-22

13.6.2 产品预测

生产部在 2 月 28 日制订了下个月的生产预测，产品预测明细如表 13-19 所示。

表 13-19　产品预测明细表

日期	单据编号	产品名称	规格型号	单位	数量	数量	预测开始日期	预测结束日期
2018-02-28	PPOID000001	电动牙刷	SG-901	PCS	5 000	5 000	2018-3-1	2018-3-31
		牙刷头	SG-025	PCS	7 250	7 250	2018-3-1	2018-3-31

13.6.3 计划管理

生产部在 EPR 系统中建立 MRP 运算方案，并进行了 MRP 运算，计划方案及运算要求如下（2 月 15 日）：

- 计划展望期。时区序列：1；时区个数：1；各时区天数：360。
- 计算计算范围为"全部计划对象"，单据考虑"销售订单和产品预测"。
- 只考虑现有库存和安全库存。

- 要求物料相同的全部合并成一条记录，所有外购件的数量调整为 100 的倍数，向上取整即可。
- 2月15日，计划员进行 MRP 运算。

13.6.4 采购管理

采购部负责采购的业务员查看各自需要购买的采购申请单，并及时制作了对应的采购订单下发给供应商，此步骤的要求如下：

- 采购业务员"何睿铭"负责原材料的采购，其他的采购全部由采购业务员"周丽梅"负责。
- 生产部根据客户要求进行了包材的采购申请，明细分别是：[OPP 平口袋 10*3（开口）CM] 10 000PCS [OPP 自粘袋 15.5（开口）*10+3CM] 20 000PCS。
- 供应商保持于物料默认的供应商一致（如没有默认供应商，原材料的采购供应商指定为"宁波久通塑料有限公司"，非原材料的指定供应商为"宁波江东电子科技有限公司"）。
- 采购订单制订完成后，打印格式如图 13-2 所示，传真给供应商进行回签。
- 采购订单的交货日期全部根据计划要求来定，没有更改。
- 供应商除了"余姚市塑料制品厂"延期 2 天交货外，其他的全部准时送到。

买卖合同

需（甲）方：		供方委托（乙）方：	
公司名称：	宁波润伊贸易有限公司	公司名称：	台州市椒江泓锋洁具器材厂（普通合伙）
地 址：	浙江省宁波市鄞州区云龙镇前后陈村	地 址：	浙江省台州市椒江区三甲街道
联系人：	杨彬　　电话：+84 02403766555	联系人：	刘明明　　+86-133-06573220
E_mail：		E_mail：	
采购订单号：	POORD000007		下单日期：2018-01-02
币别：人民币			

物料代码	物料名称	规格型号	数量	含税单价	税率	含税金额	单位	交期	备注
5822Q703A0TCP	全铜下水器		800.00	33.80	17	27,040.00	PC	2018-01-12	
5822Q703A0TBN	全铜下水器-拉丝PVD色		350.00	37.30	17	13,055.00	PC	2018-01-12	
大写	肆万零玖拾伍				合计	40,095.00			

1. 送货单须标明订单编号、物料编号、品名、单价、数量等，如无注明需方有权不收货。
2. 乙方须按期交货，如有特殊情况应予以书面形式提前通知甲方，否则造成的后果将由乙方承担，每延误一天支付甲方合同金额1%的违约金。
3. 交货地点：　广西省凭祥市北环路，佳源小区铺面19号，收货联系人：农美霞　手机：16007819345　座机
4. 付款方式：　款到发货
5. 验收方式：
6. 未尽事需双方协商解决。发寄邮寄地址浙江省宁波市鄞州区云龙镇前后陈村博威大厦层4楼，收件者：张仲莉　　电话：13567894073
7. 此合同自双方签订之日起生效，合同传真件具有同等的效力
8. 如执行本合同有争议甲乙双方友好协调解决，协调不成有甲方所在地人民法

　　需方确认：　　　　　　　　　　　　　　　　　　　　　　　供方确认：

图 13-2 采购订单格式

- 到货的物料"名称：电池片，规格：923 负极"全部不合格，全部退回，供应商与第三天补货回来。

13.6.5 委外管理

采购部负责委外的业务员查看各自需要委外的采购申请单，并及时制作了对应的委外订单下发给加工单位，此步骤的要求如下：
- 采购部负责委外业务的业务员"何睿铭"负责所有的委外加工。
- 加工单位保持与物料默认的加工单位一致（如没有默认加工单位，全部指定加工单位为"宁波北仑永康机械有限公司"）。
- 委外订单的制单日期与采购申请单的制单日期为同一天，要求交货日期保持采购申请单的要求交货日期。
- 委外订单制订后的第二天，原材料仓库保管员关联"委外订单"并制作了"委外加工出库单"进行发料。
- 所有供应商加工 3 天，将加工后的产品送到公司，半成品保管员进行了收料，并关联了原"委外订单"生成了"委外加工入库单"，然后入库，发现产品"线圈"少了 100，经过核对，属于正常损耗，仓库进行了全数量核销。

备注：
- 此步骤由采购部人员进入操作。
- 关联 MRP 产生的采购申请单生成"委外订单"。
- 关联所有的委外类型的采购申请单生成委外订单。

13.6.6 生产任务管理

生产部各车间负责本车间的生产加工业务，每个车间的统计在 ERP 中需要制作生产领料单、产品入库单等单据，确保信息与实际一致，此步骤的要求如下：
- 注塑车间的统计员为"姚超"，喷漆车间的统计员为"肖丙现"，植毛车间的统计员为"彭德献"，装配车间的统计员为"朱平"。
- 各部门都准时根据"生产任务单"的计划开工日期的要求进行了当天领料，"生产领料单"关联了对应的"生产任务单"。
- 装配车间在加工生产的过程中，领料的当日就发现"导线（规格：40mm-28#-黑色）"由于人为的原因导致报废了 30PCS，车间统计关联"生产任务单"并制作了"生产物料报废补料单"，然后选择报废并补料，当日进行了重新生产补料。
- 各车间全部按照生产任务单的计划完工日期加工完毕，车间统计员关联"生产任务单"并生成了"产品入库单"。
- 喷漆车间的产品"主体"入库后，第二天发现表面被腐蚀需要进行返工，生产计划员于当日手工制作了返工"生产任务单"并进行返工生产，车间统计进行了废品领料，车间加工 2 日完成了喷漆的返工，并及时办理了"产品入库单"。

13.6.7 期末处理

财务部负责 ERP 系统的月末核算与处理工作，成本会计"陈可璐"全面检查系统，主要检查以下步骤：
- 是否存在未审核单据。
- 检查"采购申请单""采购订单""委外订单""生产任务单"的状态及执行情况。

参考文献

［1］金蝶软件（中国）有限公司. 金蝶 ERP-K/3 完全使用详解［M］. 北京：人民邮电出版社，2013.

［2］胡凌. ERP 生产供应链管理实践教程［M］. 北京：人民邮电出版社，2014.

［3］李雯. ERP 原理与实施实训教程：金蝶 K/3 版［M］. 镇江：江苏大学出版社，2016.

［4］孙晶. ERP 应用实训教程——金蝶 K/3 版［M］. 南京：东南大学出版社，2015.

［5］王平. ERP 原理与实训：基于金蝶 K/3 WISE 平台的应用［M］. 北京：机械工业出版社，2018.

［6］高长元. ERP 原理及应用［M］. 北京：科学出版社，2011.

［7］汪清明. ERP 原理. 应用. 实训［M］. 北京：高等教育出版社，2011.

［8］吕东明. 著金蝶 K/3 生产制造实用教程［M］. 北京：清华大学出版社，2015.

［9］程国卿. 企业资源计划（ERP）教程［M］. 北京：清华大学出版社，2013.

［10］汪伟. ERP 系统应用教程［M］. 合肥：中国科技大学出版社，2011.